CÉLINE

Du même auteur
au Mercure de France :

CÉLINE
Première partie :
Le Temps des espérances
(1894-1932)

CÉLINE
Deuxième partie :
Délires et persécutions
(1932-1944)

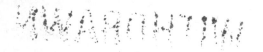

FRANÇOIS GIBAULT

CÉLINE

TROISIÈME PARTIE
Cavalier de l'Apocalypse
(1944-1961)

MERCURE DE FRANCE

MCMLXXXVI

ISBN 2-7152-1247-X
© MERCURE DE FRANCE, 1985.
26, rue de Condé, 75006 Paris
Imprimé en France

A la mémoire de mes parents

AVERTISSEMENT

Dans son œuvre romanesque, essentiellement autobiographique, Louis-Ferdinand Céline ne s'est jamais beaucoup soucié de respecter la chronologie. Il a raconté la guerre de 1914 avant les événements de son enfance et Sigmaringen avant Baden-Baden, ce qui n'était sans doute pas une raison suffisante pour publier l'histoire de sa vie « dans le désordre ».

L'établissement de cette biographie a demandé des années de recherches, la compilation de milliers de documents, l'audition d'un grand nombre de témoins et des déplacements en France et à l'étranger. Lucette Destouches a bien voulu m'accompagner en Allemagne à plusieurs reprises et, au cours de l'été 1979, nous sommes allés pour la seconde fois à Sigmaringen. De retour à Paris, j'ai entrepris la relation des péripéties du séjour en Allemagne en 1944 et 1945, mais l'abondance de la documentation et des correspondances inédites mises à ma disposition m'a conduit à consacrer un volume entier à cette troisième partie de la vie de Céline. Je ne crois pas outrepasser mes droits de biographe en la publiant dès maintenant. Je donnerai, dans un avenir prochain, la suite du Temps des espérances (1932-1944). Cette articulation en trois tomes me permettra de relater plus complètement tous les épisodes d'une existence dont beaucoup ne peuvent être séparés les événements de notre histoire auxquels Céline s'est souvent trouvé mêlé.

Cavalier de l'Apocalypse *commence le jour du débarquement en Normandie, dont le succès a marqué le début de l'effondrement du Troisième Reich. Ce fait majeur de l'histoire de l'Occident provoqua une brusque rupture dans la vie de Céline. Quelques jours après le 6 juin 1944 il abandonna son appartement de la rue Girardon pour se lancer au-devant d'aventures fantastiques qui lui ont donné la matière d'une partie de* Féerie pour une autre fois *et des trois maîtres-livres qui ont marqué l'accomplissement de son œuvre :* D'un château l'autre, Nord *et* Rigodon, *montrant, s'il en était besoin, que, pour lui (à l'exception des pamphlets), le processus de création avait toujours pour origine un fait vécu. Après avoir épuisé les souvenirs de l'enfance, les images hallucinantes qu'il avait gardées de la Grande Guerre, les expériences des années de vadrouille à Londres, en Afrique, à Genève, en Amérique et dans la banlieue parisienne, Céline se trouvait dans l'attente d'un second souffle qui lui fut donné par la vision de la phase finale de la seconde guerre mondiale, dont il a été le témoin solitaire; événements sur lesquels il a jeté ce regard sarcastique, impitoyable et désespéré qui a fait de lui l'un des grands chroniqueurs de notre temps.*

Il ne m'est pas possible de remercier ici tous ceux qui ont contribué à l'établissement de ce livre.

Sans les conseils affectueux de Lucette Destouches, ces volumes n'auraient pas vu le jour. Elle m'a ouvert toutes les portes, communiqué tous les documents possibles et laissé libre de travailler en toute indépendance pour tenter de reconstituer, sans parti pris ni complaisance, l'itinéraire de celui dont elle a partagé la vie pendant vingt-cinq ans.

Je tiens aussi à exprimer ma gratitude à celles dont j'ai parfois un peu forcé l'intimité pour tâcher de mieux comprendre qui était Louis Destouches : Édith Follet, Colette Destouches, Karen Marie Jensen, Évelyne Pollet et Lucienne Delforge.

Jean-Pierre Dauphin a consacré vingt années de sa vie à Céline sans ambition personnelle, et de la façon la plus désintéressée. Je tiens à lui rendre hommage et à le remercier tout particulièrement pour l'aide amicale qu'il m'a toujours apportée.

Au cours de mes travaux, j'ai rencontré des hommes et des femmes qui occupent une place importante dans l'histoire littéraire et artistique de notre pays et auxquels je me dois d'exprimer ma reconnaissance : André Malraux (†), Louis Aragon (†), Paul Morand (†), Marcel Aymé (†), Antoine Blondin, Jean Dubuffet (†), qui savait l'affectueuse admiration que je lui portais, Arno Breker, Jacques Benoist-Méchin (†), Gen-Paul (†), Arletty, Marie Bell (†), Michel Simon (†), Florence Gould (†), MM. les professeurs Robert Debré (†) et André Lwoff, sans oublier Karl Epting (†) et Gerhard Heller (†) pour la période de l'Occupation, ni MM. Robert Le Vigan (†), Henry Miller (†) et Ernst Jünger avec lesquels j'ai seulement correspondu.

Je voudrais enfin citer quelques-uns de ceux qui m'ont aidé et qui ont permis la lente construction de cette biographie en commençant par les personnalités du monde judiciaire : MM. Charrasse, Zousman et Roynard (†), M. le Bâtonnier Lussan, mes confrères Albert Naud (†), Jean-Louis Tixier-Vignancour, Jacques Isorni, Simone Pennaud-Angelelli, Georges-Paul Wagner, Jean-Paul Espinosa, Jean-Marc Dejean de La Batie, Louis Rheims, Frédéric Wapler et Julien Cornell, MM. André Damien et Olivier Lecourt ainsi que M. Proust (†), directeur administratif, et M. Brichard, bibliothécaire de l'ordre des Avocats; puis, dans l'ordre alphabétique : Philippe Alméras, Henri Amouroux, Mme Marcel Aymé, le docteur François Balta, Mme G. Bannier de l'ambassade d'Allemagne, André Barnay, Birger Bartholin, P. Baudet-Germain, Mme Bécart de Bernadotte, Pierre Bergé, Michel Bernard, Hermann Bickler, Georges Bidault, Auguste Blaizot (†), Mme de Bohse, Jean Bonvilliers, Daniel Bordet, Laurent Boyer, Robert et Christine Brami, André Brissaud, Mme Victor Carré, Mme Ida Chagall, Germinal Chamoin (†) et les membres de sa famille, Mlle Marie Canavaggia (†), Paul Chambrillon, Georges Charayre, Mme René de Chambrun, Robert de Châteaubriant, Lucien Combelle, Germaine Constant, Mme Jeanne Carayon, Henri Coston, Léon Degrelle, Mme Delrieu, Mme Cécile Robert Denoël, Jean Drieu La Rochelle, Pierre G. Dubois, Guillaume Delaroche, Mme Dupland, Pierre Duverger, M. de Fonscolombe, Pascal Fouché, Hugues Gall, Antoine Gallimard, Mme Gen-Paul, Guy Girard de Charbonnière, Henri Godard, René Héron de Villefosse, Nana de Herrera, Jacques Houyvet, Mme Jacquot, Bente Johansen Karild, Thierry Joubert des Ouches, Pierre Lainé, Jean

Lansard, Marc Laudelout, Sergine le Bannier, le docteur Jean-François Lemaire, Mme Lindequist, le pasteur et Mme Löchen, Marcel Lucas (†), Henri Mahé (†), le docteur Jacques Malouvier, Jean Marais, François Marchetti, Mme Paul Marteau (†), Éric Mazet, Olivier Michel, Mme Mitre (†), Armin Mohler, Florent Moresi, Mme Mourlet, André Neufinck, Mme Roger Nimier, Mme Jacqueline Paulhan, Louis Pauwels, Mme Helga Pedersen (†), Jacques Pérot, Serge Perrault, le général Pielow, attaché militaire de Grande-Bretagne, Jacques-Henri Pinault, le docteur Jean Pommery, Mme Héléna Popesco, Robert Poulet, Mme Lucien Rebatet, Antoine Ribière, Paul-Yves Rio, Mme Seltensperger (†), Henri Thyssens, le docteur Pierre Thomas, Michel Thomas, Mme Tixier-Vignancour (†), Guy Tosi, M. et Mme André de Vilmorin, Ole Vinding, Frédéric Vitoux, Pascal Vivien, Mme Jean Voilier, Bob Westhoff, le docteur André Willemin, Mme Yon Dalligny et Antonio Zuloaga (†).

F.G.

AVERTISSEMENT BIBLIOGRAPHIQUE

Nous nous sommes limité, ci-dessous, à donner sous une forme brève et aisément identifiable les renseignements dont le lecteur pourrait avoir besoin au fil du texte. Étant donné le grand nombre d'ouvrages et d'éditions épuisés ou en rupture de stock, nous avons pris le parti de renvoyer à la dernière édition disponible, en choisissant toujours celle qui, par l'établissement de son texte ou la présence d'un appareil critique, faisait autorité. Dans le cas d'œuvres non réimprimées depuis longtemps, comme les pamphlets, la référence est faite à l'édition originale.

Bagatelles pour un massacre. Paris, Denoël, 1937.

Les Beaux draps. Paris, Nouvelles Éditions françaises, 1941.

« Carnet du cuirassier Destouches. » Voir *Casse-pipe.*

Casse-pipe suivi du Carnet du cuirassier Destouches. Paris, Gallimard, 1970 (Collection « blanche »).

D'un château l'autre. Dans *Romans* II, Paris, Gallimard, 1974 (Collection « Bibliothèque de la Pléiade »).

L'École des cadavres. Paris, Denoël, 1938.

L'Église. Paris, Gallimard, 1952 (Collection « blanche »).

Entretiens avec le Professeur Y. Paris, Gallimard, 1976 (Collection « blanche »).

Féerie pour une autre fois I. Paris, Gallimard, 1952 (Collection « blanche »).

Féerie pour une autre fois II. *Normance.* Paris, Gallimard, 1954 (Collection « blanche »).

Guignol's Band I. Paris, Gallimard, 1952 (Collection « blanche »).

Guignol's Band II. *Le Pont de Londres.* Paris, Gallimard, 1964 (Collection « blanche »).

Mea culpa. Paris, Denoël et Steele, 1936.

Mort à crédit. Dans *Romans* I, Paris, Gallimard, 1981 (Collection « Bibliothèque de la Pléiade »).

Nord. Dans *Romans* II, Paris, Gallimard, 1974 (Collection « Bibliothèque de la Pléiade »).

Normance. Voir *Féerie pour une autre fois* II.

Œuvres I-V (5 vol.). Paris, Balland, 1966-1969.

Le Pont de Londres. Voir *Guignol's Band* II.

Rigodon. Dans *Romans* II, Paris, Gallimard, 1974 (Collection « Bibliothèque de la Pléiade »).

Semmelweis. Dans *Cahiers Céline*, n° 3, Paris, Gallimard, 1977 (Collection « Cahiers Céline »).

Voyage au bout de la nuit. Dans *Romans* I, Paris, Gallimard, 1981 (Collection « Bibliothèque de la Pléiade »).

Enfin l'ensemble des petits textes de Céline (articles, interviews, lettres, ...) ou des témoignages qui lui ont été consacrés sont cités, chaque fois qu'ils ont été réédités, d'après :

Cahiers Céline, n° 1. Paris, Gallimard, 1976 (Collection « Cahiers Céline »).

Cahiers Céline, n° 2. Paris, Gallimard, 1976 (Collection « Cahiers Céline »).

Cahiers Céline, n° 3. Paris, Gallimard, 1977 (Collection « Cahiers Céline »).

Cahiers Céline, n° 4. Paris, Gallimard, 1977 (Collection « Cahiers Céline »).

Cahiers Céline, n° 5. Paris, Gallimard, 1978 (Collection « Cahiers Céline »).

Cahiers Céline, n° 6. Paris, Gallimard, 1980 (Collection « Cahiers Céline »).

Cahiers de l'Herne. Rééd. en un volume des *Cahiers* 3 (1963) et 5 (1965), Paris, Éditions de l'Herne, 1972.

Textes et documents 1. Paris, B.L.F.C., 1979 (« Bibliothèque L. -F. Céline », n° 2).

*

Toutes les citations extraites de manuscrits inédits respectent la ponctuation, l'incohérence des majuscules et les alinéas de l'original. Le point final légèrement allongé, fréquent dans les manuscrits de Céline, est ici représenté par un petit tiret. Nous avons conservé ainsi l'ambiguïté que cette graphie présente souvent entre le point et le tiret.

1. Germinal Chamoin, à Cracovie
(23 octobre 1941).

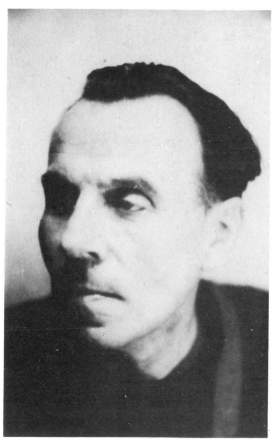

2. « Photo prise par la Police allemande
de Neurupin Prusse pendant notre inter-
nement au bureau de Kratzlin 1944.
L. F. Céline. »

Série B

CARTE D'IDENTITÉ

PRÉFECTURE DE POLICE

Nom *Deletang*

Prénoms : *Louis François*
Né le *27 Mai 1896*
à *Montreal*
département *(Canada)*
Nationalité : *Française.*
Profession : *Représentant*
Domicile :
161 Rue de la Convention

SIGNALEMENT

Taille *1m 79*   Nez { Dos *rect.* Base *h...*
Cheveux *ch.*   Dimension
Moustache *é*   Forme générale du visage *ov...*
Yeux *cl.*   Teint *cl*
Signes particuliers

Empreinte digitale   Signature du titulaire

Paris, le   19
LE PRÉFET DE POLICE.

3-D — *......* (B). — C.O.L. 81-3659. — 1931-43.

3. Fausse carte d'identité de Céline.

CARTE D'IDENTITÉ

Série B

PRÉFECTURE DE POLICE

Nom : Alcante

Prénoms : Lucile

Né le 20 Juin 1914

à Pondichéry, Vaucl.

département Plaine de l'Isère

Nationalité : Française.

Profession : Professeur Physiq.

Domicile : 12 Rue de Navarin

SIGNALEMENT

Taille 1m61

Cheveux chat.

Moustache

Yeux gris vert

Signes particuliers

Nez } Dos net Base moy

Dimension moy

Forme générale du visage ov.

Teint clair

Empreinte digitale

Signature du titulaire,

Alcante

Paris, le 19

LE PRÉFET DE POLICE,

3-D — Imp. Chaix (B). — C.O.L. 31-3659. — 1881-43.

4. Fausse carte d'identité de Lucette Destouches.

5. Page ci-contre :
Lucette Destouches et Bébert
dans les jardins de Baden-Baden.

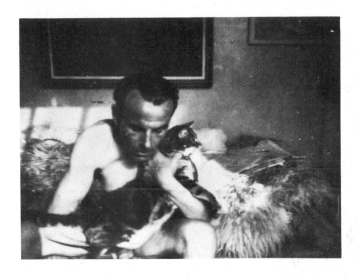

6 et 7. Céline et Bébert à Copenhague (1945).

8. Céline à Copenhague (été 1945).

9. Lucette et Bébert dans son sac, chez Mme Johansen.

10. Guy Girard de Charbonnière.
Caricature de Pasternak.

11. Céline peu avant son arrestation
à Copenhague.

12. Céline et Bébert dans
son sac à Copenhague.

13. Copenhague 1948. Céline et Bébert devant Kronprinsessegade.

14. Céline.
Un été à Klarskovgaard.

15. Céline, Bébert et Bessy.
Klarskovgaard.

16 et 17. Céline
à Korsør.

18. Milton Hindus à Korsør.

Le passeport pour la France (1951).
19. La photo du passeport.
20. Remise du passeport par le pasteur
François Löchen.

A l'aéroport
de Copenhague :
le retour
à Paris.

21. De g. à dr. :
Mme Sales, Lucette,
Thorvald Mikkelsen,
Céline.

22. De g. à dr. :
Mme Ribière, Mme Sales,
Lucette, Céline,
Thorvald Mikkelsen.

23. Palais de justice de Paris, octobre 1951.
De g. à dr. : Me Tixier-Vignancour, Céline, Me Dejean de La Batie et Paul Marteau.
Photo APIS.

24. Céline enregistrant un texte destiné aux disques Urania (inutilisé et perdu), 1955. Collection Paul Chambrillon (qui apparaît sur la photo).

25. Albert Paraz et Céline. Photo Michel Bernard.

26. Céline chez Marcel Aymé, à Grosrouvre. Photo Izis.

27. Céline à Meudon. Photo Michel Bernard.

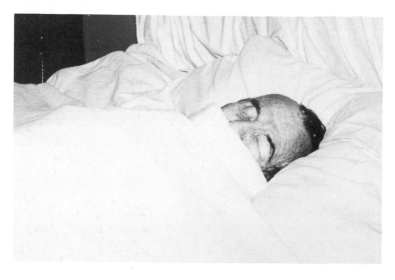

28. Sur son lit de mort. Photo Pierre Duverger.

CHAPITRE PREMIER

Baden-Baden

« [...] chacun sa foireuse épopée! »

Nord, p. 311.

Le mardi 6 juin 1944 vers minuit quinze, des volontaires appartenant aux 82e et 101e divisions aéroportées américaines étaient parachutés au-dessus de Sainte-Mère-Église. C'était le premier acte de l'« Opération Overlord ». Quelques heures plus tard, un peu après six heures, les postes d'observation allemands sur les plages normandes voyaient émerger de la brume la plus formidable armada de l'histoire : cinq mille navires portant quatre-vingt mille hommes, protégés par dix mille avions. Dès le début de la matinée, la B.B.C. annonça la nouvelle du débarquement qui se répandit aussitôt dans toute la France, tandis qu'en quelques heures, à Omaha Beach, à Gold, Juno, Sword et Utah Beach, se jouait le sort de la guerre.

Depuis l'armistice de juin 1940, Louis-Ferdinand Céline avait suivi de près les événements du monde et, toujours curieux de tout, il avait évolué dans des milieux très divers, y compris ceux de la collaboration. Il savait depuis longtemps qu'Hitler allait perdre la guerre. Il l'avait crié sur tous les toits, à Paris, à Montmartre, à Saint-Malo, chez Gen Paul ou chez Josée Laval [1] aussi bien qu'à l'Institut allemand, à l'ambassade d'Allemagne devant Otto Abetz [2] ou dans le bureau de Fernand de Brinon [3].

Le matin du 6 juin 1944, Céline comprit que s'engageaient des opérations militaires qui allaient conduire à l'écrasement du Reich et à de profonds bouleversements dans toute l'Europe. Il prit aussitôt la décision de quitter la France et de fuir au Danemark où il avait entreposé, avant la guerre, la partie la plus importante de ses économies. Cette idée ne l'avait pas quitté pendant toute l'Occupation et il avait pris dès le début de l'année 1942 les dispositions nécessaires pour que son accueil à Copenhague soit assuré par Karen Marie Jensen et ses amis [4].

Le débarquement des Alliés en Normandie ne fit que précipiter un départ pour lequel il s'était préparé et qui lui semblait d'autant plus nécessaire qu'il recevait depuis quelques mois, chez lui, rue Girardon, des lettres de menaces et des petits cercueils de mauvais augure.

Lucette aurait préféré le voir partir en Espagne où il connaissait l'ambassadeur Léquérica et surtout Antonio Zuloaga [5], attaché de presse à l'ambassade d'Espagne à Paris, qui lui avait offert l'hospitalité à Madrid et dans sa propriété près de San Sébastian, mais Céline tenait à Copenhague. C'était une idée fixe. Comme le chemin pour s'y rendre passait obligatoirement par l'Allemagne, il lui fallut d'abord franchir le Rhin, première étape d'un voyage qui dura neuf mois, fut émaillé de multiples péripéties et lui donna la matière de trois romans.

Céline s'est souvent vu reprocher ce départ en Allemagne qui constitua l'une des charges retenues contre lui lors de son procès. Il s'en est expliqué quelques années plus tard dans une lettre à Jean Paulhan [6] :

1. Mme René de Chambrun, fille de Pierre Laval.
2. Ambassadeur d'Allemagne à Paris pendant toute l'Occupation.
3. Ambassadeur du maréchal Pétain auprès des autorités allemandes, il s'installa d'abord à l'hôtel Matignon, puis au ministère de l'Intérieur, place Beauvau.
4. Voir *infra*, pp. 78-79.
5. 1905-1981.
6. Céline lui avait écrit une fois en 1933, puis ils ont correspondu à partir de 1947 et se sont rencontrés pour la première fois quand Céline est revenu en France en 1951.

« Je suis parti en Allemagne?

» où serais-je parti?

» Qui voulait de moi nulle part? j'avais demandé la Suisse - Laval - REFUSÉ - Si j'étais resté à Paris... qui a le culot de me prétendre entre quatre yeux - que je n'aurais pas été automatiquement arrêté, torturé, assassiné - dès les premiers jours?

» Allons donc!

» Quelle farce!

» Alors! si l'on aurait eu beau jeu de me couvrir de toutes les merdes posthumes, de quelles trahisons, documentées, archi prouvées, témoignées! etc. -

» Quel nanan!

» L'Allemagne me fait naturellement horreur - je la trouve provinciale, lourde, grossière - Je m'y sens Déroulède - Ah, je ne suis point germanisant nom de Dieu! Lorsque j'étais médecin à la S.D.N. [1] - j'avais toute l'Europe à parcourir sans cesse - je faisais d'infinis détours pour ne pas passer par l'Allemagne - Pour moi l'Allemagne c'est celle des hommes de 14 - la guerre de l'Est! la ligne des Vosges - la mort - la saucisse, le casque à pointe, les livres de Jules Huret [2] - et puis Charleroi et puis l'invalidité 75 p. 100 - à 20 piges [3]! »

Il mena rondement les préparatifs du départ car il se souvenait de l'exode et ne voulait à aucun prix quitter Paris dans les fourgons de l'armée allemande. Un frère de Serge Perrault [4], employé à la Préfecture de Police, lui avait procuré deux cartes d'identité aux noms de Louis-François Deletang, né le 27 mai 1896 à Montréal, représentant, demeurant 161, rue de la Convention, et de Lucile Alcante, née le 20 juin 1914 à Pondichéry, professeur de culture physique, demeurant 12, rue de Navarin. Ces deux documents portent la date du 8 février 1944. Une autre carte avait été fabri-

1. Voir François Gibault, *Céline*, Mercure de France, 1977, tome I, pp. 245 et suiv.
2. Écrivain français qui publia plusieurs livres sur l'Allemagne entre 1897 et 1914.
3. Lettre inédite de Céline à J. Paulhan, 15 avril [1948].
4. Danseur, ami de Lucette et de Louis.

quée pour Gen Paul qui avait très sérieusement envisagé de partir avec Céline.

Dès le 8 juin, quarante-huit heures à peine après le débarquement, Céline obtenait des autorités allemandes des *fremdenpass,* ou passeports valables pour six mois, et des visas pour se rendre en Allemagne valables pour trois mois.

Dans *Nord,* Céline a raconté que Bébert avait aussi son titre de voyage : « Bébert n'est ni reproducteur, ni de " race "... pourtant j'ai un passeport pour lui... par colonel-vétérinaire de l'armée allemande " le chat dit "Bébert" propriétaire docteur Destouches 4 rue Girardon, ne nous a semblé atteint d'aucune affection transmissible (photo de Bébert) [1]... " »

Il fallait mettre à l'abri les manuscrits intransportables qui furent confiés principalement à Marie Canavaggia [2] et pour partie à Jean-Gabriel Daragnès [3]. Il laissa tout de même dans l'appartement beaucoup de papiers, des brouillons et probablement des fragments du manuscrit de *Casse-pipe.*

Sachant qu'il partait vraisemblablement pour longtemps, Louis réunit tout l'argent possible. Il vida son coffre au Crédit Lyonnais de toutes les pièces d'or qui s'y trouvaient et qui ont été ensuite cousues par Lucette dans un gilet prévu à cet effet depuis longtemps. Céline allait porter ce gilet sur lui jour et nuit jusqu'à Copenhague. Il se rendit aussi à la Lloyds and National Provincial Bank sur les livres de laquelle son compte accusait un crédit de 375 000 francs. Il effectua le 15 juin 1944 un retrait de ce montant, vidant ainsi totalement son compte. Ces sommes s'ajoutaient à quatre prélèvements effectués au cours des six premiers mois de l'année 1944 pour un montant total de 600 000 francs. Il disposait donc en quittant Paris d'une somme de l'ordre d'un million de francs.

Pour être certain que personne ne viendrait contrarier son départ, les préparatifs avaient été tenus secrets et très peu de gens avaient été mis dans la confidence. La mère de Louis fut tout de même informée. Elle vint rue Girardon lui dire au revoir et lui

1. *Nord,* p. 334.
2. Traductrice et correctrice d'épreuves (décédée le 30 septembre 1976)
3. Voir *infra,* p. 135, note 2.

faire toutes sortes de recommandations. Elle ne savait pas qu'elle le voyait pour la dernière fois; en effet, elle est morte chez son frère Louis Guillou, rue des Martyrs, le 6 mars 1945, alors que Céline se trouvait encore à Sigmaringen, en instance de départ pour Copenhague.

Par précaution, Lucette n'écrivit même pas à sa mère qui se trouvait alors à Monte-Carlo. Le 1er août 1944, sans nouvelles de sa fille, Mme Pirazzoli alerta les services de la Croix-Rouge pour signaler sa disparition et pour demander qu'elle soit recherchée. Céline écrivit tout de même le 10 juin à Karen Marie Jensen pour l'avertir de son projet : « Chère Karen, Nous partons avec Lucette le 15 juin pour Baden-Baden. *Il le faut.* La vie devient ici impossible pour moi, je resterai quelques semaines à Baden-Baden et puis je prendrai un poste médical là-bas en attendant les événements - St Malo a été détruit par les bombes et notre hôtel Franklin est en cendres - Sans doute ne reverrons-nous jamais non plus Montmartre! Ainsi va la vie, plus mignonne que jamais! vous avez bien fait avec les enfants à Copenhague [1]. Et je vous suis bien reconnaissant du grand mal qu'ils vous donnent! Mais nous reverrons-nous jamais? Gen Paul et Le Vigan sont bien inquiets. Tout le monde est à présent bien malheureux - Ils viendront peut-être me retrouver - Irène [2] espère maintenant sa libération prochaine...! A vous bien affectueusement chère Karen de nous deux - Je vous écrirai de là-bas - Louis [3] - »

Avant de quitter Paris Céline envoya aussi à Pierre Larcher une lettre qui fut publiée dans *la Gerbe* alors qu'il était déjà depuis plusieurs jours en Allemagne. C'est le dernier texte qu'il écrivit et publia sous l'Occupation, comme un dernier message en faveur de la paix, avant de tourner une nouvelle page de sa vie :

« Je donnerais volontiers aux flammes toutes les cathédrales du monde si cela pouvait apaiser la Bête et faire signer la paix demain.

1. Il s'agissait de l'or de Céline; voir *infra*, pp. 78-81 et 116-121.
2. Irène Mc Bride, danseuse américaine, amie de Karen et de Lucette, était restée à Paris pendant toute l'Occupation.
3. Lettre inédite de Céline à K. M. Jensen qui était alors à Madrid.

Deux mille années de prières inutiles, je trouve que c'est beaucoup. Un peu d'action!

» Demain l'on fera sans doute une architecture en trous! Pas de flèches! Les leçons de la guerre auront porté. Par terreur des bombes, nos descendants vivront sans doute dans le *Tous à l'égout*. Ainsi soit-il [1]! »

Le 17 juin au matin, Louis prit avec Lucette, Bébert et force bagages le train pour Baden-Baden ou, comme il se plaisait à le dire, pour « Bains-Bains ». Il y avait beaucoup de choses inutiles dans leurs bagages, des costumes de scène par exemple, mais aussi quelques objets essentiels : deux ampoules de cyanure, une théière, une casserole en argent, un petit stock de thé et une paire de castagnettes.

Les Alliés s'étaient déjà solidement implantés en Normandie et, ce même 17 juin 1944, le 7e Corps de l'armée américaine parvenait à couper le Cotentin, encerclant ainsi les unités allemandes qui s'y trouvaient, ce qui permit à Jean Hérold-Paquis de paraphraser Paul Reynaud en déclarant, non sans esprit, sur les antennes de Radio-Paris : « La route du beurre est coupée [2]. »

Dans les milieux de la collaboration où l'on affichait encore un bel optimisme, on s'est ouvertement moqué de l'empressement avec lequel Céline avait pris ses distances. Ainsi Ernst Jünger notait dans son *Journal* à la date du 22 juin 1944 : « A midi chez Armance [3]. J'y ai rencontré Heller [4] qui revenait de Berlin; son train avait été attaqué par des avions ennemis. Il m'a raconté que X... [5], aussitôt après le débarquement, avait demandé des papiers à l'ambassade et s'était déjà réfugié en Allemagne. Curieux de voir comment des êtres capables d'exiger de sang-froid la tête de millions d'hommes s'inquiètent de leur sale petite vie [6]. » Céline

1. Lettre de Céline à P. Larcher, *la Gerbe,* 22 juin 1944, p. 4.
2. Jean Galtier-Boissière, *Mon journal pendant l'Occupation,* La Jeune Parque, 1945, p. 238.
3. Florence Gould.
4. Le lieutenant Heller était chargé de la censure et contrôlait toutes les publications.
5. L.-F. Céline.
6. Ernst Jünger, *Journal, II, 1943-1945,* Julliard, 1953, p. 301.

lui avait répondu par avance, dès 1932 dans *Voyage au bout de la nuit* : « Il ne faut jamais se montrer difficile sur le moyen de se sauver de l'étripade, ni de perdre son temps non plus à rechercher les raisons d'une persécution dont on fait l'objet. Y échapper suffit au sage[1]. » Dans une lettre à Marie Bell, envoyée du Danemark, il exprima les mêmes sentiments en termes moins académiques : « On fout le camp jamais assez tôt, assez loin... Tout le reste blablabla...[2] »

Le voyage en train s'est passé sans histoire, à l'exception d'un incident. Une jeune femme, alors âgée de vingt et un ans, Mme Émile Decrand[3], dont le mari travaillait à Champigneulles, voyageait dans ce train sans avoir l'autorisation de franchir la ligne de démarcation qui délimitait la « zone rouge ». Elle engagea la conversation avec Lucette et Louis qui se trouvaient dans le même compartiment et leur révéla que ses papiers n'étaient pas en règle. A Bar-le-Duc, au passage de la ligne, Céline montra ses papiers, puis il déclara : « Cette dame est avec nous » avec une telle autorité que les fonctionnaires chargés du contrôle n'ont rien demandé à Mme Decrand. Plus tard, en lisant *D'un château l'autre* et *Nord,* elle a reconnu le singulier trio qui l'avait tirée ce jour-là d'un très mauvais pas.

Céline a donné dans les premières pages de *Nord* une vision très exacte de Baden-Baden au printemps 1944 et du palace où ils furent somptueusement logés et nourris, du moins au début de leur séjour, le Brenner's Park Hôtel qui avait été entièrement réquisitionné par la Wilhelmstrasse[4].

Quand Céline et sa femme y sont arrivés, le Brenner n'était occupé que par quelques hôtes de marque tous invités par le ministère des Affaires étrangères : « [...] le " Brenner " n'admettait clients que les extrêmement bonnes familles, anciens princes régnants ou magnats de la Ruhr... de ces maîtres de forges à

---

1. *Voyage au bout de la nuit,* p. 120.
2. Lettre inédite de Céline à Marie Bell, le 17, sans date.
3. Décédée en 1975.
4. Ministère des Affaires étrangères du Reich. A l'armistice, l'hôtel servit de résidence au général Koenig.

cent... deux cent mille ouvriers... là où je vous parle, juillet 44, encore ravitaillés très bien et très ponctuellement... eux et leurs gens... beurre, œufs, caviar, marmelade, saumon, cognac, grand Mumm... par jets d'envois parachutés sur Vienne, Autriche... direct, de Rostov, de Tunis, d'Épernay, de Londres... les guerres qui font rage sur sept fronts et sur toutes les mers n'empêchent pas le caviar... la super-écrabouillerie, bombe Z, lance-pierre, ou tue-mouche respectera toujours les *délikatessen* des hautes tables... Ce n'est pas demain que vous verrez Kroukrouzof se nourrir de " singe "! Nixon à la nouille à l'eau, Millamac à la carotte crue... les hautes tables sont " Raison d'État "[1]... »

Tous les hôtes du Brenner se trouvaient sous la tutelle administrative du docteur Josef Schlemann[2], responsable depuis 1942 de la Section spéciale du Protocole installée à Baden-Baden. Sa mission avait été de recevoir les diplomates allemands rapatriés des deux Amériques, puis, d'une façon plus générale, tous les réfugiés politiques dont le nombre augmenta dans la même proportion que les revers successifs de la Wehrmacht. Comme Josef Schlemann avait été vice-consul à Marseille en 1927 et 1928, Céline s'est amusé dans *Nord* à raconter qu'il faisait venir par avion tous les poissons nécessaires pour sa bouillabaisse : « [...] toute l'armée allemande refoulait, on peut dire perdait l'Europe, abandonnait vingt armées, mais la bouillabaisse de Schlemann a toujours été le grand souci du " Brenner Hôtel "... et par ravitaillement " express "! rascasse, ail, safran, et petits poissons de la côte des Maures, vingt espèces, lancés aux cuisines à l'heure fixe, en frais aquarium, par avion... pas qu'on puisse prétendre, plus tard, guerre pas guerre, qui y avait eu du laisser-aller au " Brenner Hôtel "[3]... »

Le séjour à Baden-Baden était enchanteur, et s'il n'y avait pas eu ces formations d'avions alliés qui survolaient la ville en route pour les centres industriels de l'Allemagne du Sud et tant de

1. *Nord*, p. 305.
2. 1895-1968.
3. *Nord*, pp. 308-309.

grands blessés et de convalescents dans les hôtels, on aurait pu croire que la guerre n'était qu'un mauvais rêve. Lucette et Louis s'amusaient de cette atmosphère d'opérette, de ces fausses mondanités propres aux villes d'eau et aux paquebots. Ils appréciaient la compagnie de la veuve du général Von Seeckt dont le mari s'était illustré pendant la Grande Guerre[1]. Avec elle et avec Bébert que Lucette tenait en laisse, ils descendaient au casino où Louis mangeait des gâteaux comme ils n'en avaient pas vus depuis le début de l'Occupation. Parfois, ils remontaient la vallée de l'Oos, minuscule rivière qui traverse le jardin du Brenner.

Plus tard, en août, ils furent aussi accompagnés dans ces promenades par une jeune femme très sportive dont Céline a fait une caricature dans *Nord* sous le nom de Mlle de Chamarande : « En fait, notre demoiselle avait tout fait depuis son arrivée, trois semaines, que tous les mâles de la piscine deviennent intenables... un nouveau maillot tous les jours de plus en plus provoquant... oh, des superbes fesses, j'admets... mais ce qu'elle pouvait faire avec!... de ces déhanchements... appels de reins dès le plongeoir!... [...] Mlle de Chamarande, sauf sa manie déplorable de tellement faire valoir son séant, était une personne très gentille, même très sympathique, instruite... pharmacienne à Barcy-sur-Aude[2]... »

Il s'agissait en fait de Maud de Belleroche qui, avant d'être baronne, avait été la maîtresse de Jean Luchaire, puis celle de Georges Guilbaud, directeur de *l'Écho de France,* qu'elle devait ensuite épouser. Maud de Belleroche a raconté tout cela et bien d'autres choses dans *le Ballet des crabes*[3], livre dans lequel Céline apparaît souvent et sous un jour très sympathique.

Céline n'était pas homme à croire aux rêves; il savait que la guerre était perdue pour l'Allemagne, que ce petit havre de paix n'était qu'illusion et qu'il lui fallait fuir ce pays pendant qu'il en

1. Hans von Seeckt (1866-1936), commandant en chef de l'armée allemande de 1920 à 1925, puis conseiller militaire de Tchang Kaï-Chek (voir la note d'Henri Godard, *Nord*, p. 1162).
2. *Nord*, p. 321.
3. Filipacchi, 1975.

était encore temps pour chercher asile au Danemark. Schlemann détenait les passeports de tous les habitants du Brenner, il avait reçu des instructions pour limiter leurs déplacements et pour les utiliser au mieux au service du Reich. Céline ne l'entendait pas de cette oreille et refusa de se prêter à la moindre action politique ou de propagande. Il obtint même de pouvoir se rendre à Berlin en compagnie de Lucette et d'une femme médecin chargée tout spécialement de les chaperonner.

Ce rapide voyage à Berlin eut lieu très probablement pendant la première quinzaine du mois de juillet. Céline fut reçu par le docteur Knapp du département étranger de l'Office de la Santé publique du Reich, qu'il connaissait pour l'avoir souvent rencontré à Paris. Reçu poliment au ministère des Affaires étrangères, Céline demanda l'autorisation de se rendre au Danemark. La question fut mise à l'étude et il fut prié de retourner à Baden-Baden où la réponse du ministère lui serait adressée.

La vie reprit son cours à Baden-Baden où, le 20 juillet, en traversant le hall de l'hôtel, Céline vit dans les salons qui donnaient sur les jardins un groupe d'officiers allemands qui fêtaient au champagne la mort d'Hitler, libations sans lendemain, puisque l'on apprit peu après que l'attentat avait échoué et que le Führer n'avait été qu'égratigné.

Dans les derniers jours du mois de juillet, Céline écrivit à Karl Epting [1] une lettre qui lui parvint à Paris le jeudi 2 août : « Grâce à vous nous voici au repos et au calme dans cet admirable séjour sous le gouvernement combien attentif et aimable de M. Schlemann! Nous avons mis quelques jours à admettre la réalité de cet enchantement! à nous habituer à cette paix incroyable - Égoïstement l'on jouit hélas de tant de bienfaits, heureusement pour l'inquiétude de nos amis, nous sommes un peu survolés de temps en temps par la mort et la foudre! Tout est trop beau tout est trop bien - Voici le mot de nos pensées - et notre gratitude - En tels événements les incroyables heureux que nous sommes n'ont plus qu'à se taire et

---

1. Ami de Céline qui dirigea l'Institut allemand à Paris pendant toute l'Occupation (décédé le 17 février 1979).

prier qu'on les oublie - M [...] [1] notre compagnon d'exil est un peu moins heureux que nous parce qu'il *n'a aucune nouvelle des siens depuis 18 jours*. Il me semble que d'ici peu les choses de la guerre auront pris un tour assez décisif pour qu'on nous adonne à un travail médical utile mais en ces semaines si critiques le mieux est " d'avoir l'air d'être " en vacances. Personne à l'hôtel ne sait ce que nous venons faire, ni notre nom véritable - Si je peux me permettre une petite demande je voudrais bien recevoir quelques livres, nous en manquons absolument [2] [...]. »

Suivait une liste de livres parmi lesquels les *Mémoires d'outre-tombe,* les *Poésies* de Ronsard, les Chroniqueurs du Moyen Age dans l'édition de la Pléiade et aussi trois exemplaires de *Voyage au bout de la nuit,* de *Mort à crédit* et des *Beaux Draps,* ainsi que les poésies allemandes traduites par Epting lui-même [3]. Céline demandait que ces livres soient retirés boulevard du Montparnasse à la librairie Tschann [4] où il se fournissait habituellement et ajoutait qu'il se proposait de les laisser à l'hôtel « à la disposition des Français (s'il en vient d'autres) ».

De fait, quelques jours plus tard, vers la mi-août, Céline vit arriver de nombreux Français chassés par l'avance rapide des Alliés et par la libération de Paris. Il y avait surtout beaucoup de journalistes, parmi lesquels Robert Le Vigan flanqué de ses deux patrons de Radio-Paris : Maurice Rémy et Georges Oltramare alias Dieudonné. Le Vigan avait fait un voyage épouvantable, son train avait été bombardé, il avait perdu la moitié de ses bagages et se trouvait presque totalement démuni d'argent au point que Céline dut le prendre en charge jusqu'à ce qu'il trouve un emploi en arrivant fin octobre à Sigmaringen. Il lui prêta aussi des vêtements, trop grands pour Le Vigan et dans lesquels il avait l'air d'un clown triste.

1. Médecin français qui, après avoir rejoint Céline à Baden-Baden, préféra rentrer en France où il parvint à passer à travers les mailles de l'épuration.
2. Lettre inédite de Céline à K. Epting expédiée de Baden-Baden, sans date.
3. Georg Rabuse et René Lasne, *Anthologie de la poésie allemande des origines à nos jours,* préface de Karl Epting, Stock, 1943.
4. Louis Tschann, libraire, 84, boulevard du Montparnasse, était en relation avec Céline depuis 1933. Il est décédé en 1946.

Le Vigan ne quitta pas Céline et Lucette pendant toute cette période, c'est-à-dire entre le 16 août 1944 et le départ de Céline de Sigmaringen pour Copenhague le 22 mars 1945. Ce témoin de tant d'événements essentiels de la vie de Céline a toujours refusé d'évoquer l'épopée qu'ils ont vécue ensemble de Baden-Baden à Berlin, puis à Kraenzlin et à Sigmaringen. A l'auteur qui sollicitait son témoignage il a répondu qu'il n'était « qu'un personnage très littéraire que Ferdinand peinturlura outrageusement!... Restons-en là!... quelle importance, la vérité?... j'ai applaudi sincèrement, il m'en souvient!... comme le peuple applaudissait aux jugements!... la comédie!... A votre tour!... dites de moi... de ce faux-moi ce qui viendra à bout de plume délirante!... j'aurai plaisir à n'y pas être davantage [1]... »

Malgré ce refus exprimé dans un style très littéraire avec une ponctuation toute célinienne, Le Vigan a tout de même raconté, au moins à trois reprises, ce qui s'était passé : dans une lettre datée du 1er février 1950, au cours de l'instruction de son propre procès devant la Cour de justice, et dans une lettre à Fernand Ledoux datée du 8 mai 1945.

La lettre du 1er février, trois semaines avant le procès de Céline, comporte un passage sur Baden-Baden : « Je l'ai pourtant vu à Baden-Baden en août 1944, et pour ma grande surprise de le rencontrer là : lion en cage - stoppé - caserné - privé de ses papiers - ne recevant aucune réponse à sa correspondance - prisonnier véhément, insolent - disant tout à son habitude - protestant sous le nez du conseiller du ministre des Aff[res] étrangères allemand de la violence que celui-ci lui faisait - Réclamant le Danemark! - Qu'on reprenne tous mes interrogatoires, tous! - J'ai dit comme je l'avais suivi dès que je l'eusse rencontré à Baden - et pour fuir avec lui les responsabilités politiques et pseudo-gouvernementales dont ce conseiller entendait charger tous les Français qu'il " contenait " à Baden-Baden. [...] J'ai dit comment, pour sortir des filets de Baden, Céline s'est adressé à un médecin allemand de Berlin, et comme celui-ci, par confraternité et comprenant le drame de " l'esprit

---

1. Lettre inédite de Le Vigan à F. Gibault, 27 octobre 1971.

contraint ", avait bien voulu " *essayer* " de le tirer de là [1]. »

Le Vigan affirmait donc avoir tout dit à l'occasion de l'instruction de son propre procès. C'est en fait au cours de son interrogatoire du 29 septembre 1945, devant M. Alfred Jouhanneau, commissaire de police, qu'il en a dit le plus long sur son séjour à Baden-Baden avec Céline : « Arrivé dans cette ville, j'ai rencontré Céline qui était déjà arrivé précédemment et en sa compagnie j'ai attendu une huitaine de jours pour voir la tournure des événements. Aux environs du 22/23 août sont arrivés Luchaire, Alphonse de Châteaubriant, Guy Crouzet et autres journalistes qui parlaient de reformer une organisation ou plus exactement une commission pour regrouper tous les éléments politiques français. Sur ces entrefaites Céline a écrit à l'une de ses anciennes relations, le docteur Hauboldt, président de la Chambre des Médecins de Berlin pour solliciter une place de médecin dans une usine et pour moi celle d'infirmier. Hauboldt nous a fait venir à Berlin, a promis de s'intéresser à nous et en attendant une réponse favorable mit à notre disposition une maison de campagne qu'il avait à Cranzlin à 4 kilomètres de Neuruppin [2]. »

Enfin dans une lettre qu'il écrivit le 8 mai 1945 à Fernand Ledoux, soit quelques jours après son arrestation, on peut lire : « J'ai rencontré Céline à Baden-Baden. Tous deux, nous avons fui pour garder notre indépendance de Français. Nous pensions obtenir les emplois de médecin et d'infirmier dans une usine auprès de travailleurs - Céline connaissait le chef des médecins à Berlin - Nous nous sommes adressés à lui [3]. »

Il est de fait que Céline se trouvait sous la coupe du ministère des Affaires étrangères dont il était l'invité. Si les premières semaines avaient été agréables parce qu'il s'était trouvé pratiquement seul avec sa femme et son chat, les nouveaux hôtes du Brenner, tous

1. Lettre de Le Vigan à plusieurs correspondants, 1ᵉʳ février 1950, *le Lérot rêveur*, mars 1979, pp. 33-37, reprise dans *Romans II*, pp. 1126-1128. Le Vigan avait envoyé à Céline un double de cette lettre qui a été conservé dans les archives de Mᵉ Mikkelsen.

2. Déposition inédite de Le Vigan, 29 septembre 1945.

3. Lettre inédite de Le Vigan à F. Ledoux, 8 mai 1945.

très compromis dans la collaboration, avaient troublé cette quié-
tude. Il fallait non seulement faire des politesses à leurs familles,
mais aussi subir des conversations politiques interminables. Chacun donnait son idée sur la meilleure façon de poursuivre et de
gagner le combat pour l'Europe de Charlemagne que Céline savait
fissurée de toutes parts et qu'il déclarait « foutue » à qui voulait
l'entendre.

Paris était aux mains de ses libérateurs et l'Allemagne crou-
lait sous les bombes, mais nombreux étaient ceux qui croyaient
encore à la victoire du Reich et au pouvoir foudroyant des armes
spéciales qu'Hitler se préparait à jeter dans la bataille. Il faut
dire à leur décharge que l'Allemagne était loin d'être vaincue; ses
armées allaient tenir encore pendant quelque huit mois un front de
deux mille kilomètres contre la plus formidable coalition de l'histoire.

Parmi les Français qui arrivèrent les uns après les autres au
Brenner, Céline eut la surprise de découvrir la pianiste Lucienne
Delforge qu'il n'avait pratiquement pas revue depuis leur séparation en mars 1936[1]. Il y eut aussi l'encombrante famille de
Luchaire[2], puis Jean Luchaire lui-même, et son ancienne maîtresse, Maud Dacquin[3], Mme Otto Abetz, bientôt suivie de son
mari, Marcel Déat, Costantini, Alphonse de Chateaubriant, le
visage disparaissant sous une « barbe de druide »[4], Fernand de
Brinon et Mme Mitre[5], Jean Hérold-Paquis, puis Pierre Laval,
Jacques Menard, ancien directeur sportif au *Matin* et beaucoup
d'autres qui allaient ensuite se retrouver presque tous à Sigmaringen.

Il y avait aussi quelques étrangers parmi lesquels John Amery
dont le père était ministre des Indes et de Birmanie dans le cabinet britannique. Il avait participé à des émissions de radio pour les

---

1. Céline eut une liaison avec elle de mai 1935 à mars 1936 (voir *Cahiers Céline*, n° 5, pp. 255-273).
2. Corinne Luchaire, *Ma drôle de vie*, Sun, 1949, pp. 199 et suiv.
3. Devenue Maud Guilbaut, puis Maud de Belleroche, voir *supra*, p. 25.
4. *D'un château l'autre*, p. 229.
5. Secrétaire et amie de Fernand de Brinon.

Allemands et avait recruté pour la « Legion of St George » qui se
battit sur le front de l'Est avec la L.V.F. [1]. Arrêté en Italie en mai
1945, John Amery, dont Céline parle dans *Nord* [2], fut jugé à la
prison de Old Bayley, où Charles Dickens avait fait séjourner
M. Pickwick. Condamné à mort le 28 novembre, il a été pendu à
l'âge de trente-trois ans à la prison de Wandsworth, le 19 décembre
1945.

En raison de la présence au Brenner de tous ces hôtes de marque,
l'atmosphère changea complètement. Céline et sa femme durent
céder leur appartement du premier étage pour s'installer sous les
combles, la nourriture se détériora et les topinambours firent leur
apparition dans la grande salle à manger. Les rapports entre Céline
et Josef Schlemann s'envenimèrent, surtout à cause de son horrible
secrétaire, Fraülein Fischer, que Céline a comparée à Quasimodo,
et dont il a dit qu'ancienne employée d'un consulat allemand en
Afrique du Nord, elle y avait été fessée par les Américains [3], anec-
dote confirmée par Corinne Luchaire, mais mise par elle au crédit
de la Légion étrangère [4].

Sans nouvelles du ministère des Affaires étrangères, Céline
appela au secours son ami Karl Epting, alors rapatrié à Berlin.
Répondant immédiatement à cet appel, Epting vint à Baden le 29
ou le 30 août et, quelques jours plus tard, il obtint pour Céline,
Lucette et Le Vigan le droit de le rejoindre à Berlin où les attendait le docteur Hauboldt.

1. La Légion des Volontaires français qui fut engagée sur le front de l'Est.
2. Voir *Nord*, p. 325.
3. *Nord*, p. 322.
4. *Ma drôle de vie, op. cit.*, p. 199.

CHAPITRE II

Kraenzlin

> « J'ai des visions?... j'ai l'ouïe fantasque?
> c'est manière de rire! pas plus! J'ai le rire natu-
> rel... de l'embellie dans la vacherie... c'est pas
> tout le monde...! »
>
> *Féerie pour une autre fois*, pp. 51-52.

Dès leur arrivée à Berlin, Céline et ses compagnons de voyage se présentèrent à l'hôtel Adlon où l'on n'acceptait malheureusement pas les animaux. Les voyageurs durent donc trouver refuge dans un établissement de condition plus modeste, bien contents qu'il y ait de la place dans un hôtel endommagé mais encore debout.

Louis avait toujours en tête l'idée de passer au Danemark, mais le principal objet de ses démarches fut d'obtenir l'autorisation d'exercer la médecine en Allemagne et de trouver un gîte ailleurs que sous les bombes, de préférence au Nord et le plus près possible de la frontière danoise.

C'est à la demande du ministère des Affaires étrangères, et grâce à l'amicale intervention d'Epting, que le docteur Hauboldt accepta de s'occuper de Céline. Les deux hommes se connaissaient un peu pour s'être rencontrés à Paris où le docteur Hauboldt était venu à l'invitation du « Kultur-Institut » faire une conférence devant des médecins français sur l'aide hygiénique et prophylactique apportée pendant l'hiver 1939-1940 à des populations émigrées de souche allemande. A cette occasion Céline avait été présenté au conférencier et les deux hommes avaient eu un entretien au cours duquel Céline se serait montré partisan d'une collaboration politique entre Français et Allemands. Hauboldt avait même été frappé par la violence de ses propos et par la haine qu'il avait manifestée contre les Anglais [1].

Hauboldt reçut Céline à Berlin dans son bunker de Grünewald, situé Konigsallee 62. Homme de forte stature, il s'apprêtait à prendre un bain dans sa piscine et c'est donc en peignoir qu'il accueillit ses hôtes français. Il donna des ordres pour que Céline obtienne l'autorisation d'exercer en Allemagne, ce qui ne posa pas de problème, non seulement parce qu'il y avait des textes définissant des équivalences de diplômes, mais aussi parce que Hauboldt était investi d'importantes fonctions civiles et militaires. Il servait comme officier dans les *Waffen S.S.* avec le grade de *Standartenfuhrer* et dirigeait surtout les relations étrangères du *Reichsarzkammer,* ou Chambre des médecins du Reich, et c'est en cette qualité qu'il avait été représenté à Paris pendant toute l'Occupation par le docteur Knapp. Après la mort de Céline, au cours du procès de *Nord* [2], le docteur Hauboldt affirma avoir aussi offert à Céline un poste de médecin bien rétribué, avec un salaire fixe, qu'il aurait refusé. Il promit en tout cas de lui trouver un refuge en dehors de Berlin.

Au cours de ce séjour à Berlin, qui dura environ huit jours, Céline rencontra Epting qui l'invita à dîner le 10 septembre 1944 dans un restaurant de la Wilhelmstrasse épargné par les bombardements. Il s'agissait en fait d'une petite taverne en sous-sol où ils se sont retrouvés avec Lucette, Le Vigan et Alain Laubreaux [3].

Peu après, Hauboldt fit conduire Céline à Kraenzlin, petit vil-

---

1. Déposition du docteur Hauboldt dans le procès de *Nord.*
2. Voir *infra,* p. 38, note 1.
3. Journaliste à *Je suis partout.*

lage tout proche de Neuruppin, à une cinquantaine de kilomètres à vol d'oiseau au nord-ouest de Berlin, chez des amis, les Scherz, qui avaient accepté de l'héberger. Les Scherz possédaient à Kraenzlin une grande et belle maison entourée de bâtiments agricoles partiellement occupés par le service de Hauboldt. Sur le domaine vivaient également quelques prisonniers français, quelques *bibelforchers,* c'est-à-dire des réfractaires du service armé, des réfugiés ukrainiens et polonais, ainsi qu'un groupe d'anciennes prostituées de Berlin astreintes au travail forcé.

Le Vigan a raconté tout cela à Paraz dans sa lettre du 1er février 1950 : « Kräzlin c'est un petit village de 100 habitants environ. Mais c'était au *Nord!* ça nous allait! Nous espérions, sautant comme des puces, atteindre le Danemark. Y arriver même clandés, si les papiers n'étaient pas rendus à Céline. Celui-ci n'avait pas caché cette intention au médecin de Berlin qui avait tiqué d'abord, puis promis de tout faire pour nous pousser jusquelà, ou tout le moins jusqu'au Schleswig-Holstein.

» C'est ainsi que nous sommes arrivés dans le néant de ce petit Kräzlin.

» Céline et moi, nous eûmes chacun une chambre dans un local réquisitionné, habité par une famille " en bois de pousse " — un service de comptabilité d'intendance dont le chef était visiblement chargé de notre surveillance — et par une vingtaine de bagnards costumés " peau de zèbre ", déserteurs depuis le début des hostilités, par objection de conscience du régime hitlérien. Ils bûcheronnaient dans les environs.

» Cette cohabitation nous signala aussitôt la signification qu'on donnait à notre retraite. L'existence fut effroyable durant deux mois. Nous ne mangions qu'une soupette maigre et q.q. patates à chaque repas. A la cuisine, les bagnards se marraient de nos pitances et nous rêvions de " l'égalité de l'assiette ". Nous ne pouvions sortir de Kräzlin que par permission difficultueuse et pour nous rendre à pied jusqu'à Neuruppin. Nous étions suspects à la population paysanne. C'était nous " les étrangers de la maison du bagne ". Nous fûmes lapidés deux fois par les gosses du village. La femme de Céline fut blessée au sein. Nous ne sortîmes bientôt

plus de nos chambres. A la deuxième dégelée de pierres, les gardes
champêtres territoriaux, armes à la main vers nous, nous avaient
pourtant dégagés, mais en nous donnant le conseil d'être le moins
possible en dehors de nos murs. Nous " avions " la réputation
d'être des parachutistes capturés! De plus à Kräzlin nous étions
sans rapport, sans nouvelles. Céline retempêta, reprotesta, par de
nombreuses lettres au ministère des Aff^{res} étrangères allemand, et
au docteur de Berlin qui nous avait placés dans l'impasse du péni-
tencier. Ce fut le ministère qui répondit le 1er - Ns eûmes la visite
d'un fonctionnaire qui nous proposa de nous sortir de là... si...
Céline consentait à écrire un livre (dont les chapitres passeraient
d'abord dans la presse allemande) et qui établirait une similitude
sentimentale entre l'exil des réfugiés protestants français au
17e siècle, et celui des réfugiés français de 1944. - On me proposa,
à moi-même, la rédaction de plusieurs articles sur les qualités et
les défauts, qui à mon sens, apparentaient et différenciaient le
cinéma français de l'allemand. Nous refusâmes. Le fonctionnaire
nous laissa dans le Kräzlin[1]. »

Quand Le Vigan fut arrêté à Feldkirch en 1945, il écrivit aussitôt à Fernand Ledoux une lettre qui contenait aussi une évocation
de la vie à Kraenzlin : « Céline connaissait le chef des médecins à
Berlin.- Nous nous sommes adressés à lui.- Nous fûmes, le plus
doctement du monde, conduits à Cranzlin, petit bourg près de
Neüruppin où nous avons attendu 2 mois, maintenus isolés de tout
et perdus.— Très las, et dans le grand besoin de retrouver q.q.
Français, d'exercer la langue, nous sommes allés à Sigmaringen[2]. »

Il est de fait que l'atmosphère était lourde à Kraenzlin. La vie
au milieu d'étrangers indifférents, quand ils n'étaient pas hostiles,
avait quelque chose d'autant plus insupportable que Céline était

---

1. Lettre de Le Vigan à A. Paraz, 1er février 1950, le Lérot rêveur, op. cit., pp. 33-36.
2. Lettre inédite de Le Vigan à F. Ledoux, 8 mai 1945.

suspect à tous. Les nazis lui reprochaient la liberté avec laquelle il affirmait ses opinions défaitistes et son impérieux désir de gagner une puissance neutre; les autres suspectaient de trahison ce médecin transfuge qui recevait la visite de gros bonnets du national-socialisme et parlait trop bien l'allemand pour n'être pas hitlérien.

Le seul événement heureux de ce séjour fut probablement la visite d'Epting, relatée par lui dans un article publié peu après la mort de Céline dans la revue *Christ und Welt* : « Chaque détail m'est revenu de cette visite au domaine de Kraenzlin en octobre 1944, où Louis-Ferdinand, Lucette, l'acteur de cinéma Le Vigan et le matou Bébert, qui participa à toute l'odyssée de France en France, avaient trouvé un refuge pour quelques semaines : le propriétaire paralysé, le russe Nikolas, les bonnes polonaises, les sombres objecteurs de conscience, l'étang du village [1]. »

L'absence de nouvelles et l'inactivité pesaient à Céline d'autant plus que les seuls événements qui venaient émailler le séjour étaient, outre les menus incidents avec la population, l'annonce de nouveaux revers de l'armée allemande et le spectacle des bombardements de Berlin que l'on entendait et dont on voyait les lueurs.

Sur le plan matériel, leur installation était des plus inconfortables. Céline et Lucette partageaient une petite chambre dans une tour, éclairée seulement par une méchante lucarne, avec un lavabo sans eau, et sans chauffage, ce qui, à la fin du mois d'octobre, commençait à présenter quelques inconvénients. Quant à Le Vigan, il couchait juste au-dessous, dans un sous-sol froid, humide et pratiquement sans aération [2]. Les repas étaient pris en commun avec les employés de l'antenne administrative du ministère de la Santé qu'Hauboldt avait installée à Kraenzlin. La nourriture était infecte, à base de pommes de terre et autres féculents, tandis que dans la salle à manger des Scherz, sans faire bombance, on consommait les produits des fermes et l'on servait régulièrement du porc. Lucette et Louis, peu portés sur la gastronomie, man-

1. « Er sah die Welt ohne Maske », *Christ und Welt*, 14 juillet 1961, p. 2.
2. Témoignage inédit de Karl Epting.

geaient ce qu'on voulait bien leur donner, mais Le Vigan en souffrit énormément.

Pendant les quelque six semaines de son séjour à Kraenzlin, Céline n'eut que très peu de rapports avec la famille Scherz, dont aucun membre n'a jamais manifesté pour lui une sympathie particulière et qu'il a présentée dans *Nord* sous un jour grotesque et outrancier.

Ainsi le *Rittmeister* Erich Scherz [1], alors âgé de quatre-vingts ans, vieillard retiré des affaires depuis vingt ans, n'était ni coureur ni pervers. Il n'urinait pas sur les filles et n'organisait pas de parties fines avec les petites bonnes polonaises que l'on employait à l'entretien du manoir.

C'était son fils, Erich Scherz jeune, alors âgé de quarante-cinq ans, qui dirigeait le domaine depuis que son père avait pris sa retraite. Paralysé depuis 1935 à la suite d'une polyomiélite, il devait décéder peu après la guerre, le 22 mars 1949, à Itzehoe dans le Holstein, d'un cancer de l'estomac. Comme il ne pouvait quitter son fauteuil, il se faisait porter par un prisonnier russe appelé Nikolas, véritable colosse qui le soulevait comme un fétu de paille et dont Lucette Destouches et Karl Epting ont conservé le souvenir précis. S'il serait inexact de prétendre qu'Erich Scherz était un débile mental, il est parfaitement vrai qu'il avait appartenu au parti national-socialiste et qu'il avait été membre des S.A.

La personnalité la plus affirmée de cette famille était certainement son épouse, Asta Scherz, alors âgée de quarante-trois ans, fort belle femme issue d'une excellente famille de militaires et dont le père, décédé en 1937, avait été major général dans l'armée allemande. Elle se montra toujours un peu distante avec ses hôtes français, ne les recevant à déjeuner qu'une seule fois et les saluant simplement quand elle les croisait dans le domaine. Elle n'était ni perverse, ni dangereuse, ni « putassière », elle ne s'est jamais rendue coupable d'incendies volontaires et n'a demandé à Céline ni de coucher avec elle ni de lui procurer des drogues pour assassiner son mari. Elle entretenait seulement des relations vraiment

1. Décédé en 1947.

très amicales avec Hauboldt, ce dont Lucette et Louis ont été témoins à l'occasion des trois ou quatre visites qu'il leur rendit pendant leur séjour à Kraenzlin [1].

Il faut ajouter à cela quelques autres personnages secondaires, les deux enfants d'Erich et d'Asta Scherz : leur fille Anne-Marie alors âgée de douze ans et leur fils Udo qui avait une dizaine d'années. Vivait aussi au manoir, dans une chambre située au-dessus de celle de Céline, une femme de soixante-dix ans, Mlle Käthe Lake, belle-sœur du vieux Scherz, qui jouait du piano (pas très bien) et avec laquelle Lucette s'entraînait de temps à autre.

Céline fut présenté au Landrat, sorte de sous-préfet chargé de l'administration de la région de Neuruppin, avec lequel il entretint de bons rapports. C'était un vieux célibataire de plus de soixante-dix ans, paralysé d'une jambe, et qui régnait sur le petit monde hétéroclite de Kraenzlin avec un maximum de bonhomie.

Hauboldt proposa un jour à Céline un emploi de médecin dans une usine d'armement à Rostock. Louis n'avait pas l'intention d'accepter le poste, mais il profita de l'occasion pour se rendre à Rostock et à Warnemunde où il pensait trouver sans trop de difficultés un bateau pour le Danemark. Une fois sur place, il se rendit compte que, si le Danemark était effectivement à portée de jumelles, la côte était surveillée militairement dans ses moindres recoins, tous les bateaux avaient été réquisitionnés et il ne pouvait faire un pas hors de son hôtel sans être suivi par quelque sbire de la police. Aussi dut-il renoncer et revenir à Kraenzlin.

Cet épisode a été évoqué par Le Vigan dans sa lettre à Paraz : « Quelque temps après le médecin allemand nous proposa d'aller vivre plus au nord, à Rostock - Nous étions devenus vachement flaireurs! Céline voulut *voir avant!* ce dont il s'agissait à Rostock! - Un sauf-conduit de 3 personnes permit d'atteindre cette ville.

» Il s'agissait pour Céline d'être médecin, et pour moi d'être infirmier dans un dispensaire et pour les soins des ouvriers de

1. Asta Scherz et le Dr Hauboldt, qui se jugeaient diffamés dans *Nord*, ont intenté des procès aux Éditions Gallimard en 1962 et 1964 devant le tribunal de Charlottenburg et ont obtenu des dommages et intérêts.

plusieurs *usines de guerre!* - Je n'ai jamais vu Céline fulminer comme ça! Des sauts de chats! Bébert en bandoulière en était dans sa musette! des coups de tête au plafond! - Nous revînmes muets et désespérés à Kräzlin. Il fallait pourtant forcer la souricière! - En dernier recours, ns ns sommes adressés aux Français de Sigmaringen et nous leur avons offert les soins médicaux qu'ils agréèrent. L'emploi d'infirmier me fut ensuite refusé, faute de diplôme [1]! - »

Dans une lettre à Jean-Louis Tixier-Vignancour, Céline a donné sa version de cette aventure, soutenant que Le Vigan n'y avait pas participé : « Toujours dans mon projet de fuite au Danemark - je montais tout un roman de m'établir médecin à *Rostock* - afin de pouvoir étudier sur place à *Warnemunde* le moyen de passer *clandestinement* au *Danemark*. Le Vigan demeura 5 jours à *Krantzlin* cependant qu'avec ma femme nous fûmes à *Rostock* raconter des bêtises à [la] chambre des médecins de *Rostock* et demander la permission de nous rendre par chemin de fer en *excursion* à *Warnemünde* - (port proche) nous sommes restés 24 heures à *Warnemunde* à étudier les possibilités d'embarquer clandestinement nous avons été *repérés* presque immédiatement - Je n'ai jamais vu autant de policiers sur une plage ni autant de mitrailleuses sur les jetées - nous avons été interpellés 20 fois en qq heures! De retour à *Krantzlin* nous avons appris que le g[ouvernement] français se formait à Sigmaringen - Vivement notre décision fut prise - de nous précipiter vers Sigmaringen [2]! »

Comme il n'y avait effectivement pas d'autre solution, Céline décida de retourner dans le milieu de la collaboration, dont il avait voulu se séparer, en rejoignant la colonie française de Sigmaringen. Il y entendrait au moins parler français, pourrait pratiquer la médecine et y trouverait peut-être le moyen de passer en Suisse. Il écrivit donc à Fernand de Brinon pour lui proposer ses services.

On a ensuite fait grief à Céline d'avoir été volontaire pour rejoindre le camp des collaborateurs. Il s'en est expliqué dans une lettre à Jean Paulhan : « Ah j'oubliais encore ce fameux grief,

1. Lettre de Le Vigan à A. Paraz, 1er février 1950, *le Lérot rêveur*, *op. cit.*, pp. 36-37.
2. Lettre inédite de Céline à J.-L. Tixier-Vignancour [printemps ou été 1949].

preuve de ma culpabilité *Il est parti à Sigmaringen! Ah! Sigmaringen!* Que se passait-il foutre à Sigmaringen! Ils voudraient bien tous y avoir été les damnés voyeurs à Sigmaringen! Ils enragent de déconner à vide, toujours, sur Sigmaringen -, à se décerveler la nénette! Je suis descendu à Sigmaringen par patriotisme parce qu'on y parlait français et que je peux pas souffrir l'allemand ni l'anglais d'ailleurs, que je parle pourtant l'un et l'autre parfaitement - Allez-y voir! Je suis EFFROYABLEMENT FRANÇAIS [1] - »

La réponse de Brinon ne se fit pas attendre. Céline pouvait venir. On avait effectivement besoin d'un médecin à Sigmaringen, non comme il a été souvent dit, pour remplacer le docteur Ménétrel auprès du maréchal Pétain, mais pour aider le docteur Jacquot [2] à soigner la colonie française qui comprenait plus de deux mille personnes, mal aimées, mal nourries, mal chauffées, vulnérables à tous les microbes, à tous les virus et à toutes les fausses nouvelles.

C'est ainsi qu'un matin, probablement dans les derniers jours du mois d'octobre 1944 [3], on vit descendre du train à la gare de Sigmaringen un étrange clochard dont Lucien Rebatet a fait le portrait que voici : « Les yeux encore pleins du voyage à travers l'Allemagne pilonnée, il portait une casquette de toile bleuâtre, comme les chauffeurs de locomotive vers 1905, deux ou trois de ses canadiennes superposant leur crasse et leurs trous, une paire de moufles mitées pendues au cou, et au-dessus des moufles, sur l'estomac, dans une musette, le chat Bébert, présentant sa frimousse flegmatique de pur parisien qui en a connu bien d'autres. Il fallait voir, devant l'apparition de ce trimardeur, la tête des militants de base, des petits miliciens : " C'est ça, le grand écrivain fasciste, le prophète génial? " [4] »

Si l'accoutrement de Céline fit impression, il reçut de son côté

---

1. Lettre inédite de Céline à J. Paulhan, 15 avril [1948] (coll. Jacqueline Paulhan).
2. Médecin à Remiremont (1898-1970).
3. Céline était à Sigmaringen le 4 novembre (voir le « journal » de Marcel Déat, *Cahiers de l'Herne*, p. 255).
4. *Cahiers de l'Herne*, p. 235; repris dans *les Mémoires d'un fasciste*, Pauvert, 1976, p. 218.

un certain choc en découvrant la petite principauté dans laquelle il allait vivre un peu plus de quatre mois comme un manant à l'ombre de l'immense château des Hohenzollern, sous l'empire illusoire et chancelant de « Philippe le dernier [1] ». « Vous vous diriez en opérette... le décor parfait... vous attendez les sopranos, les ténors légers... pour les échos, toute la forêt!... dix, vingt montagnes d'arbres!... Forêt-Noire, déboulées de sapins, cataractes... votre plateau, la scène, la ville, si jolie fignolée, rose, verte, un peu bonbon, demi-pistache, cabarets, hôtels, boutiques, biscornus pour " metteur en scène "... tout style " baroque boche " et " cheval blanc "... vous entendez déjà l'orchestre [2]!... »

Louis n'en croyait pas ses yeux... il ne savait pas encore qu'« Ubu Roi » avait installé dans ce décor la capitale de son royaume et le siège de son gouvernement.

1. *D'un château l'autre*, p. 124.
2. *Ibid.*, pp. 102-103.

CHAPITRE III

Sigmaringen

> « [...] au vrai, je suis né si curieux que pour apprendre un petit quelque chose, une futilité, on me ferait grimper la tour Eiffel avec mes deux cannes... »

Nord, p. 566.

Il y avait à Sigmaringen, un peu comme partout, des Seigneurs et des Vilains : « les nababs du château et les crevards des soupentes [1] ». Louis Destouches ne fut pas long à s'apercevoir qu'il faisait partie de la seconde catégorie, composée de citoyens qui ne recevaient qu'une seule carte d'alimentation alors que les mauvaises langues affirmaient que le Maréchal en avait dix-huit...

Installés dès leur arrivée au premier étage de l'hôtel Löwen, dans une chambre tout à fait minable qui portait le numéro 11, Céline, sa femme et son chat vécurent quatre mois dans ce petit hôtel tout proche du château, qui comprenait au rez-de-chaussée une seule salle commune, où beaucoup de miliciens se retrouvaient, et dans les étages une trentaine de chambres principalement occupées par des Allemands. Chaque chambre avait un petit lavabo, mais il

---

1. *D'un château l'autre*, p. 29.

fallait aller au bout du couloir pour les toilettes. Au même étage vivait aussi le docteur Muller chargé de la surveillance de la colonie française et surtout le *Gauleiter* Boemelburg, *S.S. Sturmbannführer,* dont Céline a fait Raumnitz dans *Nord,* toujours accompagné de ses deux bergers allemands [1].

Le Vigan, installé à l'hôtel Bären, où se trouvaient Lucienne Delforge et les Rebatet, n'apprécia pas d'être séparé de Céline et l'on constate, à partir de leur installation à Sigmaringen, un net refroidissement de leurs relations. En réalité, Le Vigan avait espéré être embauché comme infirmier et pouvoir ainsi travailler avec Céline dans un emploi totalement apolitique. « [...] nous sommes allés à Sigmaringen. - Céline y obtint tout de suite l'emploi de médecin; mais, dans la crainte que sa femme ne soit admise à Sigmaringen (avant même de s'informer de la facilité qu'il avait eue de la garder près de lui), il la proposa pour être son infirmière. - Je me trouvais donc tout à coup, seul, sans argent et en cette ville contrôlée où le séjour n'était permis qu'aux possesseurs d'emploi. - Grâce à q.q. camarades j'ai tenu l'emploi de planton hors des nouvelles responsabilités indésirées et indésirables. - Mais, le pseudo-gouvernement s'est vite inquiété de mon inactivité. - Trois semaines après, je fus menacé d'expulsion et tout à la fois invité à accepter à la " radio gouvernementale française " l'un des postes de speaker lecteur des informations quotidiennes [2]. » En clair, Le Vigan reprochait à Céline de l'avoir abandonné et d'avoir été indirectement responsable de ses interventions à la radio gouvernementale. Il n'y resta pas longtemps et dut quitter son poste le 7 janvier 1945, atteint de grippe infectieuse et d'un anthrax dans l'oreille [3].

Céline et Le Vigan n'étaient cependant pas ouvertement brouillés et quand Le Vigan fut malade, Céline le soigna, venant le voir chaque jour au Bären, prétexte à d'interminables conversations

1. Ancien chef de la Gestapo à Paris.
2. Lettre inédite de Le Vigan à F. Ledoux, 8 mai 1945.
3. Le 18 avril, il tenta de passer en Suisse avec Mercadier (directeur de *la France,* quotidien de Sigmaringen contrôlé par Jean Luchaire) et, après plusieurs échecs, se rendit aux troupes françaises le 3 mai 1945.

avec Lucien Rebatet qui habitait la chambre voisine de celle de
Le Vigan. Quand Le Vigan fut jugé et condamné le 16 novembre
1946 à dix années de travaux forcés [1], il prit spontanément et
courageusement la défense de Céline, ce dont le docteur André
Jacquot fut témoin : « Vous ai-je signalé l'attitude courageuse
— contre toute attente — de Le Vigan au cours de son procès, j'y
étais. A la question du Président : C'est bien sur les conseils de
Céline et sur sa recommandation auprès du gouvernement de
Sigmaringen que vous avez été embauché comme speaker à la
Radio? Réponse : C'est absolument faux — Céline ignorait tout de
cela. S'il l'avait appris il m'aurait dit : Espèce de con; c'est la dernière connerie que tu peux faire! (Rires et approbations) [2]. »

Dès son arrivée à Sigmaringen, Céline fut embauché par la
Délégation gouvernementale comme médecin de la colonie française, fonction qu'il partagea avec le docteur André Jacquot.
Ancien médecin de la Coloniale, le docteur Jacquot avait exercé
sur divers paquebots de la Compagnie générale transatlantique et
avait visité l'U.R.S.S. en 1932. Il était aussi, et surtout, ancien
combattant de la Grande Guerre, d'où il était revenu européen et
pacifiste. Après l'armistice de 1940, il s'était engagé dans le Front
révolutionnaire national de Marcel Déat, ce qui l'avait contraint à
fuir en Allemagne peu avant la Libération. Ensuite, après quelques
mois de clandestinité dans le nord de l'Italie, il s'était finalement
livré aux autorités françaises à Chambéry.

Les docteurs Louis Destouches et André Jacquot, qui avaient
donc tout pour s'entendre, ont effectivement collaboré pendant
quatre mois dans un parfait climat de confiance et d'amitié, mais
dans des conditions matérielles très difficiles. On manquait de tout
à Sigmaringen : de nourriture, de médicaments, de chauffage
et même de lait pour les nourrissons. L'*Hofapotheke* toute proche
du château et du Löwen n'était pas en mesure de satisfaire toutes
les demandes; aussi Céline dut-il intervenir à maintes reprises
auprès de Fernand de Brinon et auprès des autorités allemandes

---

1. Peine commuée en cinq ans de prison par décret du 26 juin 1948.
2. Lettre inédite de Jacquot à Céline, 13 janvier 1947.

pour obtenir au moins l'essentiel. Bien souvent il lui fallut faire appel à l'hôpital de Reutlingen et aux autorités françaises de Constance où se trouvaient la Milice et les restes du P.P.F. groupés autour de Jacques Doriot et où Céline dépêchait Germinal Chamoin qui lui servait d'infirmier.

Germinal Chamoin [1] était un curieux personnage issu d'une famille où l'on avait conservé le culte de la révolution de 1789 au point que sa sœur avait été prénommée Églantine et ses deux frères Floréal et Spartacus. Pour sa part, Germinal avait beaucoup bourlingué et il avait même été cuisinier à l'hôtel McAlpin de New York quelques semaines après le passage de Céline [2]. Il avait été aussi parmi les premiers à s'engager dans la L.V.F. et avait servi sur le front russe dans les rangs du 638e régiment d'où il avait été finalement rapatrié pour raisons de santé.

Céline exerçait principalement tous les après-midi, à côté du pont sur le Danube, dans la cabinet du dentiste Gunther qui servait quelque part sur le front. Ce même cabinet était occupé tous les matins par le docteur Jacquot et l'on n'y recevait en principe que des Français. Chamoin y avait vu défiler quantité de miliciens, dont certains étaient atteints de maladies vénériennes, mais dont le plus grand nombre alléguait des maladies imaginaires pour se faire réformer. Céline leur délivrait des certificats de complaisance autant qu'ils en demandaient car il ne voyait vraiment pas l'utilité d'envoyer de jeunes Français à la mort pour une cause qu'il savait perdue. Certains d'entre eux se souviennent qu'en cette occasion il leur sauva probablement la vie. Ils se rappellent également les propos qu'il leur tenait dans la salle commune du Löwen quand chacun commentait l'avance des Alliés devant une carte de l'Europe que le patron de l'hôtel avait agrafée au mur. Céline leur disait que tout était foutu et invectivait contre Doriot et les autres criminels qui tentaient encore de recruter pour la brigade « Charlemagne », *Waffen S.S.* française.

Louis donnait aussi des consultations au Fidélis, où habitait

1. 9 août 1901-11 novembre 1977.
2. Voir tome I, pp. 255 et suiv.

COMMISSION GOUVERNEMENTALE FRANÇAISE

Travail et Solidarité Nationale

SERVICE MEDICAL

Sigmaringen, le *13/2*

*Herr
Chamoin
ist mein
Heilige helfe*

D. Destou
D'DESTOUI

O/0914

Commission Gouvernementale Française

SERVICE MÉDICAL

Sigmaringen, le *29-12-44*

*J'atteste avoir
donné le permission
à Mr Chamoin, mon
infirmier, de se
rendre à Constance
par divers achats
pharmaceutiques pres-
urgens*

O/0914

Deux attestations délivrées par Céline à Germinal Chamoin.

Chamoin, couvent transformé en maternité où se trouvaient de nombreuses Françaises coupables de ce que Céline appelait « la collaboration horizontale ». Il visitait des malades en ville et achevait ses journées en recevant ses derniers patients dans sa chambre à l'hôtel Löwen. Non seulement il ne se faisait pas payer, mais il n'alla jamais chercher son salaire à la Délégation générale et bien souvent il payait les médicaments de sa poche. Il y avait dans ce domaine beaucoup de marché noir et Germinal Chamoin se souvenait que Céline achetait à prix d'or, et de ses deniers, de la morphine de contrebande qui venait de Suisse.

Chamoin était d'une débrouillardise extraordinaire, tant pour se procurer des denrées alimentaires introuvables que pour recueillir les informations les plus secrètes qu'il arrachait à diverses personnalités au cours de séances de massages. Il massait ainsi régulièrement Fernand de Brinon, sa secrétaire Mme Mitre et le tout-puissant Boemelburg, que tous les habitants de Sigmaringen craignaient comme la peste. Au cours de l'une de ces séances, Boemelburg avait déclaré à Chamoin qu'il en savait assez sur Céline pour le faire fusiller.

Céline s'est toujours très énergiquement défendu d'avoir collaboré à Sigmaringen avec les Allemands ou avec les Français de la Collaboration : « Nous avons vécu en Allemagne ma femme et moi plus misérablement que les derniers des réfugiés, nous avons strictement crevé de faim et de misère pendant un an. Tout en travaillant d'ailleurs, car je n'ai pas arrêté de pratiquer la médecine de jour et de nuit dans des conditions atroces, donnant des soins strictement à mes compatriotes. J'ai toujours refusé en Allemagne la moindre participation à la politique ou à la propagande écrite ou parlée. J'ai dépensé en Allemagne plus de 500 000 francs de ma poche, emportés de France et changés en marks. J'ai acheté à mes frais tous les médicaments que je trouvais dans les pharmacies allemandes et que je distribuais aux malades français et dont nous étions totalement dépourvus [1]. »

Nombreux sont ceux qui ont confirmé l'attitude de Céline à

----

1. Lettre inédite de Céline à T. Mikkelsen, 5 mars 1946.

Sigmaringen : « Louis-Ferdinand Céline était bien le plus intolérant, le plus mal embouché de tous les hôtes forcés du Reich. Pour tout dire il ne pardonnait pas à Hitler cette débâcle qui le fourrait à son tour dans de si vilains draps [1]. »

Dans une lettre écrite du Danemark à André Brissaud, Céline a reconstitué ses propos de l'époque : « Voilà les propos que je tenais à Sigmaringen, en prenant soin que le Boemelburg ne soit pas dans les parages. [...] C'est écrit. L'affaire est dans le sac... Les Boches sont archifoutus, emballez les os... plantez un saule... les tripes d'un côté... les gambilles de l'autre... Un drôle de bignolage d'ailleurs... y comprennent rien à ce qui se passe... disciplinés... garde à vous... coups de pied au cul... Heil Hitler!... jusqu'au bout. Valsez, fantoches, à la ballade des fusillés... leurs sales tronches... Adieu Sigmaringen... j'en ai mon compte, terminé le ballet des crabes pleins de poux... J'fous le camp en Norvège... au pôle Nord... Là-haut, je ne verrai plus leurs faces de Pierrot et de Jean-foutre... Je vais au pays des lacs... je ne veux plus de leur Goebbel's propagande... grosse caisse, lanterne, vessie, trompettes, bidon vide... tripes à l'air... en avant Das Reich pour la boucherie... Leur socialisme, du carton-pâte, du stuc... de la guimauve... rutabaga... ils partagent rien les Frisous... nib... racisme débile, précaire, fétide, rampant, minable, prussien... Je ne suis pas de l'anthracite ni de l'engrais pour les salades du gros Goering... je ne me sens pas l'âme d'une briquette [2]... »

Le docteur Jacquot fut témoin de tout cela : « Je ne perds pas une occasion pour rétablir la vérité sur votre compte, sur votre vie à Sigmaringen, j'éclaire les consciences, indiquant votre attitude résistante à toutes les pressions nazies, attitude qui n'était pas sans danger... les vérités cinglantes que vous avez servies aux nazis et à leurs valets, la surveillance dont vous étiez l'objet, votre comportement si purement français, ces révélations ne sont pas sans causer

1. Lucien Rebatet, *Cahiers de l'Herne*, p. 237; repris dans *les Mémoires d'un fasciste*, op. cit., p. 221.
2. Lettre de Céline à A. Brissaud, *Pétain à Sigmaringen*, Librairie Académique Perrin, 1966, pp. 425-426.

un certain étonnement, un malaise, et une réprobation pour les sévices que vous endurez si injustement [1]. »

Le 3 février 1950, deux semaines avant le procès de Céline, le docteur Jacquot écrivit au président de la Cour de justice :

« Pendant tout son séjour dans le Wurtemberg, j'ai été témoin au jour le jour des faits et gestes de L.-F. Céline.

» Je puis attester que ce dernier a eu une attitude parfaitement correcte du point de vue national, qu'il a soigneusement évité les contacts avec les autorités françaises et allemandes, qu'il a systématiquement refusé toutes les offres qui lui étaient faites de faire une quelconque déclaration qui aurait pu être insérée dans la presse en langue française publiée là-bas. Bien plus il a, malgré les pressions et non sans risques, décliné toute invitation à prêter son concours aux manifestations politiques, littéraires ou artistiques qui eurent lieu à Sigmaringen au cours de l'hiver 1944-1945.

» De ce fait il était contraint de vivre en reclus, surveillé, espionné, ne sortant de l'affreuse chambre où on l'avait relégué que pour se consacrer à ses obligations médicales, c'est-à-dire pour essayer de soulager, dans des conditions lamentables, ses concitoyens.

» A ce titre, je puis affirmer qu'il n'a absolument soigné que des Français, réfugiés de toutes provenances, prisonniers, transférés, travailleurs volontaires ou non.

» Comme il était persuadé depuis longtemps de l'inéluctable victoire alliée et qu'il ne se gênait pas pour le déclarer à tout venant, il était suspect à la fois aux policiers français et allemands qui abondaient dans la petite cité et il essuyait les sarcasmes et les attaques sournoises et brutales des fanatiques qui à la fin de son séjour ne parlaient rien moins que de le faire fusiller ou de l'assassiner.

» Du point de vue matériel, son comportement lui valut d'être logé dans le plus élémentaire confort. La nourriture qu'il recevait était des plus insuffisantes, il perdit ainsi près de 20 kilos. C'est parce que j'ai été quotidiennement mêlé à son existence à Sigma-

_____

1. Lettre inédite de Jacquot à Céline, 13 janvier 1947.

ringen et que j'ai été le seul témoin de ses activités médicales que je pris, Monsieur le Président, la liberté de vous écrire cette lettre. »

Le Vigan écrivit dans le même sens à Paraz : « Céline vécut à Sigmaringen *enfermé volontaire* dans le taudis qu'on lui consentit. Il ne cessa jour et nuit de s'y dévouer aux soins des Français qui habitaient la ville. Je dis bien *enfermé*, ne sortant comme flèche que pour les cas graves; et deux fois par jour pour faire pisser Bébert, notre vieux matou; et en vitesse qu'il lui disait [1]. » Céline revendiqua même le titre de « Résistant » dans *Vive l'amnistie, Monsieur!*[2] : « Mais un petit peu nous aussi, peut-être?... " Résistants " de Siegmaringen [sic], pas pour rire, sérieux et de choc! Qui a été chez l'ennemi même, je demande, résistance pour résistance, lui dire un peu ce qu'ils pensaient, au monstre teuton, au moment de la fine fureur, où toutes les armées du monde leur passaient à travers les tripes?... Et dans des ouragans de phosphore... Le monstre en pleine dissection, à l'écartellerie membre par membre?... De Londres, Brazzaville, Irkousk, commode de ramener sa petite fraise, envoyer de ces vanes que toute la planète pantèle, gode aux anges... reboume " fol courage passé le danger "! tout va, tout possible d'Irkousk, Brazzaville, London... Siegmaringen autre chandelle[2]!... »

L'attitude frondeuse de Céline à Sigmaringen a été confirmée par Jean Hérold-Paquis : « Réfugié à Sigmaringen, Céline avait vu la défaite allemande, après l'échec des Ardennes. Il racontait que *l'École des cadavres, Bagatelles pour un massacre, les Beaux Draps*, n'étaient que des notes personnelles qu'il ne voulait pas livrer au public, mais que Denoël lui avait littéralement arraché les pages manuscrites de ses trois bouquins. Oui, L.-F. Céline, porté au pinacle par les propres ténors de la collaboration, Céline, le dieu des anti-juifs, le messie de l'ordre nouveau, Céline que son torrentiel langage avait imposé à la foule, Céline qui était le " prophète ", " l'évangile ", tout, en un mot, Céline désavouait l'auteur de *Bagatelles pour un massacre, l'École des cadavres, les Beaux*

1. Lettre de Le Vigan à A. Paraz, 1er février 1950, *le Lérot rêveur, op. cit.*, p. 38.
2. Éditions Dynamo, Liège, 1963, p. 1.

Draps. Ces trois livres, il les jetait au feu de sa lâcheté; ces trois livres, il les méprisait, les repoussait du pied. Céline faisait lui-même, dans cette ville allemande, devant quelques milliers de Français le " voyage au bout de la honte " [1]. » L'entourage de Doriot partageait évidemment le même point de vue. Céline n'eut à Sigmaringen aucun rapport avec le Führer du P.P.F. Doriot avait du reste réuni ses troupes à Neustadt, à quelque quatre-vingts kilomètres de là, sur le lac de Constance, et il n'avait que mépris pour les complots qui se tramaient au château et pour les acteurs de cette comédie qu'il considérait comme des guignols.

Louis n'eut pratiquement aucun contact avec le maréchal Pétain qui, du reste, ne l'appréciait pas. Le chef de l'État croisait plus souvent Lucette dans le château, la saluant toujours très poliment, mais c'est avec Bébert qu'il eut, sans le savoir, les rapports les plus suivis car l'animal accompagnait parfois le Maréchal dans sa promenade quotidienne le long du Danube. Le vieillard ne prêtait aucune attention à ce chat qui marchait derrière lui, à distance.

Lucette avait commencé à travailler dans l'appartement de Laval, puis elle avait été autorisée à s'entraîner dans la salle de bal, dite Galerie portugaise, devant un grand miroir rococo. A côté du miroir il y avait un cagibi, qui lui servait de vestiaire, et une porte donnant sur la Galerie de Saint-Hubert qu'elle traversait toujours en courant, pour ne pas voir les bois de biches et de cerfs qui se trouvaient accrochés à ses murs. A l'autre bout de la Galerie portugaise, sur l'estrade, Lucienne Delforge répétait au piano.

Le général Bridoux, ministre de la Guerre dans le gouvernement Laval de 1942, appréciait très peu les exhibitions de Lucette et s'étonnait ouvertement que les portes du château lui aient été ouvertes. Quand il passait dans la galerie, botté et sanglé comme à Saumur, il grognait toujours et l'invitait à danser plutôt sur la terrasse, toujours battue par un vent glacial en cette période de l'année.

Céline vit plus souvent Pierre Laval avec lequel il finit par entre-

---

1. Jean Hérold-Paquis, *Mémoires. Des Illusions... désillusions,* Bourgoin, 1948, pp. 125-126.

tenir de bons rapports : « Mes relations avec Laval furent en effet fort mauvaises tant qu'il fut au pouvoir, mais à Sigmaringen je n'ai jamais eu à me plaindre de lui. Je l'ai au contraire toujours trouvé dans l'infortune très digne, très patriote et très pacifiste, toutes qualités qui sont faites pour me plaire [1]. » « J'étais très bien avec la femme à Laval - lorsque nous nous rencontrions dans la rue à Sigmaringen elle était toujours heureuse de crier que tout le monde entende - et pour faire honte à son mari elle avait le verbe haut : " ah! le Dr Destouches il est comme moi! il les aime pas les allemands! lui au moins!

» — Chutt! chutt! que faisait Laval " - ce sont d'amusants souvenirs [2]. »

Pendant toute la durée de son séjour à Sigmaringen Céline entretint des rapports cordiaux, mais sans plus, avec Fernand de Brinon dont il se méfiait mais dont il dépendait puisqu'il était président de la Commission gouvernementale. Cet « animal des cavernes [3] », « animal des ténèbres, secret, très muet, et très dangereux [4] » a toujours fermé les yeux sur les fantaisies de Céline, refusant d'entendre ses propos défaitistes. « [...] je dois dire qu'avec moi, Brinon dans nos rapports, travaux ensemble, fut toujours correct, régulier... et il aurait eu à dire! lui aussi!... de ces propos qu'on m'attribuait!... pas piqués des vers!... que la Bochie était foutue!... propos publics et en privé!... il l'aurait eu facile, commode Brinon, de m'envoyer quelque part!... il l'a pas fait [5]!... » Il est vrai que Fernand de Brinon avait à ses côtés une femme exquise en la personne de Mme Mitre, toujours prête à rendre service aux uns et aux autres.

Les trois hôtes du château avec lesquels Céline s'entendit le mieux furent Abel Bonnard, Bichelonne et surtout Marion.

Abel Bonnard, ministre de l'Éducation nationale et membre de l'Académie française, passait le plus clair de son temps dans la

---

1. Lettre inédite de Céline à T. Mikkelsen, 28 novembre 1947.
2. Lettre inédite de Céline à T. Mikkelsen, novembre 1946.
3. Appréciation que Céline prête à Abel Bonnard. *D'un château l'autre*, p. 221.
4. *Ibid.*, p. 109.
5. *Ibid.*, p. 108.

bibliothèque du château où les Hohenzollern avaient eu le bon goût de réunir de très nombreux livres français. C'est là surtout que Céline le rencontrait, appréciant l'immense culture de cet homme charmant dont les mœurs alimentaient les conversations au point qu'on l'avait surnommé « gestapette ». Il est vrai que les cancans allaient bon train dans la communauté française qu'Alain Laubreaux avait appelée « la communauté réduite aux caquets ». Céline eut à soigner la mère d'Abel Bonnard, âgée de quatre-vingt-un ans, qui habitait chez le Landrat, pour laquelle il se prit d'affection et qui est décédée le 7 mars 1945. « Je n'ai perdu qu'elle à Sigmaringen [1] » écrivit-il à Paul Marteau le 5 mars 1950. « [...] ma plus vieille malade... quel bel esprit! finesse! mémoire! Christine de Pisan! Louise Labé!... Marceline! elle m'a tout dit, tout! récité! comme je l'aimais bien [2]! » Il la secourut tout au long de sa maladie avec une bonté qui fit l'admiration de tous.

Jean Bichelonne était doué d'une mémoire extraordinaire; il avait été Commissaire général à la main-d'œuvre, puis ministre de la Production industrielle et des Communications. Passionné pour les chemins de fer qu'il avait eus dans ses attributions ministérielles, il était intarissable dès qu'on le faisait parler de voies ferrées, de locomotives ou de wagons et Céline affirmait très sérieusement qu'il connaissait par cœur l'indicateur des chemins de fer. A la suite d'un accident d'auto entre Paris et Vichy, il avait pratiquement perdu l'usage d'une jambe dont le genou s'était ankylosé. Après avoir demandé son avis à Céline, qui avait déconseillé toute opération, il était parti à Ohenlychen, près de Berlin, pour se faire opérer par le docteur Karl Gebhardt, général S.S. ami de Goering avec lequel il fut condamné à mort à Nuremberg. Quelques jours après l'opération, Bichelonne avait été emporté par une embolie. Ses obsèques ont eu lieu le 29 décembre 1944, à quatre-vingts kilomètres de Berlin, en présence d'une délégation française composée de Maurice Gabolde représentant Laval, du général Bridoux et de Joseph Darnand, représentant tous les deux la

1. Lettre inédite de Céline à P. Marteau, 5 mars 1950.
2. *D'un château l'autre*, p. 144.

Commission gouvernementale, et enfin de Paul Marion. Un train spécial avait été mis à leur disposition.

Céline n'était pas du voyage, mais tout lui fut raconté par Marion qui ne manquait pas d'esprit et il en fit ensuite une relation, comme s'il y avait été, en quelques pages qui demeurent parmi les plus amusantes de son œuvre[1]. Paul Marion, ancien secrétaire d'État à l'Information, était de loin le préféré de Lucette et de Louis qui a dit de lui, « le seul qui a eu du cœur[2] ». Marion, comme Doriot et beaucoup d'autres, avait été tenté par le communisme. Pendant un temps secrétaire général des Jeunesses communistes, il était allé en U.R.S.S. et en était revenu horrifié par les excès de la dictature du Prolétariat. Quand Marion s'ennuyait trop au château, il descendait au Löwen pour leur raconter les derniers potins de la Cour, et ne manquait jamais de leur apporter tout ce qu'il avait pu chiper pour eux : petits pains, fromage, gâteaux, sans jamais oublier Bébert. Il était du reste le seul avec Laval à s'intéresser au sort de cet animal.

Marion écoutait aussi les radios alliées et tenait Céline au courant de la situation du front. Les deux hommes partageaient la même certitude quant à l'issue de la guerre et ne se laissaient intoxiquer ni par les communiqués de « Radio-Patrie » et du journal la France ni par les informations selon lesquelles les Allemands allaient jeter dans la bataille des armes secrètes terrifiantes, ce dont beaucoup ont cherché à se persuader jusqu'aux derniers jours de la guerre. Marion invita aussi plusieurs fois Céline et Lucette à dîner au château dans la salle à manger réservée aux ministres et dans laquelle ne venaient jamais ni le Maréchal ni Pierre Laval, qui prenaient leurs repas dans leurs appartements respectifs. Lucette se souvient de ces réunions sinistres, de la piètre qualité de la pitance, des mines lugubres des hommes politiques que Céline asticotait à plaisir et de l'atmosphère empoisonnée qui en résultait.

Céline et sa femme se mêlaient fort peu à la vie mondaine de Sigmaringen, préférant consacrer leurs soirées au repos et à la lec-

1. D'un château l'autre, pp. 272-291.
2. Ibid., p. 123.

ture des livres que Louis empruntait à la bibliothèque du château. Lucette se souvient que Louis lut ou relut Victor Hugo, Jules Vallès, Eugène Sue et *la Revue des deux mondes,* dont il devait retrouver plus tard une collection complète dans la bibliothèque de son avocat danois.

Lucienne Delforge était au centre de toutes les manifestations mondaines. Pianiste, mais aussi nageuse, escrimeuse, ancien capitaine d'une équipe de basket-ball, critique musicale, conférencière, écrivain, cette femme avait toujours été d'une activité prodigieuse. Elle avait rédigé pour le maréchal Pétain un rapport sur le rôle de la musique française dans l'Europe de demain et elle écrivit des critiques musicales dans le journal *la France.* Elle était demeurée très sportive et faisait de grandes excursions en montagne, mais Louis n'autorisa jamais Lucette à la suivre par crainte qu'elle ne soit jetée dans un précipice par Lucienne qu'il soupçonnait de jalousie morbide... En fait il voulait qu'elle soit toujours près de lui et se faisait du mauvais sang dès qu'elle avait cinq minutes de retard. Lucette et Louis assistèrent au concert de bienfaisance donné par Lucienne Delforge dans la Galerie portugaise, de même qu'ils étaient présents le 31 décembre 1944 à la soirée de variétés donnée au profit d'œuvres de bienfaisance dans la salle du *Deutsches Haus.* Ils se sont également rendus à un grand dîner donné au château par Otto Abetz et Friedrich Sieburg, avec Darnand, Marion, Rebatet et quelques autres, mais auquel n'ont assisté ni le Maréchal, ni Pierre Laval, ni Doriot.

Louis se rendit seul à quelques réunions, notamment lorsque Epting, forma le projet de constituer une association des intellectuels français en Allemagne qui ne vit jamais le jour. Au bout d'une demi-heure, Céline avait transformé la réunion en « pétaudière dont rien ne pouvait plus sortir [1] ».

Dans une lettre à M. Jean Seltensperger [2], Céline raconta une réunion des intellectuels français tenue à la mairie de Sigmaringen, présidée par Déat, et au cours de laquelle il avait proposé la création

---

1. Lucien Rebatet, *Cahiers de l'Herne,* p. 237.
2. Voir *infra,* pp. 202-203.

d'une « Société des amis du Père Lachaise ». Il s'agissait très certainement de la réunion organisée à l'instigation de Karl Epting.
Un dîner avait ensuite été servi autour d'un poisson arrosé de beaucoup de bouteilles de vin rouge. Céline avait encore vitupéré,
jugeant enviable le sort des Allemands qui allaient bientôt rentrer
chez eux, battus, mais : « [...] bons citoyens et bons soldats, consciences
nettes, ne devant des comptes à personne, ayant accompli leur
devoir patriotique [...] », à la différence des collaborateurs français : « [...] qui perdaient tout dans ce tour de cons, biens, honneur
et vie [1]. »

Ce même événement a été aussi relaté par lui dans une longue
lettre à l'un de ses avocats, Me Tixier-Vignancour, dans laquelle
il passait en revue l'ensemble des griefs retenus contre lui à l'époque
de l'instruction de son procès : « J'ai dit à la conférence des Intellectuels tenue à la mairie de Sigmaringen en présence de *Déat
- Sieburg - Lucienne Delforge - Jamet - Epting* (Conférences Rive
Gauche), etc., etc... conférence tenue en vue de remonter le *moral
des Intellectuels (effroyablement déprimés)* - conférence qui se
tenait sous le passage permanent de formidables escadres qui allaient
détruire Dresde, etc... dans l'écho des canons de l'armée française
qui pénétrait déjà en forêt noire! J'ai dit *j'ai hurlé* à cette conférence = *Je considère tous ces bafouillages propagandistes comme
odieux!* Je considère que Sigmaringen est une banlieue *de Katyn!*
Et vous allez bientôt tous faire les frais de cette *ignoble comédie!*
Il y avait infiniment plus de risques à tenir de tels propos à Sigmaringen en présence de *Baumelburg* que dans les micros d'Oxford
Street! oh lala [2]! »

En février 1945, Céline assista aussi à une conférence de Léon
Degrelle alors général de la *Waffen S.S.*, venu passer en revue la
Division Charlemagne qu'il voulait intégrer dans le Corps d'armée
Occident [3]. Apercevant dans le public un homme avec un chat sur

1. Lucien Rebatet, *Cahiers de l'Herne*, p. 237.
2. Lettre inédite de Céline à J.-L. Tixier-Vignancour [printemps ou été 1949].
3. Né en 1906 à Bouillon (Belgique), militant des mouvements catholiques et disciple
de Maurras, il fonda en 1930 le *Mouvement Rex* et obtint en 1935, à vingt-neuf ans,
21 sièges sur 200 au Parlement belge.

ses genoux, il le prit à partie sans savoir de qui il s'agissait, opposant les combattants du front russe à ceux de l'arrière qui ne pensaient qu'au bonheur de leur chat...! Présentés l'un à l'autre après
la conférence, les deux hommes se donnèrent rendez-vous le lendemain matin devant le château. Sigmaringen était recouvert de
neige, mais il faisait un temps splendide. Ils ont alors eu dans la
voiture de Léon Degrelle une conversation que ce dernier n'est pas
près d'oublier. Degrelle avait reconnu que l'Allemagne avait perdu
la guerre, mais il avait expliqué à Céline qu'il se battrait jusqu'au
dernier jour pour limiter l'avance des Russes, sentant confusément
que les positions de l'Armée rouge au jour de l'armistice seraient
les nouvelles frontières du Monde libre. Ils parlèrent de la langue
française, du courage et de la peur et de l'Europe. Degrelle exposa
que les nations ne pouvaient se forger que dans le sang. C'est
comme cela qu'il aurait voulu fonder l'Europe. Il constate aujour-
d'hui avec amertume qu'elle se forge principalement dans le lait
et dans le beurre [1].

Tous les habitants de Sigmaringen continuaient d'échanger des
propos de haut niveau, comme si chacun avait eu le pouvoir de
changer le monde, mais on se souciait aussi des problèmes de la
vie quotidienne qui devenait de plus en plus difficile.

Le journal *la France* offrait ses colonnes pour aider à soulager
les petites misères des uns et des autres : « Achèterais pompe à
bicyclette française » [...] « Serais acheteur d'un dictionnaire de
langue française » [...] « Échangerais raglan laine bon état contre
canadienne doublée bon état » [...] « Échangerais paire de chaussures femme 38 1/2 contre paire de bottes homme [2]. » Le quotidien
de Sigmaringen donnait aussi régulièrement des nouvelles de la
Mère Patrie et rendait compte des arrestations et des premiers procès — ceux d'Henri Béraud et de Brasillach — affirmant que la
France se trouvait dans un état proche de la famine et sous un
régime de terreur. Il lui fallait aussi annoncer à la colonie française de Simaringen les restrictions de plus en plus sévères dont elle

1. Témoignage inédit de Léon Degrelle, février 1979.
2. *La France*, 16 novembre 1944.

faisait l'objet. A partir du 5 février 1944, la ration hebdomadaire de pommes de terre était réduite à un demi-kilo par personne, et à partir du 15 février les cartes d'alimentation ne donnèrent plus droit qu'à 125 grammes de viande par semaine, à 62,5 grammes de fromage, à 300 grammes de pain de seigle ou 225 grammes de farine de seigle et à la même quantité de pain ou de farine de froment [1].

Aux difficultés et aux petits drames de la vie quotidienne venaient s'ajouter l'annonce de plus en plus fréquente des revers de l'armée allemande et, parfois, la survenance de tragédies qui touchaient de près la communauté française. L'émotion fut énorme le 22 février, lorsqu'on annonça que la voiture de Jacques Doriot avait été mitraillée par un chasseur bombardier qui volait en rase-mottes. Le journal *la France* affirma qu'il avait été victime d'une « agression terroriste » et rappela son étonnante carrière commencée au Chemin des Dames où sa conduite héroïque lui avait valu la Croix de guerre et une citation à l'ordre de l'Armée. Élu Secrétaire général des Jeunesses communistes en 1923, député de Saint-Denis en 1924 et maire de la ville à partir de 1928, il avait été exclu du Parti le 27 juin 1934 pour avoir refusé de se plier aux *oukazes* du Komintern. L'ancien « enfant chéri » du Parti avait ensuite fondé en 1936 le Parti populaire français, il avait combattu dans l'armée française en juin 1940 et avait pris le commandement du 1er contingent de volontaires français parti le 4 septembre 1941 pour le front russe où son courage avait été récompensé par la Croix du Mérite de première classe et par la Croix de Fer. Les obsèques de Jacques Doriot eurent lieu le 25 février 1945 à seize heures. Céline n'y assistait pas. Aujourd'hui encore, certains voudraient que Doriot ait été assassiné par les Allemands. Il paraît cependant établi qu'il a été tué par un avion anglais [2].

Pendant qu'à Sigmaringen on continuait à rêver au nouvel Ordre européen, la France était petit à petit entièrement libérée. Dès la fin octobre 1944, Maurice Thorez bénéficiait d'une grâce amnis-

1. *La France*, 15 février 1945.
2. Voir Dieter Wolf, *Doriot. Du communisme à la collaboration*, Fayard, 1970, p. 415.

tiante[1] et il devenait aussitôt ministre d'État puis, l'année suivante, vice-président du Conseil. La presse expliquait comme elle pouvait ce tour de prestidigitation : « Le secrétaire général du parti communiste français, qui a dû passer peu après le début de la guerre dans la clandestinité pour poursuivre son action nationale, était tombé de ce fait sous le coup des lois en vigueur[2] [...] » Dans le même temps le Comité national des Écrivains rendait publique la liste des écrivains interdits de publication, parmi lesquels Ajalbert, Pierre Benoit, Brasillach, Benoist-Méchin, Céline évidemment, mais aussi Jouhandeau, Giono, René Benjamin, Montherlant, Maurice Martin du Gard et quelques autres. Le 5 février 1945, le ministère de la Guerre invitait les libraires à retirer de la vente et à retourner aux éditeurs *l'École des cadavres*, *Bagatelles pour un massacre*, et *les Beaux Draps* en même temps que les *Discours* d'Hitler, *les Décombres* de Rebatet, les *Carnets* de Jean Zay, et beaucoup de publications anticommunistes. C'était l'équivalent de ce qu'avait été la liste « Otto »[3] sous l'Occupation. Les pamphlets commençaient immédiatement leur prodigieuse carrière bibliophilique et dès le 5 février 1945, Jean Galtier-Boissière[4] notait dans son *Journal* : « [...] sur les quais, les Céline se vendent maintenant 400 francs pièce et *les Décombres* de Rebatet 1 500 francs, de même qu'il y a un an *Autant en emporte le vent*, les livres anglais, russes et juifs interdits faisaient prime sur le marché du livre[5]. »

L'armée allemande reculait sur tous les fronts et les grandes villes françaises étaient passées une à une aux mains des Alliés : Belfort le 22 novembre, Strasbourg le lendemain, Metz le 13 décembre; le Rhin était franchi au nord, la ligne Siegfried enfoncée, et, si la contre-offensive des Ardennes déclenchée le 16 décembre retardait d'un mois l'avance des Alliés, Cologne tombait le 7 mars, tandis que les Américains et les Français s'apprêtaient à franchir le Rhin au

1. Condamné pour désertion le 25 novembre 1939 par le tribunal militaire d'Amiens.
2. *Front national.* Cité par Jean Galtier-Boissière, *Mon journal depuis la Libération*, La Jeune Parque, 1945, p. 65.
3. Liste de livres interdits par les autorités allemandes.
4. Écrivain et journaliste, fondateur du *Crapouillot* (26 décembre 1891-21 janvier 1966).
5. Jean Galtier-Boissière, *Mon journal depuis la Libération*, op. cit., p. 153.

sud pour s'engager en Forêt-Noire, en direction de la Bavière et du Wurtemberg.

Pour la colonie française de Sigmaringen l'étau se resserrait de jour en jour et chacun ne songeait plus qu'à fuir : « Nous là dans nos mansardes, caves, les sous-escaliers, bien crevant la faim, je vous assure pas d'Opérette!... un plateau de condamnés à mort!... 1 142!... je savais exactement le nombre [1]... »

« Nous là je dois dire l'endroit fut triste... touristes certainement! mais spéciaux... trop de gales, trop peu de pain et trop de R.A.F. au-dessus!... et l'armée Leclerc tout près... avançante... ses sénégalais à coupe-coupe... pour nos têtes [2]!... »

Le Vigan a raconté l'atmosphère étrange qui régnait en Allemagne à l'approche des troupes françaises et le malaise éprouvé par certains à l'annonce des succès de notre armée : « Alors que je sentais approcher les troupes françaises; alors qu'elles entraient à Feldkirch; je ne pouvais me défendre et d'amour et d'orgueil, en dépit de mon appréhension individuelle. Il devenait bon d'avoir tort [3]. » Tout le monde n'avait pas d'aussi nobles sentiments. On avait tort parce que l'on avait perdu et l'instinct de conservation était généralement plus fort que les grands élans romantiques. En bref, à Sigmaringen, c'était surtout l'heure du « chacun pour soi » et du « sauve qui peut ».

---

1 et 2. *D'un château l'autre*, p. 103.
3. Lettre inédite de Le Vigan à F. Ledoux, 8 mai 1945.

CHAPITRE IV

Flensburg

« En vrai, un continent sans guerre s'ennuie... sitôt les clairons, c'est la fête!... »

D'un château l'autre, p. 163.

Depuis qu'il avait franchi le Rhin en juin 1944, Céline n'avait eu qu'une idée en tête : sortir des frontières de l'Axe pour rejoindre une puissance neutre; quitter le champ de bataille pour fuir au Danemark, où son or l'attendait, en Suisse ou en Espagne, ou encore à Saint-Pierre-et-Miquelon.

Peu après leur arrivée à Sigmaringen, Céline et Lucette tentèrent de gagner la frontière suisse. Ils étaient partis sans bagages, le plus naturellement du monde, mais avec l'idée bien arrêtée de passer en Suisse. Refoulés peu après à la porte d'une gare, ils étaient rentrés tout penauds au Löwen, sans désarmer pour autant. Céline pria alors un avocat de Lausanne, Me Savary, d'entreprendre des démarches auprès du Gouvernement fédéral pour faciliter l'obtention d'un visa[1]. Il écrivit aussi le 22 janvier 1945 au Consul général de Suisse à Stuttgart :

---

1. Il demanda aussi l'aide de Paul Bonny, citoyen suisse, qui avait vécu à Paris pendant l'Occupation et se trouvait réfugié à Sigmaringen. Bonny affirme que Céline et Lucette s'entraînaient à la marche dans la neige en prévision d'un passage clandestin en Suisse.

« J'ai l'honneur de solliciter le visa d'admission en Suisse pour moi-même et ma femme. Actuellement *réfugié à Sigmaringen*, docteur en médecine de la faculté de Paris et invalide de guerre 75 p. 100 - Écrivain sous le nom de L. F. Céline.

» Ce nom vous est peut-être connu et il vous explique pourquoi j'ai dû quitter la France où je serais actuellement presque certainement condamné à mort.

» Je n'ai pas l'intention de séjourner en Suisse au-delà du temps normal d'apaisement politique, pour une durée d'une année par exemple.

» Je possède avec moi des pièces d'or et des bijoux pour une valeur de 12 000 francs suisses environ. Il me serait aisé au surplus dès mon arrivée en Suisse d'obtenir d'Espagne le triple de cette somme de la part d'amis auxquels j'ai confié des sommes importantes en or [1]. »

Céline ne devait pas se faire trop d'illusions quant à la suite qui serait réservée à cette requête, car il connaissait les conditions du droit d'asile définies le 16 novembre 1944 par le Gouvernement fédéral en des termes d'une rare hypocrisie : « Conformément à une longue suite de précédents qui font honneur à la Suisse, le Conseil Fédéral se propose d'exercer le privilège qui appartient à tout état souverain d'accorder asile et protection à tous les réfugiés, pourvu qu'ils s'en montrent dignes. Cependant la Confédération n'est pas disposée, même en cas de danger de mort, à accueillir sans discernement tous les réfugiés étrangers, car leur nombre atteint maintenant des proportions importantes. »

On peut s'étonner que Céline n'ait pas fait appel à Paul Morand qui passa l'hiver 1944-1945 dans sa résidence personnelle à Vevey, car il aurait pu lui offrir sa caution morale et financière, le poids de ses relations et des possibilités d'hébergement. Nommé par le maréchal Pétain le 13 juillet 1944 et révoqué dès le 23 août par

1. Lettre inédite de Céline au Consul général de Suisse à Stuttgart, 22 janvier 1945.

le général de Gaulle, Paul Morand avait donc été à Berne un ambassadeur éphémère. Sa nomination n'avait été qu'un prétexte pour passer en Suisse avec immunité diplomatique à une époque où le séjour à Paris pouvait à bref délai manquer de confort. Beaucoup plus tard, après avoir lu *D'un château l'autre*, Paul Morand écrivit à Céline : « Je suis loin de partager vos idées sur Sigmaringen et autres, mais vous me répondrez : " du haut de votre Sirius helvétique, cela se voyait autrement ", comme vous me disiez en juin 1944 : " vous autres diplomates, vous faites toujours votre plein d'essence à temps " [1]. »

Quoi qu'il en soit, Céline ne fut pas autorisé à passer en Suisse; du moins la réponse des Autorités fédérales ne lui parvint pas et les archives helvétiques ne permettent pas d'en savoir plus long. Il faut en revanche considérer comme une plaisanterie la nomination de Céline comme gouverneur de Saint-Pierre-et-Miquelon [2]. Il en parlait souvent par dérision, affirmant qu'il avait pour seule ambition d'y finir ses jours, loin de tout, au milieu des marins pêcheurs; oubliant qu'ils avaient été parmi les premiers à se rallier au général de Gaulle. Il projeta aussi de passer en Italie, jusqu'à l'aérodrome de Mérano d'où l'on pouvait encore s'envoler pour l'Espagne. C'est de là qu'est parti le dernier avion qui emporta Laval, Abel Bonnard, et Gabolde, ancien garde des Sceaux. Si ce projet n'eut pas de suite, il est attesté par Marcel Déat qui l'a noté dans son journal le 16 mars 1945 [3], jour où Drieu La Rochelle se donnait la mort, 23, rue Saint-Ferdinand des Ternes.

A cette date Céline était encore dans l'incertitude. Il se multipliait pour obtenir l'autorisation de quitter l'Allemagne, demandant à tous ses amis allemands d'intervenir. Il appela Epting, qui arriva à Sigmaringen vers le 20 janvier, profitant de l'occasion pour réunir un comité d'intellectuels, mais il ne put rien faire pour Céline et les deux hommes se quittèrent la mort dans l'âme, craignant de ne plus jamais se revoir [4]. Le lieutenant Heller, ancien

1. Lettre inédite de Morand à Céline, 29 août 1957.
2. *D'un château l'autre*, p. 246.
3. *Cahiers de l'Herne*, p. 254.
4. Voir *infra*, pp. 325-326.

responsable de la censure allemande à Paris, vint aussi le voir à Sigmaringen le 15 février, jour du bombardement de Dresde, mais il ne pouvait plus rien car il était lui-même suspecté de défaitisme et risquait l'arrestation [1]. C'était aussi le cas de Carl William von Bohse [2], réfugié à Helchingen chez les Fustemberg, qui lui rendit également visite à Sigmaringen.

Depuis son arrivée en Allemagne en juin 1944, Céline avait correspondu avec Hermann Bickler [3], ancien chef des services de renseignements allemands pour l'Europe occidentale [4], qui combattait en France et dont le P. C. fut replié d'abord sur le Rhin, puis dans la Forêt-Noire. Il lui adressa alors un appel au secours et Bickler vint en personne à Sigmaringen à la fin du mois de février pour conférer avec lui.

Céline avait besoin de deux autorisations : celle de Boemelburg pour quitter Sigmaringen et celle du représentant diplomatique du Reich au Danemark pour être admis dans ce pays. C'était par chance Werner Best. Bickler l'avait bien connu lorsque Best avait été en poste à Paris d'août 1940 à juillet 1942 [5]. Il lui écrivit donc une lettre pressante et obtint sans difficulté une réponse favorable.

Il ne restait plus qu'à obtenir de Boemelburg les documents administratifs nécessaires pour traverser l'Allemagne de Sigmaringen à la frontière danoise et, là encore, l'intervention énergique d'Hermann Bickler permit à Céline d'avoir satisfaction. Boemelburg autorisa le Landrat de Sigmaringen à renouveler les passeports pour étrangers établis à Paris le 8 juin 1944, venus à expiration le 8 décembre, ce qui fut fait le 19 mars, pour une durée d'un an, mais le Landrat commit une erreur sur le passeport de Louis, en notant qu'il expirait le 18 mars 1945 au lieu du 18 mars 1946. Il leur accorda aussi des visas pour « Flensburg Zielland Dane-

1. Gerhard Heller, *Un Allemand à Paris,* Seuil, 1981, pp. 153-154.
2. Avocat allemand établi à Paris, mobilisé comme conseiller juridique à l'ambassade d'Allemagne. C'est chez lui, place du Palais-Bourbon, que Céline fit la connaissance d'Arletty, présentée par Josée Laval.
3. 24 décembre 1904 – 8 mars 1984.
4. Voir *infra,* pp. 326-328.
5. Chef du service administratif du *Militärbefehlsaber* en France, puis ministre plénipotentiaire à Copenhague. Témoin à décharge lors du procès de Nuremberg.

mark » valables pour trois mois, c'est-à-dire jusqu'au 19 juin 1945.

Le 21 mars, Boemelburg signa enfin le document suivant :

« Service Central de Sécurité du Reich

Commando spécial " R "

                    » CERTIFICAT

» Le ressortissant français Germinal Chamoin né le 9 août 1901 à Romilly-sur-Seine (permis de séjour des autorités policières cantonales de Sigmaringen du 21 novembre 1944 n° 56944) est autorisé à faire un voyage de Sigmaringen à Flensburg et retour. Ce voyage doit avoir lieu dans l'intérêt du service et a pour but d'accompagner et d'aider le docteur Louis Destouches grand blessé de guerre dans son voyage au Danemark jusqu'à Flensburg et de lui porter aide. Les services de distribution des billets des chemins de fer allemands sont priés de lui délivrer les billets nécessaires. Ce certificat perd sa validité après le retour à Sigmaringen et doit être restitué à l'autorité.

                    S.S. Sturmbannfürher Boemelburg »

Dès le lendemain, 22 mars 1945 à dix-neuf heures trente, Céline, Lucette et Bébert quittaient Sigmaringen accompagnés de Germinal Chamoin. Il était en effet apparu indispensable que Céline et sa femme soient accompagnés par cet homme, génial dans la débrouillardise, qui leur était de surcroît très attaché et parlait parfaitement l'allemand.

Bébert ne devait pas être du voyage. Un épicier de Sigmaringen avait accepté de le recueillir, mais ce chat d'élite, refusant de finir ses jours en terre germanique, se serait enfui, brisant même une vitre de l'épicerie, pour rejoindre ses maîtres à l'hôtel Löwen peu avant leur départ pour la gare.

Lucien Rebatet était du petit groupe qui les accompagna à la gare : « A la nuit tombée, nous nous retrouvâmes sur le quai de la gare. Il y avait là ma femme, Abel Bonnard, Paul Marion, Jacquot, La Vigue, réconcilié après sa deuxième brouille de l'hiver

Reichssicherheitshauptamt   Sigmaringen, den 21.3.1945
Sonderkommando "R"

B e s c h e i n i g u n g .

Der frz.St.A. Germinal C h a m o i n , geb.am 9.8.01 in
Romilly/Seine, ausgewiesen durch amtlichen Ausweis (Aufenthalts-
erlaubnis) der Kreispolizeibehörde Sigmaringen vom 21.11.44,
Kontroll-Nr. 569/44, hat eine Reise von Sigmaringen nach Flensburg
und zurück zu machen. Die Reise liegt im dienstlichen Interesse
und geschieht, um den frz.St.A. und Schwerkriegsbeschädigten
Dr. Louis D e s t o u c h e s auf seiner Reise nach Dänemark
bis Flensburg zu begleiten und ihm zu helfen.

Die Fahrkartenausgabe der Reichsbahn wird gebeten, ihm den
erforderlichen Fahrschein auszuhändigen.

Diese Bescheinigung verliert nach Rückkehr nach Sigmaringen ihre
Gültigkeit und ist wieder hier abzugeben.

                                    Im Auftrage:

                                    SS-Sturmbannführer.

Autorisation de voyager en Allemagne
donnée à Céline et à Germinal Chamoin.

avec Ferdine, deux ou trois autres intimes. Le ménage Destouches, Lucette toujours impeccable, sereine, entendue, emportait à bras quelque deux cents kilos de bagages, cousus dans des sacs de matelots et accrochés à des perches, un véritable équipage pour la brousse de la Bambola-Bragamance. Un lascar, vaguement infirmier, les accompagnait jusqu'à la frontière, pour aider aux transbordements, qui s'annonçaient comme une rude épopée, à travers cette Allemagne en miettes et en feu. Céline, Bébert sur le nombril, rayonnait, et même un peu trop. Finis les " bombing ", l'attente résignée de la fifaille au fond de la souricière. Nous ne pèserions pas lourd dans son souvenir. Un train vint à quai, un de ces misérables trains de l'agonie allemande, avec sa locomotive chauffée au bois. On s'embrassa longuement, on hissa laborieusement le barda. Ferdinand dépliait, agitait une dernièrè fois son incroyable passeport. Le convoi s'ébranla, tel un tortillard de Dubout. Nous autres, nous restions, le cœur serré, dans l'infernale chaudière. Mais point de jalousie. Si nous devions y passer, du moins le meilleur, le plus grand de nous tous en réchapperait [1]. »

Céline a toujours écrit et raconté que le voyage avait duré trois semaines, qu'il avait été effectué en partie à pied et qu'il avait été émaillé de multiples incidents dramatiques et rocambolesques : « [...] Nous avons avec ma femme traversé toute l'Allemagne à pied, *en 18 jours* - de Constance à Copenhague - où nous sommes arrivés en loques [...] morts de faim et *de soif* - nous avons traversé en effet toutes les villes sous bombardement et en flammes (toutes les routes mitraillées minutieusement de jour et de nuit -) entre les *4 armées* en pleine bataille - Il est difficile d'imaginer que nous transportions cependant *des archives* [2]! Ces Messieurs du Parquet ont mené une vie fort paisible évidemment et sont incapables d'imaginer ce que représentait la remontée de l'Allemagne en 1944! (on nous donnait fort sûrement *occis* au départ de Sigmaringen) - Toute cette questionnerie [3] babilleuse si futile

1. *Cahiers de l'Herne*, p. 238.
2. Voir *infra*, p. 86.
3. Le Parquet demandait alors à Mᵉ Tixier-Vignancour de produire des documents

tourne à la déconnerie illimitée! en vérité! Cauchon demandait aussi à Jeanne d'Arc à quelle heure exactement elle avait coutume de forniquer avec Lucifer [1]! »

Germinal Chamoin avait gardé de ces mêmes événements un souvenir tout différent, corroboré, en ce qui concerne les délais, par le fait que Marcel Déat avait noté dans son *Journal*, le 31 mars 1945 : « Chamoin l'infirmier de Céline est de retour. Céline sa femme et Bébert ont franchi la frontière du Danemark [2]. » L'aller et retour n'avait donc pas duré plus de huit jours.

Chamoin avait surtout conservé une sorte de plan sur lequel il avait noté chacune des gares où ils se sont arrêtés, ce qui permet de reconstituer parfaitement leur itinéraire. Quelques semaines avant sa mort, hospitalisé pour un cancer de la gorge, il portait encore sur lui cette relique dans un portefeuille dont il ne s'était jamais séparé et dans lequel se trouvaient également le « certificat » de Boemelburg et trois autorisations de la main de Céline sur papier du Service médical de la Commission gouvernementale française.

Arrivés à Ulm en pleine nuit, il leur fallut passer quelques heures dans une baraque à peine chauffée qui remplaçait la gare entièrement détruite par les bombardements. Chamoin trouva, on ne sait comment, une charrette pour les bagages, qu'il s'appropria aussitôt. Au petit matin, ils partirent à pied pour Neu-Ulm à travers les rues glaciales d'une ville dont seule la cathédrale était intacte et dans un décor d'apocalypse qui allait être celui de toutes les villes traversées; façades aveugles, trous béants, bâtiments calcinés, ruines et décombres en tout genre.

Au hasard des trains qui roulaient encore, ils se traînèrent de gare en gare, de Neu-Ulm à Augsbourg, puis ils montèrent inlassablement vers le nord, avec des arrêts dans toutes les gares et, bien souvent, en rase campagne. Chamoin notait sur son plan : Donaworth, Treuchtingen, Nurnberg, Furth, Bamberg, Lichtenfeld, Eisenach, Bebra, Gottingen, Hannover.

---

pour justifier certaines allégations de Céline, notamment au sujet de son intention de gagner le Danemark dès le début de l'Occupation.
1. Lettre inédite de Céline à J.-L. Tixier-Vignancour, 13 juillet [1949].
2. *Cahiers de l'Herne*, p. 144.

Les trains n'avaient plus d'horaires, ni d'itinéraires. On les faisait attendre sur des voies de garage pour laisser passer les convois militaires et les trains sanitaires, puis on repartait, quelquefois en marche avant, d'autres fois en marche arrière, comme pour le rigodon, cette « ancienne danse d'un mouvement vif sur un air à deux temps qui se dansait à deux personnes et faisait décrire des lignes assez compliquées [1] ».

Céline n'avait pas de boussole, mais à chaque mouvement des trains il regardait le ciel pour voir la direction prise. Tout allait bien si l'on roulait vers le nord, mais on partait tantôt à gauche, tantôt à droite, et comme si Chamoin y pouvait quelque chose, il le stimulait : « Au nord Chamoin, au nord! ».

Ils ont changé de trains une bonne vingtaine de fois. On ne leur demandait jamais leurs billets. Il n'y avait ni guichets ni fonctionnaires pour leur en vendre. En revanche, la police veillait et ils ont été contrôlés à maintes reprises, mais les passeports étaient en règle et le « certificat » de Boemelburg permit à Chamoin de leur faire passer tous les contrôles.

Bébert voyageait dans une musette et paraît avoir été d'une docilité exemplaire : « Lucette l'avait mis dans une gibecière. Elle l'a porté ainsi sans boire ni manger, sans pisser ni le reste pendant dix-huit jours et dix-huit nuits. Il n'a pas remué ni fait un seul miaou. Il se rendait compte de la tragédie. Nous avons changé vingt-sept fois de trains. Tout perdu et brûlé en route, sauf le chat. Nous avons fait des trente-cinq kilomètres à pied d'une armée à l'autre, sous des feux pires qu'en 17 [2]. » Les lecteurs feront d'eux-mêmes la part de la démesure célinienne, d'autant qu'à aucun moment les voyageurs ne se sont approchés à moins de deux cents kilomètres du front.

Les provisions emportées de Sigmaringen ont été vite épuisées. Dans certaines gares ils ont pu se procurer un peu de nourriture et des boissons chaudes; à Gottingen ils ont acheté du pain, et près de Bomberg, arrêtés en pleine campagne, ils ont bu dans un ruis-

1. *Dictionnaire Littré*, tome VI, Gallimard, 1962, p. 1615.
2. Lettre de Céline à C. Camus, 30 juin 1947, *Écrits de Paris*, octobre 1961, p. 104.

seau. Sur un petit réchaud à alcool et dans la théière qu'elle avait emportée de Paris, Lucette leur préparait du thé dont elle faisait aussi profiter d'autres voyageurs. Chacun dormait comme il pouvait, dans les compartiments, dans les gares et, quand on trouvait un peu d'eau, on se débarbouillait tant bien que mal.

Un soir, au début du voyage, le train avait été bombardé avant de s'engouffrer dans un tunnel [1]. Ils étaient restés là dans le noir jusqu'à la tombée du jour, et Chamoin, toujours plein d'esprit, avait déclaré : « Je crois qu'on y est dans le voyage au bout de la nuit. » Céline plaisantait aussi à l'occasion, mais il était habituellement triste et soucieux. Parfois il désespérait et un jour il leur dit : « Si j'avais su, on se serait suicidés à Sigmaringen. »

En route, ils ont évidemment rencontré beaucoup de monde, des civils, des militaires, des femmes, des enfants, un Italien qui les a suivis assez longtemps, et même un couple d'Anglais dont on peut évidemment se demander ce qu'il faisait là. C'est avec eux qu'ils ont traversé Nuremberg au milieu des incendies. Chamoin conservait de cet épisode un souvenir dantesque. Il racontait qu'ils avaient dû gagner à pied une gare de triage en dehors de la ville. Il poussait devant lui une espèce de brouette qui rebondissait sur les pavés et sur laquelle il avait entassé les bagages. Céline, épuisé, marchait comme un automate dans un champ de ruines. Au hasard des transbordements ils avaient perdu une partie de leurs bagages et surtout un grand sac dans lequel Lucette avait placé quelques objets précieux, une parure de bijoux indiens et ses castagnettes.

A partir de Hanovre, Céline commença vraiment à croire qu'ils allaient en sortir. Non seulement ils approchaient de la frontière danoise, mais ils s'éloignaient du front. De Hanovre ils gagnèrent Han Kleefeld, Lerthe, Hambourg, qui leur apparut complètement écrasée par les bombardements, mais où Chamoin se souvenait d'avoir pu boire une bière, puis Altona et enfin Flensburg où ils arrivèrent dans un complet état d'épuisement le 26 mars 1945 à minuit, au terme d'un voyage de plus de quatre jours dont Lucette

1. Seule la locomotive était restée à l'extérieur pour ne pas les asphyxier.

et Louis se sont ensuite souvenus, l'un et l'autre, comme de la traversée d'un enfer.

Dans la nuit du 26 au 27 mars, dans la salle d'attente de la gare de Flensburg, Céline écrivit à Fernand de Brinon et au docteur Jacquot. Il remit ces deux lettres à Chamoin ainsi que l'argent allemand et les tickets d'alimentation qui lui restaient.

Tout au long du voyage, Chamoin avait été admirable et Céline, qui n'était cependant pas toujours porté à la gratitude, lui témoigna sa reconnaissance quand il vint le voir à Meudon avec le docteur Jacquot. Il lui avait aussi envoyé une lettre du Danemark : « Grâce à vous que nous avons échappé à l'assassinat! grâce à vous, mais comme vous avez bien fait de retourner en Italie, ici ils vous livraient - L.V.F.! pas plus vache que ce pays [1]. » Du Danemark aussi il écrivit au docteur Jacquot : « Malheureux Chamoin, je ferais tout pour l'aider, n'importe quoi pour atténuer son calvaire. Il a été sublime avec nous - Sans lui nous ne passions jamais entre les quatre armées combattantes, ma femme et lui m'ont littéralement porté. Je n'en pouvais plus. Et puis hélas il a fallu retomber à la torture. Les Érinyes ne vous lâchent pas facilement! Lucette a été divine à travers cet enfer qui est loin de son terme hélas [2]! »

Il ne restait plus à Lucette et à Louis qu'à trouver une place dans un train pour Copenhague. Le matin du 27 mars vers six heures, un train se présenta. C'était un convoi spécial de la Croix-Rouge suédoise, commandé par un médecin colonel et dans lequel ne se trouvaient que des ressortissants suédois que l'on rapatriait d'urgence. Céline aborda le colonel en anglais, il lui demanda l'autorisation d'embarquer jusqu'à Copenhague, exhibant ses passeports en règle. Il fit aussi état de sa qualité de médecin, et de leur épuisement, mais c'est l'intervention de Lucette qui fut déterminante.

Sur le quai de la gare, après leur avoir fait ses adieux, voyant le train qui les emportait vers ce qu'ils croyaient être la liberté, Germinal Chamoin, mission achevée, nota en marge de son plan : « Entrée au Danemark 27 mars 18 h 38. »

---

1. Lettre inédite de Céline à G. Chamoin, sans date.
2. Lettre inédite de Céline à A. Jacquot, sans date.

Céline, qui n'avait pas encore lu Léon Bloy, ignorait qu'il avait écrit dans son· *Journal*, le 8 janvier 1899, en franchissant au même endroit la même frontière : « Enfin le Danemark. Soulagement de ne plus voir les casques à pointe. Attendrissement bête à l'apparition des premiers fonctionnaires danois, comme si je retrouvais des amis très chers. Ah! je devais bientôt la connaître, l'amitié, l'*hospitalité* danoise [1]! »

1. Léon Bloy, *Journal*, tome I, Mercure de France, 1963, p. 258.

CHAPITRE V

Copenhague

« [...] c'est le fond des sociétés humaines, les chiourmes, les cellules, les menottes... faut connaître!... »

Féerie pour une autre fois, p. 55.

Arrivés à la gare de Copenhague, Lucette et Louis se firent conduire à l'Hôtel d'Angleterre. C'est là que Céline descendait avant la guerre : « Ces pays du nord sont SNOBS SNOBS avant tout. Il faut descendre au seul hôtel dont le nom provoque le respect *l'Hôtel d'Angleterre* connu dans le monde entier. C'est là que l'on descend, pas ailleurs [1]. » Quand le portier les vit entrer accoutrés comme des romanichels et sales, avec des bagages indescriptibles, il leur refusa l'entrée de ce lieu saint, d'autant plus que l'hôtel se trouvait pour partie réquisitionné par les services du haut quartier général allemand du général Kaupnitz que les Danois appelaient par dérision *Kopis,* « Pisse de vache ». Céline dut parlementer, montrer les passeports allemands et rappeler qu'il était client de l'hôtel pour obtenir une chambre, mais pour deux ou trois nuits

1. Lettre inédite de Céline aux Pirazzoli, 4 juillet [1946?].

seulement. Ils ont alors redécouvert la civilisation, l'eau chaude, la salle de bains et les petits déjeuners avec lait, beurre et toasts. La ville était encore infestée d'Allemands, mais on n'y manquait pratiquement de rien.

Aussitôt installé à l'Hôtel d'Angleterre, Céline prit contact avec Mᵐᵉ Lindequist qu'il avait rencontrée pour la première fois à Copenhague en 1935. Élève de Man Ray, elle était photographe et, sans être officiellement accréditée à la Cour, elle avait réalisé beaucoup de portraits de la famille royale. Céline lui montra une lettre que Karen Marie Jensen lui avait remise à Berlin en 1942 et par laquelle elle l'autorisait à occuper son appartement du 20, Ved Stranden, dont la clé se trouvait entre les mains d'une cousine de Karen, Mᵐᵉ Hella Johansen. C'est chez elle que Lucette et Louis ont passé quelques jours en quittant l'Hôtel d'Angleterre; non pas dans son appartement de Copenhague, mais dans sa maison de Strøby Egede, près de Køge, à une cinquantaine de kilomètres au sud de Copenhague.

Karen se trouvait alors à Madrid, mais grâce au concours de Mᵐᵉ Lindequist et de Mᵐᵉ Johansen, Céline et Lucette purent rapidement s'installer dans le charmant appartement de Karen, situé sous les toits, au quatrième étage d'une maison de caractère où avait habité Hans Christian Andersen, avec une belle vue sur les canaux et divers bâtiments publics.

Céline allait passer dans cet appartement plus de huit mois dans un total incognito, prenant même au début la précaution de se laisser pousser la barbe. Pendant cette période, Louis emprunta le nom de Courtial et Lucette celui de Lucie Jensen. Quand elle écrivait à sa mère, elle ne parlait jamais de Louis mais d'une amie malade dont elle avait à s'occuper. Elle se fit d'abord envoyer son courrier directement à leur adresse, puis par prudence elle demanda qu'on lui écrive chez le maître de ballet Bartholin. En réalité, ils n'écrivirent pendant cette période qu'à un très petit nombre de correspondants : Marie Canavaggia, M. et Mᵐᵉ Pirazzoli, Karen Marie Jensen et au médecin colonel Camus, en tout cas à aucun ami de Montmartre où Céline savait que l'on cancanait beaucoup trop.

La première lettre de France leur apporta la nouvelle de la mort de la mère de Louis, décédée chez son frère, Louis Guillou, le 6 mars 1945, alors qu'ils étaient encore à Sigmaringen. Céline aimait sa mère à sa façon, presque brutalement et sans démonstrations. Avec elle disparut l'un des personnages essentiels du monde de son enfance auquel il était resté profondément attaché, et il en conçut une peine immense qu'il confia à plusieurs correspondants et qui se trouve confirmée par le témoignage de Lucette : « La pauvre maman de mon amie est morte cet hiver, cette affreuse nouvelle fut une grande douleur pour nous, elle n'a pas pu supporter cette séparation - les privations l'ont achevée, j'en suis très abattue, mon amie est inconsolable, c'est très triste [1]. » C'est probablement Marie Canavaggia qui annonça la nouvelle à Céline. Dans la lettre qu'il lui écrivit alors, il lui avoua que le fait de n'avoir pas été toujours irréprochable avec sa mère augmentait sa peine : « Je me repens effroyablement de mes duretés envers elle [2]. »

Céline souhaita régulariser au plus tôt sa situation, tant à l'égard des autorités allemandes qu'auprès des Danois. Auprès des Allemands ce fut très facile puisqu'il avait des papiers en règle. Il rendit visite à Werner Best pour le remercier de l'avoir autorisé à entrer au Danemark, lui remit une lettre de recommandation que lui avait donnée Fernand de Brinon, et fit corriger l'erreur commise par le Landrat de Sigmaringen, de telle façon que son passeport allemand fut renouvelé le 6 avril 1945 jusqu'au 18 mars 1946 [3]. Il rencontra aussi le comte Folke Bernadotte [4], président de la Croix-Rouge suédoise, de passage à l'Hôtel d'Angleterre, et le remercia pour avoir été autorisé à monter avec sa femme et son chat dans le train qui les amena de Flensburg à Copenhague.

Pour obtenir des autorités danoises une autorisation de résidence, Céline dut faire appel à un avocat qui avait participé à la

---

1. Lettre inédite de Lucette Destouches à Mme Pirazzoli, 25 septembre 1945.

2. Lettre de Céline à M. Canavaggia [1945]. Citée par Henri Godard, *D'un château l'autre*, p. 998.

3. Les forces d'occupation allemandes ont capitulé le 5 mai 1945.

4. Assassiné à Jérusalem où il se trouvait en qualité de médiateur de l'O.N.U. (1895-17 septembre 1948).

Résistance : Me Thorvald Mikkelsen [1], dont le cabinet était Bred-gade 45 A, qui lui fut présenté par Mme Lindequist sur la recommandation d'un ami de Céline, le pharmacien Otterstrøm [2] Mikkelsen était un curieux petit homme, retors et tenace, dont la carrière avait été diverse et parfois émaillée d'incidents peu reluisants. Avant d'être avocat il avait été commerçant et avait connu la faillite, puis il était entré au Barreau et avait fini par avoir un cabinet important, une solide fortune et de puissantes relations dont Céline allait bénéficier. Mikkelsen parlait parfaitement notre langue et il s'était toujours passionné pour notre civilisation. Il avait épousé une Française [3] qui venait de mourir, ce dont il ne se consolait pas. C'est à la fois par fidélité à sa mémoire et par attachement à la culture française qu'il accepta de s'occuper de Céline, auquel il sauva très certainement la vie.

Le 1er juin 1945, il fit une démarche personnelle auprès de M. Begtrup-Hansen, directeur de la Police nationale, déclarant répondre de la « présence effective » de Céline et « de ses faits et gestes en général [4] ». En même temps il avait déposé une requête officielle pour qu'un permis de séjour lui soit accordé. Dans ce document, Mikkelsen précisait : « L'état actuel de son système nerveux laisse craindre un effondrement définitif dans l'éventualité où il aurait à affronter les embûches et les fatigues d'un nouveau voyage [...] » Il ajoutait, il est vrai : « [...] il ne tient guère à rentrer en France étant donné la situation que ce pays connaît présentement ». Une fois la requête instruite, Céline et sa femme avaient obtenu des titres de séjour et des cartes d'alimentation, ce qui leur permit de ne plus dépendre de leurs amis, notamment de Mme Johansen.

It is extremely nice of you [un mot illisible] *with your tickets for our selfish benefit and I am more and more ashamed of the unceasing trouble I brought into your life! Happily tickets are no more*

1. 23 février 1885-25 février 1962.
2. Knud Otterstrøm (1906-1966).
3. Paule Mikkelsen, née Tromert (1893-1945).
4. Tous les documents officiels ont été publiés par Helga Pedersen, *le Danemark a-t-il sauvé Céline?*, Plon, 1975.

necessary we get our own now since yesterday! But *we must report to the special office* every week *for the same:* Gydenslovesgade. *It is so understood with the police. So it settles all our doubts about our whereabouts. We have not much licence to emigrate to the country! Mikkelsen fixed it so up with the police - and very cleverly I imagine. He seems to know very well what he wants. He had us meet some danish gentlemen at his home - gentlemen related with the « résistance » mouvement and the medical world. He intends to have me back to practice in an hospital. All that is I think quite clever and I follow him in every way, very closely - You will surely share the same opinion. I learned very amusing things about the whole show while visiting him. We meet a dane whom than speaks french so well! enough to make Bente and Leybourn dream for several years! How do you get along with the horse? Are you riding now to the market? That would be useful! If he could do a little housekeeping strong as he is, it would be perfect! Gardening also! Lucette is dancing away the hours with the enchanter Bartholin! so everything is swell! Only news from from France do not come. I mean good news - the others alas! always manage*[1]*... »*

Soit en français : « C'est extrêmement gentil à vous [*un mot illisible*] avec vos tickets pour notre égoïste bénéfice et je suis de plus en plus honteux du trouble incessant que j'apporte à votre vie! Heureusement des tickets ne nous sont plus nécessaires nous avons les nôtres depuis hier! *Mais* nous devons pointer *chaque semaine* au même endroit : *Gydenslovesgade*[2]. C'est ainsi entendu avec la police. Tous les doutes au sujet de notre situation ont été ainsi résolus. Nous n'avons pas le droit de sortir du pays! Mikkelsen a ainsi arrangé les choses avec la police - et très intelligemment je suppose. Il a l'air de savoir très bien ce qu'il veut. Il nous a fait rencontrer des Danois chez lui - des hommes en relation avec la " résistance " et avec le monde médical. Il espère me faire revenir à la pratique médicale dans un hôpital. Tout ceci est je crois tout à fait intelligent et je le suis en toutes choses de très près. Vous serez

---

1. Lettre inédite de Céline à H. Johansen [19 juillet 1945].
2. *Gyldenløvesgade.*

sûrement du même avis. J'ai appris beaucoup de choses amusantes au sujet de tout le " cinéma " pendant ma visite chez lui. Nous avons rencontré un Danois lequel parle si bien français! assez pour faire rêver pendant des années Bente [1] et Leybourn! Comment cela va-t-il avec le cheval? Le montez-vous pour aller au marché? Cela serait pratique! S'il pouvait faire un peu de ménage, fort comme il est, ce serait parfait! Pour le jardinage aussi! Lucette passe son temps à danser avec l'enchanteur Bartholin! ainsi tout est parfait! Sauf les nouvelles de France qui n'arrivent pas. Je veux dire les bonnes nouvelles - les autres hélas! arrivent toujours... »

Entendu par la police le 20 juin en présence de Mikkelsen, Louis avait raconté sa vie, rappelé ses états de service dans l'armée française, ses activités de médecin et d'écrivain, ne cachant pas que deux de ses livres étaient d'inspiration antisémite. Il avait déclaré aussi avoir confié avant la guerre à des amis danois une somme d'environ 30 000 couronnes. Dans sa requête, Mikkelsen avait déjà abordé, prudemment, la question des ressources de son client, disant qu'il ne disposait que des sommes qu'il avait pu déposer avant la guerre chez des amis, ajoutant que ses admirateurs et ses amis étaient prêts à lui garantir un soutien financier.

Il n'était évidemment pas question d'or, puisque le commerce et même la seule détention en étaient interdits. De ce fait, il existait peu de preuves objectives permettant de faire la lumière sur cette irritante question dont beaucoup de Danois font une affaire d'honneur, sinon une question d'État.

L'examen de cette question commande un léger retour en arrière. Il est certain qu'avec ses droits d'auteur Céline acheta des pièces d'or en assez grande quantité. Le lot le plus important fut placé par lui dans un coffre à la Lloyds Bank à Londres, puis, peu avant la guerre, il porta cet or au Danemark où il le plaça à Frederiksberg dans un coffre d'une succursale de la Privat Banken. Il donna procuration à Karen Marie Jensen et à Mme Hella Johansen, mais

---

1. Fille de Hella Johansen, aujourd'hui Mme Karild. Agée de dix-sept ans, elle était élève de Lucette.

sans leur donner la clef. En mars 1942 Céline rencontra Karen à Berlin; il lui remit alors la clef et lui donna la combinaison du coffre.

De retour à Copenhague, Karen apprit que les banques avaient l'obligation de déclarer aux autorités allemandes les coffres loués à des étrangers et que les avoirs en or faisaient l'objet de confiscation. Pareille mésaventure était arrivée à Céline pour le coffre qu'il avait en Hollande. Karen intervint auprès du directeur de la banque, qu'elle connaissait, pour que le coffre de Céline ne fasse l'objet d'aucune déclaration ni d'aucun contrôle, ce qui fut fait. Céline fut informé en termes voilés de cette démarche. Karen et lui étaient convenus à Berlin d'un code très simple en vertu duquel le mot « or » serait remplacé par le mot « enfants ».

Dès le 20 avril 1942 Céline lui avait écrit : « Chère Karen, comme je suis heureux d'avoir de vos nouvelles et des enfants! Et qu'ils soient en bonne santé après ces dangers de maladie grave! Vous avez été une véritable mère pour eux! je suis certain qu'ils ne seront pas ingrats, ce sont de bons petits et ils vous rendront heureuse et fière d'eux plus tard. Vous avez raison, s'ils vous inquiètent encore, il faudra partir à la campagne avec eux. Je les embrasse fort - Comme je voudrais vous voir [1]! »

Quelques semaines plus tard Karen et Mme Johansen ont jugé plus prudent d'aller à la banque pour vider le coffre. Les deux femmes se souviennent que l'or était dans une boîte en fer, probablement une boîte à biscuits, très lourde, au point qu'elles eurent de la peine à la porter. Elles allèrent ensuite à bicyclette au château d'Edelgave appartenant à l'ancien Premier ministre Madsen-Mygdal, ami du père de Karen, où l'or fut caché dans un coffre dissimulé derrière une cheminée. Des voleurs ayant visité le château d'Edelgave, Mme Mygdal demanda à Mme Johansen de reprendre le trésor de Céline. Aidée de son fils Johannes, elle enterra le trésor dans le jardin de sa propriété de campagne *Viben* à Strøby Egede à cinquante kilomètres environ au sud de Copenhague.

Il est difficile de situer les dates auxquelles ces opérations ont été

1. Lettre inédite de Céline à K. M. Jensen, 20 avril 1942.
2. Elles n'y placèrent qu'une partie de l'or, voir tome II, pp. 340-341.

effectuées. Le 13 novembre 1942, Céline avait écrit à Karen :
« Que d'événements et tragiques! On ne sait plus que penser. Bien
merci pour vos nouvelles et des enfants! ne les quittez plus
tant [1] [...] » Le 20 janvier 1943, il la remerciait à nouveau de ce
qu'elle venait de faire. A cette date l'or se trouvait certainement
déjà dans le jardin de Mme Johansen : « Vous avez très bien fait
pour les enfants Karen - vous ferez toujours bien, je vous l'ai dit,
vous le savez - Je n'ai pas deux paroles - et je vous serai toujours
bien reconnaissant de ce que vous avez fait pour eux et pour
moi [2]. »

Il projetait alors de vendre un peu d'or pour acheter un diamant
à Lucette : « Si nous avions pu parler de tout ceci je voulais peut-être
vous demander ce que vous pensiez d'offrir à Lucette pour sa
majorité [sic] peut-être un très joli brillant diamant blanc-bleu
dans les 4 ou 5 carats - *mais vraiment une très belle pierre* - qui
pourrait lui servir de dot plus tard la pauvre petite chérie - mais
seulement alors vraiment une pierre de qualité exceptionnelle.
Enfin nous en parlerons à l'occasion - le simple brillant *blanc* n'a
pas beaucoup de valeur internationale [3]. »

Lorsque Céline arriva au Danemark l'or fut déterré devant lui,
mais en l'absence de Karen qui se trouvait à Madrid. Le magot
resta entre les mains de Mme Johansen qui conserva aussi la ceinture de pièces d'or que Céline avait emportée de Paris. Elle lui
remit des pièces au fur et à mesure de ses besoins. Il lui fallait ensuite
les faire changer clandestinement chez les bijoutiers de Copenhague
ou par l'intermédiaire d'amis qui se rendaient à l'étranger, principalement en Suède. Ce sont surtout Mme Johansen, Birger Bartholin, Mme Lindequist et Otterstrøm qui s'en chargèrent [4].

Quand Céline avait besoin d'argent, il écrivait donc à Mme Johansen. Les relations étaient alors des plus affectueuses :

1. Lettre inédite de Céline à K. M. Jensen, 13 novembre 1942.
2. Lettre inédite de Céline à K. M. Jensen, 20 janvier 1943.
3. *Ibid.*
4. Pour les démêlés ultérieurs entre Céline et Karen Marie Jensen, voir *infra*, pp. 116
et suiv. et entre Céline et Mikkelsen, pp. 250 et suiv.

« Dear Madame, If you answer Karen would you be so kind to send her of course all our loves and regards and wishes to see her back soon and also if you please ask to see ANTONIO ZULUOAGA *the son of the painter and the ex-french minister* ABEL BONNARD *before she leaves Spain - I hope also she will be able to come back through Paris? There than she will learn a lot!!... It would be better - From our part we have still absolutly no news - no answer, no nothing - I am afraid the english election results will not be too good for Spain.   Next month your sister will tell you I will need a few pieces of gold - I must pay the tailor for Lucette and current life that is so expensive!... You know it! »*

Soit en français : « Chère Madame, Si vous répondez à Karen pouvez-vous être assez gentille pour lui envoyer évidemment tous nos affections et sentiments et vœux de la voir de retour ici prochainement et aussi s'il vous plaît demandez-lui de voir *ANTONIO ZULUOAGA* le fils du peintre et l'ex-ministre français *ABEL BONNARD* avant qu'elle quitte l'Espagne - J'espère aussi qu'elle pourra revenir en passant par Paris? Et que là elle pourra en apprendre un bout!... Cela vaudrait mieux - De notre côté nous n'avons encore absolument aucune nouvelle, pas de réponse, rien - J'ai peur que les élections anglaises [1] ne soient pas trop bonnes pour l'Espagne. Le mois prochain, votre sœur vous le dira, j'aurai besoin de quelques pièces d'or - Je dois payer le tailleur pour Lucette et pour la vie courante qui est si chère!... Comme vous le savez [2]! »

Céline disposa ainsi de ressources suffisantes pour vivre jusqu'à son arrestation. Il n'avait pas de loyer à payer, mais la vie était très chère à Copenhague et sa femme et lui durent acheter des objets de première nécessité et les vêtements qui leur faisaient défaut. Dès le mois d'août, la mère de Lucette leur adressa des colis de vivres et compléta leur garde-robe qui était insuffisante à l'approche de l'hiver. On trouvait à Copenhague sans difficultés

---

1. Les élections de juin 1945 ont vu la défaite de Winston Churchill et l'accession au pouvoir des travaillistes.
2. Lettre inédite de Céline à H. Johansen, sans date.

du fromage et du lard, les principales autres denrées étaient rationnées, le thé et le café étaient introuvables.

Lucette n'avait pas de permis de travail, mais elle donnait clandestinement des leçons avec Birger Bartholin et avec d'autres professeurs dans une école située Vester Farimagsgade. Il lui fallait payer la location du studio et partager les bénéfices avec les professeurs danois de telle façon qu'il ne lui restait pratiquement rien. « J'essaie d'adoucir les frais journaliers en donnant quelques leçons, il faut quelque présentation et ma garde-robe est vide [1] [...] » « Je vais de-ci, de-là tout le jour pour donner des leçons sans grand gain [...] pour travailler il faut le permis non délivré aux étrangers, je dois travailler avec une Danoise et un Danois, je leur laisse presque tout le bénéfice [2] [...] » Elle donnait, plus clandestinement encore, des leçons dans une sorte de hangar, arrière-boutique d'un poissonnier situé derrière le *fisketorv,* faisant travailler des élèves heureux de découvrir les danses espagnoles et orientales. Ses élèves étaient danois pour la plupart, mais il y avait aussi des Suédois parmi lesquels Marianne von Rosen [3]. Le dimanche matin, elle donnait parfois des leçons à l'Opéra en cachette d'Harald Lander, maître de ballet chorégraphe qui interdisait à ses danseurs de voir Lucette, sous menace de renvoi. Quelques mois avant sa mort, en décembre 1960 ou janvier 1961, Céline lui rendit la monnaie de sa pièce en écrivant une lettre vengeresse au directeur de l'Opéra de Paris [4].

Deux lettres de Céline à Karen Marie Jensen reflètent assez bien ce que fut sa vie à Copenhague à la fin de l'année 1945 : « Chère Karen, J'ai été obligé de changer d'adresse [5] pour les lettres parce que votre voisin, Jensen, le fou d'en dessous, recevait nos lettres les ouvrait, les faisait traduire et les passait à la Police, etc... Tout ceci odieux et ridicule! Avez-vous reçu ma dernière lettre. J'espère qu'il n'y a pas de fous où vous demeurez! Mais votre appartement

1. Lettre inédite de Lucette à Mme Pirazzoli, 25 septembre 1945.
2. Lettre inédite de Lucette à Mme Pirazzoli, 28 octobre 1945.
3. Épouse d'Allan Fridericia, critique chorégraphique.
4. Voir *infra,* pp. 337-338.
5. C/o Bartholin, 23, Herluf Trollesgade.

est charmant il nous a sauvé la vie. Je serais bien content de vous voir revenir - mais alors aussi il faut tout avouer, notre supplice recommencera de trouver une chambre - Il n'y a rien à louer nulle part. Et quels prix! Quelle angoisse de nous retrouver dans la rue! Nous avons tellement été bousculés, écrabouillés, brutalisés!... Mais tout cela s'arrangera - Lucette se débrouille bien avec Bartholin et surtout avec Burmester. Elle fait les cours d'enfants et le caractère et remplace aussi Bartholin q[uan]d il s'absente - Il va partir il semble bientôt à Paris - Elle plaît bien aux élèves - et même aux professeurs - Elle sait tout ce qu'ils ne savent pas - Mais ils sont bien gentils - Seulement il n'est pas question d'exercer en son nom... vous le comprenez... nous n'avons aucun papier - Alors elle partage avec tout le monde ce qu'elle gagne... Mais ainsi cela nous aide bien tout de même - Je suis terrifié par le prix de la vie - Et notre retour en France n'apparaît hélas pas prochain... Il faudrait que je puisse publier... Denoël a eu bien des ennuis... Surtout si vous passez par Paris ne dites pas à Pol [1] que je suis là! Il a fait de loin mille ragots extrêmement méchants - Vous savez qu'il est désespérément jaloux, fort amusant et plein de saveur mais jaloux à en mourir - et à présent très ivrogne me dit-on - Ne parlez de moi à personne. Je vous sais infiniment intelligente et discrète - Nous parlons tous les jours de vous - Vous devez être devenue une experte en danses espagnoles — Que Lucette vous envie! Elle dont le rêve était l'Espagne! et l'Orient! Enfin ici elle est bien heureuse aussi - Elle est heureuse partout - c'est une vaillante modeste et très généreuse nature - Pas un centime de méchanceté ou de ruse - Vous savez que nous avons amené avec nous un chat de Paris - = Bébert c'était le chat de Le Vigan il l'avait abandonné. Il est bien fidèle et affectueux. Il est tout ce qui nous reste de la France. Tout chez moi à Paris a été pillé et volé - Bébert a dû être un des chats les plus bombardés du monde - Il est brave il n'a plus peur d'aucun bruit, ni des grosses voix - ni de rien - Avez-vous revu Antonio Zuloaga? Si vous rencontrez Abel [2] faites-lui toute ma vive amitié

---

1. Gen Paul.
2. Abel Bonnard, alors réfugié à Madrid.

je vous prie! Tous mes souvenirs! Nous en avons des souvenirs!
Et bien affectueusement à vous et toutes mes amitiés à Mr Sérat [1]. »

La seconde lettre était datée du 23 septembre : « Chère Karen,
Vous ne savez pas quelle joie m'a fait votre lettre du 7 septembre
que je reçois à l'instant! Je ne vous ai pas écrit 10 fois mais bien
20 fois déjà pendant ces terribles années! Hélas toujours sans
réponse! Je crois avoir pensé à vous plus qu'aucun homme au
monde - Et encore maintenant bien sûr! et c'est bien facile puisque
je couche dans votre lit et que j'y dors bien peu! Et puis dans les
conditions actuelles on fait le tour de son cœur plusieurs fois tous
les jours et dans ce cas je vous retrouve bien souvent! Lucette a
trouvé une paire de castagnettes et elle s'en sert énormément! Elle
joue chez Bartholin et donne là quelques leçons. Bartholin est
notre compagnie amicale la plus suivie - en vérité sauf lui et Bente
nous ne voyons personne - Je suis encore trop malade pour voir
beaucoup de monde nous avons été à Ströby-Egede, qui se prononce hélas en danois : Skeubiüüüze! le seul mot que nous sachions
avec " fémetuve " pour le tramway et KORT. Dussions [nous]
demeurer dix ans ici nous n'en saurions jamais davantage -! mais
vous savez que parler beaucoup me fait mal et forcément à *Stroby*,
avec toute la petite famille... et puis il fallait que Lucette s'entraîne
et puis au fond je suis si triste à présent que ma pauvre mère est
morte à Paris toute seule que je suis bien ainsi tout seul chez vous -
mais il m'aurait fait grand plaisir que vous rentriez·quand même!
Nous avons déjà fait des projets pour une chambre aux environs -
Par exemple la vie est assez coûteuse - Que je suis content que
vous ayez retrouvé l'excellent Antonio [2]! Comme ceci ranime nos
pauvres souvenirs! La rue Girardon! Il apportait toujours son
dîner, le riz au curry dont il est grand spécialiste, car non seulement c'est un merveilleux ami mais un merveilleux cuisinier! Je
donnerais cher avec Lucette pour aller vous retrouver en Espagne
mais les voyages en ce moment sont encore dans mon état beau-

1. Lettre inédite de Céline à K. M. Jensen, le 17 [probablement août ou septembre 1945].
M. Sérat était Consul général d'Espagne en Suède.
2. Antonio Zuloaga.

coup trop fatigants. Sans doute verrez-vous Popol un de ces jours en Espagne j'ai eu de ses nouvelles indirectement je sais qu'il est toujours à Paris mais il aimait tant l'Espagne! Vos anciennes danseuses téléphonent souvent après vous elles veulent savoir si vous remontez un Ballet? D'ailleurs je crois qu'il se forme en ce moment un ballet pour l'Espagne - Je travaille les heures que me laisse libres le mal à la tête. J'avance mon livre - Avez-vous eu des nouvelles d'Irène [1]? maintenant avec les Américains elle doit se débrouiller splendidement! Vous devez être maintenant une admirable professeur de danses espagnoles - Lucette vous attend avec impatience! Elle dont le grand rêve est d'aller en Espagne la pauvre fille! Toutes nos bonnes amitiés à Zulou [2]! Toutes mes affectueuses pensées pour vous! et notre cordial souvenir je vous prie à Mr Serat et à bientôt [3]! »

Provisoirement sorti de la tourmente, Céline, qui n'avait pas écrit une ligne depuis son départ de Paris, se remit au travail. Ayant accumulé souvenirs et images dantesques, il aurait pu entreprendre aussitôt la chronique des derniers soubresauts du régime de Vichy et de l'agonie de l'Allemagne nazie. Ses impressions étaient en réalité beaucoup trop fraîches et ses souvenirs trop exacts pour qu'il puisse en faire un roman. Tous les événements remarquables qu'il venait de vivre devaient au préalable subir l'épreuve de la décantation sans laquelle il n'y a jamais eu chez Céline de création romanesque, et ceci à la différence de ses pamphlets, toujours écrits à chaud, dans la colère et sous la pression de l'actualité.

Quand il quitta Paris pour Baden-Baden, il avait achevé la première version de *Guignol's Band, II*. Le manuscrit de cette première version, vendu à l'Hôtel Drouot le 28 février 1979, avait manifestement été écrit à Paris pendant la guerre. D'après Jean A. Ducourneau, ce texte aurait été dactylographié et une

1. Irène Mc Bride.
2. Antonio Zuloaga.
3. Lettre inédite de Céline à K. M. Jensen, 23 septembre 1945.

frappe en aurait été remise à Marie Canavaggia [1]. Céline a-t-il emporté le manuscrit avec lui en quittant Paris, ou une dactylographie de ce manuscrit qu'il aurait ainsi transporté de Paris à Copenhague via Baden, Kraenzlin et Sigmaringen? C'est ce qui semble résulter d'une lettre écrite par lui de Copenhague à Marie Canavaggia, dans laquelle il utilise le mot de code « Pantin » pour *Guignol's Band* : « *Pantin II* avance mais quelle fatigue. Je vous raconterai par quel miracle il s'est sauvé de la mêlée. [...] Bébert le chat est passé comme le manuscrit dans plus d'obus qu'il n'en faut pour faire un maréchal de France [2]. » De prison, fin 1946, il écrivit aussi à Mikkelsen : « J'ai ici le manuscrit de *Guignol's band numéro 2*. Tout prêt à imprimer - Je l'ai trimballé avec moi à travers quels gouffres et cyclones [3]! »

Peu avant son arrestation il y travaillait encore et ne pensait pas pouvoir le finir avant plusieurs mois. Il avait ensuite en tête *la Bataille du Styx* qui verra le jour sous le nom de *Féerie pour une autre fois* et un *Guignol's Band, III* qu'il n'écrira jamais. Il travailla également à Copenhague à *Foudres et flèches*, argument de ballet qui sera publié en 1949 par l'éditeur Charles de Jonquières, à tirage limité à 1 000 exemplaires plus « 20 exemplaires hors commerce réservés à l'auteur et 1 exemplaire sur papier de boucherie en l'honneur du général de Gaulle ».

Une photographie de Louis, prise dans l'appartement de Karen au cours de l'été 1945, le montre travaillant en short et torse nu. Bébert sommeille à côté de lui sur le bureau. Tout au cours de cette période, Bébert fut le principal compagnon de Céline, fréquemment seul puisque Lucette travaillait presque toute la journée et que lui-même sortait assez peu [4]. Il descendait tous les jours pour acheter les journaux français et pour faire les courses, s'arrêtant au bas de son immeuble chez l'épicier Bockelund [5] dont le successeur connut une fin célinienne puisque, au cours des années soixante-dix, un

1. Voir *Guignol's Band*, II, dans *Œuvres*, tome III, Balland, 1967, p. 565.
2. Lettre de Céline à M. Canavaggia [vers fin 1945]. *Ibid.*, p. 566.
3. Lettre inédite de Céline à T. Mikkelsen, [vers fin 1946].
4. Céline s'est rendu au moins une fois à *Tivoli* pour voir un spectacle de ballets.
5. *D'un château l'autre*, p. 38.

dimanche matin, il se suicida après avoir tué sa femme et son fils à coups de hache.

Lucette et Louis se sont également rendus plusieurs fois pendant l'été 1945 à la maison de campagne de Mme Johansen. Ils ont été aussi invités un dimanche pour passer la journée avec la famille Seidenfaden[1] dans la propriété de Mikkelsen à Klarskovgaard, sans savoir qu'ils allaient y revenir en 1948 pour leurs trois dernières années d'exil.

Avec l'automne vinrent les premiers froids, les nuits interminables et les jours de plus en plus courts et tristes. Céline aimait Copenhague au printemps et pendant l'été. Il trouva la ville lugubre à la mauvaise saison et souffrit du froid dans l'appartement mal chauffé. Au début du mois de décembre, un événement tragique vint encore ajouter au climat d'incertitude et de crainte dans lequel il vivait de plus en plus.

Le soir du 2 décembre 1945, Robert Denoël et Jeanne Loviton (en littérature, Jean Voilier) décidèrent de sortir pour la première fois depuis la libération pour aller au théâtre à Montparnasse, « Chez Agnès Capri ». Vers vingt et une heures vingt, à l'angle du boulevard des Invalides et de la rue de Grenelle, le pneu avant droit de la voiture éclata. Denoël entreprit de changer la roue tandis que Mme Voilier se rendait à pied au commissariat de police de la rue de Grenelle pour demander un taxi. Environ dix minutes plus tard, alors qu'elle venait d'arriver au commissariat, la police apprit en sa présence, par un appel téléphonique, que le corps de Denoël venait d'être découvert sur le trottoir du boulevard des Invalides, côté ministère du Travail, à une vingtaine de mètres de sa 202 Peugeot. Mme Voilier monta dans le car de police-secours et découvrit en même temps que les policiers le corps de son ami, étendu sur le ventre, tué sur le coup par une balle qui l'avait frappé dans le dos.

Malgré l'ouverture de deux informations judiciaires successives, la police ne parvint jamais à percer le mystère de sa mort. Pour les uns, il s'agirait d'un crime commis par un rôdeur, mais alors pour-

1. Voir *infra*, pp. 96 et suiv.

quoi l'assassin aurait-il laissé dans la poche de sa victime la somme de 12 000 francs que Denoël portait sur lui? D'autres ont soutenu que le crime avait été commis par les Juifs ou par les résistants, ce qui était une façon de rejeter la responsabilité de cette mort sur l'auteur de *Bagatelles pour un massacre*. D'autres, enfin, ont soupçonné Mme Voilier d'avoir été l'instigatrice de ce crime dont elle était la seule à profiter [1].

Céline avait eu avec son éditeur des rapports parfois difficiles, mais les deux hommes avaient de l'amitié et même une sorte d'affection l'un pour l'autre. A l'annonce de cette mort tragique, Céline écrivit à Marie Canavaggia : « Voilà. Cette tombe est refermée. Une de plus... Avec ce malheureux s'ensevelissent bien des choses... tant de choses que la vie s'arrête... que cela ne palpite plus... que le cœur reprend sur un autre rythme [...] Ici c'est une tragédie de plus. Si vous saviez depuis dix-huit mois... on est comme des bêtes trop battues... on se demande si un coup plus lourd que les autres ne serait pas une sorte de charité [2] [...] »

Plus tard, le 10 août 1947, écrivant à Jacques Isorni [3] sur un ton plus polémique, Céline commenta l'événement de la façon suivante : « Cher Maître, votre admirable livre sur le procès Brasillach nous confirme une vérité que nous connaissons déjà depuis les Grecs : qu'il n'y a pas de justice, ni de vérité politique. Seuls des vents qui soufflent, des orages, des climats comme l'on dit aujourd'hui de haine, de sadisme, et d'étripage... tous les talents, plaidoiries du monde ne valent pas un pet de ce terrible vent... Je sais bien pour mon compte que si j'étais demeuré à Paris j'aurais été assassiné de toute façon, soit la nuit et sans phrase comme Denoël, soit au Palais et avec des phrases comme Brasillach [4]. » Il avait exprimé à peu près la même idée dans une lettre à Mikkelsen du 18 mars 1946 : « Canaille et lâche. C'est ainsi que l'on assassine, masqué au coin des rues la nuit - C'est ainsi d'ailleurs que fut

1. Voir *infra,* pp. 136-142.
2. Lettre de Céline à M. Canavaggia, mercredi [décembre 1945]. Citée par Henri Godard, *D'un château l'autre,* p. 1009.
3. Avocat de Robert Brasillach et du maréchal Pétain.
4. Jacques Isorni, *l'Humeur du jour,* Librairie académique Perrin, 1968, p. 181.

assassiné mon éditeur Robert Denoël, une nuit, place des Invalides. L'on voudrait sans doute me refaire ici le coup d'une façon plus juridique [1]. »

Céline avait-il écrit à Denoël pour lui conseiller de fuir à l'étranger? Lucette en est certaine, mais la lettre n'a pas été retrouvée. Il avait facilement l'intuition des malheurs et souvent de tragiques pressentiments. Quoi qu'il en soit, Céline éprouva beaucoup de tristesse à l'annonce de la mort de Robert Denoël, qu'il perçut, de plus, comme une sorte de funeste présage.

Céline et Lucette ont-ils été imprudents? Une indiscrétion a-t-elle été commise par un de leurs amis, en France ou au Danemark? Leur présence à Copenhague fut en tout cas signalée à l'ambassade de France le 1er octobre par un indicateur anonyme.

Le 15 ou le 16 décembre, Lucette reçut un appel de Mme Erik Seidenfaden, belle-fille du directeur de la Police de Copenhague, qui lui conseilla de fuir immédiatement en Suède avec son mari, sans pouvoir toutefois lui en dire plus. Se croyant protégé par la police, Céline ne crut pas un instant à l'arrestation et c'est la raison pour laquelle il ne prit aucune disposition pour se cacher ou pour tenter de quitter le pays. Il était persuadé en revanche que les communistes et les résistants danois le recherchaient pour l'assassiner; aussi prit-il le parti de rester chez lui, prêt à se défendre en attendant l'intervention de la police.

Dans la soirée du 17 décembre, vers vingt heures, alors qu'il faisait évidemment nuit depuis longtemps, trois hommes en civil se présentèrent à l'appartement en prétendant qu'ils appartenaient à la police. Céline avait saisi son pistolet chargé de deux balles, puis il avait ouvert les fenêtres pour tenter de fuir par les toits tandis que Lucette téléphonait à Bartholin, qui habitait à deux pas de là, pour lui demander de venir immédiatement.

Lorsque Bartholin arriva 20, Ved Stranden, une voiture de police attendait en bas de l'immeuble, les fenêtres de l'appartement étaient grandes ouvertes et l'on entendait les hurlements de Lucette qui appelait au secours. Dans l'escalier les policiers

1. Lettre inédite de Céline à T. Mikkelsen, 18 mars 1946.

avaient dégainé leurs armes. On entendait à l'intérieur de l'appartement un énorme remue-ménage. Bartholin s'entretint avec Céline à travers la porte. Il parvint à le calmer et à le persuader qu'il s'agissait de policiers danois venus l'arrêter et non de communistes venus pour l'assassiner. Céline ouvrit alors la porte. Lucette était comme folle, Louis dans un état d'agitation extrême, l'appartement dans un désordre indescriptible et sur une table se trouvait le pistolet chargé que Céline avait tenu à la main jusqu'à l'arrivée de Bartholin. Plus tard, dans *D'un château l'autre* [1], et en bien d'autres circonstances, Céline a raconté tout cela à sa façon, avec force détails, y compris sa fuite par les toits, pistolet à la main, Bébert sous le bras.

Avant d'emmener Céline et Lucette, les policiers, qui ne savaient manifestement pas pourquoi ils les arrêtaient, procédèrent à la fouille de l'appartement et furent rapidement convaincus qu'ils venaient de découvrir une officine d'avortements clandestins. Il est vrai que l'attitude de ce médecin étranger avait de quoi surprendre et inquiéter. Que faisait-il à Copenhague? De quoi vivait-il? Pourquoi tout ce tintamarre à l'arrivée de la police? Sans parler de son étrange femme, si peu danoise dans ses manières! Ils avaient l'un et l'autre le profil absolument louche, celui des espions et des avorteurs! Quand la police eut trouvé chez eux bock à lavement, canule et tuyaux de caoutchouc, nul ne put douter qu'il s'agissait au moins d'un couple d'avorteurs, et c'est ainsi que Lucette et Louis ont passé leur première nuit dans les locaux de la police de Copenhague.

Bébert fut envoyé le soir même dans une clinique vétérinaire contre un dépôt de 50 couronnes, prélevées sur les 3 675 couronnes saisies dans l'appartement. Cette désagréable situation se prolongea pour lui jusqu'au 20 décembre, jour où il fut délivré par Bente Johansen qui le prit avec elle en attendant le retour de ses maîtres.

1. *D'un château l'autre*, pp. 38-39.

CHAPITRE VI

Quai d'Orsay

« [...] Gaetan Serge d'Hortensia, l'Assesseur
nègre de l'Ambassade, représentant l'union des
Cingles, diplomatiques, politiques, coloniaux et
ectoplasmiques, qui m'injurie au jour levant! »

Féerie pour une autre fois, p. 51.

En 1944, lorsque Georges Bidault prit ses fonctions de ministre des Affaires étrangères, il trouva le Quai d'Orsay vide, à l'exception de quelques fonctionnaires parmi lesquels Guy de Girard de Charbonnière, dont il fit sur-le-champ son directeur de Cabinet. Au mois de septembre 1945, il lui confia la légation de France à Copenhague, un peu comme il l'aurait nommé préfet à Limoges s'il avait été ministre de l'Intérieur. Le poste de Copenhague était tout à fait dénué d'intérêt et aucun dossier d'importance n'y attendait le nouveau ministre de France. Peu après son arrivée dans la capitale danoise, M. de Charbonnière vit cependant sa villégiature troublée très inopinément par Louis-Ferdinand Céline, qui lui permit de passer à la postérité dans des conditions dont l'un et l'autre se seraient bien passés.

Sans l'avoir jamais rencontré, Céline conçut rapidement à l'égard de M. de Charbonnière, dont il disait qu'il était son Hudson Lowe, une haine qui l'anima jusqu'à sa mort. Il le tint responsable de son arrestation et l'accusa de s'être démené pour obtenir son extradition, dont il aurait fait une affaire personnelle, intervenant sans cesse avec inconvenance auprès des autorités danoises en le présentant comme un dangereux criminel de guerre.

Céline lui reprochait surtout d'avoir manifesté contre lui un zèle excessif pour se créer un titre de Résistance qui lui manquait. Il l'appelait M. de Charognière ou plus familièrement Charbougnat[1], et le disait mulâtre, inverti et vichyste. Il se moqua cent fois de lui, se félicitant d'avoir gâché ses nuits et d'avoir compromis toutes ses chances d'avancement : « L'Ambassadeur Carbougniat, tout aussi vichyssois que Brisson, tout aussi doriotiste que Robert, les crises qu'il piquait, Excellence!... qu'on m'expédie pas à Vincennes!... si il le secouait son lit d'Ambassade, crise sur crise, de folie-fureur mordait ses Gobelins à pleines dents, d'une façon si alarmante qu'il allait bouffer l'Ambassade, de crise en crise, tout le mobilier et les dossiers! tout y passait! qu'il a fallu qu'on lui promette un poste " super-classe "! l'autre hémisphère! il devenait plus malade que moi!... de me sentir là, si près, tout près, Vesterfangsel... à bout de souffrir, qu'on m'empale pas!... que j'avais engueulé Montgomery!... et le Führer!... il prétendait! et le Prince Bernadotte! il écrivait de ces lettres aux Ministres baltaves!... des véritables ultimatums! j'ai eu des copies de ces belles lettres[2]... »

Paul Morand ne l'aimait pas non plus et il avait conservé de lui un bien mauvais souvenir : « Le sinistre Charbonnière, ce lapin à guêtres que j'ai pratiqué en 39, à Londres, et dont la tête Velasquez — il n'a que ça du XVIIᵉ — m'exaspérait déjà, nous faisait vomir[3]. »

Aujourd'hui M. de Charbonnière se défend d'avoir manifesté un quelconque acharnement contre Céline dont il avait lu et admiré

1. « Carbougniat » dans *D'un château l'autre*. Charbonnière apparaît aussi sous le nom de Gaëtan Serge d'Hortensia dans *Féerie pour une autre fois*, pp. 51 et suiv.
2. *D'un château l'autre*, p. 100.
3. Lettre inédite de Morand à Céline, 29 août 1957.

Voyage au bout de la nuit et *Mort à crédit*. Les anciens de l'ambassade de France à Copenhague sont d'avis partagés, mais beaucoup pensent qu'il a fait du zèle et les dossiers officiels révèlent qu'il a fait son devoir avec un empressement certain, jusqu'au jour où il a découvert que les charges retenues contre Céline étaient « maigres [1] ». Quant à Georges Bidault, il affirme que l'affaire Céline fut le cadet de ses soucis. Il fut sans doute encouragé dans cette attitude par ses collègues du ministère de la Justice qui paraissent avoir éprouvé pour cette affaire un intérêt mitigé.

La présence de Céline à Copenhague fut signalée à la légation de France par un informateur anonyme [2] et le 1er octobre 1945 un télégramme fut envoyé à Georges Bidault : « L'écrivain Louis-Ferdinand Céline aurait été rencontré à Copenhague. Je crois devoir faire une démarche officieuse auprès du ministère des Affaires étrangères pour que ce collaborateur notoire soit recherché par la police danoise. Je serais reconnaissant à votre Excellence de me faire savoir si je dois demander officiellement son arrestation et au cas où il serait retrouvé sa mise à disposition de la justice française [3]. »

Le ministre répondit le 11 octobre en précisant que le garde des Sceaux lui avait fait savoir qu'un mandat d'arrêt avait été lancé contre Céline le 19 avril. Il invitait M. de Charbonnière à communiquer ce fait aux autorités danoises « en les priant de prendre les mesures qu'elles jugeront nécessaires ». Le dossier de l'ambassade fut complété par l'envoi d'une copie du mandat d'arrêt et d'une lettre du Procureur général de Paris précisant les charges retenues contre Céline, à savoir son antisémitisme, sa déclaration lors du second départ de Doriot parue le 31 mars 1943 dans *le Cri du peuple de Paris*, la lettre reproduite dans *Germinal* du 28 avril 1944, la publication de *Guignol's Band* et de *Bezons à travers les âges*, le fait d'avoir été membre d'honneur du Cercle européen et sa fuite en Allemagne en août 1944 « [...] où il ne paraît avoir eu aucune

1. Lettre inédite de Charbonnière à G. Bidault, 21 septembre 1946.
2. Céline pensait avoir été dénoncé par une Danoise rencontrée dans la rue le 10 décembre (lettre de Céline à J.-G. Daragnès, 19 mars 1947).
3. Télégramme de Charbonnière à G. Bidault, 1er octobre 1945.

activité bien qu'aux dires de certains il ait remplacé auprès du maréchal Pétain le docteur Ménétrel qui était en disgrâce [1] ».

Le 23 novembre 1945 le ministre pria M. de Charbonnière de demander au Gouvernement danois l'extradition de Destouches, et ce « à titre de réciprocité ». Puis le journal *Samedi-soir* [2] annonça la présence de Céline à Copenhague, information reprise le dimanche 16 décembre par le quotidien danois *Politiken*. Le jour même, à dix-neuf heures, un marchand de journaux téléphona à la Sûreté danoise pour faire savoir que Céline venait tous les jours dans son magasin. Enfin, dans la soirée du 17, M. de Charbonnière téléphona lui-même, après la fermeture des bureaux, au directeur du ministère des Affaires étrangères du Danemark pour demander l'arrestation immédiate de Céline dont il communiqua l'adresse [3]. Alerté par son collègue des Affaires étrangères, le ministre de la Justice danois ordonnait en fin de soirée l'arrestation de Céline et un mandat d'arrêt était immédiatement lancé contre lui et contre sa femme, par application de l'article 14 de la loi n° 52 du 15 mai 1875 relative au contrôle des étrangers et voyageurs de passage. Ce texte était cependant inapplicable à Céline puisqu'il visait seulement le cas des étrangers auxquels on a préalablement notifié une interdiction de séjourner sur le territoire national danois. Or Céline demeurait à Copenhague en vertu d'un titre de séjour parfaitement régulier.

De plus, le 17 décembre, la légation de France n'avait pas encore officiellement demandé l'arrestation et l'extradition de Céline, demandes qui ne furent formalisées que le 18 décembre par une lettre de M. de Charbonnière à M. Gustav Rasmussen, ministre des Affaires étrangères du Danemark, par laquelle il lui demandait de « provoquer d'urgence l'arrestation et l'extradition de l'intéressé [4] ».

Céline et sa femme ont donc été arrêtés de la façon la plus arbi-

---

1. Lettre du Procureur général de Paris, 13 octobre 1945.
2. *Samedi-soir*, 15 décembre 1945.
3. Pour toute cette période, voir Helga Pedersen, *le Danemark a-t-il sauvé Céline ?*, *op. cit.*
4. Lettre de Charbonnière à G. Rasmussen, 18 décembre 1945.

traire, en vertu d'un texte qui ne leur était pas applicable, et sur la foi d'un appel téléphonique de la légation de France informant les autorités danoises d'une adresse dont elles avaient officiellement connaissance depuis plusieurs mois. L'illégalité de cette arrestation était encore plus flagrante pour Mme Destouches contre laquelle aucun grief n'était formulé ni par les Français ni par les Danois.

Les documents officiels sont-ils bien le reflet de ce qui s'est exactement passé? Quelques personnes en France et au Danemark soutiennent que les choses se seraient passées différemment. Certaines affirment que Céline a été arrêté à la demande des communistes danois et tout à fait indépendamment des démarches entreprises par la légation de France[1]. Il est vrai que la demande officielle d'arrestation et d'extradition est datée du lendemain de l'événement, ce qui donne à penser que M. de Charbonnière aurait été « doublé » et serait ainsi arrivé « après la bataille ». Toutefois les recherches entreprises au Danemark par Mme Helga Pedersen[2] lui ont fait découvrir que l'arrestation avait été provoquée par l'appel téléphonique du 17 décembre. Ce fait se trouve corroboré par le télégramme envoyé le 19 décembre 1945 par M. de Charbonnière à Georges Bidault dans lequel on peut lire : « Des renseignements plus précis m'étant parvenus il y a deux jours qui comportaient notamment l'adresse où l'intéressé se cachait, j'ai aussitôt formulé une nouvelle demande tendant à son arrestation. Celle-ci a eu lieu dans la soirée du 17 décembre. Le 18 décembre, conformément aux instructions de votre lettre (contentieux n° 54 du 23 novembre) une demande d'extradition a été officiellement notifiée au ministre des Affaires étrangères. »

Perdue au milieu de toutes les démarches officielles, une seule intervention amicale, une lettre de Marie Canavaggia à Georges Bidault datée du 22 décembre 1945 : « Connaissant sa grande

---

1. Certains Danois soutiennent que Céline aurait été arrêté à la demande de ses amis pour prévenir son assassinat. Mis au courant de ce projet, Mikkelsen se serait enfui aux États-Unis.

2. Ancien ministre de la Justice, Helga Pedersen a eu accès à toutes les archives danoises.

nervosité, je redoute pour lui les conséquences de son régime actuel. Je me permets donc, Monsieur le Ministre, de faire appel à votre humanité pour vous prier de lui faire parvenir le billet ci-joint [1]. »

Le 20 décembre 1945 et le 31 janvier 1946, le ministre avait relancé M. de Charbonnière, qui adressa le 31 janvier une note au ministère royal des Affaires étrangères (à l'attention de M. Knox [2]) précisant les griefs retenus contre Céline : « Il lui est reproché en particulier d'avoir été membre d'honneur du Cercle européen (organisme de propagande germanophile), d'avoir écrit des ouvrages (*Guignol's Band* et *Bezons à travers les âges*) favorables à l'Allemagne et d'avoir ainsi facilité la propagande germanique [3]. » Le même jour, M. de Charbonnière adressait à son ministre un télégramme ainsi rédigé : « Les autorités danoises viennent de me faire savoir que l'autorisation d'extrader l'intéressé est accordée en principe, mais qu'il leur était nécessaire de recevoir un certain nombre de précisions que je leur ai fournies immédiatement. Toutefois il m'a été signalé que la réponse finale ne serait pas donnée avant quelques jours. »

Le 2 avril 1946, M. François Coulet, directeur de l'Europe au Quai d'Orsay, demandait à M. de Charbonnière d'insister à nouveau : « La demande d'extradition de l'intéressé ayant en effet été communiquée à la presse en son temps, celle-ci attache à cette négociation un intérêt considérable, que l'ouverture de la période électorale ne fera qu'accentuer, il serait fâcheux qu'une affaire de cette sorte pût troubler l'harmonie des relations franco-danoises. » Les Danois paraissent avoir été peu sensibles aux préoccupations électorales du gouvernement français. En réalité, et dès cette époque, la cause de Céline était déjà virtuellement gagnée, mais il ne le savait évidemment pas.

La police de Copenhague avait très rapidement fait une enquête et dès le 28 décembre 1945, son directeur, M. Aage Seidenfaden, qui connaissait Céline, avait fait un rapport [4] au ministre de la

1. Lettre inédite de Canavaggia à G. Bidault, 22 décembre 1945.
2. Diplomate danois né en 1904.
3. Note inédite de Charbonnière à G. Rasmussen, 31 janvier 1946.
4. Helga Pedersen, *le Danemark a-t-il sauvé Céline ?, op. cit.*, pp. 47-60.

Justice, attirant son attention sur le fait que le crime de trahison visé dans la demande d'extradition n'était pas prévu dans le traité signé entre la France et le Danemark le 28 mars 1877. Il rappelait que M. et Mme Destouches avaient remis leurs passeports à la police dès le 20 juin 1945 et qu'ils avaient été autorisés le 15 novembre 1945 à percevoir des tickets de rationnement. Il attirait enfin l'attention du ministre sur le cas de Mme Destouches qui avait été arrêtée bien que n'étant pas visée dans la demande d'arrestation et d'extradition présentée par la légation de France.

Ce rapport de M. Seidenfaden n'aurait certainement pas suffi à éviter l'extradition de Céline. Il fallut aussi l'intervention d'un ami de Thorvald Mikkelsen, M. Per Federspiel, alors ministre des Affaires spéciales et chargé à ce titre de toutes les questions ayant trait à la Résistance et à l'Épuration. L'action de M. Federspiel en faveur de Céline, qui s'était concrétisée dès le 4 janvier 1946 par une lettre au ministre de la Justice, fut rapidement portée à la connaissance de la légation de France où l'on ne se fit plus beaucoup d'illusions sur les suites de la demande d'extradition.

Le chargé d'Affaires, M. Jean de Lagarde, avait écrit à Georges Bidault le 17 avril 1946 pour lui rendre compte de la conversation qu'il venait d'avoir avec un haut fonctionnaire du ministère royal des Affaires étrangères : « Dès réception des instructions du Département, j'ai fait valoir à M. Dahl, Directeur Politique du Ministère Royal des Affaires étrangères, l'effet fâcheux que ne manquerait pas de produire un plus long atermoiement. Mon interlocuteur a convenu que la position des autorités de son pays n'était pas défendable. Il a ajouté que M. G. Rasmussen et lui étaient d'accord pour remettre cet écrivain collaborateur. Toutefois le Ministre des Affaires spéciales M. Federspiel avait évoqué cette affaire au Conseil des Ministres et avait réussi à empêcher jusqu'à présent qu'une décision favorable soit prise. D'après l'homme politique danois le cas Céline poserait une question de droit d'asile. M. Dahl m'a promis que M. Gustav Rasmussen essaierait de faire cesser l'opposition de son collègue et de faire triompher le point de vue de l'administration danoise qui est de remettre Céline aux autorités françaises. »

Dès qu'il eut obtenu de plus amples renseignements, M. Jean de

Lagarde adressa à son ministre le télégramme suivant, daté du 1er mai 1946 : « Par lettre n° 83 en date du 17 avril j'avais eu l'honneur de faire savoir au Département qu'un Ministre du Cabinet danois avait réussi à empêcher les autorités de ce pays de faire droit à notre demande d'extradition de Louis-Ferdinand Céline.

» Des informations que je viens de recevoir au Ministère Royal des Affaires étrangères, il résulte que la question ne relève plus que du Conseil des Ministres. Le directeur politique, M. Dahl, ne m'a pas caché qu'il estimait que devant l'opposition de M. Federspiel il paraissait peu probable qu'il fût fait droit à notre réclamation. »

M. Gustav Rasmussen, manifestement très embarrassé par cette affaire, fit remettre à la légation de France, le 21 mai 1946, une note verbale dont voici l'essentiel : « Le cas n'est pas compris par la convention d'extradition franco-danoise du 28 mars 1877 dont l'art. 3, al.1 est ainsi conçu : " Il est expressément stipulé que l'étranger dont l'extradition aura été accordée ne pourra en aucun cas être poursuivi ou puni pour aucun délit politique antérieur à l'extradition, ni pour aucuns faits connexes à un semblable délit. " Néanmoins le Gouvernement danois est tout prêt à mettre en délibération à titre de réciprocité la possibilité d'une extradition de l'intéressé. Cependant comme l'affaire Céline est la première de ce genre soumise au Gouvernement danois après la guerre, et créera en conséquence un précédent, également vis-à-vis d'autres pays, le Ministre des Affaires étrangères serait reconnaissant à la Légation de bien vouloir lui faire parvenir avant que la décision définitive soit prise, une spécification détaillée des chefs d'accusation retenus contre l'inculpé. Si la police française, en attendant l'extradition éventuelle, désire soumettre M. Céline à un interrogatoire au Danemark, les autorités danoises seraient toutes disposées à recevoir un représentant de celle-ci et à lui prêter toute l'assistance possible en vue de lui donner libre accès à interroger Céline qui a été arrêté immédiatement à la première demande de la Légation et qui est toujours emprisonné [1]. »

1. Note verbale inédite de Rasmussen à G. de Charbonnière, 21 mai 1946.

M. de Charbonnière écrivit le 29 mai à M. Georges Bidault :
« La note du Ministre danois dissimule mal le cruel embarras dans
lequel nous l'avons placé. Il ne pouvait être question pour lui,
étant donné la nature du délit reproché à Céline et le caractère des
démarches faites par cette légation, de repousser purement et
simplement notre demande d'extradition. D'autre part les argu-
ments mis en avant en faveur de celle-ci n'ont pas entièrement
surmonté les scrupules des juristes danois. Enfin, je me suis laissé
dire que l'intéressé ou sa famille ont su ici se créer des appuis jusque
dans les milieux de la Résistance et que de fortes pressions ont été
exercées au profit du tristement célèbre auteur du *Voyage au bout
de la nuit.* »

La balle était désormais dans le camp des Français et devait y
rester quelques mois. Ce ne fut pourtant pas un temps de répit pour
M. de Charbonnière. Si ce diplomate est aujourd'hui considéré par
bien des céliniens comme ayant poursuivi l'écrivain d'une hargne
personnelle, il fut à l'époque publiquement taxé de mollesse et
tenu responsable de l'échec de la demande d'extradition. Des
articles ont été publiés, (notamment dans *le Front national* du
15 juin 1946), et un journaliste danois, M. Samuelson, ancien
correspondant de l'A.F.P. à Copenhague, affirmait lui avoir
communiqué toutes les informations qui auraient permis de faire
arrêter Céline bien avant le 17 décembre. Il l'accusait aussi d'avoir
couvert Céline et d'avoir fait de son mieux pour qu'il ne soit pas
extradé [1]. Gustav Rasmussen, alerté par M. de Charbonnière,
envoya un démenti à la presse. Au cours d'une conversation privée,
M. Rasmussen lui aurait même dit : « Il est vraiment injuste de vous
faire supporter le poids de nos propres péchés. »
Le 6 septembre, M. de Charbonnière faisait savoir à son ministre
que les Affaires étrangères danoises insistaient pour obtenir une
réponse à la demande de précisions sur les chefs d'accusation et

---

1. *Franc-tireur*, 27 juin 1946. Voir aussi *Information*, 11 décembre 1946.

il ajoutait : « Si cette réponse devait tarder, m'a précisé le Directeur politique de ce Département, le Gouvernement danois ne croirait pas possible de garder plus longtemps l'inculpé en prison et le remettrait en liberté. »

Ayant ensuite reçu de Paris quelques renseignements complémentaires envoyés par le Procureur général, notamment la copie d'articles du *Pilori* et de *Germinal,* ainsi que la préface de *l'École des cadavres* mettant en cause le docteur Rouquès, M. de Charbonnière remit le 20 septembre 1946 une nouvelle note verbale aux autorités danoises dans laquelle il précisait : « La Légation de France croit d'autre part devoir souligner auprès du Ministère Royal des Affaires Étrangères l'intérêt très vif que l'opinion publique française porte à l'affaire Céline. L'attitude ouvertement pro-allemande adoptée par l'intéressé sous l'occupation, son mépris des souffrances françaises, ses exhortations à des persécutions encore plus cruelles que celles dont étaient déjà l'objet certaines catégories de Français ont provoqué dans tous les milieux patriotes de France l'indignation la plus vive. Céline est considéré comme l'un des collaborateurs les plus notoires de l'ennemi et son châtiment est réclamé par tous [1]... »

En écrivant cette note, M. de Charbonnière avait un peu forcé son talent et manifestement il ne pensait pas un mot de ce qu'il avait écrit. Il suffit pour s'en persuader de se reporter à la lettre qu'il écrivit le lendemain, 21 septembre 1946, à M. Georges Bidault : « J'ai lu ces documents avec attention et surtout avec dégoût. A vrai dire si les écrits de cet individu démontrent surabondamment sa bassesse et son ignominie, il ne semble pas qu'ils puissent être considérés comme prouvant d'une manière péremptoire sa collusion avec l'ennemi, c'est-à-dire sa trahison. Je suis même surpris que, s'agissant d'un collaborateur aussi notoire que Céline, il n'ait pas été possible au Juge d'Instruction de rassembler des témoignages plus convaincants. Je crains donc que ces nouvelles pièces ne soient pas par elles-mêmes suffisantes pour amener le Gouvernement danois à modifier son point de vue et à accorder

---

1. Note verbale inédite de Charbonnière à G. Rasmussen, 20 septembre 1946.

enfin l'extradition de l'inculpé. J'ai appris en effet que l'avocat de Céline, qui se trouve être l'ami de plusieurs personnalités influentes des milieux gouvernementaux et même des milieux de la Résistance, dont le Ministre Federspiel, s'est beaucoup dépensé pour faire croire que l'extradition de son client constituerait une violation du droit d'asile et que son argumentation n'a pas été sans impressionner ses interlocuteurs. D'autre part il m'a été également signalé à titre confidentiel que le Gouvernement danois était actuellement saisi de demandes analogues du Gouvernement soviétique portant sur des prétendus ressortissants de l'U.R.S.S. »

De nombreuses semaines s'écoulèrent pendant lesquelles Céline attendait toujours de connaître son sort à la prison de la Vestre, tandis que les gouvernements restaient sur leurs positions respectives. Le 7 janvier 1947, M. de Charbonnière écrivit à Léon Blum, alors président du Conseil et ministre des Affaires étrangères : « Au cours de la dernière de mes démarches j'ai recueilli une indication confidentielle dont je crois devoir faire part au Département. Le Gouvernement danois, embarrassé par notre demande, se serait adressé aux Gouvernements anglais, belge, hollandais et norvégien en leur demandant ce qu'ils feraient en pareil cas. A La Haye et Oslo on aurait répondu que l'on n'accorderait pas l'extradition. La réponse de Londres aurait été " à côté de la question " et rien ne serait encore parvenu de Bruxelles. » Dans cette même lettre à Léon Blum, M. de Charbonnière reconnaissait avoir effectué des diligences exceptionnelles pour tenter d'obtenir une décision favorable du Gouvernement danois : « En fait j'ai déjà, au cours des innombrables démarches que j'ai effectuées dans ce but, été beaucoup plus loin dans mes pressions sur les autorités que ne me le permettaient les éléments d'inculpation dont je disposais. »

Le 14 février 1947 le ministère des Affaires étrangères avait annoncé à M. de Charbonnière que le Parquet général était en train de réunir de nombreux éléments et de « collationner parmi les écrits de Céline pendant la guerre les textes les plus flagrants témoignant d'appels au meurtre qui ont provoqué des arrestations et des mesures criminelles de la part de la Gestapo ». En réalité, les charges annoncées ne furent pas réunies et aucun envoi n'est parvenu à Copenhague [1] malgré un rappel de M. de Charbonnière le 13 juin 1947 auquel le ministre avait répondu qu'il fallait attendre...

Les Danois s'étaient finalement lassés et avaient autorisé le transfert de Céline à l'Hôpital national de Copenhague, le 26 février 1947, contre un engagement d'honneur de ne pas quitter l'établissement sans permission expresse de la Police de Sûreté de Copenhague. C'était la fin de la bataille diplomatique dont Céline avait été l'enjeu. Il n'était pas encore complètement sorti d'affaire, mais il avait la vie sauve.

1. Rigshospital.

CHAPITRE VII

Vestre Fængsel

« [...] là ils m'ont fini, j'ai pris cent ans, en
deux années... »

Nord, p. 500.

Le 17 décembre 1945, Lucette et Louis passèrent leur première
nuit à la Vestre Fængsel, méchante et lugubre forteresse en brique,
édifiée en 1895 avec de faux airs élisabéthains et une vue impre-
nable sur le cimetière de la Vestre.

Dès le premier jour, Lucette fit la grève de la faim et fut rapidement transportée à l'infirmerie. Elle vécut ainsi onze jours dans des
conditions effroyables, entourée de femmes, détenues de droit
commun, qui ne parlaient pas français et la considéraient comme
une espionne. A tout propos elle entendait le mot *stikker*, qui
signifie « moucharde », et qui revenait comme un leitmotiv. Elle
souffrit surtout d'être totalement isolée de Louis et, pendant ces
jours passés à la Vestre, elle pensa qu'il avait été remis aux autorités
françaises.

Mme Hella Johansen s'étant offerte pour la loger et pour lui donner sa caution morale, Lucette fut libérée avec obligation de vivre
chez elle 19, Stægers Allé. Quelques jours plus tard, elle fut autorisée à résider de nouveau dans l'appartement de Karen sous la

surveillance de Bente Johansen, venue s'y installer avec elle, à la demande de la police. Lucette vécut alors une période d'angoisse qui dura dix-huit mois. Seule dans un pays étranger dont elle ne parlait pas la langue, son mari détenu et menacé d'extradition et de mort, elle-même sous la surveillance de la police et sous un climat affreux, elle dut lutter seule et fit preuve en cette occasion d'un courage et d'une volonté qui ont fait l'admiration de tous. Au cours de la détention de Louis, elle perdit beaucoup de poids, cessa de danser, ses règles s'arrêtèrent, ses mains se couvrirent d'eczéma et elle souffrit d'un ver solitaire qui nécessita plusieurs fois son hospitalisation.

Les lettres qu'elle écrivit à sa mère jusqu'à la libération de Louis le 24 juin 1947 témoignent de sa détresse : « Je suis dans la même douleur je ne sais qu'espérer - il est très malade et je ne l'ai vu qu'une seule fois - je suis si malheureuse et personne pour nous aider. J'attends vos lettres [1]... »

« Je l'ai vu ce matin 10 minutes! si courtes! Il est bien mal, ne pouvant rester debout il tombe en syncope... son cœur est très malade - un spécialiste est venu - sa tête aussi et les nerfs. Combien de temps pourra-t-il vivre ainsi - en prison la vie est si pénible. Je souffre tant de le voir ainsi, c'est horrible. Et personne ne s'occupe de lui, il reste ainsi des jours et des jours - voici un mois et quatre jours qu'il est ainsi - rien de nouveau. Je crains constamment qu'on vienne le chercher et l'envoyer en France. Comprenez-vous l'état où je suis! chaque seconde est un supplice [2]... »

Dès le mois de janvier, Lucette fut autorisée à voir Louis chaque lundi pendant dix minutes; au début, on les obligea à parler anglais pour que leurs conversations puissent être facilement écoutées. Ensuite, il est vrai, deux gardiens parlant français se sont succédé pour surveiller leurs entretiens : Henning Jensen et Dimitri Schewitsch [3]. Ces visites étaient à la fois pour Lucette et pour Louis une immense joie et une épreuve : « Je suis si angoissée d'attendre

1. Lettre inédite de Lucette Destouches à Mme Pirazzoli, 9 janvier 1946.
2. Lettre inédite de Lucette Destouches à Mme Pirazzoli, 15 janvier 1946.
3. Voir *infra*, p. 112.

le lundi pour le voir un instant... c'est beaucoup pour nous! peu de lettres me parviennent... mais si pleines de peine quel chagrin! Il s'inquiète beaucoup pour moi et est si malheureux de me savoir ainsi... Tu ne peux imaginer comme il est bon pour moi, quelle tendresse, je ne puis soutenir tout ce qu'il me dit. Sentir combien il souffre est trop pour moi - Comment le soulager [1]? »

Lucette trouvait heureusement un grand réconfort dans la présence affectueuse de Bébert : « Petit Bébert se maintient... il est vieux et ne peut redevenir le vivant petit chat qui était si amusant mais il est beaucoup pour ma solitude nous nous parlons beaucoup - il sait bien ma peine et l'est aussi [2]. » Très souvent elle l'emmena à la prison, ce qui était évidemment interdit. Elle raconte qu'il comprenait parfaitement la situation et faisait le mort dans son sac jusqu'au moment où, profitant d'un instant favorable, Lucette ouvrait un coin du sac, juste le temps pour que Bébert échange un clin d'œil avec Céline. Dimitri Schewitsch, qui travaille toujours à la Vestre, se souvient d'avoir surpris leur manège, dont il devint ensuite très gentiment le complice. Céline appréciait beaucoup ces visites : « Quelle joie j'ai éprouvée à revoir mon Bébert, avec sa si jolie toujours petite bouille papillon! et qu'il a été gentil! comme je l'aime [3]. » Et : « Comme Bébert a été mignon et raisonnable [...] il comprend très bien les raisons [4]. »

Comme la plupart des prisonniers, Céline s'attendrissait sur des petits détails de la vie, un rayon de soleil, une feuille, un oiseau, émois qu'il exprimait à Lucette avec parfois beaucoup de poésie : « Je vois beaucoup d'oiseaux ils chantent au premier soleil. Ils sont bien malheureux comme moi lorsqu'il fait sombre. Tu m'as bien appris à aimer les petits oiseaux. C'est une bien grande joie dont je profite maintenant derrière mes barreaux [...] Dans le jardin de Barbe-Bleue les primevères ne sont plus loin. Le merle a chanté tout l'hiver au boulodrome. Les Anglais montent à présent rue St-Vincent, Channard leur vend ses aquarelles [5]. » Et encore :

---

1 et 2. Lettre inédite de Lucette Destouches à Mme Pirazzoli, 16 février 1946.
3. Lettre inédite de Céline à sa femme, 9 avril 1946.
4. Lettre inédite de Céline à sa femme, 15 avril 1946.
5. Lettre inédite de Céline à sa femme, 12 février 1946.

« Heureusement il y a ici une belle fenêtre (à barreaux) et un arbre magnifique à regarder plein d'oiseaux qui fêtent le printemps et la liberté! C'est une véritable provocation [1]... » Ces extraits ne sont pas sans rappeler Chateaubriand dont Céline a lu les *Mémoires* au cours de sa détention : « Il n'y avait pas de rossignols dans mon jardin, mais il y avait beaucoup de moineaux fringants, effrontés et querelleurs que l'on trouve partout, à la campagne, à la ville, dans les palais, dans les prisons, et qui se perchent tout aussi gaiement sur l'instrument de la mort que sur un rosier : à qui peut s'envoler, qu'importent les souffrances de la terre [2]. »

Céline et Lucette pouvaient s'écrire chaque jour, mais obligatoirement en anglais. Céline trouva rapidement le moyen de correspondre avec sa femme par l'intermédiaire de Thorvald Mikkelsen, bénéficiant ainsi, tout à fait illégalement, du secret qui s'attache aux correspondances entre les détenus et leurs avocats. Presque toutes les lettres qui se trouvent aujourd'hui entre les mains de la Fondation Mikkelsen commencent par : « Mon Cher Maître », puis, après quelques lignes effectivement destinées à l'avocat, on peut lire : « Ma Petite Chérie », et le reste de la lettre ne concerne plus que Lucette, qui passait donc très fréquemment au cabinet de Mᵉ Mikkelsen pour en prendre connaissance.

Louis subissait des sautes d'humeur. D'un jour à l'autre, parfois dans le cours d'une même journée, il se disait résigné et confiant, affirmations bientôt suivies de cris de désespoir comme en témoignent ces extraits de deux lettres écrites à sa femme au mois d'août 1946 :

« J'ai demandé ce matin à Mikkelsen puisqu'il n'arrivait à rien de me faire rentrer en France. [...] je suis à bout de ses salades. Il se paye de mots. Qu'on me livre, qu'on me transborde à Fresnes et qu'on en finisse! [...] N'apporte pas de livres je ne lis rien j'ai trop mal à la tête pour le moment et trop de bourdonnements [3]. »

1. Lettre inédite de Céline à sa femme, 11 avril 1946.
2. *Mémoires d'outre-tombe*, tome II, « Bibliothèque de la Pléiade », p. 560.
3. Lettre inédite de Céline à sa femme, août 1946.

« Encore un déménagement! Enfin la terreur ne me saisit plus comme aux premiers temps. Je me suis bien habitué. Notre ami semble bien optimiste mais tu sais qu'il est assez dissemblable d'une fois à l'autre [...] l'horreur de la prison s'est émoussée chez moi c'est un supplice à présent habituel [...] je vais quitter les arbres et retrouver la cage mais tout ceci ne m'épouvante plus. La cellule seul je vais lire travailler. Je ne m'ennuie jamais. Je me désespère seulement mais il ne le faut pas et je ne le ferai plus[1]. » Dans cette dernière lettre il se comparait à « un bon chien résigné », il disait qu'il tirait sur sa chaîne, constatant simplement : « Je ne me fais plus mal. »

Dans toutes les lettres il se dit soucieux de la santé de sa femme qu'il voyait dépérir et à laquelle il demandait de ne pas se laisser abattre, de travailler et de manger pour être forte et pour mieux lutter : « [...] mange surtout - il le faut. Ne pas manger déprime atrocement, plus de forces pour combattre, plus de réaction et puis on fait horreur autour de soi. Il faut devenir pimpante envers et contre tout[2]. » Et encore : « A ne pas manger avec ce climat et ce manque de soleil sûrement tu passeras - la tuberculose [...] Il faut que tu pèses et vite *58 kilos* c'est la balance qui bat la *tuberculose* pas la prière ni les MOTS - BOUFFER BOUFFER *bouffer beurre sucre* et DORMIR[3]. »

Ses jugements sur les uns et les autres variaient de la même manière et Mikkelsen, par exemple, était tantôt le plus admirable défenseur et parfois un bon à rien. Quant à la pauvre Marie Canavaggia, dont il a si souvent dit tant de bien, il lui arrivait aussi d'écrire à son sujet : « Marie avec ses salades n'a pas trouvé le moyen de m'envoyer un seul livre *demandé*. Quelle vache aussi! quelle conne[4]! »

Quand il était en cellule, Céline notait volontiers ses impressions du moment, dans le plus grand désordre et au fur et à mesure

1. Lettre inédite de Céline à sa femme, août 1946.
2 et 3. Lettre inédite de Céline à sa femme, août 1946.
4. Lettre inédite de Céline à sa femme, août 1946.

qu'elles lui venaient à l'esprit; ainsi, écrits au crayon, se mêlent des pense-bêtes, des réflexions politiques et des souvenirs : « chaussettes » [...] « Nous aurons été au bout des choses » [...] « Daudet le rêve éveillé » [...] « Je ne fais pas 100 mètres dans une journée » [...] « C'est qu'en même temps pour travailler transposer il faut une certaine paix une certaine sérénité » [...] « En France ils se gorgent de vengeance » [...] « Irma Goetze et les lavements » [...] « Le ministère danois ne bouge pas » [...] « Le décor des prisons c'est l'art moderne sauf fenêtres » [...] « Si Jo [1] avait voulu il aurait pu venir ici depuis longtemps il se sent morveux » [...] « Aragon n'est qu'employé - En attendant il n'y a pas été lui en prison » [...] « Les hôpitaux français en loques! » [...] « Les juifs ont encore fait sauter l'É.M. Anglais Palestine » [...] « Toutes les femmes sont voleuses de bijoux elles empruntent [2] [...] »

Parfois certains textes sont plus élaborés. Les réflexions, placées côte à côte, sans idée de suite, rappellent le *Carnet du cuirassier Destouches :* « Comme Mik est un brave homme je le sens toujours inquiet de l'année de tôle... Il n'aime pas comprendre que ce sont les youtres qui m'ont attaqué... Il voudrait que les juifs aient été provoqués et persécutés par moi - Le contraire le gêne *énormément* - de me savoir si innocent le gêne - qu'il s'agit de légitime défense - Il me voudrait coupable et repentant - mais martyr lui plaît *beaucoup moins* - » [...] « Blum est obligé de liquider 50 000 fonctionnaires qui vont bien aimer les juifs » [...] « Il va avoir [l'air] fin l'intelligent Charbonnière si je m'arrange avec le Palais » [...] « Mourlet le terrible résistant 3 jours à Fresnes fou - s'il avait dû faire un an [3]! [...] » « La France fait son petit impérialisme - Le Gd Palais est dans le coup! Il s'agit de donner aux français qu'on plume à mort des compensations d'orgueil patriotique = banqueroute et conquête - opération double - ce n'est pas mauvais pour moi - Il va y avoir engueulades et ruades anglaises et américaines et russes - Ralliement des enfants de la Patrie - La

---

1. Jo Varenne, propriétaire du Moulin de la Galette, neveu d'Alexandre Varenne. Voir *infra*, p. 114, note 3.
2. « Notes de prison », inédites.
3. Céline était intervenu pour le faire libérer.

France en position faible - On perd aussi l'Indochine où on fait une *guerre immonde* contre les indigènes qui luttent pour leur indépendance - Pogroms en Pologne [1]. »

« En fait de mal de reins j'ai bien peur que la petite infirmière soit devenue *morphinomane* cela arrive *souvent avec* les infirmiers d'où le chantage des médecins. Elles cherchent aussi toujours à faire des ADEPTES - MERCI ! assez de TABAC - ce serait complet ! » [...] « Aragon, Malraux, etc... ont des ennemis farouches et des gens auxquels ils portent prodigieusement sur les nerfs, même dans leurs partis... » [...] « Le vieux Châteaubriant a peut-être aussi trouvé un condé on en parle bien peu et *pourtant !* la *Gerbe !* » [...] « Jules Romains, Maurras, La Varende, Pierre Benoit, Chardonne, Farrère trempés jusqu'au cou dans Vichy ou sous Abetz, ne sont sortis que par le BUREAU - Prendre l'habitude de ne jamais dire que BUREAU - [...] « Amnistie pour les nazis jusqu'à 10 ans de prison dans la zone américaine » [...] « Les Anglais ont brûlé 3 synagogues » [...] « épingles plus fortes » [...] « Lettre Mikkelsen » [...] « Si j'avais été si bien avec les Allemands je n'aurais pas eu peur qu'ils me volent mon or... » [...] « Au jour de l'An on fait tintin » [...] « Il faudrait le père de Fridericia [2] comme garantie le fils est trop mince [3]. »

Mme Lindequist, Karen, Mme Johansen et Bente sont présentes dans ces notes, manifestement prises à la fin de la détention de Céline et après que la question de l'or eut été réglée [4] : « Toutes les femmes qui fument et qui boivent sont des ordures - Sid., K, H, etc... [5] la femme ne résiste pas *aux toxiques* elle n'a déjà qu'un petit grelot hystérique en tête - tout à fait médiocre - du poison là-dessus et c'est une cervelle grotesque absurde assommante - la femme est *fleur - tout tue la fleur.* » [...] « Il faut faire

---

1. « Notes de prison », inédites.
2. Allan Fridericia, aujourd'hui mari de Marianne Von Rosen, israélite communiste, critique musical et chorégraphique.
3. « Notes de prison », inédites.
4. Voir *infra,* pp. 116-121.
5. Mme Seidenfaden, Karen et Hella Johansen.

sauter à la corde la vache Lindequist, ne pas lui donner *tout de suite son caprice!* et alors! ou nous serons de plus en plus méprisés... Aux *difficultés* oppose les *difficultés,* ne se rendre qu'avec CONTRE-PARTIE - Alors respect est acquis[1]. »

Les premières semaines de détention ont été très pénibles pour Louis, qui pensait être rapidement extradé. L'hiver était effroyable et Thorvald Mikkelsen en voyage aux États-Unis avec Herman Dedichen. Ce fut donc son adjoint, M. Hansen, qui effectua les premières démarches et rendit visite à Céline à la Vestre. En réalité l'éloignement de Mikkelsen a probablement favorisé l'action de ses amis, principalement M. Seidenfaden qui demanda qu'aucune décision ne fût prise en son absence c'est-à-dire avant le 1er mars. Il faut aussi ajouter que Céline avait fait joindre Mikkelsen à New York par un ami de Montmartre, Jo Varenne, qui s'y trouvait en poste. L'avocat de Céline put certainement intervenir par lettre ou par téléphone auprès de ses amis danois pour éviter le pire et pour gagner du temps.

Dès son arrestation, Céline fut interrogé par la police et informé du fait que le gouvernement français demandait son extradition. Il écrivit alors plusieurs lettres pour solliciter l'asile politique : à Mikkelsen, à M. Aage Seidenfaden, directeur de la police de Copenhague, et au directeur de la police nationale[2]. Questionné par le ministère de la Justice, M. Seidenfaden avait répondu le 28 décembre 1945, révélant que Céline et sa femme séjournaient régulièrement à Copenhague[3]. L'adjoint de Mikkelsen écrivit de son côté au ministre de la Justice : « [...] pour qu'en vertu des traditions libérales dont s'est toujours honoré notre pays l'on accorde provisoirement le droit d'asile à ce remarquable écrivain réfugié politique ». Il ajoutait que, en raison du climat qui régnait alors en France, Céline risquait de ne pas faire l'objet « [...] d'un

1. « Notes de prison », inédites.
2. M. Begtrup-Hansen. Voir Helga Pedersen, *le Danemark a-t-il sauvé Céline?, op. cit.,* pp. 31 et suiv.
3. Voir *supra,* pp. 75-76.

procès juste et objectif de la part de ses compatriotes [...] » Un autre ami de Mikkelsen, M. Per Federspiel, ministre des Affaires spéciales, et donc chargé à ce titre de toutes les questions ayant trait à la Résistance et à l'Épuration, intervint aussi pour que l'on attende au moins le retour de Mikkelsen avant de prendre une décision.

Ces actions conjuguées ont eu pour premier effet de différer la décision du gouvernement danois et de lui faire prendre conscience des difficultés juridiques posées par la demande française. Si l'on en croit Mme Pedersen, sept juristes travaillaient alors au ministère de la Justice sur le dossier Céline [1].

Pendant ce temps, Céline restait à la Vestre dont les archives révèlent qu'il a souvent changé de cellule et de division. Le 17 décembre 1945, il passa sa première nuit de détention dans la Section de réception de la prison où il occupa la cellule 31. Le 18 décembre, il fut affecté dans une division où il occupa la cellule 20, mais il n'y resta que huit jours. Son état de santé s'était dégradé au point qu'il fallut le transférer, le 28 décembre, à l'infirmerie de la prison où il occupa la cellule 13 jusqu'au 5 février 1946. Il souffrait alors principalement de son bras et de la tête. Une trépanation fut même très sérieusement envisagée par le docteur Levinson.

Il disposa à l'infirmerie d'une cellule mieux aérée dont la fenêtre donnait sur le jardin de la prison et, au-delà du mur d'enceinte, sur le cimetière de la Vestre. Il y fut longtemps seul, mais pendant un temps il dut partager sa cellule avec un citoyen allemand. Le régime de l'infirmerie était évidemment plus agréable que le régime cellulaire, les locaux étaient mieux chauffés, la nourriture de meilleure qualité et les promenades s'effectuaient dans le jardin au lieu de se faire dans les cours minuscules et sinistres réservées aux autres divisions de la prison. Le 5 février 1946, il lui fallut regagner la division Ouest où lui fut affectée la cellule 84, puis il passa au rez-de-chaussée de la Section K, réservée aux condamnés à mort, où il occupa la cellule 603.

1. Helga Pedersen, *le Danemark a-t-il sauvé Céline?*, *op. cit.*, p. 52.

Toujours astreint au régime de droit commun, Céline eut la chance d'être aidé par deux surveillants qui ont fait de leur mieux pour atténuer les rigueurs de sa détention. Au début, ce fut un artiste peintre qui travaillait là pour gagner sa vie, Henning Jensen, et ensuite un gardien d'origine russe, Dimitri Schewitsch. L'un et l'autre parlaient français et venaient s'entretenir avec lui en cellule car il leur avait dit qu'entendre parler français était son meilleur réconfort.

Céline lisait des livres français et anglais de la bibliothèque; Lucette lui apportait aussi chaque semaine ceux qu'elle pouvait se procurer en ville ou qu'elle empruntait dans la bibliothèque de Mikkelsen. Parmi les lectures de Céline pendant cette période, les *Mémoires d'outre-tombe, les Caractères* de La Bruyère, *la Henriade* de Voltaire, Pierre Loti qu'il considérait comme un grand écrivain, des nouvelles de Marcel Aymé, Paul Fort, et la *Revue des Deux Mondes* dont la lecture l'enchantait. Chaque jour il recevait le quotidien danois *Politiken,* qu'il déchiffrait à l'aide d'un dictionnaire et il fit ainsi quelques progrès en danois qu'il finit par comprendre bien et par parler un peu. Lucette lui faisait aussi parvenir le *Journal de Genève,* le *Times* et des journaux français chaque fois qu'elle en trouvait.

Louis pouvait aller deux fois par jour en promenade, mais toujours seul. Au début il refusait, mais quand il fut à la Section K, il profita d'une cour assez vaste dans laquelle se trouvait un cerisier du Japon que l'on disait le plus grand d'Europe. Quand il faisait beau, il sortait volontiers, il s'asseyait simplement sur un banc et lisait au soleil. La nourriture était infecte et il y touchait à peine. Toutes les semaines Lucette lui apportait du jambon, du fromage, des bonbons que Louis donnait aux gardiens, des cakes qu'elle confectionnait elle-même, et surtout des fruits frais et parfois des citrons que Mme Pirazzoli lui envoyait de Nice ou de Menton.

Petit à petit, Louis se remit au travail, apportant d'abord quelques retouches à *Guignol's Band, II* dont le manuscrit lui a donc été certainement remis à la prison, puisqu'il écrivait à sa femme le 15 mars : « J'ai repris un peu mon travail mais tout doux - Guignols II est prêt à être publié - la partie terminée se suffirait - mais il faut que la voie soit libre [1]. »

Il commença surtout *Féerie pour une autre fois* dont les cinquante-deux premiers feuillets écrits recto-verso au crayon ont été ensuite vendus par lui en 1948 à Paul Marteau.

C'est probablement au mois de mai 1946, alors qu'il se trouvait de nouveau à l'infirmerie de la prison, soigné par le docteur Nellemann et par le docteur Thune, qu'il envisagea d'écrire *Féerie*[2] : « Je suis toujours dans le même état de dégoûtation maladive, ventre, cœur, tête, angine, maigreur, faiblesses, vertiges, etc... Au fond de cette misère se forme un livre cependant, mais il me faudrait une table, du papier et un petit peu de tranquillité morale, pour le physique je m'arrangerai[3] - »

Le 8 août, toujours à l'infirmerie, il lui écrivait : « Je vais essayer de retravailler un petit peu! tout est bâti - tout le canevas, mais j'ai peur de m'affaiblir en poussant[4]. » Deux jours plus tard, le 10 août, il lui faisait connaître le titre qu'il envisageait alors : « Au vent des maudits soupirs pour une autre fois[5]. » Et le 15 août, alors qu'il avait été retransféré le 13 août au Bâtiment K : « J'ai un petit entresol assez ensoleillé - A vrai dire je suis très bien - on s'habitue - je suis seul je vais retravailler l'humeur change et le titre - j'ai décidé *Féerie pour une autre fois*[6]. »

Céline était évidemment très préoccupé par sa défense. Dès le 5 mars 1946, il adressa à Mᵉ Mikkelsen une longue lettre qui constitue son premier mémoire en défense, lequel est encore à ce jour inédit et qui s'achevait ainsi : « Dans cette effroyable aventure j'ai tout perdu, situation médicale, littéraire, économies, maisons, biens divers, rentes, pensions de mutilé, parents, famille, amis, patrie, tout. Il ne me reste plus à perdre que les 10 ou 15 % de validité qui me restent. Cher Maître, je vous en prie, faites que

1. Lettre inédite de Céline à sa femme, 15 mars 1946.
2. Il l'appela tout d'abord « Du côté des Maudits », puis « la Bataille du Styx ».
3. Lettre inédite de Céline à sa femme, [vers mai 1946].
4. Lettre inédite de Céline à sa femme, 8 août 1946.
5. Lettre inédite de Céline à sa femme, 10 août 1946.
6. Lettre inédite de Céline à sa femme, 15 août 1946.

le gouvernement danois leur donne asile le temps que la tourmente s'apaise [1]. »

Louis envisageait aussi de prendre un avocat en France, soit le bâtonnier Aubépin, qu'il croyait être le défenseur du maréchal Pétain, soit Me Claude Popelin, soit encore Me de Moro-Giafferi [2]. Il espérait une intervention d'Alexandre Varenne [3], oncle de son ami Jo Varenne. Il écrivit aussi à Paul-Boncour [4], qui ne lui répondit pas.

Louis supportait très mal les conditions de détention en cellule : « [...] les nuits sont vraiment pénibles, ces lits (tu les connais) de planches sont de vilains instruments de supplice, mais je m'y fais peu à peu et je pense qu'à Fresnes ils doivent être bien pires [5]. » Par ailleurs son état de santé était déplorable : « Je suis un invalide absolu de l'intestin [...] j'utilise l'unique pot de ma cellule (en dépit du règlement) ces crises me prennent tous les 6-8-10 jours - autrement constipation totale irrémédiable [...] sans l'aide du lavement je meurs d'occlusion intestinale ou d'appendicite [6]. »

« Vous avez bien fait de m'envoyer à l'hôpital. A peine arrivé j'ai fait dans la nuit d'hier une crise très grave de *lumbago* et aussi de rhumatisme au cœur [7]. » On dut lui faire des piqûres de morphine et il affirmait qu'il avait alors perdu vingt kilos depuis sa détention et trente kilos par rapport à son poids normal. Pendant quelque temps, en avril 1946, Louis ne put quitter son lit, puis le docteur Nellemann le fit lever chaque jour pour deux ou trois heures et il put de nouveau sortir dans le jardin à partir de la mi-mai.

Son moral se ressentait évidemment de ces accidents de santé :

1. Voir Annexe I.
2. Vincent de Moro-Giafferi, avocat à Paris, ancien ministre, alors député de Paris (1878-1956).
3. Alexandre Varenne, ancien gouverneur de l'Indochine, alors ministre du général de Gaulle, est décédé en 1947. Son neveu, Jo Varenne, était propriétaire du Moulin de la Galette.
4. Joseph Paul-Boncour, avocat à Paris, ancien président du Conseil (1873-1972).
5. Lettre inédite de Céline à sa femme, 13 mars 1946.
6. Lettre inédite de Céline à sa femme, 15 mars 1946.
7. Lettre inédite de Céline à T. Mikkelsen, 17 avril 1946.

« J'ai encore maigri de deux kilos cette semaine. A ce train je vais simplifier tous les problèmes. Je n'existerai plus. Quelle discrète solution [1]!... » Pourtant les médecins faisaient de leur mieux : « Ici on me masse, on me suralimente, on met la bête en condition [2]. » Malgré tout son moral était parfois exécrable : « Je traverse une grave crise de dépression nerveuse [...] le refuge de mourir m'apparaît comme un doux asile - j'en suis là - Sans aucune façon de comédie - je me sens de trop sur la terre - j'embête tout le monde [3]. » Et encore : « [...] lorsque l'on veut tuer son chien, on va proclamer qu'il est enragé. Je suis le faux chien enragé de la littérature française [4] ». Détenu en division du 5 février au 8 avril 1946, il fut affecté ce jour-là à l'infirmerie, puis renvoyé dans la cellule 609 de la Section K le 13 août 1946 jusqu'à son admission au Sundby Hospital le 8 novembre suivant.

Avant cette date, Céline fut donc soumis au régime normal de la prison qui n'avait rien de commun avec celui d'une aimable villégiature. On imagine sa colère lorsqu'il prit connaissance de l'article publié le 27 juin 1946 dans *Franc-tireur* qui présentait les choses d'une façon un peu particulière : « Céline vit dans la plus confortable prison du monde, car les cellules de la prison de Copenhague sont de ravissants petits appartements dont la pièce principale est meublée en living-room. Une servante en tablier blanc apporte à midi sur un plateau d'excellent beurre accompagné de *smoorbroads,* sandwichs nationaux; jambon, poisson, légumes à l'anglaise, salade de fruits figurent au menu du soir. Céline a repris six kilos, mais il va lui falloir interrompre cette cure avantageuse. Un avion spécial sera-t-il frété pour permettre à Céline et à sa femme de revoir Paris? »

Au mois de septembre son état se dégrada de nouveau : « Je suis retombé malade, rhumatismes de tous les membres et surtout du bras droit et des deux mains qui gonflent et me font souffrir

1. Lettre inédite de Céline à T. Mikkelsen, 20 mai 1946.
2. Lettre inédite de Céline à T. Mikkelsen, 22 mai 1946.
3. Lettre inédite de Céline à T. Mikkelsen, 14 juin 1946.
4. Lettre inédite de Céline à T. Mikkelsen, 16 juin 1946.

jour et nuit + entérite [1]. » « On me trouve devenu si faible et si vacillant que les gardiens de leur propre initiative (sans que je leur demande rien) font effectuer le ménage de ma cellule par un homme de corvée [2]. » Puis son état empira au point qu'il fallut le transporter, non plus à l'infirmerie de la prison, mais en ville, au Sundby Hospital où il fut admis le 8 novembre 1946 dans le service du professeur Gram, Médecine II, chambre 49, et pendant un temps dans celui du professeur Lund, spécialiste des oreilles. « Grâce à vous le miracle s'est réalisé. Je suis à l'hôpital soigné comme un prince. Trop bien soigné presque. J'ai peur qu'on ne me trouve pas assez malade pour me garder [...] je ne demande pas mieux de rester ici dix mois, ou dix ans [3]. » Et le 12 novembre il écrivait de nouveau à Mikkelsen : « Je n'ai qu'un souhait c'est de vous voir, vous embrasser et demeurer ici 100 ans [4]. » Mais en réalité il savait que sa situation était provisoire et précaire : « Je me sens vous savez comme un cheval de corrida espagnol dont on recoud le ventre, qu'on soigne en somme, mais toujours et pas plus qu'il ne faut pour qu'il puisse retourner à la corrida [5]. » Au cours de ce séjour à l'hôpital on le soigna aussi pour la pellagre, rare maladie qui est en fait une avitaminose surtout décelée, d'après Céline, « dans les antiques prisons » et chez les prisonniers de la Grande Armée, détenus sur les pontons anglais.

C'est à cette époque, alors que Céline se trouvait au Sundby Hospital, probablement fin novembre, que se dénoua un drame qui couvait depuis des semaines, depuis le retour à Copenhague de Karen Marie Jensen au mois de juin 1946 et qui allait entraîner de profonds bouleversements. Elle demanda d'abord à reprendre son appartement, rendit visite à Louis à l'hôpital et se fâcha définitivement avec lui après plusieurs explications dont certaines ont été orageuses.

Les 18 et 19 juin tout allait encore bien entre eux. Le 18, il écri-

1. Lettre inédite de Céline à T. Mikkelsen, 10 septembre 1946.
2. Lettre inédite de Céline à T. Mikkelsen, 20 septembre 1946.
3. Lettre inédite de Céline à T. Mikkelsen, dimanche [9 novembre 1946].
4. Lettre inédite de Céline à T. Mikkelsen, 12 novembre 1946.
5. Lettre inédite de Céline à T. Mikkelsen, sans date.

vait à Lucette : « Embrasse bien Karen pour moi, j'attends sa visite qui me rend un peu du passé et de ma liberté passée hélas où je préparais mes bêtises [...] Karen peut tout de même beaucoup auprès du ministre de la Justice en leur faisant passer l'article qui m'est favorable et les commentaires qu'elle trouvera et cela ira ensuite par relations aux Affaires étrangères, fatalement [1]. » Il est de fait que Karen est allée voir personnellement le ministre de la Justice auprès duquel elle intercéda en sa faveur. Le mardi 19 juin, Céline écrivait encore à Lucette de la façon la plus affectueuse, lui parlant tout naturellement de Karen.

Karen rendait en principe visite à Céline le mercredi et au cours de leurs entretiens elle « moucharda » Lucette, rapportant à Céline qu'elle dépensait trop d'argent et venait même de s'acheter un manteau de fourrure. Céline lui écrivit alors une lettre sévère aussitôt suivie d'excuses : « Oublie ma lettre furieuse et imbécile, Karen ne m'avait rien dit de déplaisant, j'ai tout brodé dans mon délire. Tu as bien fait d'acheter cette fourrure. Foutre de l'argent, mon seul souci est de ne pas te voir misérable. Il doit durer 10 ans - fais les comptes en conséquence c'est tout - Il est là pour être dépensé - Je ne tiens en prison qu'en te sachant pas trop malheureuse dehors *et avec le chat* [2]. » Puis Karen revint à la charge, déclarant à Louis que Lucette dépensait de façon effrayante pour de véritables orgies de fruits, de fleurs et de parfums qu'elle achetait sans compter et en quantité, ce qui l'obligeait à en jeter la plus grande partie. Elle expliqua ainsi la brèche importante faite dans le stock d'or géré par Hella Johansen.

Louis écrivit alors à Lucette deux lettres atroces, avant même d'avoir pu lui parler : « Jeudi. Je viens de voir Karen quel chagrin elle m'a fait en me racontant que l'argent te fond entre les doigts. Comme tu es méchante de n'être pas plus raisonnable! Dieu sait pourtant si j'ai essayé de tempérer ton horrible défaut par tous les moyens. Que puis-je à présent? Tu ne me trouves pas assez malheureux dans mon état pour y ajouter encore cet horrible souci. Tu

---

1. Lettre inédite de Céline à sa femme, 18 novembre 1946.
2. Lettre inédite de Céline à sa femme, 13 août 1946.

dépenses toute seule plus qu'une famille de 8 enfants, plus que Karen elle-même pourtant si dépensière! [...] Il ne s'agit pas de te priver *au contraire* mais de bouffer des choses substantielles de reprendre un peu de forme et de force. Bien sûr que l'on va déserter tes maigres cours avec les mains pleines d'ecxéma [*sic*] et la silhouette tuberculeuse. Et pour cela tu répands des flots d'argent. Je t'en supplie Lucette - change et vite - sinon je demande à la Légation de rentrer en France immédiatement [1]. »

La lettre qu'il lui écrivit le lendemain était encore plus cruelle : « Ce que je redoutais tant ce que je ne voulais même pas savoir est arrivé, à peine en prison tu as lâché la bride à tous tes sales instincts d'anarchie de gaspillage à tes vices de saltimbanque au pillage de nos pauvres 4 sous notre suprême bouée de sauvetage pour des orgies de fruits et de somptueux achats de pommade [2]. » Il alla jusqu'à la rendre responsable des *Beaux Draps,* ce qui était ignoblement injuste : « Puisqu'il faut tout te dire puisque tu ne comprends rien sache que j'ai écrit *Les Beaux draps* pour subvenir à notre entretien rue Marsollier [3]. Je ne tenais pas du tout à l'écrire et je n'avais plus un sou. Il a fallu *Les Beaux draps* ma condamnation à mort c'est le pitoyable pécule que tu dilapides en ce moment en lubies en folies - simplement pour céder à tes sales instincts de générosité imbécile - mais générosité avec mon supplice et mes angoisses - Quelle élégance! »

Il critiqua aussi son état, si lamentable en raison des épreuves qu'elle traversait : « Tu n'as plus cependant de forme humaine, décharnée, vieillie tu fais peur à tous - tu ferais rire - tu perds ton métier - tu perds tes mains tu te détruis et tu me détruis. [...] En m'enfermant on a libéré ta folie, ton romantisme épileptique de dépense qui ne conservera plus rien - tu passerais sur un agonique pour un panier de fraises [4]. » Et de plaindre la pauvre Karen vic-

---

1. Lettre inédite de Céline à sa femme, jeudi, sans date .
2. Lettre inédite de Céline à sa femme, vendredi, sans date.
3. Les parents de Céline se sont installés en 1907 dans un appartement situé 11, rue Marsollier (voir tome I, p. 47). Céline et Lucette y ont vécu avec Mme Destouches à partir du mois de juin 1939, avant d'emménager 4, rue Girardon en 1941.
4. Lettre inédite de Céline à sa femme, vendredi, sans date.

time de toutes ces folies : « Voici Karen dans un ignoble embarras. »

Ces lettres firent à Lucette le mal que l'on imagine, au point qu'elle pensa se suicider. Mais elle connaissait Céline, ses coups de rage irraisonnés et ses crises de colère froide. Elle savait aussi qu'il n'avait jamais pu garder pour lui les mots cinglants qui lui venaient à l'esprit et qu'il laissait échapper comme autant de torrents, parfois le plus injustement du monde. Lucette avait peut-être dépensé plus d'argent qu'elle n'aurait dû. L'économie n'était pas sa vertu principale et sa générosité put la conduire parfois à des excès. Aidée par beaucoup de Danois, contrainte de demander des services aux uns et aux autres, elle les remerciait comme elle pouvait, avec des cadeaux et des invitations. Elle a donc certainement dépassé le budget de dix couronnes par jour qui leur avait suffi pour vivre avant l'arrestation de Louis, sans entamer pour autant de façon importante le trésor dont Hella Johansen avait la garde.

Le lundi suivant, Lucette rendit visite à Louis et lui présenta sa version des faits; elle lui indiqua le montant des sommes prélevées chez Mme Johansen, et Louis acquit alors la conviction que les explications de Karen n'étaient pas l'expression de la vérité et que les raisons de la baisse du stock d'or se trouvaient ailleurs. Pour en avoir le cœur net il convoqua dans sa chambre au Rigshospital[1] tous les acteurs du drame : Karen, Mme Lindequist, Hella Johansen, Lucette, et Mikkelsen qu'il avait fait venir comme témoin et comme juge.

L'entrevue fut effroyable, les femmes s'accablant les unes les autres dans un combat où la jalousie ne fut pas étrangère à certains éclats. Lorsque chacun se fut expliqué, le verdict tomba : Louis demanda à Karen et à Hella Johansen de remettre tout ce qui leur restait de son or à Thorvald Mikkelsen.

Il fut ensuite convenu que Mikkelsen servirait à Lucette une pension de 350 couronnes les 1er et 15 de chaque mois et Céline lui signa le 30 novembre une reconnaissance de dettes de 8 400 couronnes, correspondant à une année de pension. Il fallait en effet

---

1. Il y séjourna du 25 février au 24 juin 1947.

que Mikkelsen pût justifier de ces remises d'argent, l'or étant toujours censé ne pas exister. En lui envoyant ce reçu, Céline crut devoir y joindre un petit commentaire à sa façon : « Ci-joint reçu comme convenu [...] je crois qu'il est plus commode que ma femme passe chez vous recevoir sa pension 2 fois par mois. Il ne faut tout de même pas tenter le diable! et s'il n'y avait pas de démon dans les dames nous serions bien malheureux [1]. »

Après la confrontation à l'hôpital Louis fut convaincu que Karen l'avait volé et il n'en démordit plus. Du reste, il ne lui écrivit plus et ne la revit jamais. Lucette devint dans son esprit la pauvre Cosette martyrisée par les Thénardières et elle fut constamment invitée à se méfier d'elles : de Karen et de Mme Johansen principalement, mais aussi de la malheureuse Bente qui n'y était vraiment pour rien.

Lucette reçut alors des billets que Louis écrivait en cachette, au crayon, sur du papier hygiénique : « Que les Thénardières fassent exactement ce que j'ai demandé. Tout le reste est sale boniment, on promène Mik en bateau [...] Karen va encore envenimer les choses, idiote ivrogne malfaisante. Il faut foutre le camp - se dégager d'ici à n'importe quel prix! c'est un piège de juifs où ils entendent me faire crever à petit feu [2]. »

Thorvald Mikkelsen éprouva sans doute quelques difficultés pour se faire remettre le magot : « Dans la ceinture il y a de quoi vivre trois ans! Tu parles si les Thénardières s'y accrochent [3]! » Et encore : « Tous les *durs,* tous chez Mik - plus de chichis imbéciles - les preuves faites suffisent. [...] Ce qui est arrêté est bien, il ne faut plus y revenir - Tout le dur chez Mik. Les Thénard s'accrochent! c'est le dernier chantage des charognes mais je les ferai chanter sois tranquille [4]. »

« Il faudrait que ta mère et Marie [5] viennent me remporter tous les durs qu'elles peuvent et tous mes manuscrits pour Bignou [6].

---

1. Lettre inédite de Céline à T. Mikkelsen, 30 novembre 1946.
2, 3 et 4. Billet inédit de Céline à sa femme, sans date.
5. Marie Canavaggia.
6. Marchand de tableaux qui acquit le manuscrit de *Voyage au bout de la nuit.*

[...] Il faudra vivre à Paris, le changer chez Geoffroy [1] *goutte goutte* [2]. »

La principale fonction de Mikkelsen était désormais de veiller sur l'or : « Il ne faut plus considérer Mik que pour ce qui peut être... utile pour le dur - parce que pour le reste c'est un vieux et cafouilleux farceur [3] [...] » Sa haine pour Karen n'était pas assouvie : « Mik est bien prévenu sur la Thénardière - Elle peut baver autant qu'elle veut c'est une voleuse une hystérique et une charogne lâche et imbécile. Ne reviens pas sans cesse sur ce jugement ce qui est *dit est dit* [4]. »

On a l'impression en lisant ce dernier billet que Lucette prit la défense de Karen; de même à la lecture de ce mot : « Surtout aucune chichiterie avec les charognes thénardières! aucune compréhensive indulgence! Elles prennent admirablement le coup de pied au cul! Elles ont l'habitude! Elles se sont permises des monstruosités en raison de ton trop bon cœur - Elles n'en reviennent pas! Cela ne leur est jamais arrivé de la vie! Sois insolente, cinglante, arrogante [5]. » Et encore : « Je défends absolument que *tu donnes* rien à Karen. Elles se sont payées largement les charognes - *Rien* - tu leur diras que je réglerai plus tard plus tard [...] Tout est à toi [6]. » « Les Thénardières sont des mouches bleues sur nos plaies elles sucent, pompent, trifouillent. Il faut les écraser. C'est tout. On ne discute pas avec des mouches [7]. » Sa haine pour les Thénardières retombait sur le Danemark tout entier et sur les Danois : « Nous avons affaire à d'épouvantables danois hypocrites - Toute la férocité des Vikings, le mensonge des juifs et l'hypocrisie des protestants - Des monstres sans pareil [8]. » Imprécations qui ne sont pas sans rappeler celles de Léon Bloy : « Je vis, ou, pour mieux dire, je subsiste douloureusement et miraculeusement ici, en Danemark, sans moyen de fuir, parmi des protestants incurables qu'aucune lumière n'a visités depuis bientôt quatre cents ans que leur

---

1. Georges Geoffroy, bijoutier ami de Céline (voir tome I, pp. 167 et suiv.). Juste avant de quitter Paris en juin 1944, Céline lui avait porté une montre à réparer (*Cahiers de l'Herne*, p. 202).

2 à 6. Billet inédit de Céline à sa femme, sans date.

7 et 8. Billet inédit de Céline à sa femme, sans date.

nation s'est levée en masse et *sans hésiter une seconde* à la voix d'un sale moine, pour renier Jésus-Christ. [...] Je ne sais rien d'aussi dégoûtant que de parler de ces misérables qui font paraître petites les SOUFFRANCES du rédempteur, tellement ils ont l'air capables de faire mieux que les bourreaux de Jérusalem [1]. »

Au milieu de toutes ces batailles Mikkelsen recevait trois ou quatre lettres par semaine partiellement destinées à Lucette, hormis celle-ci : « [...] vous êtes mon seul et unique et très précieux défenseur - *ne tenez absolument aucun compte* de toute intervention féminine même amicale et dans les meilleures intentions - *Purs bavardages.* Je ne traite rien de sérieux avec LES FEMMES - Seulement je suis obligé d'être *plein d'égards* c'est tout [2] ». Ceci ne l'empêchait évidemment pas d'écrire dans le même temps à Lucette sur papier hygiénique : « Il cafouille, il ne sait plus ce qu'il dit, il ne se rappelle plus de rien. Il ne lit certainement pas mes lettres, il est accaparé par les trop bons déjeuners [...] il est gâteux et idiot. Il a certainement gaffé dans toute l'affaire [3]. »

Mikkelsen se donnait pourtant beaucoup de mal. Il ne disposait d'aucun recours judiciaire puisque, selon la loi danoise, l'extradition des étrangers relevait alors du seul pouvoir exécutif, sans aucun contrôle du pouvoir judiciaire. La décision appartenait au ministre des Affaires étrangères et à celui de la Justice auprès desquels Mikkelsen intervint personnellement à de nombreuses reprises, appuyé par ses amis Dedichen, Federspiel et Seidenfaden.

A partir de la fin de l'année 1946, M. de Charbonnière ne se fit plus beaucoup d'illusions. Les Danois avaient trop attendu pour livrer Céline à la France, sans production d'éléments nouveaux et déterminants que le Parquet général de Paris était bien en peine de fournir. Céline commençait à s'en rendre compte et comprenait de moins en moins d'être maintenu en détention malgré l'absence de charges sérieuses et malgré les silences de l'administration française, manifestement empêtrée dans une affaire qui ne pouvait plus que tourner court.

---

1. Léon Bloy, *le Sang du pauvre,* Mercure de France, 1969, p. 84.
2. Lettre inédite de Céline à T. Mikkelsen, [fin octobre 1946].
3. Billet inédit de Céline à sa femme, sans date.

Aiguillonné sans cesse par Céline, Thorvald Mikkelsen ne manqua pas de courage ainsi qu'en témoigne ce passage d'une lettre qu'il écrivit le 27 janvier 1947 à M. Aage Elmquist, ministre de la Justice du Danemark : « Mes précédentes démarches n'ont pas abouti; il n'a même pas été répondu à la toute dernière en date, par suite de quoi je n'escompte pas non plus de réponse à la présente lettre. J'espère du moins que l'on consentira à mettre le Dr Destouches en liberté surveillée. Comme je l'ai déjà indiqué, je suis prêt à déposer la somme qu'on estimera nécessaire pour couvrir les frais qu'entraînerait une surveillance en dehors de la prison.

» Comme il n'existe pas au Danemark de juridiction devant laquelle porter une affaire de cette espèce, il appartiendra au Tribunal de l'opinion mondiale et de l'histoire de juger en la matière et je crains fort que, lorsque tous les éléments de l'affaire auront été connus, son verdict ne soit peu flatteur pour le Danemark et l'actuel gouvernement de ce pays [1]. »

Il est vrai aussi que certains amis de Céline commençaient à s'émouvoir. Mikkelsen était venu à Paris fin octobre 1946 et il y avait rencontré Marie Canavaggia, Daragnès, le docteur Camus et quelques autres amis de la Butte, ainsi que le vieux Lucien Descaves qui avait accepté de rédiger une lettre en sa faveur qui fut certainement remise aux autorités danoises.

En Amérique, à l'initiative de Jo Varenne, alors en poste à Washington, et d'un ami de Mikkelsen, le professeur Hartvig Frisch, Julien Cornell, avocat à New York, se chargea de faire circuler une pétition en faveur de Céline [2], aidé par un professeur de l'université de Chicago, Milton Hindus [3], et par un écrivain, Kenneth Patchen. Le document fut envoyé à Mikkelsen signé par : Henry Miller [4], Milton Hindus, le compositeur Edgar Varèse,

---

1. Helga Pedersen, *le Danemark a-t-il sauvé Céline?*, *op. cit.*, pp. 101-102.
2. Julien Cornell avait lui-même traduit en anglais le mémoire en défense de Céline dont il avait diffusé cinquante exemplaires.
3. Voir *infra*, pp. 254-259.
4. Écrivain américain (1891-1980) qui vécut à Paris à partir de 1930. Il a correspondu

James Laughlin [1], Kenneth Patchen, Edmund Wilson du journal *New Yorker*, Will Rogers jr. et l'écrivain Robert A. Parker [2], auxquels se joignit ensuite la femme d'un écrivain juif, Mrs Ludwig Lewisohn.

APPEL EN FAVEUR DE
LOUIS-FERDINAND CÉLINE [3]

« Nous soussignés, exprimons notre inquiétude quant au sort du célèbre écrivain français Louis-Ferdinand Destouches, connu sous le nom de Céline, qui est depuis longtemps emprisonné à Copenhague, Danemark, à la suite d'une demande d'extradition formulée contre lui par le gouvernement français. Ayant considéré les charges qui pèsent contre lui, la défense décousue qu'il y a opposée, et l'action, sous ce rapport des gouvernements français et danois, nous tenons à faire savoir ce qui suit :

» 1. Céline est *grosso modo* accusé de " collaboration ", mais les charges retenues contre lui ne visent en réalité que des opinions politiques émises dans ses livres et dans ses écrits, qu'on prétend avoir été antisémites, pro-germaniques et pro-vichystes. En l'absence de toute preuve portant sur des *actes* concrets, il n'y aurait pas, selon nous, matière à juger ou à punir Céline pour avoir simplement exprimé des *opinions,* si impopulaires soient-elles, pas plus qu'il n'y aurait lieu de l'extrader vers la France pour un tel motif.

» 2. Il est fort à croire que l'action du gouvernement français contre Céline a été inspirée par le désir de vengeance de ses ennemis personnels. La haine qu'ils portent à ses écrits est chose bien connue en France, et l'on est en droit de supposer qu'elle a coûté la vie à l'éditeur de Céline, Robert Denoël, assassiné dans une rue de Paris.

» 3. Bien que Céline se soit trouvé au Danemark dès avant

---

avec Céline après la publication de *Voyage au bout de la nuit,* et a toujours reconnu avoir subi très fortement son influence.

1. Éditeur américain de Céline, voir *infra,* pp. 155 et 158.
2. Traducteur de *Semmelweis* et de *Mea culpa.*
3. Traduit de l'anglais par François Marchetti.

l'armistice, le gouvernement danois a jusqu'ici refusé de procéder à l'extradition réclamée par le gouvernement français. Nous estimons que le Danemark a bien fait d'agir ainsi, se conformant par là aux lois et aux traités internationaux comme aux principes de justice et d'humanité. Si le gouvernement français était amené à faire pression pour obtenir l'extradition de Céline, nous estimons qu'il faudrait y opposer un refus pour cette raison que les délits d'opinion en matière politique ne justifient pas une extradition, et aussi parce que Céline ne ferait pas en France l'objet d'un procès équitable.

» 4. Même si l'exposé des faits tel qu'il est présenté par le gouvernement français donnait à penser que les accusations portées contre Céline reposent plus sur des actes de collaboration que sur de simples opinions, l'extradition n'en serait pas moins à rejeter, de telles accusations n'étant que prétexte à masquer la véritable nature de l'action engagée contre Céline : la soif de vengeance de ses ennemis personnels pour des opinions exprimées dans ses écrits.

» 5. Sachant que Céline a servi la France comme volontaire au cours des deux guerres mondiales; que, lors de la première, il a été blessé, décoré et mutilé à 75 %, et que, durant le seconde, il a repris du service comme médecin à bord d'un navire de guerre[1] qui a été torpillé et coulé devant Gibraltar; qu'ensuite il a été interné en Allemagne, où, comme médecin, il a accompli une longue et pénible tâche en soignant une colonie de réfugiés français; sachant aussi qu'il est un écrivain de renommée mondiale et que son seul crime est d'avoir émis des idées impopulaires, nous estimons qu'il faudrait lui rendre la liberté. »

L'intervention de ses admirateurs américains n'a sans doute pas été étrangère au fait que Céline, qui avait quitté le Sundby Hospital le 24 janvier 1947 pour retourner à la Vestre, quitta définitivement cette prison le 25 février pour le Rigshospital où il devait rester jusqu'au 24 juin. Le 22 mars, il écrivit à Julien Cornell : « C'est seulement aujourd'hui que j'ai obtenu votre

1. Le *Chella* de la Compagnie Paquet.

adresse. Je m'empresse aussitôt de vous remercier du fond du cœur pour le généreux appui, la décisive intervention en ma faveur à laquelle je dois l'amélioration actuelle de ma condition... Évidemment il reste beaucoup à faire pour que le gouvernement danois me rende tout à fait libre... A cela Mikkelsen s'emploie avec un talent et une persévérance admirable mais il ne pourrait rien sans l'appui des lettres américaines et des amitiés américaines... Mon idéal serait évidemment d'obtenir un passeport (?) et un permis *de séjour* avec ma femme aux U.S.A. pour y travailler tranquillement et retrouver la santé... J'ai deux ou trois livres *en route -Mais ce sont là rêves* de malade... Votre intervention a déjà fait le miracle de me faire sortir de cellule, de me faire *échapper* aux coyotes qui m'attendaient à la sortie... Il ne faut pas trop demander aux miracles...! On est gourmand lorsqu'on a perdu 47 kilos [1]! »

Céline bénéficia au Rigshospital d'un régime qui n'avait rien de commun avec celui de la prison : chambre ouverte, visites de sa femme chaque jour, courrier libre et libre circulation dans l'hôpital. Il obtint facilement la permission d'aller en ville, notamment pour rendre visite à Mikkelsen et pour se faire soigner les dents, dont plusieurs étaient tombées au cours de sa détention.

Une fois au Rigshospital, Céline s'occupa sérieusement de sa défense en France. Au mois d'avril 1947, Antonio Zuloaga proposa l'affaire à Me Albert Naud qui avait été l'avocat de Pierre Laval. Le 19 avril Céline lui écrivit : « C'est avec une vive joie que j'ai appris par mon bon ami Antonio que vous avez accepté de vous charger de ma défense. Je ne suis pas commode à défendre non par l'étendue et la profondeur de mes crimes mais en raison du malheureux nom de " ralliement " que je porte [...] L'Ambassade de France ici dont *Guy de la Charbonnière* est le chef a entrepris il y a 2 ans une vive et très méchante campagne auprès des bureaux danois pour me faire passer pour un monstre. En vérité il s'y est fort mal pris - l'homme est sot - les danois au point de vue juridique s'alignent

---

1. D'après Helga Pedersen, il pesait soixante-deux kilos en quittant le Rigshospital (*op. cit.*, p. 122).

sur l'Angleterre ils ne croient pas à la véhémence, toute attaque qui leur semble partiale les met immédiatement en suspicion - Charbonnière s'y est fort mal pris, il a tenté de me faire extrader par " furia ". C'est auprès des danois la maladresse même non que les danois soient favorables aux délinquants de mon genre! oh non! nul pays n'est plus juif, plus démocratique et plus (pro-ralliement à la 12e heure)[1]. »

Un peu plus tard, le 30 avril 1947, il lui écrivit de nouveau : « Mon beau-père Monsieur Pirazzoli me fait offrir par un ami du Président Auriol l'assistance de Me Fourcade. Je suis enchanté vous le pensez d'accueillir ce défenseur. Mais il est bien entendu que vous demeurez mon *premier défenseur* et que vous déciderez souverainement, s'il vous convient ou non d'être assisté par Me Fourcade[2]. »

A l'occasion de ses voyages à Paris, notamment en juin et en octobre 1947, Thorvald Mikkelsen rendit visite à Me Fourcade et à Albert Naud, comme il le fit ultérieurement pour Jean-Louis Tixier-Vignancour lorsque ce dernier fut également désigné par Céline. Ni Fourcade ni Albert Naud, qui en avaient cependant formé le projet, ne sont venus voir Céline au Danemark, à la différence de Tixier, qui lui rendit visite peu avant la fin de ses démêlés judiciaires[3].

C'est aussi au cours de son séjour au Rigshospital que Céline commença à correspondre avec Albert Paraz, qu'il connaissait à peine mais qui devint l'un de ses plus ardents défenseurs et avec lequel il échangea pendant dix ans une abondante et intéressante correspondance[4]. La première lettre de Céline à Paraz doit dater du mois de mai 1947, la première que Paraz ait conservée est datée du 1er juin.

Rien ne justifiait plus le maintien de Céline au Rigshospital où

1. Lettre inédite de Céline à A. Naud, 19 avril 1947.
2. Lettre inédite de Céline à A. Naud, 30 avril 1947.
3. Voir *infra,* pp. 240 et 241.
4. L'ensemble des lettres de Céline à Paraz ont été publiées dans *Cahiers Céline,* n° 6, Gallimard, 1980.

sa présence commençait à irriter. Dès le mois d'avril, le quotidien communiste *Land og Folk* avait lancé une campagne de presse contre « l'écrivain français pro-nazi Louis-Ferdinand Destouches » et, le 9 juin 1947, un médecin-chef de l'hôpital et vingt-cinq de ses confrères avaient signé une pétition pour exiger son départ immédiat [1].

Le 4 juin, le ministère des Affaires étrangères danois avait consulté oralement M. de Charbonnière sur le point de savoir quelle serait la réaction française au cas où Céline serait libéré. Il aurait alors répondu qu'il n'avait personnellement rien à y objecter, mais qu'il se refusait d'en aviser le ministère français des Affaires étrangères [2]. Céline fut finalement libéré le 24 juin 1947 à onze heures après avoir signé en anglais l'engagement suivant : « Je soussigné Louis Ferdinand Destouches déclare sur l'honneur ne pas quitter le Danemark sans le consentement des autorités danoises [3]. »

Louis sortit meurtri de cette épreuve, humilié, moralement atteint pour le reste de sa vie et complètement ruiné sur le plan physique. C'est à Lucette qu'il devait d'avoir tenu le coup : « Ne doutez pas de sa vaillance. Elle a été admirable, *sublime* de courage, d'ingéniosité, de cœur et de résolution - Elle m'a défendu seule pendant un an contre le monde entier - Sans elle je n'en serais jamais sorti [4]. »

Il le devait aussi à Thorvald Mikkelsen, ce dont il convint dans sa dédicace de *Foudres et flèches :* « A Maître Thorvald Mikkelsen ce petit ballet écrit en prison d'où, sans lui, nous ne serions sorti que pour être pendu ce qui nous dispense de toute dédicace, effusion et patati - Tout est dit [5]. »

---

1. Rapporté par Helga Pedersen, *le Danemark a-t-il sauvé Céline?, op. cit.,* p. 107.
2. *Ibid.,* p. 107.
3. *Ibid.,* p. 107, note 1.
4. Lettre inédite de Céline à Mme Pirazzoli, 5 mars [1948].
5. Dédicace inédite.

CHAPITRE VIII

Kronprinsessegade

> « Attendez votre mignon petit tour! l'Époque
> est généreuse en rien, sauf en étals, brûleries,
> penderies [...] »
>
> *Féerie pour une autre fois*, p. 61.

Dans *Mort à crédit*, Céline avait écrit : « Je pourrais moi dire toute ma haine. Je sais. Je le ferai plus tard s'ils ne reviennent pas. J'aime mieux raconter des histoires. J'en raconterai de telles qu'ils reviendront, exprès, pour me tuer, des quatre coins du monde. Alors ce sera fini et je serai bien content[1]. »

Aage Seidenfaden, directeur de la police de Copenhague, avait fait de son mieux pour que cette prophétie ne se réalise pas complètement. Céline le savait tellement bien qu'il avait écrit du Rigshospital à Mikkelsen le 7 mars 1947 : « [...] il serait bon que vous adressiez un petit mot au directeur de la police M. Aage Seidenfaden, c'est son anniversaire de 70 ans demain; c'est le seul " rond-de-cuir " qui a bien travaillé pour nous[2]. » Les prisonniers qui expriment leur sympathie au directeur de la police à l'occasion de son anniver-

---

1. *Mort à crédit*, p. 512.
2. Lettre inédite de Céline à T. Mikkelsen, 7 mars 1947.

saire ne sont pas légions, mais rares aussi les fonctionnaires de police qui défendent avec autant d'acharnement des détenus passibles de la peine de mort. Céline en est convenu dans une autre lettre à Mikkelsen : « Il est rare que la police protège les muses et surtout en tel abominable merdeux pataquès[1] ! »

Céline était vivant et libre, mais dans un état physique lamentable. Le 30 novembre 1946, après onze mois d'incarcération, il avait fait lui-même son bilan médical :

« J'ai passé 6 mois à l'hôpital de la Westre Fangsel sur *11 mois* d'incarcération. A l'heure actuelle voici mon état =

» *Tête* mal de tête permanent (ou à peu près) (céphalée) contre lequel toute médication est à peu près vaine - je prends 8 cachets de *gardénal* par jour - plus *2* cachets d'aspirine on me masse la tête tous les jours - ces massages me sont très douloureux - Je suis atteint de spasmes cardio-vasculaires et céphaliques qui me rendent tout effort physique impossible - (et la défécation)

» *Oreille* complètement sourd oreille gauche avec bourdonnements et sifflements intensifs *ininterrompus* - Cet état est le mien depuis 1914 lors de ma première blessure lorsque je fus projeté par un éclatement d'obus contre un arbre[2] - Commotion cérébrale et surdité et vertiges depuis cette époque - mais ces malaises ayant pris une grande intensité depuis deux ans et surtout pendant mon incarcération

» *Insomnie* je ne dors jamais plus de 6 heures par nuit et par *saccades* - je suis réveillé par des vertiges et des bruits d'oreille - ma vie interne est *infernale* - J'ai compensé ce supplice par courage et bonne humeur toute ma vie mais en prison le même supplice se trouve *décuplé*, franchement *insupportable*.

» *Rhumatismes* J'ai été frappé par le lumbago aigu à *la Westre* puis par un rhumatisme de l'épaule et du bras dont je ne me suis jamais guéri - malgré les meilleurs traitements - J'ai actuellement

1. Lettre inédite de Céline à T. Mikkelsen, samedi [probablement mars 1947].
2. Voir tome I, p. 161.

la main droite douloureuse et enflée je souffre beaucoup pendant les massages -

» *Paralysie radiale*   Je fus blessé à la guerre 1914 au bras droit puis opéré mais il m'est demeuré une paralysie radiale typique sur laquelle le Pr *Gramm* a pu faire ici aux étudiants une leçon en amphithéâtre. Il me demeure une vive douleur du bras par névrome (petite tumeur nerveuse sur la blessure) et une impotence à peu près totale du bras et de la main - sur ce membre impotent est venu se porter le *rhumatisme* dont je n'ai JAMAIS ÉTÉ ATTEINT avant d'entrer à la *Westre* et qui ne me *lâche plus* -

» *Cœur*   Un cœur normal bat à *72* pulsations à la minute le mien donne de 80 à 130 pulsations à la minute - Tous les examens médicaux les plus minutieux n'ont rien révélé d'une lésion organique du cœur il n'en subsiste pas moins qu'un cœur tachycardique est en état chronique de surmenage, même si ce surmenage est le fait d'un *état nerveux anormal* et qu'une telle tachycardie ne peut qu'aboutir à une *insuffisance cardiaque* dont elle constitue le *premier signe*. Il m'était d'ailleurs déjà impossible depuis des années de gravir un escalier de plusieurs étages - Depuis les supplices des dernières années et depuis la prison je me sens franchement *invalide* du cœur -

» *Intestin*   Depuis 1917 à la suite d'une *dysenterie* contractée dans l'armée française au *Cameroun*[1] je suis atteint d'entérite grave qui a résisté depuis 30 ans à tous les traitements - de *constipation absolue* ni à la Westre ni ici cet état ne s'est amélioré - *Purgatifs* - *Régimes Lavements à l'huile* etc. tout est *absolument vain* - Le supplice que j'ai enduré en prison du fait de cette invalidité est *inimaginable* -

» *Exzéma* [sic]   Je suis atteint depuis mon entrée à la Westre d'exzéma et mal placé! (interfessier et testicules) J'en ai beaucoup souffert. Toutes les pommades essayées ont amélioré cet état mais ne *l'ont pas guéri* - un *spécialiste* doit être consulté à ce propos ces jours-ci - *Je n'avais jamais eu d'exzéma de ma vie* -

» *Pellagre*   J'ai parlé dans une autre note[2] de cette affection qui

---

1. Voir tome I, pp. 175-190.
2. Ce document ne figure pas dans les archives de la Fondation Mikkelsen.

semble chez moi céder au traitement classique par injection de *vitamines* - mais il paraît bien que je suis particulièrement sensible au manque d'air et de lumière - car j'ai toujours été fort bien traité et fort bien nourri à la Westre Fangsel - J'ai néanmoins gravement dépéri.

» *Dépérissement* -

» Je me sens atteint d'une grande faiblesse - non que je manque *du tout* de bonne humeur, d'un bon moral, ou de vaillance - *Pas neurasthénique le moins du monde,* je me sens cependant très faible et déprimé - *Je ne tiens pas debout* - Le régime de la prison l'effroyable épreuve morale et physique m'a anéanti - Je pèse *60 kilos* mon poids normal est de *92 à 95 kilos* et malgré la meilleure Suralimentation je ne parviens pas à reprendre mon poids - j'ai pesé à la Westre jusqu'à *48 kilos!* soit presque la *moitié de mon poids* normal - Il s'agit là sans aucun doute d'un profond ébranlement du Système nerveux Sympathique qui règle le métabolisme c'est à dire l'assimilation des aliments - ceci joint bien entendu aux conditions générales de la prison - qui m'ont amené *la pellagre*. Il a été découvert au surplus par les examens pratiqués ici que j'étais atteint d'*insuffisance biliaire* - Je ne secrète que *très peu de bile* ce qui rend l'assimilation des aliments par l'intestin bien difficile et d'autre part la constipation presque irrémédiable *ce qui est mon cas*

LFC

» J'ajoute que je suis mutilé de guerre 75 p 100 et médaillé militaire depuis le 27 oct 1914

» *Dentition* -

» J'avais eu bien des dents cassées par le choc que j'avais subi en 1914 lors de ma première blessure, mais à la Westre toutes les dents qui me restent se sont mises à *tomber sans aucune douleur* - Il s'agit évidemment là aussi de décalcification brusque, conséquence de l'ébranlement profond de métabolisme par choc nerveux et conditions d'hygiène très spéciales (air, lumière etc) - Évidemment cet état dentaire déplorable retentit gravement sur l'alimentation et l'assimilation déjà déplorable - Il m'est impossible de mastiquer mes aliments - Je *souffre* de chaque bouchée - *Il me faudrait de longs soins dentaires* qui ne peuvent m'être donnés qu'une fois en liberté ou semi-liberté [1]. »

Le soir du 24 juin 1947, Céline s'installa dans le petit appartement que Lucette occupait depuis le retour de Karen Marie Jensen à Copenhague. Il s'agissait d'un studio d'artiste, sous les toits, au troisième étage d'un immeuble situé 8, Kronprinsessegade et dont les fenêtres donnaient sur le parc de Rosenborg. En raison de la crise du logement, Lucette avait eu beaucoup de mal à trouver quelque chose de convenable à un prix abordable. Elle était parvenue à un accord avec Henning Jensen [2]. Sa femme et lui souhaitaient passer quelque temps dans le midi de la France, pour peindre, pour perfectionner leur français et pour profiter d'un climat plus clément que celui de Copenhague. Il fut donc convenu que la mère de Lucette, Mᵐᵉ Pirazzoli, les logerait gratuitement à Menton et leur donnerait un peu d'argent, tandis que Lucette s'installerait dans l'appartement des Jensen, dont elle reçut aussi en plusieurs fois 3 ou 4 000 couronnes [3]. Le 16 septembre 1946, Lucette quitta le 20, Ved Stranden et Karen récupéra son appartement dans lequel Bébert avait fait des ravages. Les rideaux, les tentures, les tapis, les fauteuils avaient été lacérés par ses griffes et il n'avait pas ménagé non plus les objets de porcelaine ancienne dans lesquels il avait l'habitude de prendre ses repas, au point que Céline avait écrit à Lucette le 17 août 1946 : « Bien sûr je lui payerai les loyers et les meubles abîmés par Bébert [4]. »

L'appartement des Jensen était parfait à l'automne et au printemps. Pendant l'été la chaleur y était difficile à supporter et durant l'hiver le froid y était intenable. Lucette y passa l'hiver 1946-1947 dans des conditions très difficiles. Elle manquait de charbon pour alimenter le poêle et résistait mal au froid qui pénétrait par les jours de la verrière. Elle connut par ailleurs de très

1. Mémoire inédit (archives de la Fondation Mikkelsen).
2. Voir *supra*, p. 112.
3. Bente Johansen séjourna également chez Mᵐᵉ Pirazzoli à Menton pendant l'été 1946. Logée dans une cave, elle en garda le plus mauvais souvenir.
4. Lettre inédite de Céline à sa femme, 17 août 1946.

sérieux accidents de santé qui devaient la conduire à plusieurs reprises à l'hôpital, notamment en mars et en avril, puis de nouveau en septembre 1947.

Le 7 mars, il avait aussi fallu opérer Bébert d'un cancer. « Voici une journée bien mouvementée, petit Bébert a été opéré et depuis 7 h ce matin je suis en route et inquiète car cela était grave à son âge [1]. » Quelques jours plus tard, il allait beaucoup mieux : « Bébert se remet mais après l'examen de sa tumeur je viens d'avoir le résultat qui est grave! c'est un cancer et on craint qu'il n'y en ait d'autres! c'est bien triste pour nous car nous sommes si attachés et il est si compréhensif. Pauvre petite bête [2]. »

Au cours de cet horrible hiver Lucette fut soutenue par sa mère avec laquelle elle correspondait régulièrement et qui lui envoya de nombreux colis de vivres et de vêtements pour elle et pour Louis. Elle se lia aussi d'amitié avec une Française, Mme Dupland, veuve d'un Danois avec lequel elle avait longtemps vécu au Maroc. Mme Dupland s'installa 20, Ved Stranden, dans l'appartement situé au-dessous de celui de Karen; c'est ainsi qu'elle fit la connaissance de Lucette au printemps 1946 et qu'elle continua à la voir quand Lucette s'installa 8, Kronprinsessegade.

Peu après l'arrestation de Céline, en janvier 1946, Lucette avait eu la joie de recevoir la visite d'Éliane Bonabel [3] de passage à Copenhague. Cette femme, que Céline avait connue enfant à Clichy, fit de son mieux pour l'aider. Elle obtint une audience de M. de Charbonnière, qui la reçut des plus froidement, l'assura qu'il allait obtenir rapidement l'extradition de Céline, mais lui donna tout de même l'autorisation de lui rendre visite.

Pendant toute cette période Lucette fut aussi aidée par quelques amis danois parmi lesquels la belle-fille de Aage Seidenfaden. Elle obtenait par elle beaucoup de renseignements, et c'est chez elle que Lucette remit au directeur de la police un exemplaire des *Beaux Draps,* dont la lecture n'a certainement pas été étrangère

---

1. Lettre inédite de Lucette Destouches à Mme Pirazzoli, 10 mars 1947.
2. Lettre inédite de Lucette Destouches à Mme Pirazzoli, 23 mars 1947.
3. Nièce de Charles Bonabel, disquaire à Clichy et ami de Céline. Elle illustra les *Ballets* en 1959.

au transfert de Céline au Rigshospital, puis à sa mise en liberté.

Au cours de sa détention Louis avait beaucoup souffert de l'incertitude et de cette vie au jour le jour dans la crainte d'une extradition qui aurait été probablement suivie d'une condamnation à mort. Il souffrit aussi beaucoup de la solitude et, à la Vestre, il s'est senti plus que jamais le « cavalier seul » qu'il avait toujours été depuis le passage de Choiseul, depuis Rambouillet et Poelkapelle. Peu nombreux en effet ont été les amis qui se sont manifestés auprès de Lucette et de Louis; on peut tout de même citer Marie Canavaggia, Lucien Descaves, Jean Perrot [1], Jean-Gabriel Daragnès [2], Jo Varenne, le médecin-colonel Clément Camus, Antonio Zuloaga, André Pulicani [3], le vieux Louis Guillou [4], Jean Bonvilliers [5], les Pirazzoli et Colette Turpin.

Dès qu'elle avait appris par les journaux l'arrestation de son père, et malgré la rupture intervenue entre eux, Colette avait écrit à Lucette, et Céline en fut touché : « Je suis content de la lettre de Colette. Fais-lui mille affections et à ses petits. Explique-lui que j'ai brisé brutalement avec elle surtout parce que je sentais venir le cyclone et que je ne voulais la mêler en rien à mon destin [6]. » Céline demanda à sa fille d'intervenir auprès de Pierre-Henri Teitgen, alors ministre de la Justice, lui-même originaire de Rennes, en faisant jouer au maximum la corde bretonne, dont Céline a toujours pensé qu'elle était une panacée plus forte que l'appartenance à n'importe quelle autre franc-maçonnerie. Un peu plus tard, le 11 septembre 1946, il s'inquiétait de sa santé et regrettait encore le mariage qu'elle avait fait contre son gré : « Ma pauvre Colette ne paraît pas bien reluisante, bien sûr que la vie est insupportable à Paris avec trois enfants et un petit revenu

1. Il habitait le même immeuble que Céline, 4, rue Girardon.
2. Peintre, graveur et imprimeur, il habitait avenue Junot, à une cinquantaine de mètres de chez Céline et de chez Gen Paul (1886-25 juillet 1950).
3. Courtier de réassurances, il avait habité avant la guerre sur la butte Montmartre (1899-1972).
4. Oncle maternel de Céline, voir tome I, pp. 52-53.
5. Comédien et peintre (sous le nom de Loiret), il était l'un des plus vieux amis de Céline et habitait aussi Montmartre.
6. Lettre inédite de Céline à sa femme, 21 mars 1946.

- tout cela est idiot au départ - j'ai tout fait pour qu'elle se marie en Bretagne. Mais je suis bon à donner des conseils! moi-même quelle catastrophe j'ai fait de ma pauvre vie! du chagrin partout pour moi et pour tous ceux qui m'ont approché. Quelle horreur! je peux me mêler de donner des conseils [1]! »

Dès la fin de la guerre, Mme Pirazzoli avait envisagé de venir voir sa fille, mais elle ne réalisa ce projet que beaucoup plus tard alors que Lucette et Louis se trouvaient déjà à Klarskovgaard. Après Éliane Bonabel, le premier visiteur fut René Héron de Ville-fosse [2], qui vint à Copenhague en novembre 1947 sur l'invitation de Mikkelsen qu'il avait rencontré à Paris. Villefosse et Céline s'étaient connus quai Conti sur la péniche d'Henri Mahé, l'*Enez-Glaz*, puis ils s'étaient revus souvent à la crêperie bretonne de la rue Vandamme. Héron de Villefosse fut très déçu par l'accueil de Mikkelsen, qui lui conseilla de prendre une chambre à l'Hôtel d'Angleterre alors qu'il s'attendait à être reçu chez lui. Il l'emmena tout de même en promenade avec Céline jusqu'à Elseneur où Louis paraissait n'avoir jamais été. Quelques jours plus tard, à court d'argent, Héron de Villefosse avait repris le train pour Paris, plus tôt que prévu [3].

A la fin de l'année 1947, Céline reçut également la visite de Guy Tosi, nouveau directeur littéraire de la maison Denoël et à qui Mikkelsen avait rendu visite à Paris en octobre 1947. Dès le mois d'octobre 1944, la société Denoël, suspectée de collaboration, avait été placée sous l'administration provisoire de Maximilien Vox. Après l'assassinat de Robert Denoël, Maximilien Vox continua d'administrer la société, dirigée en fait par Guy Tosi, mais sur laquelle planait l'ombre toujours présente et envahissante de Mme Voilier.

Jeanne Loviton, dite Jean Voilier, était une femme peu ordinaire. Héritière des Éditions Domat-Montchrétien et des Cours de Droit, ancienne femme de Pierre Frondaie (auteur de *l'Homme à*

1. Lettre inédite de Céline à sa femme, 11 septembre 1946.
2. Né en 1903, ancien Conservateur en chef des musées de la Ville de Paris, écrivain et spécialiste de l'histoire de Paris.
3. Georges Geoffroy est également venu voir Céline à Copenhague.

l'Hispano), elle avait été l'intime de Giraudoux avant de devenir l'égérie de Paul Valéry qui lui dédia *la Cantate de Narcisse*. Puis elle avait rencontré Robert Denoël dont elle était rapidement devenue la maîtresse.

Quand Denoël fut assassiné le 2 décembre 1945, il était en instance de divorce. Sa femme, Cécile Robert-Denoël [1] affirmait qu'il se détachait de Jeanne Loviton et lui avait demandé de reprendre la vie commune, par affection pour elle et dans l'intérêt de leur fils. Mme Voilier soutient évidemment qu'il n'en était rien, qu'il souhaitait le divorce pour pouvoir l'épouser et n'était alors occupé que par la préparation de la défense de sa Maison poursuivie devant la Cour de justice de Paris pour collaboration avec l'ennemi [2]. Il avait à cet effet constitué un « dossier noir » par lequel il entendait démontrer que toutes les maisons d'édition de France avaient « collaboré » autant que lui. Il se proposait aussi d'établir la preuve de son indépendance et de son libéralisme en rappelant que s'il avait édité avant la guerre Hitler et Mussolini, et s'il avait été sous l'Occupation l'éditeur de Céline et de Lucien Rebatet, il avait dans le même temps publié Aragon et Elsa Triolet.

Mme Voilier, qui entra dans la vie de Robert Denoël en 1943, lui avait apporté le concours financier dont il avait toujours eu besoin, mais elle avait exigé en garantie des cessions de parts en blanc, de telle façon qu'à sa mort elle était devenue actionnaire majoritaire de la Société, face à une veuve ardente qui défendit avec acharnement les intérêts de son fils et déposa deux plaintes successives pour tenter d'établir que son mari avait en fait été assassiné par des hommes de main de sa rivale. La querelle autour de la dépouille et de l'héritage de Robert Denoël avait pris rapidement l'allure d'un combat de fauves, qui ne s'acheva qu'après des mois de procédure et dans une mêlée confuse.

Céline, qui avait juste entrevu Mme Voilier, la détesta dès la première lettre qu'elle lui écrivit au Danemark lorsqu'elle apprit qu'il était en liberté et qu'il avait achevé un nouveau livre, *Féerie*

1. Décédée en 1980.
2. Acquittée par arrêt de la Cour de justice de la Seine du 30 avril 1948.

pour une autre fois. D'après Lucette Destouches, cette lettre était maladroite et stupide, du style « posez votre pipe et écoutez-moi... », et était tout juste de nature à mettre Céline hors de lui. Écrivant à Albert Paraz le 29 février 1948, Céline a simplement noté : « Elle a joué avec moi les fiancées inconsolables [1] » mais il faut ajouter à ce mauvais départ que Céline supportait mal l'idée d'être édité par une femme qu'il soupçonnait en plus d'avoir assassiné un homme avec lequel il avait entretenu, malgré tout, des relations très amicales.

La réponse de Céline fut adressée à « Mme Voilier, fiancée de l'assassiné Denoël [2]. » Beaucoup plus tard, dans *D'un château l'autre,* il fit état de ses appétits d'ogresse, la ridiculisant sous le nom de marquise Fualdès :

« Maintenant c'était plus question de dames ni d'affaire Dreyfus!... de moi qu'il s'agissait... s'approprier mes chefs-d'œuvre!... mes immortels livres que personne lit plus... (Achille [3] *dixit*)... dans l'élan de leur totale vacherie ils se rendent plus compte!... sûr, ils en ont plein leur cave des Géants de la plume!... des bien plus formidables que moi!... dits pédérastes! dits " droits communs! " dits collabos!... dits fellaghas!... dits sadistes fous!... dits moscovites! pléthore de génies!... génies bébés!... génies ramolos!... génies femelles!... génies riens!

» Revenons aux faits historiques... on m'enlèvera jamais l'idée que Fred Bourdonnais [4], mon premier mac, est sorti tout exprès de chez lui, tout seul, et au clair de la lune, pour se faire buter, Esplanade des Invalides... on y assassinait tous les jours!... soit! et il le savait!... c'était l'Esplanade à la mode... qu'il était vicieux?... bien sûr!... mais c'était pousser le vice au-delà de tout, minuit et tout seul Place des Invalides!... ce qui est arrivé, devait!... le marrant,

1. Lettre de Céline à A. Paraz, 29 février 1948, *Cahiers Céline*, n° 6, *op. cit.*, p. 57.
2. D'autres lettres portaient « Maison de Robert Denoël l'assassiné » (témoignages de Jean Voilier et Guy Tosi).
3. Gaston Gallimard.
4. Robert Denoël, qui commença sa carrière avenue de La Bourdonnais à l'enseigne des Trois Magots.

c'est que Bourdonnais, rendue son âme, minuit place des Invalides, je suis fourgué, butin!... la Marquise Fualdès m'héritait!... bel et bien!... butin du coquin!... et que je te fourgue!... encore!... encore!... une fois de plus!... deux fois de plus!... moi et mes chefs-d'œuvre immortels!... " où y a de la gêne "!... marlous, marlottes, me laissent rien... " il est en prison qu'il en crève! " Je pourrais un petit peu savoir!... déjà à l'école communale et puis pour la ligne bleue des Vosges, poésie!... poésie ma perte! toujours!... de mieux en mieux! ah, sacrificiel? ta sale gueule!... ton sang! tes meubles!... ta lyre!... tes livres!... au gniouf!... fumier! tout!... on t'attend [1]!... »

Le 27 novembre 1947, Céline avait tout de même écrit à Mme Voilier pour exprimer le désir de voir Guy Tosi dont il avait sans doute entendu dire qu'il était en train de remonter la maison à laquelle il apporta effectivement quelques auteurs prestigieux : Lanza del Vasto, Curzio Malaparte et Henry Miller. Guy Tosi s'envola aussitôt pour Copenhague. Céline qui l'attendait à l'aéroport le conduisit pour déjeuner chez Mikkelsen et, au cours de ce repas, Céline se déclara prêt à donner le manuscrit de *Féerie* à la seule condition d'être payé en Suisse. Comme Maximilien Vox n'avait aucun moyen d'agir de la sorte, Guy Tosi fit de vagues promesses et rentra à Paris dès le lendemain, parfaitement bredouille.

Tosi était aussi porteur d'un message pour Céline de la part de Malaparte [2], qui lui offrait de toucher les droits d'auteur qui lui étaient dus au Danemark. Céline remercia et refusa. Guy Tosi se souvient parfaitement de cette proposition qui est confirmée par une lettre du docteur Camus, alors chez Malaparte à Capri : « Il me charge de te dire qu'il est heureux de te savoir libre (il se souvient de ses cinq ans de Lipari). Il regrette aussi et ne comprend pas l'offre qu'il t'avait fait transmettre par Tosi de toucher ses droits d'auteur au Danemark [3]. » Louis-Ferdinand Céline et Curzio

1. *D'un château l'autre*, p. 37.
2. Curzio Malaparte, écrivain italien (1898-1957) qui vécut en résidence surveillée aux îles Lipari de 1933 à 1938.
3. Lettre inédite de Clément Camus à Céline, 26 février 1951.

Malaparte ne se sont probablement jamais rencontrés. Passé maître dans l'art de la paraphrase, l'auteur de *Voyage* disait de l'auteur de *Kaputt,* pour avoir renié le fascisme : « Déjà caméléon perçait sous Malaparte. »

De retour à Paris, Tosi n'avait pas envoyé d'argent mais seulement des comptes, évidemment catastrophiques. Céline écrivit aussitôt à Mme Voilier une lettre recommandée :

« Madame,

» Je reçois ce matin par l'intermédiaire de Me Mikkelsen le relevé des Éditions Denoël. Je constate par ce document qu'aucun de mes livres n'a été réimprimé, ni mis en vente, depuis le 12 juin 1944.

» Me reportant à l'article XI-1 de mon contrat avec Denoël en date du 30 juin 1932, j'ai l'honneur de vous aviser par la présente lettre que " je recouvre purement et simplement la libre disposition du droit d'édition " de tous mes livres à partir de ce jour - 8 décembre 1947.

» M. Tosi, votre directeur littéraire, lors de la dernière visite qu'il me rendit à Copenhague, m'avait d'ailleurs conseillé, sur avis de Me Naud, de pratiquer dès ce moment une entorse à mon contrat, puisqu'il vous était impossible, pour des raisons que je n'ai pas à juger, d'imprimer en ce moment mes ouvrages.

» Une entorse du même ordre avait d'ailleurs été déjà pratiquée par Denoël lui-même (Nouvelles Éditions françaises - 3 février 1941) [1].

» M. Tosi à son départ de Copenhague m'avait formellement promis que je recevrais dès le lendemain 1 000 couronnes de votre correspondant en cette ville. Je n'ai rien vu venir, rien reçu.

» Je comprends que la situation de votre maison à mon égard soit des plus délicates, mais tant de délicatesse ne me nourrit tout de même pas, et ce serait bien extraordinaire que j'arrive à crever de faim cependant que mes livres se trafiquent fort libéralement et à

---

1. Denoël avait constitué cette société qui publia *Les Beaux draps* sous l'Occupation.

longueur de journées au marché noir. Ma simplicité va loin certes, mais pas jusque-là.

» Il est entendu que nous conservons en secret (puisque tout est secret!) les meilleures intentions de repartir ensemble vers de nouveaux succès, peut-être à l'occasion de mon prochain livre, mais pour le moment il m'est impossible de jeûner plus longtemps, par le froid qu'il fait, auprès de mes ouvrages, qui m'ont donné tant de mal à écrire, et qui ne demandent qu'à se vendre. " La Patience ", prétendait Mirabeau, " est la vertu des ânes et des cocus. " Je ne veux point lui donner trop raison!

» Vous approuverez certainement ma résolution.

» Je vous prie d'agréer, Madame, sans truchement cette fois, très directement, sans énigme, le plus civilement du monde (enfin!) l'assurance de ma parfaite sympathie [1]. »

Après l'envoi de cette lettre de rupture qui consacrait l'échec de la mission Tosi, Louis avait envisagé de prendre un avocat connaissant bien le droit de la propriété littéraire et il avait songé à Me Maurice Garçon. Jean Paulhan l'en dissuada et Louis se rangea à son avis : « Vous avez mille fois raison - Garçon ne me semble guère possible, d'abord il ne m'aime pas, prétentieux des lettres! [...] c'est un fat de la race Mondor... Des bêtes académiques comme on est faisan ou pintade [2] - » Céline, malgré les bonnes intentions exprimées dans sa lettre du 8 décembre, ne décoléra plus contre Mme Voilier, notamment dans sa correspondance avec Paraz : « [...] cette charogne continue à bluffer et à prétendre - pour effrayer les autres éditeurs - timorés et cons - tout ça bien sûr ne fait pas bouillir ma soupe - très maigrelette depuis 5 années [3]! »

Le 29 février 1948, il lui avait confirmé sa répugnance à traiter avec les femmes : « J'aime pas les jupons en affaire - Et puis d'où me tombe-t-elle cette pétasse? Toute cette vermine du cercueil à Denoël qui lui-même ne valait pas tripette [4]. » Céline était bien

1. Lettre inédite de Céline à Mme Voilier, 8 décembre 1947.
2. Lettre inédite de Céline à J. Paulhan, 27 juillet [1948].
3. Lettre de Céline à Paraz, 15 novembre 1948, *Cahiers Céline*, n° 6, *op. cit.*, p. 97.
4. Lettre de Céline à Paraz, *ibid.*, p. 97.

décidé à ne plus jamais publier chez Denoël : « Oh je n'ai aucun intérêt personnel à ce que gagne Mme Denoël! ou que perde Mme Voilier Jamais je ne publierai plus *une ligne* dans cette maison. *Jamais* Moi vous savez et le " Prince des Ténèbres " on s'évite [1]! »

En raison du blocage de ses comptes et par crainte de la séquestration de ses biens, Céline souhaitait publier à l'étranger, ainsi qu'en témoigne une lettre qu'il adressa à Mikkelsen fin 1946, à une époque où il se trouvait encore en détention :

« Il ne reste donc plus à attendre que les renseignements sur cet éditeur d'Amérique un petit peu bizarre. Je me permets de vous rappeler puisque vous êtes assez bon pour vous charger de cette corvée amicale que ma situation dans les lettres françaises est *unique* je suis l'auteur LE PLUS CHER et le plus EXIGEANT *du marché* FRANÇAIS - Je suis *impitoyable* - ATROCE. Mon travail est toujours impeccable irréfragable, absolu - *mais mes conditions aussi* - ma signature *n'est pas galvaudée* - elle est *rarissime* jamais *un article,* jamais un *feuillet* Il m'aurait toujours été facile de doubler mes revenus littéraires en permettant ce qui est très licite, presque normal, que l'on passe mes livres en feuilletons - Tous les auteurs, les plus grands ont agi de cette façon, Hugo, Chateaubriand, George Sand, Balzac et presque tous les écrivains actuels - *moi jamais* J'ai refusé plusieurs millions et me suis fait bien des ennemis par cette sévérité - Je ne veux être publié qu'en LIVRES - C'est ma manie - mon puritanisme littéraire - Donc ma signature vu cette singularité *ne se discute pas.* Je refuse absolument de me laisser mettre sur le même rang que les écrivains commerciaux - D'autre part mes éditeurs étrangers n'ont pas à rétribuer d'agence littéraire - je suis seul propriétaire de tous mes droits de traduction - Ils n'ont rien à payer à mon éditeur français Denoël - décédé d'ailleurs - Voici pour l'Amérique.

1. Lettre de Céline à A. Manouvriez de *Paroles françaises,* le 22 [sans date], le *Lérot rêveur,* n° 29, décembre 1980, p. 41.

» M'intéresse beaucoup la *Suisse* Relations à renouer avec *Gentizon* - celui-ci (ma femme vous donnera son adresse) est un journaliste suisse très connu et d'ailleurs de fortune indépendante et qui est notre ami par sympathie politique mais parfaitement *toléré, admis, reçu, estimé* en Suisse où il est d'ailleurs propriétaire de sa Revue - Je voudrais qu'il me mette en rapport avec un éditeur suisse *sérieux* auquel je réserverais mes livres, toute ma production, puisque la France me réprouve, me blackboule - Je ne peux pas crever de faim pour faire plaisir à ces maniaques! nous sommes nombreux dans ce cas - Lorsque nous aurons pris contact avec un éditeur suisse intéressé alors il sera temps d'arrêter les détails - En tout cas j'ai trois livres d'une vente classique, *absolument courante,* qui se vendent comme des petits pains — *immédiatement*

- Le Voyage au bout de la nuit
- Mort à crédit
- Guignol's Band I -

et qui se vendront *toujours* partout où on parlera français, c'est de la valeur *mieux que de l'or* - Il s'est vendu à peu près *un million 200 000 Voyages* dans le monde depuis qu'il est paru - *700 000* Mort à crédit   Il se serait vendu encore *plus* de *Guignols* si nous avions eu du papier - Je n'ai jamais eu besoin, fait unique je crois dans toute l'histoire littéraire mondiale d'un *centime de publicité* - Pour l'excellente raison que Denoël n'avait pas *un centime* lorsqu'il m'a découvert! Je n'ai jamais fait la moindre concession personnelle à la publicité - interviews, conférences, dîners etc - *La tête de cochon intégrale absolue c'est moi* - pourtant il est toujours sorti régulièrement de chez Denoël 6 à 800 *Voyages* par mois autant de *Mort à crédit* c'est une *rente* en *valeur absolue* que j'offre à l'éditeur qui me reprendra - J'ai *fait* la maison Denoël - Rien de meilleur qu'un livre qui est devenu *obligatoire* - c'est le cas du *Voyage* - Question épicerie cela vaut la " Dame aux camélias " ou les " Lettres de mon moulin " - *on n'y échappe pas un jour ou l'autre* - Je vous raconte tous ces secrets de cuisine et les ressorts hélas les plus inflexibles peut-être des haines qui me poursuivent, aux masques divers - mais dans le fond = *jalousies d'épiciers* - Le *Voyage* vaut une ferme - *cela ne se pardonne pas* - et une ferme qui marche toute seule! une ferme magique! Voyez ça d'ici! et même en roubles [1]. »

En janvier 1948 [2], Céline reçut à Copenhague la visite de l'éditeur Charles Frémanger qui lui remit une avance de 3 000 couronnes pour une réédition de *Voyage au bout de la nuit,* qu'il ne parvint pas à publier avant 1949. Avant d'emménager 71, Champs-Élysées, Frémanger avait installé sa minuscule maison d'édition place de la Bourse où il employait comme emballeur-livreur un jeune homme qui admirait passionnément Céline : Antoine Blondin [3].

La libération définitive de Céline et son installation Kronprincessegade allaient être aussi marquées par un dégel, timide mais certain, des milieux littéraires. Le 20 septembre 1946, Claude Morgan avait attaqué Céline dans *les Lettres françaises,* le rangeant parmi les « démolisseurs » de talent, avec Léon Daudet et Georges Bernanos, mais cet article était resté isolé et passa inaperçu.

En janvier 1947 on avait demandé à Céline de remplir un questionnaire en vue de l'établissement de sa notice dans *Who's Important in Literature.* Il avait répondu [4] :

« Domicile : Prison de Copenhague.

» Carrière : Ai commencé comme garçon livreur - chez Raymond et Cie, Paris 1907. Emplois nombreux. Pas un de bon.

» Passe-temps ou intérêt particulier : Sortir de prison. »

C'est au mois de juillet 1947 qu'il put se faire entendre de nouveau. Le 20 juin, *Izvestia* avaient publié un article dans lequel Céline était traité de « nullité littéraire » et de « criminel fasciste », dont des extraits avaient été repris le 11 juillet dans *Combat.* Céline en eut connaissance et envoya une réponse que *Combat* publia le 1er août et qui s'achevait ainsi : « De telles crétineries découragent la polémique, on comprend que la parole soit de plus en

---

1. Lettre inédite de Céline à T. Mikkelsen [fin 1946].
2. Probablement du 10 au 13 janvier.
3. Voir *infra,* pp. 300-302.
4. Daté du 6 janvier 1947. Le texte ne paraît pas avoir été publié à l'époque. Reproduit par Helga Pedersen, *le Danemark a-t-il sauvé Céline? op. cit.,* p. 124.

plus à la bombe, à la mine, au déluge [1]! » C'était le premier écrit de Céline publié dans un journal français depuis la Libération.

Au mois d'octobre 1947, Céline reçut aussi la visite de deux journalistes venus l'interviewer, Robert Massin pour le journal *la Rue* [2] et Jacques Robert pour *Samedi-soir* [3], qu'il accepta de recevoir entre deux portes, malgré l'interdiction de Mikkelsen qui souhaitait surtout qu'il se fasse oublier.

En novembre 1947, Céline prit connaissance d'une page de *Réflexions sur la question juive,* dans laquelle Sartre avait parlé de lui en ces termes : « Si Céline a pu soutenir les thèses socialistes des nazis c'est qu'il était payé [4]. » Il ne pouvait y avoir d'attaque plus basse et plus injuste pour Céline; il prépara aussitôt une réponse à sa façon qu'il avait achevée à la fin du mois de novembre et qu'il adressa à Jean Paulhan. Celui-ci ne demandait pas mieux que d'aider Céline, mais il n'entreprit manifestement rien pour la publier, justifiant ainsi le surnom de « clancul » que Céline lui avait donné depuis longtemps et qu'il utilisa dans beaucoup de lettres, notamment à Paraz et à Albert Naud. (Le *clanculus* est une sorte de mollusque dont la propriété essentielle est de prendre la couleur des roches parmi lesquelles il se trouve. En bref, c'est le caméléon des mers.)

Il faut convenir à la décharge de Paulhan que Céline n'y avait pas été de main morte, qu'il avait appliqué sa maxime « viser bas c'est viser juste », et retrouvé pour l'occasion la verve des pamphlets. Sartre y était traité de « petite fiente », de « damné pourri croupion », de « petit bousier », de « satanée petite saloperie gavée de merde », avec pour seule excuse à son aveuglement : « Dans mon cul où il se trouve, on ne peut pas demander à J.B.S. d'y voir clair, ni de s'exprimer nettement [5]. » Il fallut attendre la sortie du *Gala*

1. *Cahiers Céline,* n° 1, Gallimard, 1976, pp. 145-146.
2. *La Rue,* novembre 1947, p. 20.
3. *Samedi-soir,* 22 novembre 1947, p. 6 et Jacques Robert, *Si ma mémoire est bonne,* II, Julliard, 1969, pp. 187-192.
4. Morihien, 1946, p. 46. Ce texte avait été publié dans «Portrait de l'antisémite », *les Temps modernes,* 1er décembre 1945, p. 462.
5. *A l'agité du bocal,* initialement intitulé «Lettre à J.-B. [*sic*] Sartre », qui a fait l'objet de plusieurs éditions pirates.

des vaches [1] d'Albert Paraz en décembre 1948 pour que ce texte fût publié. Il a depuis été repris plusieurs fois, notamment dans les *Cahiers de l'Herne* et dans diverses brochures.

Au cours de l'hiver 1947, une femme vint frapper à la porte de l'appartement où vivaient Lucette et Louis. Bien qu'elle se soit exprimée en français au travers de la porte, Louis refusa de lui ouvrir et il fallut parlementer longtemps pour qu'il y consentît. C'était Mme Thomassen, épouse française d'un citoyen danois, ancienne libraire à Mont-de-Marsan, qui était en train d'ouvrir la Librairie française de Copenhague. Ils se sont ensuite vus assez souvent, elle lui apportait des livres, Céline était content de parler français avec elle et ils correspondirent. Comme il se plaignait des difficultés de ravitaillement à Klarskovgaard, elle lui envoya des colis de viande et de jambon jusqu'au jour où dans son magasin, à l'occasion d'un passage à Copenhague, Céline lui dit : « Je vous remercie pour vos colis, ils me font bien plaisir, ce sont les chiens qui les mangent [2]. » Céline n'a plus jamais reçu de colis de Mme Thomassen.

Plus importante fut la rencontre avec le pasteur Löchen, chef de l'Église réformée de France à Copenhague [3]. Ancien pasteur de Sartrouville, Houilles, Carrières et Bezons, où il avait assisté sur son lit de mort une infirmière de Louis, Mlle Lomont, le pasteur Löchen eut un jour la surprise de reconnaître Céline parmi ses fidèles, en octobre ou novembre 1947. A la sortie du culte, Céline aborda François Löchen qui sut rapidement s'en faire un ami et le défendit ensuite contre l'avis presque unanime de la colonie française de Copenhague.

Céline lui raconta qu'au cours de sa détention il avait écrit à l'évêque de Copenhague pour exprimer le désir de recevoir la visite de l'un de ses prêtres, l'abbé Geertz-Hansen, fils d'un ancien attaché de presse à l'ambassade de France, qui parlait évidemment très bien français. L'évêque n'avait même pas daigné lui répondre.

1. L'Élan, éd., 1948. Voir *infra*, pp. 173-175.
2. Témoignage de Denise Thomassen (août 1978).
3. Fondée après l'Édit de Nantes, en 1685, par la reine Amélie-Charlotte.

Pour Noël 1947, le pasteur Löchen reçut de l'ambassade de France un don pour ses œuvres dont il envoya aussitôt la moitié à Céline, qui la refusa sans hésitation :

« Mon Cher Pasteur,
» Vous me voyez très touché par votre geste très cordial, très fraternel et il me peine de ne rien accepter si gentiment offert mais vous savez que les navires par traditions vaillantes n'acceptent les secours qu'à la très ultime détresse... je n'en suis pas là - pas encore... je vous ferai le signe c'est entendu, et sans manière quand l'eau dépassera le pont... cela peut bien venir hélas [1] ! »

Invités en famille le soir de Noël, Lucette et Louis acceptèrent de se rendre au presbytère pour un dîner qui fut troublé d'un violent incident entre Céline et Mme Löchen qui avait eu le malheur de dire : « C'est justice que les collaborateurs soient en prison. » Céline avait explosé et donné à la malheureuse une leçon de charité chrétienne qu'elle n'est pas prête d'oublier et qui s'acheva en pleurs dans la cuisine. Le lendemain, Céline lui apporta des fleurs et tout fut oublié.

Le pasteur Löchen est ensuite intervenu à maintes reprises en faveur de Céline, notamment auprès de M. de Charbonnière et de plusieurs membres de l'ambassade. M. de Charbonnière ne le lui pardonna pas et il demanda même au pasteur Boegner de le rappeler en France. Mais François Löchen, en sa qualité de chef de l'Église française réformée de Copenhague, était intouchable et n'avait d'ordres à recevoir de personne.

François Löchen et Céline ont échangé une abondante correspondance dans laquelle les lettres de Louis sont généralement empreintes de respect et contiennent souvent des évocations de souvenirs religieux :

« Sauvez sauvez la France!
Au nom du Sacré-Cœur!

1. Lettre de Céline à F. Löchen, 26 décembre 1947, *Cahiers de l'Herne*, p. 140.

» Ce petit cantique que j'ai appris à St Roch ma paroisse me revient à l'esprit [1]!

» Il faut que le Sacré-Cœur sauve aussi Guy des Caraïbes [2] qui vit dans le péché [3]! »

Dans une autre lettre qui date aussi de Copenhague, il exprimait son athéisme, avec tout de même un reste de foi qui ressemblait fort à celle du charbonnier :

« Je n'oublie ni votre livre ni votre service... et seul mon état de santé très défaillant m'a empêché de me rendre ce dimanche à votre culte -

» Sans beaucoup de foi ni de vertu je possède au moins quelque politesse et le goût vif de vous entendre...

» Au cours humain des épreuves mon âme doit être au ciel déjà depuis longtemps! je n'ai plus besoin que de musique... ne voyez en ces mots nulle impertinence [4]... »

Pour mesurer l'importance du secours moral apporté par François Löchen à Céline pendant cette période difficile de sa vie, il suffit de se reporter à l'hommage qu'il lui rendit dans une lettre non datée : « Si j'avais à crever ici c'est vous certainement que je demanderais à mon chevet [5]. »

Louis supporta mal les rigueurs de l'hiver 1947-1948 dans le petit appartement des Jensen, à une époque où le charbon et beaucoup de denrées faisaient encore l'objet de rationnements. A sa sortie de l'hôpital, Louis avait perçu une carte d'alimentation, mais pour acheter quelques objets élémentaires comme une paire de chaussures, il lui avait encore fallu demander des bons d'achat. L'hiver fut pour lui d'autant plus rude qu'il restait à la maison

1. Voir tome I, p. 62.
2. Guy de Charbonnière.
3. Lettre de Céline à F. Löchen, sans date, *Cahiers de l'Herne*, p. 140.
4. Lettre de Céline à F. Löchen, sans date, *Cahiers de l'Herne*, p. 139.
5. Lettre inédite de Céline à F. Löchen, sans date.

toute la journée tandis que Lucette allait donner des leçons et s'entraîner. Pour pallier le caractère rudimentaire de leur installation, elle allait aussi tous les jours au bain public ou au sauna d'où elle revenait chargée de calories.

La mise en liberté de Louis avait rendu sa santé à Lucette : « Elle est en pleine beauté et pleine forme - Elle fait honneur à sa mère - Elle s'est remise à la danse. Elle crève ses élèves - (gratuitement) Quelles ressources - je suis le vieux mari cassé perclus d'une Vénus éclatante [1]! » Et comme pour donner plus de poids à l'information, il rappelait qu'il était expert : « Je suis un bon hygiéniste je crois - j'ai la passion des êtres en pleine santé - Lucette me satisfait absolument - Elle va au bain trois fois par jour - massages, etc. [2]... »

Dans le midi de la France, les Jensen s'ennuyaient et rien n'allait plus avec les Pirazzoli qui entendaient les loger dans une chambre de bonne dépourvue du moindre confort. Ils voulurent rentrer à Copenhague et demandèrent à Lucette et à Louis de libérer leur appartement. En prévision de cette catastrophe, Lucette avait cherché depuis longtemps un logement convenable avec un loyer modéré, mais elle n'en avait pas trouvé. Mikkelsen proposa alors de les héberger à une centaine de kilomètres de Copenhague dans son domaine de Klarskovgaard où il disposait de plusieurs maisons.

A la belle saison Klarskovgaard était un endroit charmant. Cette vaste propriété était située au bord de la mer Baltique en lisière d'une forêt et à quelques kilomètres du port de Korsør où Otterstrøm venait de s'installer comme pharmacien. Céline pouvait-il imaginer ce que serait la vie dans ce trou sitôt la fin des beaux jours? Espérait-il que sa situation en France allait se débloquer rapidement? Il avait pris l'habitude de vivre au jour le jour et avait cessé de se poser depuis longtemps certaines questions. Il vit en tout cas dans cette nouvelle installation un moyen de réduire son train de vie, loin de Copenhague où la vie était très chère.

Ignorant dans quelles conditions Mikkelsen allait les installer, Céline, Lucette et Bébert quittèrent Copenhague le 19 mai 1948 pour cette campagne que Céline allait rapidement prendre en

1 et 2. Lettre inédite de Céline à Mme Pirazzoli, 4 juillet 1947.

haine. Il y passa trois ans dans l'attente du droit de rentrer chez lui, souffrant d'ennui, de froid et de solitude, dans des conditions d'inconfort et d'isolement qu'il monta ensuite soigneusement en épingle pour mieux dénoncer l'hypocrisie du peuple danois tout entier.

CHAPITRE IX

Klarskovgaard

> « Une immense haine me tient en vie. Je
> vivrais mille ans si j'étais sûr de voir crever
> le monde. »
>
> Lettre de Céline à A. Paraz, 1er juin 1947,
> *Cahiers Céline*, n° 6, *op. cit.*, p. 22.

Logé pendant les premiers jours dans *Hovedhuset* [1], confortable demeure de Thorvald Mikkelsen, Céline put croire un instant qu'il était enfin sorti du purgatoire. Il apprécia le charme de cette maison et son intimité, travaillant dans la pièce où Mikkelsen avait installé son bureau et sa bibliothèque, principalement composée de livres français. Il fut même touché par la nature pour laquelle il n'avait pas d'attirance. Il est vrai que c'était l'explosion du printemps danois et que des centaines de pommiers en fleur donnaient un air de fête au jardin de Mikkelsen. Après quelques jours passés dans ce paradis, Céline, Lucette et Bébert émigrèrent dans la petite maison des hôtes [2], toute proche de la maison principale, composée de quatre petites chambres entourant une vaste salle de séjour qui donnait sur le jardin par une véranda.

1. En français, « La maison principale » ou « la maison du maître ».
2. En danois, *Gaestehuset.*

Le 2 juillet 1948, il leur fallut céder la place à l'ambassadeur Randall, qui représentait la Grande-Bretagne à Copenhague, tandis que Mikkelsen recevait à *Skovly* [1], autre maison toute proche, Hartvig Frisch, ministre de l'Éducation nationale du Danemark. Ils s'installèrent alors pour le reste de l'été dans une chaumière située à quelques centaines de mètres de la maison principale, au bord de la Baltique, au bout d'un champ de pommiers et où l'on pouvait rester des jours entiers sans voir âme qui vive. Cette petite maison, appelée *Fanehuset*, « La maison du drapeau », était tout à fait inconfortable; elle était démunie d'eau courante et Lucette n'y disposait que d'une méchante cuisinière à tourbe et d'un petit réchaud électrique.

Le seul mouvement dans le paysage était apporté par des voiliers qui croisaient au large par beau temps, mais que Céline, pourtant amoureux de tout ce qui touchait à la mer et aux bateaux, allait rapidement prendre en grippe : « La Baltique est pas regardable. La Sépulcrale je l'appelle et les bateaux rares, des cercueils, les voiles : des crêpes [2] - » Il allait aussi supporter de moins en moins bien la vie à la campagne, écrivant au pasteur Löchen dans une lettre non datée : « Ma haine pour la campagne a toujours été vive, elle dépasse à présent l'imagination [3]. »

Quant à la nourriture, Céline, qui n'était pas gastronome et se contentait de peu, se dégoûta petit à petit de l'ordinaire danois : « Il n'y a ici strictement rien à bouffer - sauf patates, hareng fumé et porridge - la viande est mauvaise et inabordable. Aucun légume - Tu seras malheureux, même nous on est écœuré de bouffer 365 jours le même brouet [4]. »

Il y revint dans une autre lettre à Le Vigan, également non datée : « En attendant on bouffe à peine - Rien ne pousse ici - *pas de légumes*, trop froid - La viande une fois par semaine et hors de prix et *mauvaise*. Les œufs sans goût - le poisson sans goût heureuse-

1. En français, « A l'abri de la forêt ».
2. Lettre partiellement inédite de Céline à R. Le Vigan [1950].
3. Lettre de Céline à F. Löchen, sans date, *Cahiers de l'Herne*, p. 140.
4. Lettre inédite de Céline à R. Le Vigan, sans date. Ce dernier envisageait de venir le rejoindre à Klarskovgaard.

ment on est pas difficile - mais le *hareng fumé au flocon d'avoine* - j'en veux plus - les chats non plus [1] - » Lorsque Mikkelsen était là, il faisait de son mieux pour améliorer leur ordinaire, leur apportant des provisions de Copenhague et même des plats français cuisinés à leur intention. En saison il leur faisait livrer des caisses de pommes que Céline appréciait, mais dont il finit aussi par s'écœurer tout en se plaignant de n'en pas recevoir assez [2].

Au cours de l'été 1948, Mikkelsen reçut à Klarskovgaard, comme il en avait l'habitude, quelques amis, soit pour des week-ends, soit pour des séjours au cours desquels Céline et Lucette étaient toujours invités à déjeuner ou à dîner. Cet été-là, Céline rencontra, outre l'ambassadeur d'Angleterre et le ministre de l'Éducation nationale, Kaj Birksted, officier de la Royal Air Force, Otto Schlegel, second attorney général de Copenhague, et surtout l'écrivain danois Johannes Vilhelm Jensen. Au début Céline apprécia ces rencontres qui rompaient la monotonie de sa vie, mais il se rendit compte que Mikkelsen le faisait surtout venir pour distraire ses hôtes, comme une curiosité ou comme un phénomène que l'on sort de sa cage pour amuser les amis, et il refusa rapidement toute nouvelle invitation, sauf avec les personnes qu'il connaissait bien ou avec ses propres relations venues de France.

Lors de la visite de Johannes V. Jensen le 25 août 1948, Céline et sa femme vinrent habiter dans « la maison des hôtes » avec le célèbre écrivain danois qui avait obtenu le prix Nobel de littérature en 1944. Les deux hommes n'étaient pas faits pour s'entendre. Le cynisme de Céline, ses sarcasmes et ses railleries de misanthrope déplurent à Jensen, dont les propos moralisateurs n'avaient rien pour séduire Céline qui prit aussi ombrage de la vive admiration que Jensen éprouva pour Lucette.

Le 3 septembre 1948, Céline s'installa à *Skovly*, maison moins rudimentaire que *Fanehuset*, où il passa tout l'hiver 1948-1949 : « Je ne sors plus des cachets et migraines et vertiges - et ce *froid* cette humidité glaciale qui dure 8 mois - au moins! ce ciel *noir* - Et notre

---

1. Lettre inédite de Céline à R. Le Vigan, sans date.
2. Témoignage d'Helga Pedersen.

chaumière où il pleut! on rigole - c'est mieux qu'à Fresnes c'est tout [1] - » Située dans le creux d'un petit vallon, à quelques mètres de la lisière de la forêt, *Skovly* n'avait de vue que sur un champ au-delà duquel on apercevait la Baltique. Trois pièces principales donnaient sur le devant de la maison qui comportait aussi une cuisine. La maison disposait d'un poste d'eau, mais l'eau souvent n'arrivait pas et Céline devait aller en chercher avec une brouette chez Petersen, régisseur de Mikkelsen. En novembre 1949, il fallut forer un nouveau puits pour obtenir une alimentation régulière. Plusieurs poêles à tourbe permettaient d'obtenir une température acceptable pendant l'hiver, sauf pendant les plus grands froids. La maison ne fut convenablement chauffée qu'à partir de l'installation d'un appareil électrique, en octobre 1950, et surtout de l'acquisition par Mikkelsen d'un nouveau fourneau que Céline jugea « mirobolant [...] avec moitié moins de carburant, quatre fois plus de chaleur [2]. »

Pendant les six hivers passés au Danemark, Céline eut toujours froid, que ce soit en prison les deux premiers hivers, dans l'appartement de Kronprinsessegade l'hiver 1947-1948 ou durant les trois suivants à Klarskovgaard. Couvert de vêtements qu'il enfilait les uns sur les autres, avec des couvertures sur les genoux, les pieds sur des briques que Lucette faisait chauffer, il était toujours grelottant, à la différence de Lucette qui plongeait chaque jour dans les eaux glacées de la Baltique, même au plus fort de l'hiver. Elle suivait un entraînement physique rigoureux, dansant et sautant plusieurs heures par jour, avec Céline pour seul maître de ballet, sur les quelques mètres de plancher qu'il avait fait aménager dans la maison.

Les deux événements les plus marquants de l'été et de l'automne 1948 furent la visite de Milton Hindus du 20 juillet au 11 août et celle de Pierre Monnier à la fin de l'été.

Juif américain, professeur à la Brandeis University à Waltham dans le Massachussets, Milton Hindus avait été parmi les quelques

---

1. Lettre inédite de Céline à sa fille, le 10 [hiver 1948-1949].
2. Lettre inédite de Céline à T. Mikkelsen, 1er novembre 1950.

signataires du manifeste transmis aux autorités danoises par l'intermédiaire de l'avocat new-yorkais Julien Cornell [1]. Céline avait correspondu pendant toute l'année 1947 avec Milton Hindus qui se démenait auprès de Laughlin [2], pour la reprise de la traduction américaine de *Mort à crédit*, réalisée par John H.P. Marks, puis très vite il forma le projet de venir voir Céline à Korsør, mais il lui fallut attendre juillet 1948 pour le réaliser. Céline avait été séduit par la générosité de cet universitaire américain qu'il trouvait intelligent et avait jugé sympathique sur photographie. L'emballement de Céline avait été trop vif pour que leur rencontre ne fût pas une désillusion, mais il ne pouvait s'imaginer que leurs rapports s'envenimeraient si rapidement et s'achèveraient par des lettres au vitriol et la menace d'un procès.

Hindus n'était jamais venu en Europe et il paraît avoir conçu ce voyage comme une expédition, posant à Céline des questions d'une rare puérilité. Céline a dû comprendre alors à qui il avait affaire. Il se fit rassurant, répondant point par point et réduisant à de justes proportions les périls encourus : « On peut trouver partout de la viande en Europe [...] Pour le voyage en bateau - vous n'avez rien à craindre je pense pour Madame Hindus [3] - je crois savoir qu'il y aura un confort très décent - strict mais très suffisant - Pour la question de l'avance des Russes en offensive éclair rien à craindre non plus [4] ! »

Avant de gagner le Danemark, Hindus avait passé quelques semaines à Paris où il avait rencontré des amis de Céline, parmi lesquels Gen Paul, Marcel Aymé et Jean Perrot. Il était aussi allé chez Denoël où Guy Tosi lui avait remis une lettre aimable à l'intention de Céline, qui ne provoqua de sa part que des plaisanteries dont Hindus fut choqué : « Si Céline pense que Tosi est un opéra italien, pourquoi m'a-t-il demandé d'aller le voir dès que pos-

1. Voir *supra*, pp. 123-125.
2. James Laughlin, président de la société d'édition New Directions. Un contrat a été signé en juin 1947 par Milton Hindus représentant Céline. Il prévoyait la reprise par New Directions des droits sur cette traduction publiée en 1938 par la maison Little, Brown & Co.
3. Mme Hindus n'a finalement pas accompagné son mari.
4. Lettre de Céline à M. Hindus, 17 mai 1948. Voir Milton Hindus, *op. cit.*, p. 188.

sible [1]? » Cette petite réflexion amère montre qu'Hindus mécon-
naissait profondément le solitaire de Klarskovgaard avec lequel il
n'était manifestement pas fait pour s'entendre.

A Paris, Hindus avait été reçu par Paulhan chez Gallimard, qui
lui avait dit son intention de publier à l'automne un texte de Céline
dans *les Cahiers de la Pléiade*. Il s'agissait du premier chapitre de
Casse-pipe, intitulé par erreur « le Casse-pipe », et dont la première édition en librairie parut en décembre 1949 chez Frédéric
Chambriand.

Lorsqu'il descendit du train à Korsør, après trente heures de
voyage en troisième classe [2], Hindus fut accueilli par Céline,
qui était venu de Klarskovgaard sur la bicyclette de Mikkelsen,
et le conduisit au très modeste hôtel où il lui avait retenu une
chambre. Le 22 juillet, Louis et Lucette lui rendirent visite à
bicyclette, et ils allèrent se promener tous les trois sur la plage de
Korsør; le lendemain, Hindus parvint à louer une bicyclette et
monta pour la première fois à Klarskovgaard où il fut reçu par
Céline à *Fanehuset.*

Dès les premiers jours du séjour de Milton Hindus, Céline avait
demandé à Mme Dupland, l'ancienne voisine de Lucette à Ved Stranden [3], de venir à Korsør et d'être témoin de tous leurs entretiens.
Elle n'a pas oublié les étonnements de Milton Hindus, naïf et puri-
tain, choqué par les propos de Céline et par certains détails, comme
le fait d'avoir trouvé un jour Lucette entièrement nue devant la
maison. Il aurait pu tout aussi bien trouver Céline et Mikkelsen
dans le même appareil, car il leur arrivait de converser ainsi devant
la maison, ce qui est de pratique courante au Danemark.

Mme Dupland raconte aussi que Céline lui demanda de le débarrasser de Milton Hindus et de répondre à sa place à ses questions,
ce dont elle ne paraît pas s'être privée, du moins si l'on en croit
Milton Hindus : « Madame D... une amie des Céline à qui ils m'ont
présenté, Danoise d'allure bizarre, mariée à un armateur français
d'Afrique du Nord et qui vient de divorcer, me donne sur Céline

1. *L.-F. Céline tel que je l'ai vu,* L'Herne, 1969, p. 31.
2. Le 19 ou le 20 juillet 1948.
3. Voir *supra,* p. 134.

et sa femme des détails curieux, intéressants, pas très jolis mais que je n'aurais jamais remarqués tout seul. Elle me dit que la pauvreté et les privations dont ils se plaignent n'ont rien de réel [1]. »

Céline apparut alors à Milton Hindus comme un comédien, cupide et menteur : « Céline est aussi bourré de mensonges qu'un furoncle de pus [2]. » Et lorsqu'il quitta Korsør, il n'avait manifestement plus aucune sympathie pour lui, notant le 12 août dans son *Journal* : « Lucette me supplie de continuer à lui écrire. Je lui dis qu'il se conduit non pas tellement comme un fou mais comme une *prima donna* [3]. » La veille, leurs adieux avaient été fort secs : « *11 août :* Aujourd'hui Céline est venu en ville à bicyclette et, présumant qu'il pourrait pleuvoir demain — ce qui l'empêcherait de me revoir - nous nous sommes dit adieu avec aussi peu d'émotion que si c'était bonjour. Tout est trop confus en nous pour que nous sachions ce que nous sentons — ou si nous sentons quoi que ce soit. J'ai serré sa main droite, molle, en partie paralysée, et il m'a dit très bas : " Ç'a été très gentil à vous d'être venu ". Puis il est resté longtemps immobile, les yeux tournés vers le lointain, silencieux, songeur et il a ajouté : " C'est la vie ", remarque assez peu originale pour un esprit qui l'est tellement [4]. »

L'année suivante, quand Milton Hindus publia ses notes et les lettres qu'il avait reçues de lui, Céline explosa de fureur, il demanda à Mme Dupland de lui faire un procès et lui écrivit quelques lettres d'injures qu'Hindus ne publia pas dans la première traduction française de son livre en 1951. « Cher Hindus - Soyez heureux! Votre livre est aussi méchant que possible! Il va me faire tout le tort possible! Dans les conditions très critiques où je me trouve vos mensonges et vos propos diffamatoires, inventions abominables vont me valoir le pire destin, les pires représailles.

» Je ne vous ai fait aucun mal et vous m'assassinez [5]. »

---

1. Milton Hindus, *op. cit.*, p. 50.
2. *Ibid.*, p. 52.
3. *Ibid.*, p. 71.
4. *Ibid.*, p. 68.
5. Lettre inédite de Céline à M. Hindus, 23 [août 1949] (archives de la Fondation Mikkelsen et de la Société New Directions).

Le 25 août il lui écrivit de nouveau une lettre dont il conserva un double et dont il envoya une copie à James Laughlin en lui demandant le nom d'un avocat pour engager une procédure aux États-Unis :

« Je suis obligé de vous prévenir que si vous faites publier le livre dont vous m'envoyez le projet je vous intenterai *immédiatement* devant la justice américaine un *procès en diffamation* (à vous et à votre éditeur).

» Vous êtes venu ici me voir, je ne vous ai pas reçu, je suis trop malade pour recevoir quiconque, je ne vous ai rien dit, et vous avez tiré de cette soi-disant visite une petite ignominie en forme de libelle où vous me salissez au-delà de tout ce qui est permis, où vous me prêtez des propos et des pensées qui n'ont jamais été les miennes! Vous me faites salir un pays et des hommes auxquels je dois la vie. Vous avez tout *inventé* avec une méchanceté abominable. Je ne peux laisser passer pareille sadique fantaisie. Tout ce que vous écrivez à mon sujet est faux dans les faits, dans les paroles, dans les intentions.

» Vous m'envoyez au surplus une lettre où vous me proposez de l'argent!

» Pour la publication de je ne sais quelles lettres! etc.

» Vous êtes donc un maître-chanteur au surplus? Je n'y comprends plus rien!...

» Les tribunaux américains y verront sans doute plus clair que moi.

» Je prends mes dispositions dès aujourd'hui pour vous assigner devant ceux-ci (et votre éditeur) dès la parution de cette " monstruosité "! (je reprends votre titre!) [1] »

Lors de la publication du livre il écrivit même au président de la Brandeis University pour dénoncer les agissements d'Hindus :

---

1. Lettre inédite de Céline à M. Hindus, 25 août 1949 (archives de la Société New Directions).

« Je vois par une annonce de la presse américaine que votre Professeur Milton Hindus est tout de même parvenu à trouver un véreux éditeur (gangster m'assure-t-on) pour publier son ramassis de mensonges grotesques intitulé « Giant », etc.

» Il fallait un éditeur escroc pour éditer une telle saleté! Cet individu (Hindus) qui dans ses lettres me suppliait d'accepter quelques kilos de café, me les envoyait *de force* avec des témoignages d'admiration *éperdue,* ne sachant plus s'il fallait au mieux me comparer à Balzac, ou à Shakespeare, ou à Rabelais, ou à Stern... me recouvre à présent d'ordures pour rentrer en grâce auprès des anti-antisémites de la 36eme heure, dont il attend gloire et fortune! Voici un sale petit individu auquel je n'ai pas dit *20* mots [...] Je me suis contenté de l'écouter bafouiller... Il ne m'a dit que des sottises - moi qui dors si mal il m'aurait endormi...! [...][1] »

Mikkelsen conservait aussi dans ses archives un début de lettre de la main de Céline, trois lignes rageusement rayées : « Le 25 [probablement décembre] 1949. Cher Hindus. Je viens de relire votre livre - Vraiment c'est une ordure. Je ne peux la tolérer devant ma porte[2]. » Le 20 décembre 1949, Céline avait écrit à Mikkelsen : « Bien entendu le démenti LE PLUS FORMEL *absolu* à ce roman diffamatoire - Je n'ai pas vu *Hindus* 2 HEURES *en tout* - Je l'ai trouvé trop *idiot* à première *vue* il se venge - Il cherche *la vedette* comme tous!

» Mensonge - Invention de A à Z[3] »

Les relations avec Pierre Monnier, commencées à la fin de l'été 1948, ont été tout autres. Monnier était venu à Copenhague avec un groupe folklorique auvergnat, « La Bourrée », dont il fut pour l'occasion l'attaché de presse. Avec deux amis, Victor Soulencq et Jean Hugou, ils prirent un taxi pour aller voir Céline qui les reçut à Klarskovgaard le plus gentiment et le plus simplement du

1. Lettre inédite de Céline à M. Sacher, 24 décembre 1949 (archives de la Société New Directions).
2. Lettre inédite de Céline à T. Mikkelsen.
3. Lettre inédite de Céline à T. Mikkelsen.

monde. De retour à Paris, Monnier allait s'attacher à faire sortir Céline de l'oubli, harcelant les rédactions des grands journaux et démarchant les maisons d'édition susceptibles d'exhumer ses livres épuisés et d'éditer ses œuvres inédites. C'est auprès de Paul Lévy, propriétaire de l'hebdomadaire *Aux écoutes,* que Monnier a trouvé son premier appui. (Monnier y était alors dessinateur pigiste.) Paul Lévy accepta non seulement d'aider Céline par la publication d'échos et d'articles favorables, mais il lui offrit immédiatement 100 000 francs que, bien évidemment, Céline refusa. Louis et Monnier ont alors régulièrement correspondu.

Écrire était alors pour Céline, outre une distraction, un moyen de se défendre, d'exprimer toutes ses rancœurs et de conserver un lien avec le monde extérieur, principalement avec la France. On peut compter pendant l'exil près de 100 lettres à Milton Hindus, 350 à Jean-Gabriel Daragnès, 313 à Monnier [1], 353 à Albert Paraz, 61 à Jean Paulhan, environ 130 à Charles Deshayes, 133 au pasteur Löchen, tandis qu'Albert Naud affirmait en avoir reçu 100 et que Mikkelsen en avait conservé quelque 450. Il faut y ajouter 36 lettres à Le Vigan, 80 à Paul Marteau, celles qu'il écrivit à ses amis Perrot, Zuloaga (qui en avait une cinquantaine), au docteur Camus, à Pulicani, Arletty, Marie Bell, M. et Mme Pirazzoli (près de cinquante), Marcel Aymé (qui les a détruites au fur et à mesure qu'il y avait répondu), Jean-Louis Tixier-Vignancour, Marie Canavaggia et à beaucoup d'autres, illustres ou parfaitement inconnus [2]. Au total, au moins trois ou quatre mille lettres en cinq ans, soit une moyenne de deux ou trois par jour.

Parmi ces correspondances, de bien étranges et injustes lettres adressées par Céline à François Mauriac : « Mais oui Mauriac c'est entendu mais nous avons pensé tout ça 10 ans avant vous! Oh canaille mais oui vous êtes! Canaille par tartuferie, messes noires, ou connerie on ne sait! Résistance de quoi? à quoi damné

---

1. Publiées dans *Ferdinand furieux,* Lausanne, *l'Age d'homme,* 1979.
2. Il correspondit, entre autres, avec André Billy, André Brissaud, André Rousseaux, Louis Pauwels, Jacques Isorni, Roger Nimier, Yves Florenne, Paul Lévy, André Gillois, Jean Galtier-Boissière (voir *Cahiers Céline,* n° 1, *op. cit.,* et *Textes et documents* 1, B.L.F.C., 1979 (« Bibliothèque L.-F. Céline », n° 2).

imbécile? Vous avez fait venir les Russes à Vienne, que n'iraient-ils jusqu'à Dax! Allons Dieu vous dégueule pour être si bête, avec ou sans passage du Malin[1].

» Ah il n'est pas besoin du Malin pour vous voir bientôt pleurnicher sur un nouveau *Massilia*[2] en route vers d'autres jérémiades! Tout en signant bien sur d'autres listes noires[3]! »

Dans une autre lettre du 15 août 1949, il lui reprochait ses prédictions qui ne pouvaient qu'irriter les Dieux au détriment des vivants : « Je vous l'assure! cette façon de " pronostiquer " en retard exaspère les Dieux! *Tout* va nous crever sur la gueule! votre faute enfant de cœur [*sic*] pernicieux[4]! »

Il lui fit parvenir encore deux autres lettres non datées, écrites de la même veine et de façon d'autant plus injuste que François Mauriac avait été parmi les premiers à protester contre les Cours de justice et contre la façon dont s'exerçait la répression des faits de collaboration. On se souvient aussi de ses actions pour tenter de sauver Brasillach[5].

Il est en revanche moins surprenant que Céline ait correspondu avec Louis Lecoin, grand-prêtre du pacifisme et partisan de toutes les amnisties. C'est Albert Paraz qui demanda à Lecoin de faire à Céline le service de sa revue *Défense de l'homme;* mais quand Lecoin lui offrit de s'exprimer dans cette revue, Céline déclina l'aimable invitation en des termes qui donnent la mesure et les limites de son anarchisme :

« Mon Cher Lecoin,
» Mais je voudrais bien vous faire plaisir, parbleu! rien ne me

---

1. *Passage du Malin*, pièce de François Mauriac.
2. Paquebot sur lequel des députés et des sénateurs s'embarquèrent à Bordeaux le 21 juin 1940 à destination de Casablanca et qu'il atteignit le 24 juin.
3. Lettre inédite de Céline à F. Mauriac, 20 décembre 1948 (Bibliothèque littéraire J. Doucet, MRC 1270).
4. Lettre inédite de Céline à F. Mauriac, 15 août 1949 (Bibliothèque littéraire J. Doucet, MRC 1272-2).
5. Mauriac a été souvent pris à partie par Céline, ainsi dans *D'un château l'autre*, p. 51 : « Naturalisé mongol... ou fellagha comme Mauriac, je roulerais auto tout me serait permis [...]. »

serait plus agréable. Mais je suis toujours prisonnier sur parole ici, et toujours en instance d'être extradé - c'est-à-dire Fresnes. C'est simple, c'est net, ça n'a pas changé depuis six ans. Je n'ai pas de permis de séjour, je n'ai aucun papier. Je suis donc tout à fait tenu au silence absolu.

» C'est la prison moderne " à la Damoclès " de réduire à l'état de mort des gens qui respirent encore mais qui ne plaisent pas.

» Oh! c'est une technique très au point. Ils sont des centaines par le monde qui se taisent aussi gentiment.

» Vive l'anarchie! Mais tant qu'il y a des lois, " hors la loi " c'est moche!

» La pratique, la théorie - c'est deux mondes!

» Vous le savez cher Lecoin, comme moi!

» Je vous embrasse. - Céline [1]. »

La correspondance entre les deux hommes devait s'achever rapidement par une lettre de Céline dans laquelle il exprimait très clairement sa position à l'égard de l'antimilitarisme et du désarmement unilatéral dont Lecoin s'était fait le champion :

« [...] Cela dit cher Lecoin voyez-vous je ne sais pas encore si l'on doit jeter le manche après la cognée! Le diable gagne-t-il la partie? Tridon, membre de la Commune 71, se le demandait... Il me semble malgré tout pour le savoir sans folie mystique, crédos insupportables, il faudrait que la Terre pendant un certain temps possède un Gouvernement unique - plus modestement je dirais une administration unique.

» Tant que la Boule sera divisée en cliques, partis, patries, rien à en attendre. C'est la gabegie, c'est la foire d'empoigne et les alibis de meurtre partout! Oh! je ne fais pas crédit à l'homme, vous savez cette horrible bête... mais je suis médecin, expérimental malgré tout - les idées c'est beau, mais un ordre moral seul permet de réaliser une expérience.

---

1. Lettre de Céline à L. Lecoin [1950]. Louis Lecoin, *le Cours d'une vie,* chez l'auteur, 1965, pp. 229-230.

» Hors l'expérience tout est déconnage, vaticinations, suppositions, etc.

» Communistes, fascistes, juifs, nègres, royalistes je m'en fous - mais une unité donc à ce moment un calme, une paix réelle, comme dans un laboratoire. On ne peut pas faire d'expérience carrefour Drouot. Vous voyez Claude Bernard installé place Clichy? A la Foire de Neuilly? N'importe quoi mais du calme! Et là on verra si l'immonde animal qui n'est pas encore un homme du tout prendra une forme acceptable (et " anarchiste " si vous voulez). Et diable pourquoi pas?

» Mais le calme, l'unité politique du monde d'abord.

» C'est l'impératif expérimental, la loi du laboratoire.

» Votre bien affectueux - Céline [1]. »

Céline correspondit aussi avec Jean Vita [2], qui publia en février 1950 dans *Défense de l'homme* un article : « Céline et l'enfance ». Le 23 novembre 1950, Céline lui avait écrit : « [...] les révolutionnaires et les anarchistes sont en *style* et même en pensée hélas! toujours, c'est classique, de satanés frénétiques CONSERVATEURS - leur rêve *BOSSUET* l'aigle de Meaux [3]! » Toujours partant pour toutes les croisades, Céline savait rêver en gardant bien les pieds sur terre. Il était sentimentalement avec tous les utopistes de l'univers et suivait alors avec sympathie les gesticulations de Garry Davis, « Citoyen du Monde », mais il était trop lucide pour y croire, écrivant à Mikkelsen le 27 septembre 1949 : « Je suis le Don Quichotte du pacifisme [4]. »

Dans sa correspondance avec Jean Paulhan, Céline a souvent porté des jugements sur les autres écrivains, expliquant son mode d'écriture et de transposition. Ainsi, après qu'un professeur de Princetown, Irving Howe, l'eut taxé d'insensibilité : « Ces étrangers sont des ânes présomptueux - Tout mon travail a été précisément d'essayer de rendre la prose française plus sensible

1. Lettre de Céline à L. Lecoin [1950]. Louis Lecoin, *op. cit.*, p. 231.
3. Pseudonyme de Marcel Lucas.
3. Lettre inédite de Céline à J. Vita, 23 novembre 1950.
4. Lettre inédite de Céline à T. Mikkelsen, 27 septembre 1949.

" raidie, voltairisée, pétante, cravacheuse et *méchante* " en lui injectant du langage parlé, son rythme, sa sorte de joie et de tendresse *malgré tout* - du rendu émotif[1] - » Et, dans une autre lettre, également de 1949, il exposait que l'avènement du cinéma interdisait d'écrire selon le mode traditionnel : « " Gertrude entre par la porte de droite... tout en larmes... son fiancé, maussade, bougonne sur le sofa etc... " tout ceci le cinéma s'en charge *une fois pour toutes*. Pour faire mieux que le cinéma, pour *être lisible* il faut être à présent *dans* Gertrude et dans le fiancé - sans les DÉCRIRE oh surtout ne pas les décrire - [...] je ne trouve plus lisible que Louise Labé, Christine de Pisan... un peu Villon... par passages l'Abbé Brémond[2]... » Son opinion sur ses contemporains n'était jamais indulgente : « Oh pour Colette vous savez je suis tout prêt à la trouver la plus grande écrivaine de tous les siècles! kif pour Gide! Sartre! Rintintin! et julot nabot Romains! Si ça peut les faire jouir! Tous[3]! » Quand Paulhan refusa de publier « A l'agité du bocal », il lui proposa un ballet, ce qui lui donna l'occasion de donner un coup de patte à Giraudoux : « Dans l'anodin alors - je vois un *ballet* que vous pourriez faire passer - *Foudres et flèches* - Daragnès l'a en ce moment mais il n'y tient pas - c'est du Florian c'est du cucul - Rien à redire - [...] du Giraudoux plus la danse et l'élan - ce qui lui manquait l'emmerdeur! Entre nous[4]! » Dans sa lettre suivante, sous couvert d'atténuer son jugement, il enfonçait un peu plus le malheureux Giraudoux : « Oh je ne voudrais pas que mes dernières lignes vous donnent à penser que fou de prétention je méprise à présent Giraudoux! oh là non! je ne méprise personne! (Surtout que Marie Canavaggia l'adule, l'idolâtre, le béatifie!) Seulement quant à travailler dans l'Olympe je lui préfère Offenbach! Offenbach me grise - Et même Phi Phi dans l'ordre! Il est vrai que toute ma jeunesse s'est passée dans le Passage Choiseul! alors n'est-ce pas les " Bouffes[5] "! » Marcel Proust n'échappait

---

1. Lettre inédite de Céline à J. Paulhan, 17 [1949].
2. Lettre inédite de Céline à J. Paulhan, 27 [1949].
3. Lettre inédite de Céline à J. Paulhan, 5 [1950].
4. Lettre inédite de Céline à J. Paulhan, 7 janvier 1948.
5. Lettre inédite de Céline à J. Paulhan, jeudi [1947].

évidemment pas à son jugement : « Ah Proust s'il n'avait pas été juif personne n'en parlerait plus! et enculé! et hanté d'enculerie - Il n'écrit pas en français mais en franco-yiddish tarabiscoté absolument *hors de toute tradition française* il faut revenir aux Mérovingiens pour retrouver un galimatias aussi rebutant - [...] cependant je lui reconnais un petit carat *de créateur* ce qui est RARISSIME - il faut l'avouer - lui et Morand [1] - »

Les distractions de Céline étaient rares. Il recevait quelques visiteurs danois et français, parmi lesquels Thorvald Mikkelsen lui-même qui résidait souvent dans sa propriété et ne manquait jamais de venir bavarder avec lui. Les deux hommes s'entendaient assez bien, mais ils sont devenus plus proches lorsque Mikkelsen, qui souffrait de furoncles très mal placés, demanda à Céline de le soigner, tandis que Lucette lui servait d'infirmière et se rendait tous les jours chez lui pour changer les pansements. Parce qu'il était malade et parce qu'il souffrait, Mikkelsen prit une dimension différente aux yeux de Céline qui lui témoigna alors de l'affection, phénomène qui a certainement joué aussi dans ses rapports avec Albert Paraz, auquel il s'est beaucoup attaché parce qu'il était gravement atteint de tuberculose. Toutes les lettres de Céline à Paraz comportaient quelques conseils élémentaires, souvent les mêmes : « ne bouge pas de Vence. Ne baise pas, bois de l'eau - ne fume pas [2] - », ou encore : « couper tout, fumée, quéquette, pinard, fatigue [3]. »

Outre Dedichen et Seidenfaden, qui venaient de temps à autre chez Mikkelsen, Céline voyait Mme Helga Pedersen, Ole Vinding et surtout Otterstrøm.

Helga Pedersen [4] était une femme remarquablement intelligente dont Céline admira autant la force de caractère que les yeux bleus. Comme elle était magistrat il l'appela tout de suite Thémis, mais

1. Lettre inédite de Céline à J. Paulhan, 27 [1949].
2. Lettre de Céline à A. Paraz, 10 [septembre 1948]. *Cahiers Céline*, n° 6, *op. cit.*, p. 79.
3. Lettre de Céline à A. Paraz, 31 juillet 1948. *Ibid.*, p. 78.
4. 24 juin 1911-27 janvier 1980.

ce n'est pas elle qui suivit son affaire à l'époque de la demande
d'extradiction et de sa détention, bien qu'elle ait été alors secrétaire
du ministre de la Justice, avant d'occuper elle-même cette fonction
peu avant le retour de Céline en France. Propriétaire d'une maison
de famille à Hulby Møllegaard, à deux kilomètres de Klarskovgaard,
elle était très liée avec Mikkelsen; elle devint administrateur de la
Fondation qui porte son nom, et publia en 1975 le Danemark a-t-il
sauvé Céline? [1], livre dans lequel elle analysait les archives danoises
relatives à l'affaire Céline et plaidait la cause de son pays et celle
de son ami Thorvald Mikkelsen.

Écrivain et journaliste, Ole Vinding était un Danois pétri de
culture française qui avait beaucoup bourlingué et habitait alors
à Skyttvaenget, à quinze kilomètres de Klarskovgaard. Il rencontra Céline pour la première fois le 12 juin 1948 et, comme il
avait l'habitude de noter ses impressions dans son « Journal [2] »,
on sait qu'il est revenu le voir la veille du jour de Noël que Céline
passa avec Mikkelsen. On peut lire aussi dans ce « Journal » que
Céline, de caractère imprévisible, était parfois charmant et enjoué,
mais pouvait changer d'attitude d'une seconde à l'autre. Son
humeur à cette époque était surtout fonction des nouvelles de
France. Ainsi, le 3 décembre 1949, Ole Vinding le trouva dans un
état de rage difficile à décrire contre René Mayer, alors garde des
Sceaux, et le 13 septembre 1950 dans un état proche du désespoir.

Quant à Otterstrøm, que Céline avait connu avant la guerre dans
le milieu de Karen Marie Jensen et de Mᵐᵉ Lindequist, il était
devenu pharmacien à Korsør. C'était un homme délicieux qui
avait été l'homme de cœur de Mᵐᵉ Lindequist, de manière probablement très platonique, car il avait peu de goût pour les
femmes. Très expansif, il racontait à Lucette et à Louis tous les
petits échos de Copenhague et ses frasques personnelles. Il leur
apportait aussi, outre des médicaments — surtout du véronal pour
Louis —, un air de gaieté qui leur faisait habituellement défaut et
pour lui la maison était toujours ouverte. Céline voyait aussi de

---

1. Traduit en français par François Marchetti, op. cit.
2. « Journal » inédit, aimablement communiqué par M. Ole Vinding.

temps à autre le docteur Ohlsen Søeborg qui le soignait, et presque tous les jours M. et Mme Petersen, régisseurs de la propriété de Mikkelsen.

Au tout début du mois d'août 1948, Céline reçut une lettre d'Ernz Bendz qui lui proposait de venir le voir à Korsør. Écrivain et médecin suédois, vivant à Göteborg, Bendz était passionné de culture française et il fut très déçu de la réponse de Céline qui l'éconduisait poliment [1]. Le 13 août, Bendz revint à la charge : « Je désirais vous connaître non point par curiosité personnelle, mais dans la pensée que le moment est peut-être venu pour faire quelque chose de sérieux ici pour votre œuvre. » Puis les deux hommes s'écrivirent assez régulièrement. Céline admirait surtout la facilité avec laquelle Bendz s'exprimait en français. Bendz ne ménageait pas ses compliments : « J'aime vos lettres : elles sont humaines, elles vont à l'essentiel, sans phrases, sans ces horribles circonlocutions et courbettes exigées, paraît-il, par la soi-disant politesse française [...] [2] » Il saisissait aussi toutes les occasions pour lui dire son admiration pour notre langue, touchant chaque fois Céline au cœur : « J'écris le français avec une sorte de facilité naturelle et aussi grâce à pas mal de travail, voilà tout, le français est le seul moyen d'expression insurpassable [3]. »

Ernz Bendz vint à deux reprises à Korsør et il n'est pas impossible qu'il ait aussi rencontré Céline une fois à Copenhague. Il participa à sa défense aux côtés de Paraz, écrivant en 1949 un essai sur Céline [4], et se tint en rapport avec un autre Suédois, Raoul Nordling [5], qui avait usé de son influence auprès des Danois pour éviter l'extradition et devait, de nouveau, intervenir auprès des autorités françaises pendant la phase de l'instruction et au moment du procès. Nordling se rendit à Korsør en janvier et en mars 1949 avec l'idée de constituer un comité de défense composé de quelques intellectuels français. Céline avait le plus

1. Lettre de Céline à E. Bendz, 9 août 1948. *Cahiers de l'Herne*, p. 143.
2. Lettre inédite d'Ernz Bendz à Céline, 13 février 1949.
3. Lettre inédite d'Ernz Bendz à Céline, 22 octobre 1949.
4. « Fallet Céline », Stockholm, 1949.
5. 1882-1962. Consul général de Suède à Paris de 1926 à 1959.

grand respect pour lui, ainsi qu'en témoignent les lettres qu'il lui adressa pendant toute cette période et qui sont écrites dans un style et sur un ton assez inhabituels[1]. Nordling était un personnage considérable, qui jouissait en France de beaucoup d'autorité et d'un immense prestige pour avoir été de ceux qui ont sauvé Paris d'une destruction qu'Hitler avait ordonnée, mais que le général Von Choltitz refusa d'exécuter.

Quelques membres de la colonie française de Copenhague ont aussi bravé les consignes de l'ambassade de France. Il s'agissait évidemment du pasteur François Löchen, pèlerin infatigable et ardent défenseur de Céline qui vint souvent le voir avec sa femme, et aussi de M. Georges Sales, représentant de l'Oréal au Danemark, d'Antoine Ribière, qui représentait Michelin, de son adjoint M. Allard et de leurs épouses. Céline aimait recevoir des Français et les entendre parler. Le français lui manquait au point d'interdire à sa femme de parler anglais et d'utiliser les quelques mots de danois qu'elle avait appris par la force des choses. Il avait la nostalgie de Montmartre et des réunions amicales chez Gen Paul où l'on parlait un langage populaire dont il avait absolument besoin pour écrire, et sur les murs de *Skovly* il avait épinglé une grande photo du Moulin de la Galette, des vues de Montmartre et un drapeau français.

Il suivait par la presse les petits échos de la vie parisienne et ne manquait jamais de les commenter à sa façon. Quand il lut que Maurice Escande avait été fait chevalier de la Légion d'honneur, il envoya la coupure du journal à Marie Bell avec ce commentaire :

« Chère Marie,

» Cet écho me ravit! me porte aux nues! Cher Escande! lors de l'avant-" dernière ", la grande, la vraie -! Je vois encore le cher Escande venir me distribuer des cigarettes au *2ᵉ Blessé* au Val de Grâce escortant la Duchesse de Camastra et le bouillonnissime lyrissimo d'Annunzio! 1915! Je n'étais alors que maréchal des

---

1. Voir *Cahiers de l'Herne*, p. 156.

logis fort blessé opéré pour la seconde fois! déjà! (Service Jala-
guier) Cher Escande...! Lors de la dernière, la fausse, entrant *par
hasard* le jour de la St Charlemagne à la mairie de St Denis, après
ma consultation une voix de haut lyrisme m'attire... j'écoute...
je monte - tout un parterre = l'ambassade d'Allemagne *au g[ran]d
complet...* Cet ode [*sic*]? La chanson de Roland! Qui Roland?
Escande! Cher Escande! Toujours sur la brèche, au parapet du
sublime! Et maintenant le voici Président [1]! C'est le moins! Par
Turpin! Par Abetz! Tu Dieu qu'il pense au sort infime de celui
qui joue toujours du cor au mauvais moment! et sur la mauvaise
scène! Quand on est Président, Chevalier etc. peuchère on a de
sacrées relations! Qu'il m'ôte ou me fasse ôter donc l'article 75
et le mandat qui me pend encore au cul! Et je lui jouerai un de ces
sons de cor! Qu'on l'entendra jusqu'à l'Oural! Que puis-je lui
offrir? une douzaine de cigarettes! je ne fume pas - c'est à poignée
qu'il les distribuait sur chaque lit, je le vois encore, avec la
Duchesse Camastra. Cher Escande! J'ai dû avoir droit à deux
poignées... je venais d'être médaillé militaire...

» Je t'aime. Je vous aime tous -

LF Céline [2] »

Louis refusait tous les secours, d'où qu'ils viennent : « [...] je
suis comme ma mère tu sais - j'aime mieux crever que de tendre
la main [3] ». Il avait ainsi toujours indemnisé Milton Hindus pour
les colis qu'il lui avait envoyés et avait même participé financièrement aux frais de son voyage. On sait qu'il n'avait pas accepté
l'offre de Malaparte et il fit de même avec Jacques Deval qui lui
avait proposé de toucher ses droits sur une pièce qu'il faisait jouer
au Danemark. Il déclina de la même façon les offres d'argent de
certains admirateurs parmi lesquels Mme Feys-Vuylsteke, Paul
Marteau et Jean Dubuffet.

1. Maurice Escande avait reçu la Légion d'honneur au titre de président de
l'Association des comédiens anciens combattants (décret du 27 juillet 1948).
2. Lettre inédite de Céline à M. Bell, 30 août [1948].
3. Lettre inédite de Céline à sa fille, le 8, sans date.

Grande admiratrice de Céline, Mme Jeanne Feys-Vuylsteke était belge, habitait à Geluwe, près de Bruxelles, et comme elle était assez riche et généreuse elle offrit à Céline un secours en argent. Céline disait qu'elle était une personne « piiieuse » qui faisait le « biiien [1] », mais il refusa l'argent qu'elle lui proposa. Il accepta tout de même qu'elle lui envoie des cartouches de cigarettes Camel qu'il donnait au régisseur de Mikkelsen, et qu'elle lui fasse le service de l'Argus de la presse qui lui permit de savoir exactement ce que l'on disait de lui dans les journaux auxquels il répondait chaque fois qu'il l'estimait nécessaire. Mme Feys Vuylsteke vint même voir Céline à Klarskovgaard et ils échangèrent une correspondance aujourd'hui perdue [2].

C'est par le graveur Jean-Gabriel Daragnès, l'un de ses vieux amis de la Butte, que Céline apprit, en mars 1948, qu'un de ses admirateurs, Paul Marteau [3], lui offrait de l'aider financièrement. Propriétaire des cartes Grimaud, Paul Marteau disposait d'une grande fortune, il avait le cœur sur la main et comme il n'avait pas d'enfants, il pratiquait le mécénat avec beaucoup de générosité.

Céline fit évidemment savoir à Daragnès qu'il n'était pas question pour lui d'accepter le moindre subside, mais lorsque Daragnès se rendit à Copenhague au tout début du mois d'avril 1948, pour l'exposition du Livre français, il dit à Louis que Paul Marteau aimerait acheter l'un de ses manuscrits. « Je pars donc mercredi pour Copenhague et vais voir s'il n'y a pas un moyen de trouver un biais pour réaliser ce que votre bon cœur vous a incité à faire, sans froisser ni l'orgueil ni la susceptibilité de notre ami [4]. » Céline accepta cette formule : « J'ai pu le persuader d'accepter votre offre sous forme d'un achat de manuscrit [5]. » Il s'agissait des premières

---

1. Lettre inédite de Céline à sa fille, sans date. Le 10 mars 1950 Mme Feys-Vuylsteke écrivit au pasteur Löchen : « Si je vais au ciel, Céline y sera pour beaucoup. » (Lettre inédite, coll. F. Löchen.)
2. Céline lui donna ou lui vendit le manuscrit de la préface de *Bezons à travers les âges* qui se trouve à la Bibliothèque royale de Bruxelles (Donation Vuylsteke).
3. 1885-1951.
4. Lettre inédite de Daragnès à Paul Marteau, 26 mars 1948.
5. Manuscrit vendu à l'Hôtel Drouot le 10 décembre 1979. A cette époque Céline et Paul Marteau ne se connaissaient pas.

pages de la version initiale de *Féerie* que Daragnès rapporta avec lui à Paris; cinquante-deux feuillets écrits recto-verso au crayon, sur papier pelure. Sur la première page Céline écrivit en travers :

« A Monsieur Marteau
Ce début manuscrit de *Féerie pour une autre fois* -
écrit en prison à Copenhague (Vesterfengsel)
cellule 84 pendant l'hiver 1947 avec mes sentiments de gratitude et d'amitié

En lui recommandant d'en prendre bien soin... de ne montrer ces feuilles à personne... de considérer ce rebus de travail comme une " carte " [1] qui n'est pas encore jouée... juste ébauchée... imprécise encore... dont j'attends merveille hélas! – (Il le faudrait) »

Les deux hommes échangèrent une correspondance. Paul Marteau forma le projet de venir à Korsør, mais ils ne se rencontrèrent pour la première fois qu'au cours de l'été 1951, quand Céline et Lucette s'installèrent chez lui à Neuilly pour quelques semaines [2].

C'est aussi par Daragnès que Jean Dubuffet offrit à Céline un secours financier qui fut également refusé. Dubuffet acquit alors par le même intermédiaire un court manuscrit dont il fit ensuite cadeau à un ami. Albert Paraz recevait également des dons que Céline lui demandait de retourner aux donateurs : « Ramasse les *20 sacs* et retourne-les aux généreux! avec mille grâces, mercis, baisers. Je suis touché mais ne touche pas. JAMAIS. J'aime mieux crever mille fois. La spéculation sur le sentiment m'a toujours parue *atroce*. J'aime mieux être plongeur. J'avais tout pour être un maquereau. Je refusais du monde à Londres [3]. J'étais riche à 25 ans si j'avais voulu et *considéré* - un monsieur aujourd'hui - tandis [4] »... En refusant les secours qui lui étaient offerts, Céline voulait surtout se garder de toute entrave et préserver sa liberté :

---

1. M. Marteau était propriétaire des cartes Grimaud.
2. Voir *infra*, pp. 259-269.
3. Voir tome I, pp. 165-174.
4. Lettre de Céline à A. Paraz, 30 novembre 1948. *Cahiers Céline*, nº 6, *op. cit.*, p. 102.

« Mille mercis aux Anc. Comb. d'Alsace. Qu'ils me défendent mais ne m'envoient de *pèze* à *aucun prix*. Il ne faut jamais recevoir un SOU, ni un CADEAU. Jamais. Recevoir un cadeau c'est déjà se faire mépriser. L'Homme est une trop sale bête, perfide, moucharde, pour lui jamais donner cette prise... *jamais*[1]. »

Les amis de Céline étaient partagés sur le meilleur moyen de lui venir en aide. Les uns lui conseillaient de se faire oublier; les autres de faire parler de lui. Paraz, qui faisait un peu figure de chef d'orchestre, était évidemment partisan du tapage : « Il y a des copains qui ont dit à Céline de se contenter de ses petites Féeries-Ballets. A quoi ça a-t-il servi? Au moins s'il avait gueulé ça l'aurait soulagé. Et pas seulement lui[2]. » Galtier-Boissière à qui cette lettre était destinée, partageait cette manière de voir.

Paulhan n'était pas de cet avis : « Je vois très bien au ton de votre lettre - et d'ailleurs je sais déjà par vos livres que vous êtes encore un de ces types pour guerres, genre Aragon, c'est un genre dont j'ai horreur. Les patries ont bien des défauts, mais elles ont un mérite : c'est qu'elles détournent des guerres civiles (qui sont évidemment plus tentantes, plus faciles aussi.)

» Pour Céline vous n'êtes pas au courant. Il est à peu près guéri, pas du tout en prison, en instance de départ pour l'Amérique. Divers diplomates (français) s'y opposent. Donc, seule consigne pour l'instant : ne pas parler de Céline.

» A part cela je n'ai pas signé la liste noire. Ma protestation a été mentionnée dans les journaux de l'époque (*Figaro* notamment). Mais si vous préférez croire que je l'ai signée, comme il vous plaira[3]. »

Jean Dubuffet était de ceux qui poussaient Paulhan à l'action : « Moi aussi je le tarabuste toujours pour qu'il fasse quelque chose pour Céline. J'ai toujours eu la plus fervente admiration pour Céline et je le tiens pour un très grand monsieur, un des plus grands messieurs et des plus chics messieurs de France. Vive Céline, et si

---

1. Lettre de Céline à A. Paraz, 21 novembre 1948. *Cahiers Céline*, n° 6, *op. cit*, p. 99.
2. Lettre inédite de Paraz à J. Galtier-Boissière, 9 février 1951.
3. Lettre inédite de Paulhan à A. Paraz, sans date (reçue le 3 août 1947).

je me trouvais une fois dans l'occasion de lui être utile, je serais rudement content.

» Vous avez rudement bien fait de secouer Paulhan, à moi aussi il m'avait répondu par cette consigne de silence, mais vous avez raison, ce n'est pas le silence qu'il faut, c'est tout le contraire [1]. »

Céline penchait tantôt du côté de Paulhan, justifiant sa position par cette maxime : « Un empalé ne rue pas [2] », et tantôt du côté de Paraz, dont les conseils étaient plus proches de sa nature. Rien ne pouvait arrêter ce torrent dont les débordements lassaient parfois Céline, qui écrivait en marge de l'une de ses lettres : « du pauvre Paraz - des bêtises [3] », ce qui ne l'empêchait pas de lui témoigner par écrit et de la façon la plus chaleureuse son éternelle reconnaissance.

Chacun savait que Paraz travaillait au *Gala des vaches*, qu'il concevait comme une défense de Céline, pour secouer l'opinion publique à l'approche de son procès. Les tièdes étaient d'autant plus affolés à cette idée, que Paraz, qui se voulait « célinien », était toujours démesuré dans ses propos, pas toujours très adroit dans ses actions, et qu'il projetait aussi de publier les lettres que Céline lui avait écrites et qui contenaient pas mal d'horreurs sur les uns et les autres. Marie Canavaggia, Paulhan, Daragnès et le docteur Camus adjuraient Céline de n'en rien faire, mais il donna finalement son accord à Paraz, moyennant quelques coupures. Il lui donna aussi l'autorisation de publier la « Lettre sur Sartre et l'existentialisme », *A l'agité du bocal*.

Céline avait exigé de Paraz qu'il ne dise pas de mal des Danois ni des autorités françaises. Il ne fallait pas que ce livre, conçu comme une défense, aggrave sa situation auprès des autorités des deux pays dont dépendait son sort : « Tout ce que tu veux. Je m'en fous sauf et ABSOLUMENT toute référence aux Danois ou à la *Justice française* CELA ABSOLUMENT PAS. J'ai toujours l'article 75 au cou. *Il faut toujours se mettre à ma place. On ne se met jamais à ma*

---

1. Lettre inédite de Dubuffet à A. Paraz, août 1947.
2. Lettre de Céline à A. Paraz, 14 [octobre 1949]. *Cahiers Céline*, n° 6, *op. cit.*, p. 186.
3. En marge d'une lettre inédite de Paraz à Céline, 12 février 1949.

place. Ne pas traiter les Danois de cons! bon sang! Cela me vaudrait Fresnes à coup sûr [1]. »

Le *Gala* fut assez bien accueilli par la presse, mais plus fraîchement par les amis de Céline : « Voilà Dr Camus, Daragnès, Mikkelsen, outrés - , et Marie c'est sûr!

» On est en pétard avec tout le monde! Plus rien à faire. Tout est mal pris. A l'agonie on trouvera qu'on râle mal [2]. »

Quant à Paulhan, il n'en voulait apparemment pas à Céline de l'avoir traité de « clancul », mais reprochait à Paraz d'avoir écrit qu'il avait refusé Proust et Céline, reproche qui aurait pu être fait à Gallimard, mais pas à lui :

« Cher Céline,

» et vous ai-je assez remercié? Je suis rudement content d'avoir, dans mes *Cahiers,* ce casse-pipe.

» Premières réactions : dans l'*Huma,* M. Hervé (à propos du livre de Paraz) me traite d'araignée, et menace Arletty de la faire tondre.

» Pourquoi ce nigaud de Paraz me reproche-t-il d'avoir " refusé Proust et Céline "? Or :

» 1. Quand je suis entré à la NRF en 1920, Proust était depuis longtemps l'une des " grandes têtes " de la maison. Évidemment je n'ai eu ni à l'accepter, ni à le refuser.

» 2. Je n'ai connu le *Voyage* que par les épreuves, que m'a envoyées Denoël. J'ai trouvé ça extrêmement fort, je l'ai écrit à Denoël, vous m'en avez gentiment remercié quand le livre a paru. C'est tout. Au diable les gens qui parlent à tort et à travers [3]. »

Il convient à ce sujet de préciser que Céline et Paulhan ne s'étaient jamais rencontrés. C'est Jean Dubuffet, grand ami de Paulhan, qui l'avait amené à s'intéresser à Céline et à le défendre. Ils ne se sont rencontrés qu'après le retour de Céline en France,

---

1. Lettre de Céline à A. Paraz, 15 octobre 1948. *Cahiers Céline,* n° 6, *op. cit.,* p. 82.
2. Lettre de Céline à A. Paraz, 6 décembre 1948. *Ibid.,* p. 108.
3. Lettre inédite de Paulhan à Céline, 1er décembre [1948].

c'est-à-dire à partir de 1951, mais sans enthousiasme, bien que Céline soit alors publié chez Gallimard.

Céline, quant à lui, refusa d'abord de lire *le Gala des vaches* : « Je ne lirai certainement pas le *Gala*. Je ne lis jamais rien de ce qui me concerne. C'est une phobie [1]. » Puis il revint sur cette décision, écrivant à Paraz après avoir lu le livre : « J'ai fini par vaincre ma timidité (mon ennui de moi). J'ai lu ton ours. *C'est bon.* Je crois... ça rend un son singulier. Bien sûr j'y fais l'œuf, je gigote sur un jet de malice [2]... » Céline estimait tout de même qu'il fallait cesser de publier ses lettres, car Paraz, enchanté de ce qu'il avait fait, ne demandait qu'à recommencer : « Oh tu sais maintenant je crois qu'il faut arrêter la musique des lettres publiées. Jamais *répéter rien*. Là c'était fortuit, innocent de ma part c'était bon. Maintenant ce serait du putanat, du truc - Commerce [3]. » Ceci n'empêcha pas Paraz de récidiver en 1950, dans *Valsez, saucisses*, avec l'accord de Céline qui prit, cette fois, le soin de se faire communiquer les épreuves.

Si Céline entretenait avec de nouveaux venus tels Paraz et Monnier des rapports affectueux et constants, il n'oubliait cependant pas les vieux amis, correspondant régulièrement avec eux. Plusieurs sont venus le voir : Daragnès, André Pulicani, Marcel Aymé [4] (en mars 1951) et Henri Mahé [5]. Quant à Gen Paul, il s'en est bien gardé [6] mais il a tout de même envoyé sa compagne « aux nouvelles ».

Henri Mahé est venu à Klarskovgaard en juillet 1949 avec un ami, Louis Delrieux, admirateur fanatique de Céline. Mahé voulait surtout faire le portrait de Céline qui lui avait été commandé et payé par avance pour une somme de 1 000 francs. Louis, très agacé, refusa de poser et Mahé ne put faire qu'un rapide croquis. Henri Mahé et Céline furent heureux de se revoir, et pendant toute une

---

1. Lettre de Céline à A. Paraz, mardi [23 novembre 1948]. *Cahiers Céline*, n° 6, *op. cit.*, p. 101.
2. Lettre de Céline à A. Paraz, 3 [décembre 1948].
3. *Ibid.*, pp. 107-108.
4. Voir *infra*, p. 246.
5. Voir tome I, p. 297.
6. Témoignage de Mme Gen Paul.

nuit, dans la baraque qu'était *Skovly*, à la lueur des bougies, Céline lui raconta Sigmaringen, la traversée de l'Allemagne « entre les quatre armées », Copenhague, la prison de la Vestre et l'arrivée prochaine des Chinois [1].

Malgré la joie éprouvée par Céline à ces retrouvailles, il comprit que Mahé était un amuseur, un baladin qui avait traversé la vie presque sans la voir : « Oui j'aime Henri certes, comme un frère - mais il a la crédulité du Breton, et il voit du père noël partout - Je lui signale les mirages - et la *réalité*. Cette réalité ici est *atroce*. Je vous donnerai des détails plus tard - Henri est mimi mais il a échappé aux véritables épreuves qui font un homme la guerre et la prison - Je suis heureux pour lui - mais il est léger - Je ne suis pas léger - Je suis sérieux - que SÉRIEUX. J'ai le monde entier au cul - *pas lui*. Alors nos mots n'ont pas le même sens - Il vit dans la comédie - Je vis dans la tragédie 10 ans d'hallali. C'est trop - chaque heure pèse un siècle [2] - »

Ses relations avec Gen Paul étaient tout autres : Gen Paul avait fait la Grande Guerre, d'où il était revenu amputé d'une jambe, et il avait du talent. Céline aimait sa liberté, son côté canaille et son esprit, du moins quand il ne s'en servait pas contre lui.

On sait que Gen Paul avait accompagné Céline à Berlin en mars 1942 [3], qu'il était allé avec lui à l'ambassade d'Allemagne et qu'ils ne s'étaient guère quittés pendant l'Occupation. A Montmartre, chacun sait que Gen Paul avait été le principal pilier de « la bande à Céline », et dans la ferveur de la Libération, quand tous les Montmartrois se sont retrouvés résistants, Gen Paul a connu quelques journées difficiles [4]. L'avenue Junot était devenue le fief de quelques F.F.I., libérateurs de la Butte, dont on connaît au moins deux faits d'armes : l'occupation de l'appartement de Céline et la perquisition de celui de Le Vigan, fin août 1944. Les auteurs en étaient Jacques Jossome, M. Pacary, alias lieutenant André, Désiré Bourg, alias

1. Témoignage de Mme Delrieux.
2. Lettre inédite de Céline à L. Delrieux, le 20 [probablement été 1949].
3. Voir *supra*, p. 79, et *infra*, p. 200.
4. Gen Paul s'est caché quelque temps chez un ami, rue Lamarck.

lieutenant Dumas, M. Maurin, alias capitaine Lemaire, et Oscar Louis Rosembly, employé de mairie qui s'était spécialisé dans les perquisitions au point de se retrouver à Fresnes pour avoir détourné, entre autres, des documents à charge contre Le Vigan.

Gen-Paul se défendit comme il pouvait, mettant tout sur le dos de Céline, auquel il reprochait secrètement toutes les avanies dont il faisait l'objet, comme il déclara plus tard n'avoir pas pu vendre un seul tableau à cause de lui... pendant plusieurs années. On comprend, en tout cas, qu'il soit parti en Amérique à la première occasion et qu'il y soit resté deux ans. Céline, du fond de sa geôle, trouvait qu'il avait finalement bien raison, mais il l'exprimait avec beaucoup d'amertume et quelques réserves : « Popol a raison, bien rusé au fond. Il jouit de chaque seconde, vil, bas et génial [1]. »

En 1948, Céline écrivit aux États-Unis, non pas à Gen-Paul lui-même, mais à sa femme :

« Popol m'a fait bien du chagrin avec ses barrissements à tort et travers et ses propos inconsidérés - C'est mon frère et il le sera toujours dans ce monde et dans l'autre - mais il n'a pas voulu comprendre (et il comprend pourtant tout le vicieux!) qu'en certains instants il faut absolument résister au vice d'envoyer des vannes. Elles peuvent être *mortelles* - Il faut y aller molo molo avec les hommes dans le trou - retourner 18 fois sa langue - un propos en l'air vous retombe en couteau et transperce - je connais son univers et je connais le mien - il n'est pas un monde pour les caves si affranchis qu'ils semblent - Il faut tenir des propos pondérés et mesurés - La rigolade c'est entre nous et entre nous seulement et dire s'il y a de quoi! Sinon je crèverai avant qu'on se retrouve sera-t-il content? Il ne me suivra pas de loin - c'est écrit - nous nageons dans les mêmes mers secrètes - quand je coulerai il coulera -

» Tout ça est écrit - Il a bien fait certes d'aller à nounouille [2] au lieu de venir ici - Il me connaît - Je n'ai eu encore ni jalousie ni

1. Lettre inédite de Céline à sa femme, 8 juillet 1946.
2. New York.

amertume j'en suis bien incapable - il a bien fait d'aller là-bas. C'est son avenir et ses dollars et son amusement - Qu'il voie des personnes comme je les aime qu'il pense à moi - Il sait ce que je veux dire - je vois et je jouis par ses yeux - Je lui aurais conseillé moi-même d'y aller - Ici c'est triste et con - et sans utilité pour lui - Enfin peut-être qu'un jour vous trouverez moyen de venir tous les deux - On demeure maintenant à la campagne - ce n'est pas plus moche l'hiver que l'été - ça vaudrait le voyage - nous vivons de très peu - Il ne faut pas être difficile mais c'est sain - au bout de la mer - Il faut se contenter de laitage, de pommes - Vous pourrez peut-être vous faire amener en auto - mais il faudrait prendre avec vous du café, du sucre, des draps, *on n'en a pas,* STRICTEMENT PAS - et des oreillers - Mikkelsen est un cœur d'or mais il reçoit tant de monde! Nous n'avons pas de tickets de textiles... Je suis toujours ici PRISONNIER SUR PAROLE - mais il n'y a aucun *danger pour vous de compromission ou autre à venir* - Je dîne avec les ministres et les ambassadeurs ici même chez Mik - la situation est étrange et bouffonne - elle demande beaucoup de diplomatie (de ma part) J'aurais eu moins de mal à diriger l'ambassade de France à Washington - Vous pouvez m'écrire tout franchement ma correspondance n'est *ni surveillée ni restreinte - ni ouverte* ni *intéressante* pour les autorités danoises - On a pleine confiance en moi parce que je *n'ai qu'une parole* et qu'on le sait - A ce propos veux-tu remercier très chaleureusement Jo Varenne pour son intervention très décisive à une époque horriblement critique auprès de *Mik* à New York - *il a beaucoup contribué à me sauver la mise...* mais Mik est vexé de n'avoir jamais reçu aucune réponse à ses *lettres* - cela n'est pas poli - un tout petit mot me ferait du bien - Il n'a rien à craindre - Mik c'est la tombe... et après tout une relation joliment précieuse - J'estime beaucoup Jo - Il faut mettre à tout ceci un peu d'intelligence et Jo n'en manque pas — Mik était fier et content de connaître Jo Varenne -

» *Ah attention pour ce qui concerne la bouteille* - c'est à vous d'éviter que Paul se suicide - ce qu'il fait en trinquant à la ronde - Son régime *s'il veut vivre* c'est l'eau et le Kokakola. Vous ne tenez pas j'imagine à être veuve si tôt? Je viens de perdre un vieil ami de 14 - Albert Milon[1] qui vient de se *suicider dans une crise de délirium*. Paul le connaissait - représentant en pernod à St-Germain -

» Les astres me disent que Paul est sur la même voie -

» Très joli le cor de chasse mais ça donne soif -

» Il faut faire en beaucoup moins publicitaire ce que fait Mme Utrillo : tant de décilitres par jour!

» Les marins bretons finissent tous noyés parce qu'ils sont saouls -

» Il y a beaucoup de marin chez Pol - Il dit qu'il est du cul n'en croyez pas un mot il est comme moi c'est un rêveur - Ce sont les rêveurs qui culbutent et coulent -

» Allons je vous embrasse - Lucette vous embrasse -

» A cœur à cœur[2] - »

De retour en France en 1948, Gen Paul descendit l'année suivante dans le Midi avec Perrot et ils se rendirent à Vence pour rencontrer Paraz : « J'ai reçu la visite de Popol, en voiture avec Perrot. Il n'a, en deux heures de temps, pas cessé de parler de toi. Tu dois bien te douter de ce qu'il a dit. Il te reproche en particulier d'avoir fait rater son mariage et c'est grâce à toi que sa femme a foutu le camp. Il te reproche aussi d'écrire des lettres[3]. » Il est exact que dès son retour d'Amérique, en 1948, Gen Paul et sa femme se séparèrent : « La Déesse a plaqué Popol dès leur retour d'Amérique - Voilà les ragots qui m'arrivent - la butte doit être toute retournée[4]. »

Gen Paul est souvent présent dans les lettres de Céline aux uns et aux autres, ce qui montre l'attachement profond qu'il avait pour lui, malgré leurs divergences et malgré les infidélités de Gen Paul : « Popol et ses 1 500 francs de champagne par jour se porte à merveille, et boume mon ami! Il vend ce qu'il veut, d'avance! nos légendes rapportent. Les martyrs c'est du biftek! Je sais par sa jeune femme qui est venue, charmante. A la tête du client, comme au

---

1. Voir tome I, p. 155.
2. Lettre inédite de Céline à Mme Gen Paul [1948].
3. Lettre inédite de Paraz à Céline, 20 août 1949.
4. Lettre inédite de Céline à T. Mikkelsen, vendredi [novembre 1948].

Resto " les langoustes selon grosseur " il leur vend les croustille-ries sur La Vigue et Ferdinand - aux schmonts [*sic*] plein de vache-rie! et gigot! enlevée la gouache! Il va faire son numéro Popol dans tous les bistrots de la Butte et 9 tontons, avec son garde du corps banquier Perrot (et flic!) Il a peur d'aller dans la rue seul! Jamais plus seul! Y a des *règlements* [1]! »

En 1949, Céline écrivait à Mikkelsen, qui venait de faire un voyage à Paris : « Vous avez dû voir les amis de la Butte... Sauf Daragnès tous bien équivoques... Oh que j'aimerais avoir Popol en face de moi quelques instants! oh le diable comme il se défile! et Zuloaga aussi! Comme tous ces gens n'ont pas la conscience tranquille [2]! » Puis, Gaby, la nouvelle compagne de Gen Paul, qui allait devenir sa femme et lui donner un fils, demanda à venir voir Céline. Elle fut envoyée en « éclaireur » par Gen Paul et passa deux jours à Klarskovgaard en novembre 1950. Céline ne sut jamais très bien ce qu'elle était venue y faire, mais il éprouva beaucoup de sympathie pour elle, et après cette visite, il écrivit plusieurs fois à Gen Paul. Il s'agit certainement des dernières lettres qu'il lui adressa et l'on sait que les deux hommes ne se sont jamais revus entre le retour de Céline en France en 1951 et sa mort à Meudon dix ans plus tard.

« Mon Cher Frère,

» Ah la petite Gaby est une fée adorable - peut-être un petit peu sensible aux *bronches!* Oh je fais pas de diagnostic - mais au temps où il y a encore une médecine et des *cliniciens* (pas des garçons de laboratoire!) on l'aurait fait un peu examiner - moi j'ai rien voulu dire! Délicieuse elle est - une petite fée - sensible sûrement et tendre en plus! du mystère - c'est tout le mystère - ! elle me fait l'effet de la sœur à Titus le frère à Rembrandt! tu vois si j'ai été chez les muses! moi hein les Arts [3]! »

Dans une lettre à Le Vigan, Céline disait encore son mépris pour

1. Lettre inédite de Céline à R. Le Vigan, sans date.
2. Lettre inédite de Céline à T. Mikkelsen, 20 septembre 1949.
3. Lettre inédite de Céline à Gen Paul [novembre ou décembre 1950].

l'argent qui pourrissait Gen Paul et le rendait méchant : « Il paraît qu'il a peur de l'âge et de crever! La vie belle - complètement pourri. Il fait plus que des gouaches. Il a plus le courage pour le canevas - mais tout *s'enlève* - il est riche pas un rond de frais. 800 fr de loyer par an! Riche ça veut dire *terrible*. Le passage de Léon Bloy est absolu... L'homme riche est une brute inexorable qu'on ne peut arrêter qu'avec une faux ou un paquet de mitraille dans le ventre[1]. »

C'est pendant son séjour à la Vestre que Céline avait découvert Léon Bloy, dont il n'entreprit vraiment la lecture qu'à Korsør. Alors il dévora son *Journal* avec délectation, éprouvant souvent, face à ce maniaque de la persécution, l'impression de se regarder dans un miroir. Antidreyfusard, anti-anglais, anti-allemand, anti-Zola, qu'il rangeait dans le camp des « masturbateurs adorés[2] », Bloy s'était fâché avec la plupart de ses amis. Il avait vécu à Montmartre, rue Girardon, du 12 mars 1904 au 25 janvier 1905, et rue du Chevalier-de-la-Barre en 1911. Fuyant des persécutions imaginaires, il s'était réfugié au Danemark, vouant aussitôt aux Danois une haine qui tenait d'abord au fait qu'ils étaient luthériens, et qu'il exprima avec une violence et une injustice dignes de *Bagatelles*.

Les voyant achever dans l'allégresse un XIXe siècle pour lequel il n'éprouvait que mépris, il avait écrit dans son *Journal* le 31 décembre 1899 : « Autour de nous l'ignoble allégresse des protestants qui célèbrent par des pétards et des hurlements cette fin d'année et ce commencement d'une autre année, échéances, d'ailleurs, absolument insignifiantes pour ces animaux qui ne peuvent avoir en vue que de manger, de boire et de saillir leurs trop fécondes femelles[3]. » On imagine la joie de Céline découvrant la vigueur du style et les outrances de Bloy : « D'étonnants crétins sont en ce royaume, les produits très-admirés de la plus furieuse culture. Il n'y a presque pas d'exemples d'un Danois capable de s'assimiler une substance métaphysique, et l'oubli des lois profondes est inexprimable[4]. »

1. Lettre inédite de Céline à R. Le Vigan, sans date.
2. Léon Bloy, *le Mendiant ingrat*, Mercure de France, 1956, p. 158.
3. Léon Bloy, *Mon journal*, Mercure de France, 1956, p. 336.
4. *Ibid.*, p. 266.

L'autoportrait d'un Bloy, qui avait été furieusement antidreyfusard, ressemble étrangement au vaincu de Korsør : « Je ne suis
et ne veux être ni dreyfusard, ni antidreyfusard, ni antisémite. Je
suis anticochon, simplement, et, à ce titre, l'ennemi, le vomisseur de
tout le monde, à peu près. [...] Avec moi, on est sûr de ne prendre
parti pour personne, sinon pour moi contre tout le monde et d'éco-
per immédiatement de tous les côtés à la fois [1]. » Céline fut principalement touché par les lamentations de Bloy, exilé volontaire à
Kolding, dans le Jutland, au bord de cette Baltique sur les rives de
laquelle il croupissait lui-même; comme il fut amusé par les coups de
gueule qu'il avait lancés contre ces cochons de Danois, contre les
bourgeois, contre les riches, contre les cochons de plume, contre tous
les autres cochons de l'univers et contre l'hypocrisie des bien-
pensants.

Céline aurait pu reprendre à son compte bien d'autres phrases :
« [...] je suis en exil, effroyablement loin de la patrie, absolument
seul dans un trou, livré à la plus menaçante misère [2]. » Dans une
lettre à Henri de Groux, Bloy avait exprimé aussi son : « [...] besoin
furieux de Paris, unique lieu habitable pour un écrivain français [3]. »
Mieux encore : « Crevez-vous les uns les autres dit l'évangile du
vingtième siècle [4]. » « Nous sommes, l'un et l'autre, des pasteurs.
Notre rôle est de tondre et non pas d'être tondus. Il est vrai que
notre troupeau est tellement devenu de cochons qu'il ne peut plus
être question de tondre, mais seulement d'égorger [5]. » « On ne
voit bien le mal de ce monde qu'à la condition de l'exagérer [6]. »
Et de la même veine : « Pour montrer le mal avec précision, avec
une exactitude rigoureuse, il est indispensable de l'*exagérer* [7]. »

Bloy est allé souvent plus loin que Céline. Pour commenter,
par exemple, l'incendie du Bazar de la Charité ou la mort de la

1. Léon Bloy, *Mon journal, op. cit.*, p. 318.
2. Lettre de Léon Bloy à Mogens Ballin, *Ibid.*, p. 356.
3. *Ibid.*, p. 361.
4. Léon Bloy, *Quatre ans de captivité à Cochons-sur-Marne*, Mercure de France,
1958, p. 173.
5. Lettre de Léon Bloy à Jehan Rictus, *Ibid.*, p. 186.
6. Léon Bloy, *le Pèlerin de l'absolu*, Mercure de France, 1963, p. 314.
7. Léon Bloy, *l'Invendable*, Mercure de France, 1958, p. 243.

reine Victoria : « Certaines guérisons de Lourdes ressemblent à des
manœuvres diaboliques. Les Pèlerins sont des chrétiens (!) préoc-
cupés surtout de leur viande, qui ne sont guéris que pour être mis
en état de se damner mieux. A l'incendie du Bazar de la Charité, il
a dû y avoir des miraculées. En réalité, ce qui brûlait là, c'était
le triple extrait, la quintessence de la superfine canaille du Monde. »
Ceci était noté dans son *Journal* à la date du 21 janvier 1901, tandis qu'il y écrivait le 23 janvier : « Crevaison de l'antique salope
Victoria [1]. » Louis-Ferdinand Céline et Léon Bloy se rejoignaient
encore sur la haine qu'ils ont avouée, l'un et l'autre, en des termes
qui méritent d'être rapprochés : « Oui, c'est vrai, je suis plein de
haine depuis mon enfance, et nul n'a aimé les autres hommes plus
naïvement que je n'ai fait. Mais j'ai abhorré les choses, les institutions, les lois du monde. J'ai haï le Monde infiniment, et les expériences de ma vie n'ont servi qu'à exaspérer cette passion [2]. »
« Une immense haine me tient en vie. Je vivrais mille ans si j'étais
sûr de voir crever le monde [3]. » Ils différaient tout de même au
moins sur un point : Céline ne fut en aucune circonstance un
« mendiant ingrat ». Ingrat oui, mendiant jamais.

Dans les maisons de Klarskovgaard figurent encore de nombreux
livres français ayant appartenu à Thorvald Mikkelsen et à sa
femme, dont certains lui sont dédicacés. On y retrouve la plupart
des auteurs dont Céline fait état dans ses correspondances avec, en
bonne place : Chateaubriand, Tallemant des Réaux, le *Journal*
des Goncourt, *la Revue des Deux Mondes* de 1905 à 1921, *les Trois
Mousquetaires, Madame Bovary, le Père Goriot, les Misérables,*
beaucoup de « Petits classiques Larousse », et aussi quelques livres
de circonstance, le *Manuel du départ à l'étranger et aux colonies,*
et, de Louis Rougier, *Pour une politique d'amnistie.*

La vie à Klarskovgaard se déroulait au rythme des saisons.
Chaque année, au printemps, le couple s'installait à *Fanehuset*

---

1. *Quatre ans de captivité à Cochons-sur-Marne, op. cit.,* p. 48.
2. Léon Bloy, *le Mendiant ingrat, op. cit.,* p. 159.
3. Lettre de Céline à A. Paraz, 1er juin [1947]. *Cahiers Céline,* n° 6, *op. cit.,* p. 22.

pour quelques mois, puis à la fin de l'été, quand les amis de Mikkelsen étaient rentrés chez eux, ils retournaient à *Skovly*.

Les Pirazzoli, venus au printemps 1949, avaient été reçus très confortablement dans la maison de Mikkelsen où Lucette et Louis venaient prendre les repas avec eux. Après les effusions des premiers jours, ils s'ennuyèrent et prirent rapidement le chemin du retour en se plaignant de la tristesse du lieu et du froid. Céline accusa alors sa belle-mère de n'être venue au Danemark que pour prendre ce qui restait de son or, pour le ramener en France et pour le lui voler en invoquant des possibilités de placements fabuleux. C'est à *Skovly* que Jacques Mourlet fut reçu en novembre 1949. Céline revit avec plaisir ce garçon pour lequel il était intervenu auprès de Fernand de Brinon quand il avait été arrêté le 15 août 1941, obtenant qu'il soit libéré de Fresnes, sous prétexte médical, à la fin du mois de septembre 1941. Le 18 mars 1950, Céline reçut avec beaucoup de joie la visite de son ami André Pulicani. Ces visites ont constitué des distractions pour Céline, mais il préférait de loin la présence discrète et affectueuse de Lucette et la compagnie de leurs animaux : le vieux Bébert, la chienne Bessy et une bonne dizaine de chats sauvages. « J'ai une chienne énorme mais *adoreuse d'enfants* (et pas malade!) et puis 20 chats sauvages et demi sauvages - un cirque - rien ne manque - le vieux clown c'est moi [1]. »

Bessy était un chien-loup, abandonnée par les Allemands en 1945 alors qu'elle n'était encore qu'un chiot. Recueillie par Petersen, régisseur de Klarskovgaard, elle était d'une taille peu commune et il la tenait enfermée dans une cage en plein vent dont il ne la sortait que pour lui permettre de chasser les lapins qui infestaient le domaine. Adoptée par Lucette et par Louis, elle vint vivre avec eux, mais il fallut l'apprivoiser pour qu'elle ne mange pas Bébert et les autres chats. Au début, Céline la tenait toujours attachée avec une corde qu'il s'entourait autour de la taille quand il travaillait. Puis, à force de patience, tout le monde finit par faire bon ménage : « J'avais laissé ma lettre en plan. La

---

1. Lettre inédite de Céline à sa fille, le 8 [juillet 1950].

chatte a passé à travers! Sarah! collaboration! Et on ne peut pas la toucher - ni elle ni ses frères ils sont une douzaine à caracoler chez nous - non chez eux! Ils n'ont confiance qu'en la chienne Bessy. Ils lui montent à cinq six dessus, dorment avec elle [1]... »

Céline avait fait découper dans le bas d'une porte de *Skovly* une trappe qui permettait aux chats d'entrer le soir pour venir dormir autour de Bessy ou sur elle devant le poêle à tourbe. Lucette se souvient d'un véritable tas de chats qui, chaque matin, disparaissaient bien avant son réveil. La nature des uns et des autres reprenait souvent le dessus. Ainsi Bébert, qui partait dans les bois pour chasser les oiseaux au désespoir de Lucette, tandis que Bessy s'échappait parfois pendant plusieurs jours pour des randonnées assassines dont elle revenait les pattes en sang : « Bessy mi-louve mi-chien nous aime bien mais moins que les lièvres et les biches - c'est tout le drame - Enfin on s'arrange grâce aux chaînes, laisses, colliers, cadenas et caresses [2]. »

Les rapports avec Petersen étaient difficiles. Le bonhomme n'avait pas bon caractère et avait vu d'un mauvais œil l'installation de ces étrangers sur son territoire. Mikkelsen avait donné des conseils d'amabilité que Céline suivait à la lettre : « J'ai fait déjà ce matin une douzaine de grands sourires, serré 5 ou 6 mains, distribué je ne sais combien de cigarettes, rattrapé Bessy [3]. » Il fallait souvent recourir à ses services, surtout l'hiver quand les communications avec Korsør étaient difficiles. Petersen avait une auto et disposait du téléphone. Chaque fois il fallait s'excuser, remercier et témoigner sa reconnaissance. Pour se faire pardonner ces dérangements, les trois enfants de Petersen furent envoyés en France, en octobre 1949, pour un séjour dans le Midi chez les Pirazzoli.

Lucette et Louis allèrent plusieurs fois à Copenhague par le train, mais généralement pour de très courts séjours durant lesquels ils habitaient par économie chez Mikkelsen, dans un petit bureau

1. Lettre de Céline à A. Paraz, 18 [décembre 1949]. *Cahiers Céline,* n° 6, *op. cit.,* p. 216.
2. Lettre inédite de Céline à T. Mikkelsen, samedi, sans date.
3. Lettre inédite de Céline à T. Mikkelsen, 11 avril 1949.

que Céline comparait à un placard. Louis s'y rendit seul, entre deux trains, fin novembre 1948, pour un interrogatoire de police au cours duquel il fut assisté par Mikkelsen. Il y retourna avec Lucette le 2 février 1949 pour trois ou quatre jours. Au programme : un dîner chez Mikkelsen avec le docteur Bourdemer, médecin français de Copenhague; des démarches au consulat de France avec le pasteur Löchen pour demander un passeport avec la certitude qu'il serait refusé (ce qui devait permettre ensuite aux avocats de plaider l'impossibilité dans laquelle il était de se présenter à Paris devant la Cour de justice). Ils profitèrent de ces courtes vacances pour s'offrir une fantaisie, presque une débauche : une séance de cinéma pour un film français.

Céline et sa femme y séjournèrent de nouveau à partir du 16 mai 1950. Lucette entra à l'hôpital pour l'ablation d'un kyste ovarien qui fut mal opéré. Ils durent rester à Copenhague jusqu'au 1er ou 2 juillet, puis y retourner le 10 pour une nouvelle intervention. Ce fut ainsi le tour de Louis de passer ses jours à l'hôpital où il servit d'infirmier à Lucette, se rongea de la voir souffrir et secoua le personnel hospitalier, dont les soins laissaient à désirer. Elle souffrit surtout de plusieurs éventrations pour avoir été levée trop tôt après la première intervention, ce qui prolongea son séjour à l'hôpital et retarda sa convalescence. Céline écrivait à Mme Pirazzoli, le 10 juillet 1950 : « Lucette vient de se réveiller d'une 5e intervention - Délabrement de la suture abdominale purulente - la pauvre chérie souffre beaucoup je ne la quitte pas - je ne vois pas de gravité - mais une malchance atroce [1]. »

Louis s'est aussi beaucoup inquiété pour la santé de sa fille. Le 15 décembre 1949, il avait écrit à Paul Marteau :

« Je vais me permettre une grande arrogance - je vais vous demander de faire envoyer un gros paquet de bonbons à ma fille qui demeure près de chez vous. C'est une jolie fille mais elle a quatre enfants déjà à 30 ans et est en cours d'une 5e grossesse [...]. Elle est mariée avec un imbécile contre mon gré [2]. » Paul

---

1. Lettre inédite de Céline à Mme Pirazzoli, 10 juillet 1950.
2. Lettre inédite de Céline à P. Marteau, 15 décembre 1949.

Marteau pria sa femme d'envoyer les bonbons et Pascaline Marteau
ne cessa dès lors de s'occuper de la fille de Louis qu'elle croyait
dans la misère.

Le 28 juin 1950, Colette Turpin donna le jour à son cinquième
et dernier enfant, un garçon, Claude Turpin, mais elle se remit
mal de sa grossesse et, fin décembre, il fallut l'opérer d'un fibrome
à la clinique de la rue Blomet. Céline manifesta en cette occasion
une extrême inquiétude. Il demanda au docteur Camus d'assister à
l'opération et de lui envoyer le compte rendu opératoire. Il téléphona souvent à Paris pour avoir des nouvelles de sa fille, souffrit
de son impuissance et de ne pouvoir être avec elle. Il requit aussi
de nouveau les Marteau qui entourèrent Colette de leur mieux et
réglèrent les frais de son opération.

Colette a-t-elle écrit à son père une lettre maladroite? Lui avait-il
reproché d'avoir fait tout ce qu'il fallait pour en arriver là? Il lui
rappela en cette occasion qu'on lui prêtait volontiers des sentiments
qu'il n'avait pas : « Non va je ne suis point de nature à me réjouir
de ce qui vient de t'arriver - on m'a dépeint à tes yeux comme bien
grossier et barbare pour que tu en viennes à m'imaginer ainsi [1]. »

Les lettres qu'il écrivit à sa fille pendant toute cette période
témoignent au contraire de l'amour qu'il lui portait et sont toutes
empreintes d'affection et de tendresse, même lorsqu'il apprit la
naissance de ce cinquième enfant qu'il désapprouvait comme il
avait déploré ses trop fréquentes maternités. Ainsi, dans une lettre
du 6 juillet 1950, quelques jours après la naissance de Claude :
« Ma chère petite, je suis bien heureux de te savoir si gentiment
mère pour la 5e fois - Tu me combles de grand-paternité [2]. » Et
plus encore dans cette lettre du 8 juillet : « La prochaine ou le
prochain que t'auras faudrait lui mettre une Marguerite, un Ferdinand ou une Céline dans ses prénoms - Ça me ferait plaisir [3]. »

La tendresse de Céline transparaît aussi dans une lettre qu'il
écrivit à l'aîné de ses petits-enfants, en janvier 1951, pour le remer-

1. Lettre inédite de Céline à sa fille, le 11 [janvier ou février 1951].
2. Lettre inédite de Céline à sa fille, 6 juillet 1950.
3. Lettre inédite de Céline à sa fille, 8 juillet 1950.

cier de lui avoir envoyé un dessin pour Noël et le jour de l'An. Jean-Marie avait alors neuf ans et demi :

« Mon petit Jean-Marie,
» Bien merci pour tes vœux! J'en ai besoin! Tu es assez grand pour comprendre pourquoi! Ton dessin me fait souvenir du colonel Laporte qui était témoin à mon mariage à Quintin avec ta grand-mère Édith - Il avait pas de couronne mais un képi et un sabre et des moustaches et des gants blancs et une allure d'au moins de maréchal - Aurais-tu du goût pour la carrière militaire? Tu m'en parleras quand on se verra - Je t'embrasse bien fort.
» Ton grand-père qui t'aime fort.

Louis-Ferdinand [1] »

Pendant son séjour au Danemark, Céline se tint aussi en rapport avec deux autres membres de sa famille : son oncle Louis Guillou, qu'il disait pétochard et dont il critiquait l'avarice et, plus curieusement, avec sa tante Amélie Zawirska [2], qui était rentrée en France après la guerre. Le 30 décembre 1950, dans une lettre à Paul Marteau, il expliqua qu'elle s'était installée en France après avoir été chassée de Roumanie par les Russes et la fit pour l'occasion « Comtesse Amélie de Zawirska ». Il pria Arletty et le docteur Camus de s'occuper d'elle. Après un bref séjour à Paris, elle prit pension à l'Hôtel-Dieu d'Angers où elle est morte le 21 novembre 1950. Peu avant, elle avait écrit à Louis, sur papier quadrillé et d'une écriture bien ordinaire : « Un baiser lointain mais affectueux pour ta femme et pour toi. Comment va votre santé, quant à moi c'est le cœur qui a des ratés. La vieille tante Zawirska [3]. »
Céline faisait de son mieux pour se tenir informé des événements du monde. Il achetait les journaux français qu'il trouvait à Korsør et recevait beaucoup de coupures de presse qui lui étaient adressées par Paraz, par Monnier et par ses autres amis. Tous les jours, il écoutait les informations à la radio, principalement la B.B.C.

1. Lettre inédite de Céline à Jean-Marie Turpin [janvier 1951].
2. Voir tome I, p. 53.
3. Billet inédit.

Il recevait beaucoup moins bien les émissions des postes français. Carmen Tessier publia dans *France-Soir* du 24 janvier la lettre qu'il avait adressée à André Gillois, producteur de l'émission « Qui êtes-vous? », alors très populaire : « Du tréfonds de la Baltique, où ma patrie me relègue et me fait crever, j'écoute avec passion vos émissions. ADMIRABLES! mais, à mon sens, un peu cafouilleuses [1]. »

Céline travaillait tous les jours, mais comme il était loin de chez lui, accablé de soucis et d'inquiétudes, n'entendant presque jamais parler français, il éprouvait de grandes difficultés pour écrire. Pendant les trois années passées à Klarskovgaard, il travailla principalement à *Féerie pour une autre fois,* dont l'idée lui était venue à Copenhague en 1945, époque à laquelle il envisageait de l'appeler « la Bataille du Styx » et d'y intégrer *Scandale aux abysses.* Céline avait commencé ce livre à la prison de la Vestre. La première page du manuscrit vendu à Paul Marteau commence par : « Voici Clémence Arlon. Nous avons le même âge, à peu près... », qui sont effectivement les premiers mots de *Féerie pour une autre fois.*

Peu après sa sortie de prison, le 20 juin 1947, Céline avait écrit à Marie Canavaggia : « Je suis sur *Féerie.* Je le distribuerai en chapitres, en fascicules. Le premier le Bombardement de Montmartre [2]. » Il est donc probable que Céline a travaillé aux deux tomes de *Féerie* sinon en même temps, du moins dans un certain désordre. Ainsi *Féerie II* [3], qui ne fut achevé qu'après sa sortie de prison, avait-il été sans doute commencé avant son arrestation sous le titre « la Bataille du Styx », qui correspond du reste mieux à la relation du bombardement de Montmartre qu'aux événements rapportés dans *Féerie I.*

Dans *Ferdinand furieux* [4], Pierre Monnier a raconté les efforts qu'il a entrepris à la demande de Céline pour tenter d'obtenir la réédition de *Voyage au bout de la nuit* et de *Mort à crédit.* Les

1. *Cahiers Céline,* n° 1, *op. cit.,* p. 149.
2. Cité par Jean A. Ducourneau dans *Œuvres,* tome IV, Balland, 1967, p. 489.
3. *Normance,* Gallimard, 1954.
4. *Op. cit.*

trois cent treize lettres qui lui ont été adressées par Céline témoignent de son impuissance, de ses espoirs et de ses déceptions, de ses coups de gueule aussi quand les choses n'allaient pas comme il le voulait ni aussi vite qu'il l'espérait. Monnier a vraiment frappé à toutes les portes de l'Édition française, aidé d'Albert Paraz, de Daragnès, de Marie Canavaggia et aussi de Jean Paulhan, qui aurait bien voulu que Céline entrât chez Gallimard.

Seul Frémanger accepta de s'occuper de Céline, mais malgré le succès de *l'Europe buissonnière*, d'Antoine Blondin, et surtout de *Caroline chérie*, de Jacques Laurent, il était toujours sans argent, mal organisé et apparemment peu pressé de publier *Voyage*. De Korsør, Céline commandait tout, demandant que ses droits soient versés à l'étranger, puis en espèces à Daragnès, veillant à ce que le secret soit gardé pour éviter une action judiciaire de Mme Voilier et à ce que Marie Canavaggia soit seule à revoir les épreuves. Il se fit communiquer le projet de couverture, qu'il voulait sobre. Ses consignes sur ce point rappellent celles qu'il avait données à Denoël avant la publication de *Voyage au bout de la nuit* [1] : « Dieu que je hais les fantaisies de couverture ou d'impression! [...] Un peu de goût bordel! de distinction! revoyez ça sobre sobre, sobre, les extravagances sont à l'intérieur, au plumard [2]. » Frémanger publia finalement *Voyage* [3] en juin 1949. Tirée à 5 000 exemplaires, cette édition, émaillée de coquilles, se vendit difficilement, ne rapporta pratiquement rien à Céline [4] et lui valut une plainte en contrefaçon déposée par la Société Denoël, et dont l'instruction fut confiée au juge Baurès [5].

Pierre Monnier allait faire beaucoup mieux et beaucoup plus vite avec l'appui de l'éditeur Amiot-Dumont qui le cautionna financièrement auprès des imprimeurs. Sous le nom de Frédéric Cham-

1. Voir tome I, p. 315.
2. Céline à Monnier, 1er avril 1949, *op. cit.,* p. 52.
3. Sous la marque fictive des Éditions Froissart de Bruxelles.
4. Hormis les 3 000 couronnes remises à Copenhague en janvier 1948. Dans une lettre inédite et non datée à Me Tixier-Vignancour, Céline estimait que Frémanger lui devait deux millions (d'anciens francs).
5. Cette information s'acheva par une ordonnance de non-lieu, rendue le 29 janvier 1951. Mme Jean Voilier s'était finalement désistée de sa plainte.

briand, il publia en moins d'un an, entre décembre 1949 et novembre 1950, *Casse-pipe, Mort à crédit* et *Scandale aux abysses*, dont le manuscrit se trouvait depuis 1944 entre les mains de Daragnès [1]. Pour y parvenir, Monnier s'était démené comme un diable, secouant les uns et les autres, retournant voir Céline à Klarskovgaard en décembre 1949, puis en janvier 1951, courant les salles de rédaction et s'occupant aussi de la préparation du procès, car Céline lui demandait sans cesse de stimuler les avocats, de solliciter des témoignages et d'envoyer un peu partout son mémoire en défense et le jugement d'acquittement de la Société Denoël.

Pendant ces années passées à Klarskovgaard, Céline eut surtout les yeux fixés sur ce qui se passait place Vendôme. Il suivait au jour le jour l'instruction de son procès qui n'en finissait pas, s'étonnait de l'inaction apparente de ses défenseurs et jouait de leurs rivalités, tandis que du côté du Parquet général on pratiquait la méthode de la valse-hésitation, faite de petits pas dans un sens, suivis de petits pas dans un autre, qui ressemblait fort à l'itinéraire suivi par les danseurs de rigodon.

---

1. Denoël en avait entrepris la composition, avec des illustrations de Roger Wild. Le projet semble être resté à l'état de maquette.

CHAPITRE X

Place Vendôme

« Où que vous étiez en août 14? »
Féerie pour une autre fois, p. 53.

Les poursuites judiciaires contre Céline ont été engagées assez tardivement puisque le réquisitoire initial du Commissaire du gouvernement est daté du 18 avril 1945, huit mois après la libération de Paris, alors que la machine judiciaire était en route depuis longtemps. Paul Chack et Henri Béraud avaient été condamnés à mort dès le mois de décembre 1944 [1], suivis par Robert Brasillach, condamné le 19 janvier 1945 et exécuté le 6 février. Les Cours de justice avaient donc commencé à fonctionner avant que le territoire français ne fût entièrement libéré. Leur jurisprudence avait soulevé l'indignation de la colonie française de Sigmaringen où chacun avait appris ce qui l'attendait. Beaucoup tombèrent des nues, qui ne voyaient pas ce qu'on pouvait leur reprocher, ni le mal qu'ils avaient pu faire.

Le réquisitoire du Commissaire du gouvernement demandait qu'un mandat d'arrêt soit lancé contre Céline, qui se faisait alors aussi petit que possible dans l'appartement de Karen Marie Jensen

---

1. Henri Béraud fut gracié le 13 janvier 1945.

à Copenhague. Dès le 19 avril, le juge d'instruction Zousman était désigné et il délivrait le même jour un mandat d'arrêt qui fut ensuite assorti d'une demande d'extradition [1]. Avec M. Zousman, et quoiqu'il fût juif, Céline était assez bien tombé. C'était un homme affable, d'une parfaite éducation, d'une grande courtoisie et qui n'avait rien d'un sanguinaire. Il avait été chargé de plusieurs affaires importantes et avait instruit notamment les dossiers de l'Institut d'étude des questions juives et de *Je suis partout* (soit principalement l'affaire de Lucien Rebatet, Pierre-Antoine Cousteau et Claude Jeantet [2]).

M. Zousman, qui disposait au départ de très peu d'informations, éprouva beaucoup de difficultés pour étoffer ce dossier. Ainsi, et dès le début de l'information, il demanda à la police de lui procurer un exemplaire de chacun des pamphlets et de la préface de *Bagatelles* dans l'édition de 1943 [3]. La police ne trouva les livres ni rue Girardon, où elle perquisitionna dans l'appartement occupé par Yvon Morandat, ni chez Denoël, où il fut répondu que tout avait été détruit à la demande des autorités, ni chez les libraires. En désespoir de cause, M. Zousman délivra, le 27 juillet 1946, une commission rogatoire au directeur de l'Identité judiciaire pour faire prendre à la Bibliothèque nationale une photographie de la préface de *Bagatelles* dans laquelle il pensait que Céline avait mis en cause le docteur Rouquès. M. Zousman ne faisait pas de zèle, il procédait à quelques actes d'instruction élémentaires et demandait de temps à autre ce que devenait son mandat d'arrêt et la procédure d'extradition. Du côté du Parquet on ne s'excitait pas trop non plus et on conseillait à M. Zousman de prendre patience et d'attendre. Dans ces cas-là, les juges d'instruction ne se le font généralement pas dire deux fois...

Il y avait cependant dans le dossier quelques maigres éléments

---

1. Le juge en titre était M. Gabriel Vallée, mais l'instruction fut faite par M. Zousman, aidé parfois par le juge Gerbinis.

2. Jugés ensemble le 22 novembre 1946, les deux premiers ont été condamnés à mort puis graciés par Vincent Auriol, qui venait d'être élu à la présidence de la République.

3. Commission rogatoire du 11 mai 1945. Il s'agissait d'une erreur, la préface recherchée était celle de *l'École des cadavres* (édition de 1942).

dont certains étaient antérieurs à l'ouverture de l'information, notamment une lettre de dénonciation de M. Arnold Durand, quai de la Digue à Lamastre, dans laquelle on pouvait lire : « [...] puis L.-F. Céline (Destouches), auteur de *Voyage au bout de la nuit,* payé depuis longtemps par les Boches chez lesquels il séjournait très souvent pour mener à leur solde une campagne contre les Juifs. Espérant que ces traîtres à la Patrie seront punis ». Y figurait aussi un rapport de police du 18 novembre 1944 établissant que Céline avait été membre d'honneur du Cercle européen. Un second rapport, du 6 mars 1948, précisa qu'il en avait été radié à sa demande.

Le 5 mai 1945, M. Zousman avait délivré une autre commission rogatoire par laquelle il avait demandé à la police de faire une enquête de *curriculum vitae* sur Céline, dont le résultat fut des plus décevants puisque l'enquête révéla seulement qu'il habitait rue Girardon, qu'il payait un loyer de 8 500 francs par mois, qu'il avait quitté ce domicile fin juillet 1944 accompagné de sa femme qui était « danseuse acrobatique ». Le dossier contenait aussi un rapport assez énigmatique, daté du 8 novembre 1943, émanant de la Police nationale de Quimper et selon lequel Céline aurait dit à Epting [1] que l'assassin de Yann Bricler, tué à Quimper le 4 septembre 1943, était à Scaer [2].

Un peu plus tard, le 18 juin 1947, le juge reçut un rapport établi par les renseignements généraux (R.G. Brigade G, n° 2.297. Cabinet du Préfet 1er Bureau - Office) et rédigé par l'inspecteur Canari dont voici l'essentiel :

« Bien avant la guerre, Céline professait déjà des idées violemment antisémites et racistes. Il a acquis d'ailleurs une certaine célébrité par les livres qu'il a écrits tels que *Bagatelles pour un massacre,* et *Voyage au bout de la nuit.*

» Pendant l'Occupation, Céline a collaboré d'une façon très irrégulière au *Pilori* en 1943, à *Germinal* en 1944 et au *Cri du peuple* le 31 mars 1943.

1. Directeur de l'Institut allemand à Paris pendant toute l'Occupation.
2. Localité du Finistère dans l'arrondissement de Quimper.

» Le 20 décembre 1942, prenant la parole devant un auditoire de médecins au cours d'une réunion corporative de ces derniers, Céline a attaqué " les philosémites français et autres " et s'est élevé " contre les facéties d'une rénovation nationale qui maintient une juive dans un dispensaire de banlieue à la place d'un médecin aryen ". " La France, a-t-il conclu, s'est enjuivé jusqu'à la moelle. "

» Céline a été membre du Cercle européen sous le numéro 26 *bis* et en a été radié le 15 mai 1943.

» En 1942, il a sollicité et obtenu un passeport de la Préfecture de Police pour se rendre en Allemagne. A l'appui de sa demande il a fourni un papier du Deustchesinstitut, rue Talleyrand à Paris, dans lequel il était dit : " Nous confirmons que M. le docteur en médecine Destouches, domicilié 4, rue Girardon à Paris, a été invité par l'Institut allemand à participer à un voyage scientifique médical à Berlin. Nous prions les autorités françaises de vouloir bien accorder le plus vite possible les papiers nécessaires. Signé Docteur Knapp. "

» D'autre part Knochen a été interrogé le 20 novembre 1946 sur des papiers saisis dans ses bagages et ainsi rédigés :

» " Le 1er mai 1941, Abetz, collaborateur français pour le Bureau central des Questions juives : Céline et différents autres noms. "

» L'ancien chef des S.S. à Paris a répondu que l'ambassadeur employait ces individus, dont Céline, comme indicateurs pour les questions juives.

» Durant son séjour à Sigmaringen, peu de renseignements ont été recueillis. Il faudrait pour cela interroger les individus qui étaient avec lui dans ces villes, dont particulièrement Le Vigan qui était son ami et qui est actuellement condamné à une peine de travaux forcés. »

Le 28 octobre 1947, M. Vallée avait lancé une commission rogatoire pour faire ouvrir le coffre-fort de Céline au Crédit lyonnais (n° 231 - 18), qui fut trouvé vide. Divers renseignements étaient fournis sur les ressources de Céline, notamment sur le fonctionnement du compte ouvert sur les livres de la Lloyds and National Provincial Bank (compte n° 14 364) que Céline avait aussi pris le soin de vider avant de partir pour Baden-Baden [1]. Il était enfin indiqué que Denoël avait déclaré lui avoir versé, au titre de ses droits d'auteur pour l'année 1944, une somme de 484 868 francs.

Une autre commission rogatoire avait porté sur le point de savoir s'il était vrai que Céline avait été, en 1943, visiter les charniers de Katyn et de Vinitza. Il est exact que plusieurs délégations s'y étaient rendues. Ainsi, le 16 avril 1943, des représentants de la Croix-Rouge internationale, à la demande du Gouvernement polonais de Londres. Une commission médicale française lui avait fait suite; puis Fernand de Brinon y avait été en juin 1943, au retour d'une visite aux légionnaires français qui combattaient sur le front russe, accompagné de Claude Jeantet et de Robert Brasillach [2]. Un film avait été pris à cette occasion par le service de propagande de la L.V.F. [3] et l'on avait cru reconnaître Céline aux côtés de l'ambassadeur, ce qui était une erreur manifeste [4]. Cette information fut mentionnée dans le réquisitoire du Commissaire du gouvernement Charrasse, mais le fait ne fut ni vérifié ni vraiment retenu à charge.

Le dossier comportait aussi le courrier resté en souffrance rue Girardon après le départ de Céline pour Baden-Baden : une lettre de Théophile Briant [5], qui avait écrit de Saint-Malo le 18 juin 1944 : « Je suis allé chez Merrien porte des Beys où sont garés tes meubles. Tout est complet. Ils m'ont dit t'avoir écrit »; une lettre de Merrien confirmant le déménagement, une lettre d'Albert Paraz, du 20 juillet 1944, donnant surtout des nouvelles de sa santé, et quelques autres papiers totalement dénués d'intérêt.

Le 2 mars 1946, le docteur Rouquès, alors Conseiller municipal

1. Voir *supra*, p. 20.
2. Voir Robert Brasillach, « J'ai vu les fosses de Katyn », *Je suis partout*, 9 juillet 1943.
3. Film intitulé *la Vraie France*.
4. Selon Pierre Duverger, on aurait proposé à Céline de se rendre à Katyn, mais il aurait refusé (*Magazine littéraire* n° 5, mars 1967). Voir aussi Jacques Isorni, *l'Humeur du jour*, p. 180, et le *Journal* d'Ernst Jünger à la date du 23 avril 1943 (*infra*, p. 279).
5. Écrivain et poète breton, fondateur de la revue *le Goéland* (Paramé).

de Paris, avait écrit au juge d'instruction pour demander à être entendu en qualité de témoin, affirmant qu'à partir de la réimpression de *l'École des cadavres* en 1942, et en raison de la préface dans laquelle il avait été personnellement visé, la Gestapo avait commencé à s'intéresser à lui. Il aurait alors dû quitter Bagnols-sur-Cèze pour venir vivre à Paris dans la clandestinité : « Je considère cette préface comme une véritable provocation qui a failli me coûter ma liberté et peut-être ma vie. » Le docteur Rouquès renouvela sa demande le 16 mai 1947, et comme le juge ne s'était pas soucié de l'entendre, il lui adressa le 10 novembre 1949, alors que le dossier se trouvait déjà communiqué au Parquet, une lettre recommandée avec accusé de réception, à la suite de laquelle il fut entendu par procès-verbal le 22 novembre 1949, confirmant ce qu'il avait écrit et affirmant aussi qu'il aurait eu bien d'autres choses à dire, mais qu'il ne les dirait pas car ce serait trop long à exposer...

Céline avait eu connaissance des faits qui lui étaient reprochés lorsque le Quai d'Orsay avait tenté de justifier la demande d'extradition auprès des autorités danoises. La première note verbale adressée par M. de Charbonnière, le 31 janvier 1946, au ministre des Affaires étrangères du Danemark, était plus que sommaire. En voici l'essentiel : « Il lui est reproché en particulier d'avoir été membre d'honneur du Cercle européen (organisme de propagande germanophile), d'avoir publié des ouvrages *(Guignol's Band, Bezons à travers les âges)* favorables à l'Allemagne, et d'avoir ainsi facilité la propagande germanique. »

Les Danois avaient alors demandé à plusieurs reprises à la légation de France d'être plus explicite et de leur fournir des chefs d'accusation dignes de ce nom. Il leur fallut attendre le 20 septembre 1946 pour que la légation de France leur transmette une nouvelle note verbale, dont voici les passages concernant les charges retenues contre Céline [1] :

---

1. Note reproduite intégralement par Helga Pedersen dans *le Danemark a-t-il sauvé Céline?, op. cit.*, pp. 72-76.

« En ce qui concerne les chefs d'accusation retenus contre cet inculpé, la Légation à l'honneur de faire savoir au Ministère Royal des Affaires Étrangères que Destouches dit Céline s'était déjà, avant la guerre, fait remarquer par ses publications violemment antisémites dans lesquelles il préconisait une politique raciale analogue à celle mise en pratique par les dirigeants hitlériens. Dès l'occupation du territoire français par les forces allemandes, Céline a accentué sa position politique poussant, tant par ses paroles que par ses écrits, à une aggravation de la persécution antisémite. Les articles qu'il publia à cette époque dans la presse parisienne inféodée à la propagande allemande constituaient autant d'appels à des mesures radicales contre les Juifs et l'on ne sait que trop à quelles abominables pratiques ont conduit de telles excitations. Le Ministre Royal des Affaires Étrangères voudra bien trouver ci-joint les textes de quelques-uns de ces articles dont il ne manquera pas de noter le caractère particulièrement écœurant dans la forme et dans le fond. Il ne lui échappera pas non plus qu'en décrivant le soi-disant avilissement de la population française, Céline ne faisait que reprendre un des thèmes favoris de la propagande hitlérienne, et qu'en citant, dans ses écrits, les noms de ses ennemis, il se rendait, étant donné les circonstances, coupable de véritables dénonciations. Le Docteur Rouquès ainsi nommé dans la préface, dont ci-joint la photocopie, de *l'École des cadavres*, fut, par exemple, aussitôt recherché par les Allemands.

» Au reste Céline, promu membre d'honneur du " Cercle Européen ", association de propagande germanophile, se fit ouvertement et par tous les moyens en son pouvoir l'avocat zélé de la politique de collaboration avec l'Allemagne. Il s'associa notamment à maintes reprises aux thèses du " Parti Populaire Français " (dont on sait qu'il était particulièrement inféodé à l'ennemi), et de son chef Jacques Doriot. Il écrivait par exemple dans le journal pronazi *le Cri du peuple*, du 31 mars 1943 : " Doriot est un homme. Il faut travailler, militer avec lui. Chacun de son côté il faut accomplir ce que nous pourrons[1]. " Par la suite, Céline prit publiquement, et

---

1. Voir la lettre à Jacques Doriot, Annexe II.

avec la violence qui le caractérise, *position contre la Résistance française*. Il est joint à la présente note le texte d'un article publié le 28 avril 1944 dans l'hebdomadaire *Germinal* et qui montre en quels termes injurieux il s'exprimait à l'égard des alliés [1].

» Enfin, lorsque au mois d'août 1944 les forces alliées s'approchèrent de Paris, Céline s'enfuit avec les Allemands et sous leur protection. Il demeura en Allemagne, traité en ami par les nazis, jusqu'au moment de la débâcle allemande où il se réfugia au Danemark.

» Dans ces conditions et au vu des nombreux témoignages établissant que Céline s'était fait sciemment l'instrument des entreprises dirigées par l'Allemagne contre la France, le Juge d'Instruction près la Cour de Justice du Département de la Seine délivra le 19 avril 1945 un mandat d'arrêt contre Céline inculpé de trahison aux termes du paragraphe 5 de l'article 75 du Code Pénal français. C'est sur cette base que l'extradition de Céline est demandée au gouvernement danois. »

M. de Charbonnière avait ajouté : « Céline est considéré comme l'un des collaborateurs les plus notoires de l'ennemi et son châtiment est réclamé par tous. » Il s'était insurgé contre les protections dont Céline bénéficiait au Danemark et avait joint à la note verbale des extraits du journal *Au pilori* des 2 et 30 octobre 1941, un article du même journal du 8 janvier 1942 [2], et un petit texte présenté, à tort, comme faisant partie de la préface de *l'École des cadavres*, choisi sans doute pour choquer les vertueux luthériens de Copenhague et qui s'achevait ainsi : « [...] liés, amarrés au cul des Juifs, pétris dans leur fiente jusqu'au cœur, ils s'y trouvent adorablement, »

Mikkelsen avait remis copie des notes verbales et de leurs annexes à Céline, qui se trouvait encore emprisonné à la Vestre, et en marge desquelles Louis nota : « mensonge, mensonge absolu ». Il ébaucha à la Vestre, le 5 mars 1946, une première « défense » [3], puis,

1. Voir l'article de *Germinal*, Annexe III.
2. Voir Annexe IV.
3. Voir Annexe I.

après la note verbale du 20 septembre, il rédigea, le 6 novembre 1946, un document beaucoup plus complet intitulé : « Réponse aux accusations formulées contre moi par la justice française au titre de trahison et reproduites par la police judiciaire danoise au cours de mes interrogatoires, pendant mon incarcération 1945-1946 à Copenhague [1]. » Cette note, qui répondait point par point aux chefs d'accusation dénoncés par les autorités françaises, était inexacte au moins sur un point : celui de n'être jamais allé à l'ambassade d'Allemagne ni avant ni pendant l'Occupation. Céline avait été reçu à dîner par Otto Abetz pendant la guerre, probablement à deux reprises, dont une fois avec Benoist-Méchin, Gen Paul et Drieu La Rochelle. De même, s'il était exact que Céline n'avait jamais été invité à participer aux voyages organisés en Allemagne par les services du docteur Goebbels pour des artistes et écrivains français, il avait tout de même été à Berlin en mars 1942 avec un petit groupe de médecins français. Ce fait ne fut cependant pas établi par l'information. Il est vrai que ce déplacement avait été discret et n'avait été évoqué dans aucun journal français. Céline, qui s'était fait accompagner par Gen Paul, avait été à Berlin sous un prétexte médical, pour rencontrer Karen Marie Jensen qui s'y produisait dans une revue et pour lui remettre la clef de son coffre à Copenhague afin qu'elle puisse mettre son or en sûreté [2].

Cette « défense » de Céline fut assez largement diffusée auprès de ses amis en France et au Danemark et beaucoup de journalistes en reçurent des copies, tel Jean Galtier-Boissière qui nota dans son *Journal* l'avoir reçue le 24 octobre 1947. Céline plaisantait souvent au sujet des accusations portées contre lui, disant à qui voulait l'entendre qu'on l'accusait d'avoir volé le Pas-de-Calais et donné aux Allemands les plans de la ligne Maginot. Il écrivit aussi à beaucoup de correspondants une formule à peu près identique qui lui plaisait tout particulièrement : « Un procès de Sorcellerie - une affaire Dreyfus à l'envers [3]... » Fréquemment on retrouvait

1. Reproduite dans les *Cahiers de l'Herne*, pp. 483-487, et dans Helga Pedersen, *op. cit.*, pp. 80-93.
2. Voir *supra*, pp. 79 et suiv.
3. Lettre de Céline à Paraz, 20 [décembre 1949]. *Cahiers Céline*, n° 6, *op. cit.*, p. 217.

les mêmes évocations : son passé militaire, sa blessure de 1914 (« mutilo 75 % »), et l'article 75 du code pénal en vertu duquel on le poursuivait (« L'article 75 au cul »).

Peu après son arrestation, au début de l'année 1946, Céline avait estimé nécessaire de prendre un avocat à Paris, et sur les conseils de ses amis, principalement de Daragnès, de Marcel Aymé et de Zuloaga, il fit choix d'Albert Naud, qui avait défendu Henri Béraud et Pierre Laval. Un peu plus tard, en octobre 1948, sur les conseils de Paul Marteau, Céline désigna Jean-Louis Tixier-Vignancour [1] : « Naud est bien gentil, mais pas très sérieux (entre nous). Mon autre défenseur, Tixier-Vignancour, 95, boulevard Raspail, a beaucoup plus (il me semble) de cran, de mordant, de bouteille. Sans vexer, bien entendu, ni les uns ni les autres (avec mille tacts). Ils se détestent évidemment, en bons Français, et se méprisent [2]. » Indépendamment des actions officielles, Céline aiguillonnait ses amis pour qu'ils interviennent en sa faveur. Ainsi les Pirazzoli harcelaient-ils Me Jacques Fourcade, qui fit quelques démarches, sans grande conviction. Raoul Nordling avait promis d'intervenir auprès de personnages influents, parmi lesquels Maurice Schumann, mais, pour ce dernier, il n'en fit rien. Colette Turpin avait été aussi mobilisée pour alerter les ministres et hommes politiques bretons.

L'arrivée d'un Juif place Vendôme fut interprétée par Céline comme un mauvais présage. René Mayer fut, en effet, nommé garde des Sceaux dans le Cabinet Bidault le 28 octobre 1949 : « Ah mon cher vieux c'est dans la fouille! Le Palestinien de la Place Vendôme s'est juré de me faire pendre. C'est tout. Vengeance *raciste*. Un ami est allé le voir [3]! *Tout ce que tu veux lui a-t-il*

La formule était en tous points semblable dans une lettre du 5 février 1950 à Galtier-Boissière. *Mon Journal dans la grande pagaye,* la Jeune Parque, 1951, p. 284.

1. En 1949 ou 1950, Marie Bell lui conseilla d'abandonner ses deux avocats, l'un et l'autre trop marqués politiquement, et de désigner Me Pierre Doublet.

2. Lettre de Céline à P. Monnier, 16 novembre 1948. *Ferdinand furieux, op. cit.,* p. 28.

3. Antonio Zuloaga. Voir la lettre de Céline à A. Paraz, 6 [janvier 1950]. *Cahiers Céline,* n° 6, *op. cit.,* p. 220. Albert Naud rendit également visite à René Mayer.

répondu mais rien pour CELUI-LÀ! et sur quel ton rageur! *mon compte est bon* [1]. »

René Mayer, que Céline appelait le « Duc Mayer de Montrouge-Vendôme [2] », a-t-il donné des instructions pour que le Parquet fasse montre de fermeté à son égard? Ceci ne résulte d'aucun document, mais il est certain que son arrivée à la Chancellerie coïncida avec un revirement du Parquet, qui avait d'abord tenté de « passer l'éponge » en renvoyant Céline, non pas devant la Cour de justice, mais seulement devant les Chambres civiques.

Le dossier de l'information avait été communiqué au Parquet en mai 1949 et confié pour règlement au substitut Jean Seltensperger [3]. Céline ne pouvait espérer mieux. Il s'agissait d'un remarquable magistrat qui était dans les meilleurs termes avec Tixier-Vignancour et dont la femme était une admiratrice inconditionnelle de Céline. Averti par Tixier-Vignancour, Céline écrivit entre mai et novembre 1949 plusieurs lettres à M. Seltensperger pour lui préciser sa position sur plusieurs points importants, et il est certain qu'elles eurent une influence heureuse sur ce magistrat, impressionné sans doute aussi par la visite que lui fit Thorvald Mikkelsen dans les premiers jours du mois d'octobre 1949. Céline lui apportait certaines précisions dont voici quelques extraits provenant de différentes lettres :

« A Baden-Baden, dès mon arrivée, mon passeport fut saisi et je fus poliment interné au Brenner Hotel sous la garde du Conseiller de Légation Schlemann.

» J'ai donné une interview à Sigmaringen au journal " la Toison d'or [4] " qui se publiait à Berlin.

» Lors de la " Conférence des Intellectuels français ", tenue à la mairie de Sigmaringen (Déat président) dans le but de remonter le

1. Lettre de Céline à Paraz, 2 [janvier 1950], *Cahiers Céline*, n° 6, p. 218.
2. Les exécutions capitales avaient alors lieu au fort de Montrouge.
3. 2 octobre 1903 - 7 février 1970.
4. Revue belge patronnée par Léon Degrelle, qui parut à Berlin du 15 novembre 1944 à la fin mars 1945. Les exemplaires de cet hebdomadaire sont pratiquement introuvables. L'interview de Céline n'a probablement pas été publiée. Elle ne figure dans aucun des exemplaires que nous avons trouvés (n°s 5, 7, 8, 9, 10 et 11.)

moral de ceux-ci... fléchissant... j'ai déclaré à forte voix que j'éprou-
vais bien de la peine à me trouver coincé en ce lieu, que je ne publie-
rais jamais en Allemagne et que je n'avais qu'un désir : retrouver le
Père-Lachaise. J'ai même proposé, toujours à voix forte, la création
d'une société des Amis du Père-Lachaise.

» Sigmaringen, banlieue de Katyn.

» Je suis Déroulède en exil.

» Ce qui est terrible chez le docteur, nasillait Abel Bonnard,
c'est que le patriotisme chez lui est comme " consubstantiel ".

» Je suis anti-corrida en général.

» J'ai tenté une fois à Quimper en 1941 d'intervenir en faveur
d'un condamné à mort, un marin breton. Il me fut répondu que
cela ne me regardait pas. J'ai effectué cette démarche par la voie
officielle (zone noire) par Brinon [1].

» J'aurais livré à Hitler, le Pas-de-Calais, la Tour-Eiffel et la
Rade de Toulon que mon exécution immédiate ne se serait pas
imposée plus immédiatement.

» Ah! il y a eu aussi la réédition intempestive de *Bagatelles*. J'ai
cédé, là je n'en suis pas fier! aux prières de Robert Denoël! Denoël
avait toujours besoin d'argent [...] on y a mis des photos pour majo-
rer le prix de vente. »

Céline lui indiquait qu'il avait demandé que soient expurgés tous
les passages concernant le docteur Rouquès, qu'il appelait « le
cochon rouge ». Il lui disait aussi que, sous l'Occupation, Rouquès
l'avait prié de dire qu'il n'avait rien fait contre lui.

Il ne semble pas que M. Seltensperger ait envisagé de demander
qu'un non-lieu soit rendu en faveur de Céline, malgré ce qu'a
souvent écrit ce dernier. En revanche, il est parfaitement exact que
M. Seltensperger avait rédigé un réquisitoire tendant au renvoi
devant la Chambre civique et dont il avait heureusement conservé
une copie à son domicile car l'original en a été détruit. Le document comportait cinq chapitres :

---

1. Ce fait était exact; voir tome II, pp. 270-272.

1) *Les Beaux Draps.*

M. Seltensperger retenait certains passages contre les Anglais, mais il notait qu'ils avaient été écrits peu après l'armistice (sans aller cependant jusqu'à évoquer le triste souvenir de Mers El-Kebir). De même pour certains passages sur les Juifs : « Il faut toutefois reconnaître que ces réflexions ne sont que la continuation de celles qui avaient paru en 1937 et qu'elles n'ont certainement pas été écrites dans le but de plaire aux gouvernants de Vichy ni aux occupants, car certains passages du même ouvrage témoignent le contraire. » M. Seltensperger relevait enfin que le gouvernement de Vichy avait fait saisir *les Beaux Draps* en décembre 1941 [1].

2) Réédition de *Bagatelles pour un massacre.*

M. Seltensperger constatait que Céline n'avait apporté aucune retouche à cet ouvrage comme aurait pu le faire un écrivain « collaborateur ». Il ajoutait : « On y relève certains passages qui n'étaient pas précisément destinés à plaire aux Allemands, ni à leurs serviteurs français », et de conclure : « Cette publication ne révèle pas l'intention de favoriser les entreprises de l'ennemi. »

3) Préface de *l'École des cadavres,* écrite en 1943 [*sic*].

M. Seltensperger faisait état des déclarations du docteur Rouquès selon lesquelles il aurait été recherché par les Allemands après que Céline l'eut mis en cause dans cette préface, mais il estimait que pour retenir ce fait il aurait fallu :

- que l'action antifasciste de Rouquès eût été inconnue des Allemands;

- qu'en agissant comme il l'avait fait, Céline eût agi dans l'intention de dénoncer le docteur Rouquès.

Le magistrat pensait enfin que Céline, s'il avait voulu se venger de griefs remontant à 1939, n'aurait pas attendu 1943 pour le faire.

---

1. Cette saisie a été limitée à quelques librairies de Toulouse et de Marseille.

4) Les lettres de Céline à la presse.

Germinal s'est targué de compter Céline parmi ses collaborateurs, mais aucun texte de lui n'a paru dans cette feuille. M. Seltensperger considérait que la seule lettre, publiée dans le numéro du 28 avril 1944, était une lettre personnelle, qu'elle ne paraissait pas destinée à la publication et n'avait rien de pro-allemand [1]. Le même raisonnement était fait pour les cinq lettres à Jean Lestandi des 2 et 30 octobre 1941, 8 janvier et 10 septembre 1942, et 7 janvier 1943 [2], alors que rien ne permettait de penser que Céline les eût écrites pour les rendre publiques.

5) Griefs divers.

M. Seltensperger ne croyait pas que Céline fût allé avec Fernand de Brinon visiter le charnier de Katyn. Il avait en cela raison, et fondait principalement sa conviction sur l'absence de ressemblance entre les photographies de Céline et le visage des personnes qui avaient accompagné Brinon. Il considérait qu'il n'était pas établi non plus qu'il se fût rendu à Berlin pour un congrès médical, mais sur ce point il se trompait. Sur son appartenance au Cercle européen, il notait qu'il en avait été radié à sa demande le 15 mai 1943. Sur le fait d'être parti en Allemagne en 1944, il relevait que Céline, pour gagner le Danemark, s'était trouvé dans l'obligation de traverser l'Allemagne où il avait été retenu. Il faisait état de deux lettres qui figuraient au dossier, l'une de Daragnès et la seconde de Zuloaga, qui confirmaient que, dès 1941, Céline avait cherché à quitter la France et avait entrepris des démarches en ce sens auprès du consulat du Danemark.

Le réquisitoire de Jean Seltensperger se terminait de la façon suivante :

« Céline n'a collaboré avec aucun organisme allemand ou vichyssois. Il n'a en particulier jamais été mêlé de quelque manière

1. Une interview de Céline avait été publiée dans ce numéro du 28 avril 1944 sous le titre : « L'égalitarisme ou la mort. »
2. Toutes publiées dans l'hebdomadaire *Au pilori.*

que ce soit à l'activité du C.G.Q.J. [1]. (Voir note de M. Zousman du 29 janvier 1948, cote 53 [2].)

» Il n'a jamais collaboré à un journal, ni parlé à la radio; il n'a appartenu à aucun parti ou groupement de collaboration. Son attitude à cet égard est illustrée par l'incident du Cercle européen.

» Il exprime en somme la vérité quand il écrit : " Je n'ai jamais appartenu de ma vie à rien du tout, sauf à l'Armée française et glorieusement [3]. "

» Enfin, ni dans son attitude, ni dans ses écrits, on ne trouve trace d'une sympathie quelconque, ni pour l'Allemagne ni pour le régime de Vichy. Il semble bien en réalité qu'il ne se soit jamais préoccupé de plaire à qui que ce soit, ni avant, ni pendant la guerre, ce qui lui valut une place à part dans les Lettres, mais aussi des ennemis dans tous les milieux.

» Conclusions :

» En définitive, si l'on étudie l'activité de Céline au cours de l'Occupation, on peut lui reprocher :

» - Certains passages des *Beaux Draps* (1941),

» - son accord donné à la réimpression de *Bagatelles pour un massacre* en 1943.

» Compte tenu des observations faites plus haut, ces faits ne font apparaître ni relations avec l'ennemi, ni intention de servir les intérêts de l'ennemi et ne constituent pas par conséquent le crime prévu par l'art. 75 - 5° du code pénal.

» Ils ne sont justiciables que de la Chambre civique.

» En conséquence, le soussigné prononce le renvoi de l'inculpé devant la Chambre civique et requiert la main-levée du mandat d'arrêt du 19 avril 1945. »

Jean-Louis Tixier-Vignancour, qui avait été officieusement

---

1. Commissariat général aux questions juives.

2. Note par laquelle M. Zousman faisait savoir au juge Vallée que l'instruction de l'affaire de l'Institut aux questions juives n'avait révélé aucun élément à charge contre Céline.

3. Extrait du mémoire en défense de Céline (6 novembre 1946).

informé par M. Seltensperger de la teneur de son réquisitoire, écrivit aussitôt à Mikkelsen une lettre datée du 17 octobre 1949 :

« J'ai le plaisir de vous confirmer que la décision concernant Céline est signée et que l'avis de main-levée du mandat d'arrêt et de cessation de recherches sera diffusé aujourd'hui.

» Par conséquent, à la suite du classement de son affaire en Cour de justice, Céline peut demander au Consulat de France de Copenhague un passeport français.

» Je pense que la justification de sa situation résulte suffisamment de la présente lettre. Au cas où le Consulat ne s'en satisferait pas, dites-le-moi aussitôt et je vous ferai parvenir une copie conforme des réquisitions définitives.

» Vous pouvez confirmer à Céline une fois pour toutes qu'il ne risque plus une seule heure de détention. En ce qui concerne sa comparution en Chambre civique, voulez-vous lui dire que j'aurai besoin d'un bon mois de préparation pour l'assister utilement. J'entends par préparation des conversations précises et suivies avec lui. Dites-lui également qu'il est vraisemblable que ce sera M. Seltensperger qui prononcera le réquisitoire.

» Dites-lui aussi que son absence à l'audience entraînerait le prononcé d'une confiscation de ses biens qui lui interdirait de percevoir désormais des sommes quelconques puisque la confiscation s'entend des biens présents et à venir [1]. »

La nouvelle du renvoi devant la Chambre civique fut même annoncée dans *l'Aurore* du 28 octobre (sans doute à la suite d'une indiscrétion de Mikkelsen). La publication de cet écho eut un effet désastreux. Jean Seltensperger fut désavoué par le procureur général et, probablement sur instructions du ministre, le dossier lui fut retiré pour être confié à un autre magistrat du Parquet, M. Charrasse.

« C'est la venue de Mayer qui a tout remis en branle.

1. Archives de la Fondation Mikkelsen.

» Qu'est-ce que c'est que ce Fouquier-Tinville à la gomme? A vous Couthon! Sautez-moi sur ce dossier! Et que ça saigne [1]! »

Les mêmes idées sont exprimées, dans d'autres lettres de Céline, parfois avec les mêmes mots, ainsi à Marie Bell, le 25 novembre : « Ah ma chère Marie - Tout croule! Le Commissaire du G[ouvernemen]t Seltensperger est dessaisi de mon dossier... " Qu'est-ce qui m'a foutu un Fouquet-Tinville mou pareil! A vous Couthon! Sautez-moi sur ce dossier! Et que ça saigne! " à peu près le dialogue entre le Parquet et les " Hauts Lieux des Hurle-à-mort [2]! " » Il avait écrit la veille à Paraz exactement dans les mêmes termes :

« Ah! mon cher vieux

» Y a catastrophe! Tout le château des fols Espoirs s'écroule! On a dessaisi mon Commissaire et les 3 juges d'instruction qui avaient conclu 1e au non-lieu pur et simple... " stimulés " de Haut Lieu ensuite : à la Chambre Civique!

» Qu'est-ce qui m'a foutu ce Fouquet-Tinville à la noix! Couthon! sautez sur ce dossier! et que ça saigne!

» Le Gr Inquisiteur vient de me désigner au Commissaire buveur de sang! on va me retransférer en Cour de Justice! la consigne : la mort [3]! »

En fait de buveur de sang, M. Charrasse était un excellent homme, peu répressif par nature [4]. Il ne prit pas l'affaire au tragique ni Céline au sérieux; il s'amusa des lettres qu'il lui adressa et rédigea un réquisitoire modéré. Ayant changé de commissaire du gouvernement, Céline dut reprendre la plume, écrivant désormais à M. Charrasse et même directement au garde des Sceaux. Voici le texte de la lettre la plus caractéristique qu'il ait envoyé à M. Charrasse. Elle est datée du 20 décembre 1949 :

1. Lettre de Céline à Pierre Monnier, 25 novembre 1949, *Ferdinand furieux, op. cit.*, p. 84.
2. Lettre inédite de Céline à Marie Bell, 25 [novembre 1949].
3. Lettre de Céline à Paraz, 24 [novembre 1949], *Cahiers Céline* n° 6, *op. cit.*, p. 204.
4. René Charrasse est décédé le 26 mars 1984.

« Monsieur le Commissaire,

» Je voudrais pas vous déranger au moment où vous devez mettre la main au document extraordinaire par lequel je vais enfin connaître toute l'étendue, la hideur, et l'irrémissibilité de mes crimes - c'est un sacré moment - moi-même je suis bien malade et peu épistolier de nature et moins que jamais... Nul doute que le Duc Mayer de Vendôme-Montrouge ne fasse œuvrer en ce moment dans ses cryptes particulières un de ces gibets pour mon col, à nœuds si tellement compliqués, qu'on n'y comprendra rien du tout mais que je serai pendu quand même! na! Il s'en fout du dossier vide Vendôme-Montrouge! Regardez ce que Cauchon a pu faire avecque [sic] rien! un bûcher qui roustit encore à cinq siècles et mèche! Vendôme vaudrait pas Cauchon? Ce serait la fin du cabinet! Faut des victimes expiatoires pense Vendôme l'épargné! Mais tout crevant que je suis et 57 années d'âge, brûlé par des cons ne dit rien, même si haineux buté baveux que je les observe...

» Pendu non plus! Les coquins vous allez rire c'est que je connais moi, la flûte (vous les connaissez aussi) les ambassadeurs, personnages et consuls que Laval songea à *sauver* quand tout tourna si mal! (corps et biens...) qui furent même in extremis très loin afin de plus tard... après le déluge... célébrés comme il le convenait les véritables vertus du grand martyre! Ces épargnés, choyés, *jamais inquiétés* (ou si peu...) tiennent à présent le très haut pavé parisien tant mieux les bougres mais c'est piquant de voir ainsi le Duc de Vendôme si acharné à mon supplice exécuteur testamentaire des généreuses volontés dernières du Duc de Chateldon [1]! Est-ce gaulois! mais ça me fait pas me marrer beaucoup! la vocation qui me manque d'être empalé pour des nèfles, pitre à la grève, révolutionnaire encore (tant de fois dans ma vie!) au bal des chacals!

» Une certaine paresse à présent... l'intelligence peut-être qui vient... vous me pardonnerez cet excès de raison, de sang-froid, c'est le cas de le dire - mon encre prend là où je me trouve - mais le sang encore davantage! Je me coagule de penser à la vacherie qu'on me traite depuis tant d'années.

1. Pierre Laval.

» Foi de Céline et de patriote c'est une honte! Vendôme ou pas!

» Et je vous salue Monsieur le Commissaire le plus honnêtement du monde - et respectueux de votre ministère (pas de l'autre). »

M. Charrasse confesse aujourd'hui que, en recevant ces lettres, il se demandait chaque fois si Céline n'était pas complètement fou. Il acquit en tout cas la conviction qu'un tel homme, toujours vitupérant contre tout le monde, était incapable de collaborer avec qui que ce soit, et quand l'affaire vint à l'audience il s'en ouvrit très franchement à la Cour de justice.

Le 26 novembre 1946, Céline avait écrit au « Duc Mayer de Vendôme-Montrouge » une lettre savoureuse qui mérite d'être reproduite en entier :

« Monsieur le Ministre,

» J'ai pris la liberté de vous écrire parce que j'essaie de faire comprendre à la justice française que je ne suis ni un traître, ni un antisémite (bouffeur d'israélites) ni vendu, ni vendable, mais simplement un Français pacifiste, patriote, folkloriste, ex-partisan des États-Unis d'Europe... entièrement désintéressé, n'ayant jamais appartenu à aucun groupe collaborateur, à aucune société collaboratrice, à aucun journal, à rien, rien, rien. Je semble parler à des sourds, absolument acharnés à vouloir me couper la tête... vengeance. Vengeance. De quoi? de qui? Manie c'est tout. Industrie. L'épuration est devenue une industrie, Monsieur le Ministre.

» Je n'attendais rien moi d'Hitler, ni de personne, ni de Staline, ni du Pape. On m'a fait passer 18 mois en cellule, ici, en réclusion, au secret, pourquoi? Personne n'a pu me le dire. Article 75.

» Foutre de l'article 75. Comme si j'avais livré aux Allemands le Pas-de-Calais, organisé le Mont Valérien, fait de la propagande pour Buchenwald. Vous avez remarqué sans doute Monsieur le Ministre que dans les Tribunaux dits d'épuration, on retrouvait toujours l'horrible trinité : un étranger, une femme et un fou. Cette trinité me persécute, ne me lâche pas, moi, qui n'ai jamais persécuté personne.

» Et voilà le dernier coup.

» M. Seltensperger, Commissaire du Gouvernement (après le

Juge d'Instruction) avait conclu au non-lieu. Mon dossier vide (foutre je le connais mieux que personne).

» De Haut Lieu il fut intimé l'ordre de se montrer plus sévère. M. Seltensperger docile prit alors la décision de me déférer en chambre civique.

» Qu'est-ce qui m'a foutu ce Fouquet-Tinville chichiteux. Oust. Couthon, sautez-moi sur ce dossier et que ça saigne.

» Le " Haut Lieu des Hurle la Mort " n'entend pas la casuistique.

» Évariste Gamelin [1] a soif. Je viens d'être doté paraît-il, sur ordre, d'un Commissaire du Gouvernement qui va me décoller à la 6 quatre 2. Un Monsieur de Paris " Maison ".

» " Donnez-moi deux lignes de n'importe quel homme " vous connaissez l'euphémisme Monsieur le Ministre.

» J'en ai d'autres des lignes bien sûr. Mais on ne les entend pas. Pourquoi faire? Il faut plaire aux tricoteuses. A Joanovici.

» Vous voyez Monsieur le Ministre après 1918 on a eu la chambre bleu horizon, après celle-ci on aura eu la chambre rouge sang. Il faut bien un peu compenser le genre des guerres.

» Je suis mutilé de guerre 75 %, médaille militaire novembre 14, engagé volontaire des deux guerres. " Je sais ce que je cause. " Et je suis pacifique.

» Je suis grand-père aussi. J'ai 57 ans. J'en ai assez de l'hallali.

» La meute m'ennuie, rabâcheuse, menteuse, froussarde.

» Vous aurez peut-être l'amabilité de le parcourir mon dossier, Monsieur le Ministre, vous verrez si ils sont tirés par les cheveux " mes crimes ".

» Ah, on m'en a communiqué la liste ici, en cellule, j'ai eu la honte d'avoir à réfuter toutes ces abominables divagations devant une police étrangère. Épaulée du reste par le Ministre de France à Copenhague, un dénommé Charbonnière, mulâtre et vichyssois, qui espérait bien m'envoyer à Montrouge et passer ainsi résistant.

» Quel guignol - et Grand-Guignol.

» Je suis obligé de moucher périodiquement " l'Humanité " en rappelant à ces chiens que le *Voyage au bout de la nuit* a été traduit

---

1. Voir *infra*, p. 223, note 1.

sur ordre des Soviets par Aragon et Triolet, ça les fait taire.

» Que seraient à propos Aragon et Triolet et mille autres. Et Charbonnière et millions d'autres sans Hitler? Si Hitler était pas venu? d'effroyables minables besogneux d'antichambre, de " tables d'écoute "...

» J'aurais envie de monter une société " les Ingrats d'Hitler, les Promus de la catastrophe ".

» Je vous assure que ça ferait une jolie armée - énorme de monde, autre chose que la Bastille Nation... de l'Étoile à la Cannebière. Je les vois au coude à coude - et cinq de front - je lui demandais rien moi à Hitler.

» Je ne veux pas d'histoire moi. Je ne nargue pas le Gouvernement. J'ai jamais voté de ma vie. J'étais pacifiste c'est tout. On m'a proposé cent fois à prix d'or (et je suis très pauvre, on m'a tout volé) de raconter mon aventure dans les journaux américains. J'ai toujours refusé. J'aime pas la pleurnicherie, et puis j'aime pas les journaux. Je n'ai jamais écrit un article de ma vie. Je suis médecin et écrivain, c'est tout - chacun son genre - et un patriote.

» Oh, je connais bien votre salon, place Vendôme, Monsieur le Ministre, il m'a émerveillé, autrefois, j'avais 5 ans, et vos jardins. M. Rouvier était Garde des Sceaux. Ma mère était réparatrice de dentelles anciennes, Passage Choiseul, elle venait après la fermeture de son magasin réparer des dentelles chez sa cliente. Je me suis endormi, bien souvent, dans votre salon, on travaillait tard à l'époque... 11 heures... minuit.

» La justice me poursuivait pas encore pour mes " crimes ". Elle me laissait dormir tranquille, même chez elle.

» Mais depuis qu'elle me persécute tant, j'aime autant vous avouer, Monsieur le Ministre, que je suis un peu fâché.

» En vous assurant, toutefois, de mon parfait patriotisme et de ma très haute considération.

L.-F. Céline »

Le réquisitoire de M. Charrasse n'était pas beaucoup plus méchant que celui préparé par M. Seltensperger, mais il concluait au renvoi de Céline devant la Cour de justice et non plus devant les Chambres civiques. La différence était de taille. Il y avait à l'époque trois juridictions chargées de la répression des faits de collaboration : tout d'abord la Haute Cour de justice, mais il fallait avoir été au moins ministre pour être déféré devant elle, ensuite les Cours de justice, devant lesquelles comparaissaient toutes les autres personnes poursuivies pour crimes ou délits de collaboration, et enfin les Chambres civiques, qui jugeaient les personnes seulement poursuivies pour indignité nationale et qui ne risquaient plus que la peine de la dégradation nationale, à l'exclusion de toute peine privative de liberté. C'est pourquoi M. Seltensperger avait requis la levée du mandat d'arrêt lancé contre Céline.

Dans son réquisitoire, M. Charrasse retenait le fait d'avoir été membre du Comité d'honneur du Cercle européen, celui d'être parti en Allemagne en juin 1944, ainsi que les lettres adressées à *Germinal* et au *Pilori* de 1942 à 1944[1]. Il mentionnait aussi, sans en être bien certain, que Céline aurait été à Katyn, et faisait état des textes publiés pendant l'Occupation, déjà relevés par M. Seltensperger. En d'autres termes, le réquisitoire de M. Charrasse ressemblait fort à celui de son collègue, hormis la conclusion, puisque, en vertu du second réquisitoire, Céline allait être renvoyé devant la Cour de justice. Toutefois, M. Charrasse estimait que Céline ne pouvait être poursuivi pour trahison (art. 75 du code pénal), mais seulement pour avoir commis des actes de nature à nuire à la Défense nationale (art. 83 - al. 4 du code pénal[2]). Ici encore la différence était de taille, puisque le crime de trahison pouvait être puni de la peine de mort, tandis que les personnes poursuivies par application de l'article 83 ne risquaient qu'une peine de un an à cinq ans de prison et une amende de 360 000 à 3 600 000 francs.

M. Charrasse reconnaissait donc que Céline n'avait pas commis le crime de trahison. Pour Céline c'était une victoire importante, car il était ainsi établi, par le Commissaire du gouvernement

1. L'instruction n'avait pas révélé les textes publiés dans *la Gerbe, Aujourd'hui, le Pays libre, Je suis Partout*, etc.; voir tome II.
2. Décret-loi du 3 novembre 1939.

chargé de le poursuivre, qu'il n'avait commis aucun des actes énumérés par l'article 75, en vertu duquel on l'avait emprisonné, et sur le fondement duquel on avait condamné le maréchal Bazaine, le capitaine Dreyfus et Mata-Hari :

« Art. 75. Sera coupable de trahison et puni de mort :
» 1° Tout Français qui portera les armes contre la France.
» 2° Tout Français qui entretiendra des intelligences avec une puissance étrangère, en vue de l'engager à entreprendre des hostilités contre la France, ou lui en fournira les moyens, soit en facilitant la pénétration de forces étrangères sur le territoire français, soit en ébranlant la fidélité des armées de terre, de mer ou de l'air, soit de toute autre manière.
» 3° Tout Français qui livrera à une puissance étrangère ou à ses agents, soit des troupes françaises, soit des territoires, villes, forteresses [1], ouvrages, postes, magasins, arsenaux, matériels, munitions, vaisseaux, bâtiments ou appareils de navigation aérienne, appartenant à la France, ou à des pays sur lesquels s'exerce l'autorité de la France.
» 4° Tout Français qui, en temps de guerre, provoquera des militaires ou des marins à passer au service d'une puissance étrangère, leur en facilitera les moyens ou fera des enrôlements pour une puissance en guerre avec la France.
» 5° Tout Français qui, en temps de guerre, entretiendra des intelligences avec une puissance étrangère ou avec ses agents, en vue de favoriser les entreprises de cette puissance contre la France.
» Seront assimilés aux Français, au sens de la présente section, les indigènes des pays sur lesquels s'exerce l'autorité de la France ainsi que les militaires ou marins étrangers au service de la France. »

L'audience fut fixée au 15 décembre 1949, devant la Cour de justice présidée par M. Deloncle. Céline lui avait écrit le lendemain de l'audience :

---

1. Ce texte explique les allusions de Céline à la rade de Toulon, au Pas-de-Calais, à la ligne Maginot, etc.

« Monsieur le Président,

» Je prends la liberté de vous écrire parce que j'apprends (avec quel retard?) que vous présidez les débats de mon affaire. J'ai déjà beaucoup écrit à M. Seltensperger pour me disculper de tous les crimes imaginables et imaginaires et j'écris sans cesse aux journaux pour réfuter 10 mensonges (au moins) par jour! Depuis 10 ans en vérité je suis l'homme le plus calomnié de France - une monstrueuse campagne de diffamations a été déclenchée il y a 10 ans contre moi et *ne cesse pas* je suis bien malade - je ne quitte guère mon lit - (ce qui m'en tient lieu!) dans la cabane où nous demeurons moi et ma femme au bord de la Baltique à 110 kilo. de Copenhague (où nous n'allons jamais!) Et pour cause! isolés à 10 kil de la poste! Depuis 10 ans que cette curée dure! cet hallali - à travers prisons (18 mois), hôpitaux, camps etc... vous pensez M. le Président qu'on a plutôt l'envie de suicide que de controverse! j'ai été médecin praticien pendant 25 ans vous pensez que je connais mon état!... et j'ai 57 ans d'âge et mutilé 75 % - je crois être extrêmement brave et stoïque à souhait, mais j'en suis à ne plus pouvoir bouger tellement les vertiges ne me lâchent plus - (vertiges de Menières)

» J'irais apparaître comment devant la Cour? On m'a tenu 6 mois en traitement ici à l'hôpital - après la prison - *j'ai perdu 49 kilos* - je vous raconte cette histoire de kilos parce que les souffrances, c'est la mode, s'estiment à présent au kilo! Q[uan]d il ne me resterait plus que la peau et quelques os je protesterais quand même que je n'ai jamais *attenté en rien à* la sûreté de l'état!

» Moi, le patriote " consubstantiel " comme m'appelait avec assez de mépris et beaucoup de nasillement Abel Bonnard! j'ai expliqué tout ceci en détail à M. Seltensperger -

» Tout ce qu'on avance *contre moi* est FAUX de A à Z une énorme entreprise de calomnie - calomnies idiotes au surplus -

» Mais de quels Carpathes bouseux sortent-ils?

» M. Moch en pleine Assemblée Nationale a accusé les communistes, documents à l'appui d'être à la solde d'une puissance étrangère - ces accusés se portent bien - c'est moi qu'on traque, vitupère, somme de venir se faire estrapader! Vous avouerez que pour un esprit simple comme le mien, M. le Président, il y a raison d'être troublé, de se demander si les pouvoirs veulent justice ou vengeance.

» Et se venger de quoi?

» Ah de mes fameux livres d'avant guerre! Je vais au fait - tout de suite -

» Pendant l'Occupation se tenait vous le savez une exposition antijuive au Palais Berlitz - on y présentait les ouvrages antisémites de tous les écrivains antisémites connus (une centaine) *mais pas mes livres* [1]*!* Pas les miens!! Et pour la bonne raison; les Allemands eux ne s'y *trompaient pas,* mes livres n'étaient donc pas, n'ont jamais été traduits en allemand. Je n'ai jamais demandé aucune mesure de violence contre les juifs - jamais - j'ai demandé à ce qu'ils ne nous poussent *pas dans la guerre - épargnent le* SANG FRANÇAIS - *c'est tout* strictement tout - et cela avant la guerre - on va extraire paraît-il des *Beaux draps* des passages soi-disant blâmables!

» *Donnez moi deux lignes de n'importe quel homme je le ferai pendre.*

» Vous connaissez M. le Président ce fastidieux aphorisme -

» Mais j'en trouverai mille, moi, des lignes dans les *Beaux draps* capables de me faire dépendre! et prôner par la *Résistance!*

» Et dans la préface de *Bezons* donc! où (sous la botte allemande!!) je clame la gloire du Maréchal de Bezons auquel NOUS DEVONS *l'Alsace-Lorraine!* et fais grief aux Français de leur tiédeur patriotique!

» Il faut être en vérité bien obstiné, enragé de je ne sais quelle haine antifrançaise pour me trouver (document en main) autre chose qu'un français patriote, tout au plus un peu excessif, janséniste en patriotisme, puriste...

» Voilà strictement mon seul crime - sur ce point seulement je plaide coupable.

» Je suis en train de périr d'ailleurs de mon excès de patrio-

---

1. Céline s'en était plaint dans une lettre du 21 octobre 1941 au capitaine Sézille, directeur de l'Institut aux questions juives.

tisme - je le paye - qu'on m'oblige au surplus avant que j'en finisse, au terme d'un si long supplice, la honte d'une condamnation, je trouve M. le Président que voilà bien de la haine qui se démasque bien vilainement -

» Car voyez-vous M. le Président je m'accuse au surplus de cette faiblesse : je crois en la justice -

» Loin de la narguer, brocarder, houspiller, ce qui me serait, mon Dieu, vu le régistre de ma plume une facile façon de recueillir les rieurs, j'ai peur d'elle, je respecte ses temples!

» Je sais trop ce qu'on souffre hors la loi!

» Mes yeux se brouillent (pellagre) et je n'ai pas d'argent pour m'acheter de nouvelles lunettes, j'ai la main paralysée (de guerre) et j'écris tout de travers, (et je vous assure qu'il fait froid) voilà bien des circonstances atténuantes si j'ose dire à cette écriture M. le Président en lettres aussi difformes...

» Tous mes amis me le reprochent mes ennemis eux ne s'embarrassent pas de mon graphisme ils n'insèrent jamais mes lettres, ne tiennent compte d'aucun démenti, ils caracolent littéralement, cabriolent dans les mensonges... et vous voyez M. le Président leur méchante cause gagne.

» A preuve après 4 années d'enquête j'étais déféré en chambre civique et me revoici basculé en l'art. 83.

» Je sais bien ce qu'on voudrait - que je me prête à une comédie " rideau de fer " -

» Mais oui! j'étais la maîtresse d'Hitler!

» Mais oui! j'ai livré le Pas-de-Calais à Keitel! La Rade de Toulon! J'ai organisé Oradour avec Abetz etc... etc...

» Ah non M. le Président tant pis! je respecterai la justice jusqu'au bout -

Il faut que je vous l'avoue - je ne suis coupable de rien DU TOUT - et même monstruosité de plus! au contraire.

» Vous pardonnerez M. le Président à un malade la liberté qu'il a pris de vous écrire et vous de demande en français à français [sic] à l'assurance de ma très haute considération [1]. »

---

1. Lettre inédite de Céline à M. Deloncle, 16 décembre 1949.

Les avocats avaient-ils conseillé à Céline de se présenter? Plusieurs lettres de Céline à Mikkelsen permettent de le penser : « Il s'agit de faire réfléchir *le Parquet* - son ultime chance - et de laisser à Naud, cabotin, l'espoir qu'il va plaider dans un procès Céline. Il s'en fout bien mais il plaidera! Il plaiderait sur mon échafaud! Depuis son procès Laval ce n'est plus un homme c'est une actrice! Et il veut être le seul en scène! comme Réjane! Il faut que tous ces trois cabotins ne se massacrent pas avant trois mois [1]... » Il reprochait à ses avocats de ne rien connaître du dossier et de n'avoir même pas lu sa « défense » : « [...] et ni Naud, ni Tixier, ni Fourcade n'en ont lu un mot! Bien trop jean-foutres, s'ils s'y décident se sera un *miracle*. Je vais d'ailleurs les y aider en la faisant paraître dans *France Dimanche* à 800 000 exemplaires, la concierge de Naud la lira et lui en fera un compte rendu - c'est tout ce que je peux espérer [2]. »

Et encore : « Naud vient de ramasser deux condamnations à mort au procès de la Cagoule et au moins deux siècles de bagne - ! Pas un client ne s'en tire - Naud a en effet l'oreille du Tribunal mais la mauvaise oreille! Son livre lui a fait grand tort et ses papotages mondains - les juges le jalousent et salent ses clients - c'est de bonne guerre [3]. »

Ni Fourcade ni Tixier n'étaient épargnés : « Fourcade il me fait rire... Il fait marcher les fantômes! le courrier du cabinet noir! et patati! Du flanc! Il voudrait surtout pas qu'on radine la fleur! Ce qu'il a palpé de mon beau-père! Balivernes tout ça! Bien sûr dans un an que ça ira mieux et dans 20 ans donc! On connaît toutes les musiques! Tu penses! Ils disent tous pareil! Patience! Patience! C'est pas *zeux!* Crevez et fermez votre gueule! ça veut dire en net [4]. »

Tixier-Vignancour était de loin le préféré : « Il faut avouer que ce Tixier-Vignancour semble plus nerveux qu'Albert [5] - » Mais dans une autre lettre : « Tixier crève d'envie de plaider pour moi en chambre civique, *et moi* je crève d'envie qu'on me foute la paix [6]. »

1. Lettre inédite de Céline à Mikkelsen, sans date.
2, 3, 5 et 6. Extraits de trois lettres inédites de Céline à T. Mikkelsen, sans date.
4. Lettre de Céline à A. Paraz, 30 [janvier 1949]. *Cahiers Céline*, n° 6, *op. cit.*, p. 125.

Céline écrivait tout de même aux uns et aux autres qu'il les adorait et qu'il n'avait pas de meilleur défenseur : « Oh mon cher Maître n'ayez crainte j'ai pris grand soin de ménager Naud! de le remercier avec effusion etc... [...] je suis tout sucre de ce côté-là [1]. »

Céline n'avait jamais envisagé de venir se faire juger à Paris ni devant la Cour de justice ni devant la Chambre civique. A une époque où Tixier s'employait auprès de M. Seltensperger pour obtenir le renvoi devant les chambres civiques, Céline écrivait à Mikkelsen qu'il ne tomberait pas dans le piège du chant des sirènes. Il espérait alors que Tixier : « [...] rendu sérieux et efficace par la prison - et sans doute aussi par la haine - et aussi peut-être par les petits papiers... », parviendrait à arracher un non-lieu : « Hé hé! il se pourrait bien qu'en tripatouillant bien la M... il fasse éclater la vérité et mon innocence. C'est une question de quantité, a-t-il assez de M. dans ses dossiers [2]? »

Tixier n'en avait sans doute pas assez dans ses dossiers puisque Céline fut renvoyé devant la Cour de justice de la Seine (sixième sous-section départementale) à l'audience du 15 décembre 1949. Le jour venu, la Cour, qui se composait du président Deloncle, de Mme Mathet épouse Girard, et de MM. Deprost, Lambert et Fleury, constata l'absence de Céline. Albert Naud et Jean-Louis Tixier-Vignancour étaient présents à la barre avec Daragnès au nom duquel ils déposèrent des conclusions invoquant les dispositions de l'article 468 du code d'instruction criminelle. C'est Tixier-Vignancour qui avait eu l'idée de faire présenter les « excuses » de Céline par l'un de ses amis, en vertu d'un texte qui n'existe plus et qui était alors tombé complètement en désuétude. Il était alors possible aux parents et amis d'un accusé absent d'expliquer les motifs pour lesquels il se trouvait dans l'impossibilité absolue de se présenter à l'audience, dans l'espoir d'obtenir un renvoi de l'affaire.

Le docteur Camus, qui était présent dans la salle, écrivit le soir même à Céline pour lui communiquer ses impressions d'audience :

1. Extrait d'une lettre inédite de Céline à T. Mikkelsen, sans date.
2. Lettre inédite de Céline à T. Mikkelsen, le 25, sans date.

« Deux affaires avant la tienne ont mené jusqu'à près de 7 heures. Impression de séance : Président (Deloncle) débonnaire, patient, scrupuleux, bienveillant.

» A droite une femme (fourrures, bijoux, genre bourgeoise du XVIᵉ, l'air pas idiote; plus loin un homme dans les trente ans, genre clerc de notaire, qui écoute, s'instruit, questionne; plus loin un septuagénaire abruti qui somnole, finit par s'endormir (8 heures de ronron!); à gauche un type genre dur, communiste, garagiste que j'apprends, de son métier, et un autre dans les 50 ans genre brave homme, type retraité des chemins de fer, tout ça assez bonasse, pas l'air méchant.

» Les avocats : Naud bon enfant, très adroit et très fin avec son air d'honnête franchise. A nettement l'oreille du Président. Tixier très avocat d'assises, belle gueule, superbe voix de basse maniée avec art, et beaux jeux de manches. En assises ça doit prendre, en cours de justice ça peut raser.

» C'est Naud qui a entraîné la décision.

» Mais le personnage principal c'est le Commissaire du Gouvernement. Il a pas l'air d'accord avec les avocats : c'est son métier. Il chicane et chipote sur les textes pour refuser le renvoi. Il veut pas de l'" excuse " par ami interposé et refuse le Daragnès qui te " représente " et que d'ailleurs Naud représente.

» Le Président ne demande qu'à renvoyer (ça se sait) mais il voudrait trouver un truc. Naud le lui offre. Il dit : " Nous avocats, nous demandons le renvoi. "

» Le Président dit : " Bon j'aime mieux ça, nous allons délibérer. "

» Et ils foutent le camp; l'entracte, je veux dire la délibération, dure une heure. Il faut trouver un joint c'est pas commode il paraît, fabriquer un texte de délibération.

» Pendant ce temps-là on cause, on fume en copains, avocats et Commissaire du Gouvernement (de Charrasse). Naud me fait signe. Je m'amène, parlote, on s'amuse en famille; le Commissaire est bon enfant. Il parle de la lettre que tu lui as écrite. Il t'aime, il voudrait te connaître. Ah! tu lui manques!

» Il confesse avoir lu tout Céline, d'abord pour te chercher des noises, dans *Bagatelles* et *les Beaux draps* et puis, conquis, relu le *Voyage, Guignol's band*, dont il adore le style (un bon point c'est un connaisseur) uniquement pour son plaisir. Tu l'intéresses, tu le passionnes, il veut tout savoir de toi. Il te connaît pas cet homme après tout. Il sait même pas quelle gueule tu as. Je sors ton portrait que j'ai sur le cœur. Il dit : " Il est bien mais on voit qu'il a souffert. " Tu vois s'il a du cœur.

» Alors pendant une heure, Naud et moi, on lui fait un de ces baratins soigné — qui l'a bouleversé c't'homme. Jeune d'ailleurs, intelligent, sympathique. A la fin il parlait comme toi ou Popol. On se tapait dans le dos, on rigolait, rien que de bonnes histoires. Il a avoué, le commissaire, que depuis qu'il s'occupait de ton truc, il désolait sa femme par l'effroyable verdeur de son langage.

» Il y avait là un autre commissaire qui avait été chargé de demander la tête de Le Vigan. Il a fait semblant, et arrangé les choses au mieux. Le Vigan lui a écrit des lettres d'amour.

» Dommage qu'au retour de ces messieurs annonçant le renvoi, il fût déjà neuf heures, sans quoi on allait tous boire un coup avec le commissaire du gouvernement. Tu vois, vieux, on rigole bien au Palais [1].»

Lorsque la Cour était revenue, elle avait renvoyé l'affaire au 29 décembre, et M. Deloncle avait expliqué que cette décision était motivée par l'état de santé de Céline. (Au cours de l'audience, les avocats avaient fait état d'un télégramme envoyé par Mikkelsen : « Destouches malade impossible de se présenter demande remise.»)

En prévision de l'audience du 29 décembre, Céline s'adressa une nouvelle fois à M. Charrasse pour se plaindre de sa santé et pour attirer son attention sur un arrêt rendu par la Cour de justice le 30 avril 1948, par lequel la Société Denoël avait été acquittée. C'est Pierre Monnier qui avait découvert cette merveille. A la ques-

---

1. Lettre inédite du docteur Camus à Céline, décembre 1949. Seuls étaient présents à l'audience : Daragnès, Pierre Monnier, Marie Canavaggia et le docteur Camus.

tion de savoir si la Société Denoël était ou non coupable d'avoir, à Paris, entre le 16 juin 1940 et la date de la Libération, en temps de guerre, publié des brochures ou des livres en faveur de l'ennemi, de la collaboration avec l'ennemi, du racisme ou des doctrines totalitaires, la réponse avait été négative, ce qui avait entraîné l'acquittement d'une société qui avait publié *les Décombres* de Rebatet.

« Mes avocats Naud et Tixier sont de merveilleux défenseurs mais un petit peu négligents - ils ont oublié que la maison Denoël avait été innocentée (rendue blanche comme neige par la Cour de Justice de la Seine) *de tout fait de collaboration* - livres etc... Des amis plus curieux que Naud et Tixier sont allés me quérir cet *arrêt* - Je le fais copier à Copenhague je vous *l'enverrai* - il est précis - le sort de la maison Denoël (un joli gang de crapules) m'importe peu - Mme Voilier, comme M. Thorez, avait de puissantes relations - c'est tout - Il y a deux justices voyez-vous M. le commissaire comme il y a Deux Siciles - roi des Deux Siciles - Ministre des deux justices - je propose ce titre à M. Mayer (s'il est encore ministre [1]!)»

Cette lettre se poursuivait ainsi :

« Bien sûr je vous vois venir avec Rebatet - cela ne l'a pas empêché d'aller au bagne l'innocence de la maison Denoël! mais lui il avait *Je suis partout* et pour moi vous savez *Je suis partout* ou les *Paroles françaises* c'est kif!

» Sans doute du fait que j'ai la fièvre je dois délirer un peu - mais il est bien certain qu'à mon égard la justice délire depuis bien long-·temps...! Elle est même délirante sadique je dirai.

» Mon très bon ami le docteur Camus qui assistait à l'audience où je fus remis " sine die " (dies irae?) m'a fait un récit joliment pittoresque de cette séance.

» Camus est un véritable Tallemant un génie de l'écho à la plume... il raconte qu'aucun des jurés ne connaissait ni mon nom ni mes livres - Ah vous avez beau jeu! C'est vraiment un jury popu-

1. Lettre inédite de Céline à M. Charrasse, 23 décembre 1949.

laire! l'un des jurés était communiste garagiste quelque part. Évariste Gameloff [1] en quelque sorte - mais y avait tout de même une
" jurée " lectrice, une dame en vison, une habituée de Rumpel-
meyer [2] qui détestait mes livres *pour leur grossièreté!* Soyez assuré
que cette évariste de luxe... se gorge de sexual digest. *Le dollar
purifie tout.* Les autres jurés dormaient - le docteur Camus rend
un grand hommage au talent, à la conscience, à la patience du
Président Deloncle, il vous admire aussi mais d'une admiration
un peu terrifiée - il m'aime bien et me voit déjà " décollé " par vos
soins...

» De sorte voyez-vous qu'il ne me reste plus choix... crever de
maladie et de faim et de froid ici sur ce grabat - ou être pendu,
monrougisé, galérisé indéfiniment par la justice de mon pays... je ne
sais pour quels crimes? délires? fredaines? caprices?

» Moi qui vais être grand-père pour la 5ᵉ fois, je méritais mieux.

» Sans méchanceté M. le Commissaire, même sans aigreur, je
n'ai plus la force...

» Je n'irai pas jusqu'à embrasser mon Commissaire comme
c'était l'idée du tendre Brasillach (damné masochiste et homosexuel)
mais votre réquisitoire je l'aurai dans les détails et si j'ai encore
la force, je le tournerai en un petit opuscule " Poteau sur Seine "
qui fera je l'espère bien rigoler [3] - et le Président aussi! et toute la
France nom de Dieu - Courbevoie qui se tord déjà, mon lieu de
naissance.

» Ah je ne peux être traqué - né en courbe lieu.

» Avec ma bien sincère et française considération [4]. »

Céline ne s'est évidemment pas présenté à l'audience du
29 décembre au cours de laquelle Naud tenta d'obtenir un nouveau
renvoi à un mois pour lui permettre de préparer la défense de son
client. M. Charrasse s'y opposa, faisant valoir qu'en l'absence de

1. Évariste Gamelin, élève de David. Dans *les Dieux ont soif*, Anatole France en a fait
un juge au Tribunal révolutionnaire et un fanatique de la Terreur.
2. Salon de thé parisien.
3. Il avait d'abord envisagé d'intituler ce libelle « le Tue-mouche ».
4. Lettre inédite de Céline à M. Charrasse, 23 décembre 1949.

Céline les avocats ne pourraient plaider et il demanda la mise en
œuvre de la procédure de contumace. Le président Deloncle rendit
alors une Ordonnance constatant le défaut de l'accusé et ordon-
nant à Destouches, dit Louis-Ferdinand Céline, de se présenter à
l'audience du 21 février 1950. Il prescrivit aussi l'insertion de cette
ordonnance dans le journal *le Monde* [1].

M. Charrasse affirme aujourd'hui que les lettres qu'il avait reçues
de Céline contribuèrent grandement à sa défense, au moins autant
que celles qui furent adressées au président Drappier (qui avait
pris la succession de M. Deloncle) par tous les amis de Louis. Les
témoignages d'amitié ont été cependant multiples et souvent de
qualité. Il faudrait pouvoir citer tous ceux qui écrivirent au président Drappier, parmi lesquels beaucoup d'inconnus : Madeleine
Bonnefond, salle Barie, hôpital Broussais; Pierre Marcot, impor-
tateur de fruits et primeurs à Dieppe; René Helfen de Bruxelles;
Chout Luchon, expert; Émile Bastian, pharmacien, sur papier à
en-tête de l'Union alsacienne des Anciens Combattants. Beaucoup
de médecins, dont certains très connus, prirent aussi la défense
de Céline : le professeur Pierre Lantuejoul, le docteur Claoué, le
docteur Tailhefer, le docteur Tuset, de Quimper, qui rappelait
son intervention en faveur d'un résistant breton condamné à mort
et disait avoir reçu Céline chez lui à Quimper avec Max Jacob [2]
et Jean Moulin.

Le docteur Claoué avait évoqué une conférence donnée par
Céline sous l'Occupation à la salle des Sociétés savantes, et le docteur Raymond Tournay avait rappelé qu'il l'avait entendu intervenir à la Société d'Horticulture, rue de Grenelle, pour dire que
les « boches » n'arriveraient jamais à se débarrasser des Juifs et
que ces derniers finiraient par avoir tout le monde, aussi bien les
Français que les Allemands.

Henri Mondor, qui ne connaissait pas Céline, avait écrit : « Mon
métier m'a permis de voir des malades qui m'avaient dit avec quel

1. Publiée dans *le Monde*, 25 janvier 1950.
2. Fait confirmé par une lettre inédite de Céline à T. Mikkelsen du 7 janvier 1951 :
« J'ai connu Jacob et surtout son entourage — très bien [...] Jacob est un profiteur du
triomphe Dreyfus. »

dévouement il les avait soignés [1]. » Ernz Bendz avait affirmé :
« Céline est une nature ardente, fougueuse, passionnée, facilement
surexcitée, un inspiré, " un voyant ", tandis que sa capacité de
prévoir la portée et le retentissement de ses actes est moins remarquable. » Raoul Nordling écrivit seulement au président Drappier
pour lui transmettre la lettre d'Ernz Bendz : « Je crois qu'il peut
être intéressant pour la justice française de connaître dans le cas
Céline les sentiments d'une personnalité neutre sympathique à la
France, qui reflète l'opinion de nombreux intellectuels en Scan-
dinavie. » Nordling rendit personnellement visite au président
Drappier quelques jours avant l'audience du 21 février 1950.

Pierre Monnier, le 3 février, avait décrit ses conditions de vie
misérables, son impécuniosité, rappelant qu'il ne touchait aucun
droit en France, et très peu de l'étranger, qu'il se chauffait avec
un poêle à tourbe, que son lit était très étroit et pas assez long, au
point qu'il était obligé de l'allonger en disposant deux valises à son
extrémité.

Le président de la Cour de justice reçut aussi des lettres de Marie
Canavaggia, du vieux Louis Guillou, alors âgé de soixante-seize
ans, du docteur Jacquot qui avait été le compagnon de Céline à
Sigmaringen [2], de Daragnès, d'Évelyne Pollet [3], de Théophile
Briant, et du docteur Bécart qui écrivit le 11 février : « J'ai assisté
à une conférence médicale faite par le docteur Destouches sous
l'Occupation. J'affirme qu'il a fallu au docteur Destouches un
certain courage pour parler au nez et à la barbe des Allemands
comme il l'a fait ce jour-là. »

Marie Bell n'écrivit pas, mais elle fit une démarche personnelle
dont Céline la remercia : « Reçu ta lettre à l'instant! admirable
amie! Rien à dire - c'est parfait - Reine de la scène et des portes
capitonnées! J'apporte la Situation - à toi le texte...! les répliques!

1. Le 4 février 1950, dans une lettre inédite à T. Mikkelsen, Céline écrivait : « Je viens
de faire une nouvelle recrue — un défenseur très ardent — le chirurgien juif français
illustre Mondor — de l'Académie française — je lui demande de se mettre en rapport avec
Naud. »
2. Voir *supra*, pp. 44 et suiv.
3. Amie belge de Céline, voir *Cahiers Céline*, n° 5, Gallimard, 1980.

l'apothéose!... ou la guillotine! Tu vas voir - J'applaudirai de toute façon... pendu, décollé! ou triomphal... Je t'embrasse [1]. » Arletty adressa au Président un billet de trois lignes dans lequel elle avait un peu forcé son talent : « Céline est mon plus vieil ami, nous sommes tous deux nés à Courbevoie, je le connais bien et je ne peux le laisser accuser sans venir dire tout ce que je pense de lui [2]. » Céline s'amusait des rivalités entre les comédiennes qui voulaient chacune faire mieux que l'autre : « Voici deux lettres amusantes de Marie Bell et Paulhan. Bell veut faire mieux qu'Arletty! Concours de grand-mères! Mes amantes [3]! »

Jean Galtier-Boissière affirmait dans une lettre du 17 février : « Céline est incontestablement l'écrivain le plus original et le plus puissant de l'entre-deux-guerres. En dehors de ses prodigieux romans il a écrit des pamphlets pacifistes dont l'outrance frise parfois la déraison. L'antisémitisme de Céline n'est qu'une position intellectuelle et je ne vois pas au nom de quels principes il pourrait être condamné pour des écrits datant tous d'avant la guerre [4]. » Pierre Mac Orlan plaida de son côté : « Peu d'écrivains peuvent échapper à la logique rigoureuse de la critique sociale. La République, *la nôtre,* la plus libre que le monde puisse connaître en ce moment, se doit d'apaiser les haines [5]. »

Thierry Maulnier envoya une lettre au président de la Cour, datée du 18 février :

« Au moment où le cas de Louis-Ferdinand Céline, malade et dans l'incapacité de comparaître devant vous comme il en avait, je crois, le désir, va être examiné devant votre tribunal, je me permets de me joindre à ceux qui porteront témoignage en sa faveur.

» J'ai toujours été pour ma part, et tout spécialement pendant la guerre, très éloigné des opinions de L.-F. Céline, mais ce sont des opinions, la violence dans l'expression écrite, l'invective polé-

1. Lettre inédite de Céline à Marie Bell, le 5, sans date.
2. Billet inédit du 11 février 1950. Elle n'a fait la connaissance de Céline qu'en 1941.
3. Lettre inédite de Céline à T. Mikkelsen, sans date.
4. Lettre inédite de Galtier-Boissière, 17 février 1950.
5. Lettre inédite de Mac Orlan, 15 février 1950.

mique me semblent faire partie des droits de l'écrivain. Dans le cas de L.-F. Céline, cette violence, ces invectives me paraissent avoir été tout au long de sa carrière littéraire les caractères mêmes de son talent, il en a nourri ses romans qui l'ont rendu célèbre, et il les a appliqués à tous les sujets qu'il a traités. »

Maurice Nadeau fit suivre au président Drappier le témoignage d'Henry Miller :

« Dear Nadeau,
» Just received January 19th issue of " Combat " where in you speak of Célines coming trial - February 21th.
» If he should appear in Court, I wish you could let him know that I am praying for his acquital and for full exoneration. It is difficult for me to believe that a writer of his stature, his calibre, should be guilty of the charges proffered against him. And if he is proved guilty, then I trust that his sentence will be a lenient one. It would be a disgrace to France to make Céline a scape-goat in my opinion.
» For me he will always remain not only a great writer but a great individual. The world can well afford to overlook the " mistakes " (if such they were) of a few eminent men who have contributed so much to our culture. The real rogues usually get off lightly.
» I know that Céline does not care a rap what I think of him. No matter. This is the moment to say what one thinks. I fear that many will hesitate to raise their voice until too late.
» Give the man a chance. »
Soit en français :
« Je viens juste de recevoir la coupure de *Combat* du 19 janvier dans laquelle vous parlez de la venue du procès Céline le 21 février.
» S'il comparaît devant la Cour, je voudrais que tu lui fasses savoir que je prie pour son acquittement et pour sa relaxe complète. Il est difficile pour moi de croire qu'un écrivain de sa stature et de sa dimension puisse être coupable des charges retenues contre lui. Et s'il est reconnu coupable, j'espère que la sentence sera clémente.

A mon avis, ce serait une honte pour la France de faire de Céline une victime expiatoire.

» Pour moi il restera toujours non seulement un grand écrivain mais un grand homme. Le monde peut bien fermer les yeux sur les " erreurs " (s'il s'agissait d'erreurs) de quelques hommes éminents qui ont tant contribué à notre culture. Les vrais coupables s'en tirent généralement bien.

» Je sais que Céline se fout de ce que je pense de lui. Tant pis. C'est maintenant le moment de dire ce que l'on pense. Je crains que beaucoup hésitent à parler avant qu'il ne soit trop tard.

» Qu'on lui donne sa chance. »

Marcel Jouhandeau, qui ne connaissait pas Céline, et ne le rencontrera que très brièvement [1], écrivit pour sa part :

« Monsieur le Président,

» J'ai l'honneur de venir témoigner devant vous de la haute estime dans laquelle je tiens le talent et le caractère de Ferdinand Céline. Son désintéressement et sa modestie qui va presque jusqu'à l'effacement sont connus de tous et forcent la sympathie. S'il s'est permis des outrances de langage, elles sont dues au genre littéraire qu'il a choisi beaucoup plus qu'à une volonté quelconque de nuire. Du moment qu'on s'engage après Aristophane, Juvénal, Rabelais, Boileau, dans la satire, il faut s'attendre à un peu de casse, surtout si le burlesque s'y mêle qui ne se contente pas de demi-teintes.

» Veuillez excuser, Monsieur le Président, l'élan qui me jette devant vous et croire à mes sentiments respectueux [2]. »

Comme on peut facilement l'imaginer, Marcel Aymé figurait parmi les « témoins » de Céline, il dénonçait surtout :

« Le lien d'extrême dépendance dans lequel se trouvait Céline à l'égard de son éditeur. Ignorant ses droits d'écrivain, il s'était laissé

---

1. Voir *infra*, pp. 289-299.
2. Lettre inédite, 10 février 1950.

imposer par les Éditions Denoël un contrat très dur pour lui et d'un caractère nettement anormal. C'est ainsi que la clause la plus importante, celle qui engageait sa carrière d'auteur, est ainsi rédigée : " Louis Destouches Louis-Ferdinand Céline réserve aux Éditions Denoël et Steele l'exclusivité de toutes ses productions littéraires. " » Il affirmait aussi que Céline, au contraire de la plupart des écrivains français, n'était pas abonné aux *Cahiers franco-allemands*.

Pierre Monnier avait alerté tous les artistes susceptibles d'apporter leur soutien à Céline. Jean Dubuffet avait d'emblée répondu que Céline était pour lui « le plus merveilleux poète de notre temps ». Sollicité de la même façon, Cocteau avait envoyé un témoignage que Monnier n'osa pas utiliser, car il était à double tranchant : « Céline m'a violemment reproché de n'être pas antisémite, mais ces choses n'ont rien à voir avec la liberté d'un homme. J'estime que le poids de Céline écrivain l'emporte sur le poids de ce qu'on lui reproche. Et comme la justice est affaire de balance, je suppose et je souhaite que la balance descende d'elle-même du bon côté[1]. »

André Breton avait seulement donné son avis sur *Voyage au bout de la nuit*, qu'il paraît avoir lu avec écœurement. Quant à Montherlant, il avait été plus net en refusant de témoigner, non seulement parce qu'il ne connaissait pas le dossier et avait été lui-même suspecté de collaboration, mais aussi parce qu'il n'avait pas lu plus de trois pages de Céline, qu'il avait aussitôt considérées comme « littérature aussi artificielle et déjà désuète... que celle de Paul Lombard ou de Paul Alexis[2] ».

Albert Paraz avait pris contact avec Blaise Cendrars, qui avait donné son accord de principe, mais ne fit rien. « Cendrars m'a répondu qu'il signait. J'en suis presque étonné car il pratique avec un acharnement louable depuis 40 ans une espèce de philintisme délibéré pour essayer de ne jamais se mouiller[3]... » Maurice Lemaître, en revanche, accepta de mener campagne pour Céline

1 et 2. Cité par Pierre Monnier, *Ferdinand furieux*, *op. cit.*, pp. 116 et suiv.
3. Lettre inédite de Paraz à Céline, 23 octobre 1949.

dans *le Libertaire* et dans *Défense de l'homme,* au point de considérer aujourd'hui qu'il fut « un peu l'homologue français de
Thorvald Mikkelsen [1]...! » Il alla jusqu'à créer pour l'occasion une
« Association israélite pour la réconciliation des Français », purement fictive, mais il écrivit au président Drappier une lettre qui
provoqua une réaction immédiate d'un vieil ennemi de Céline, Bernard Lecache, président de la L.I.C.A. [2], qui dénonça le jour même
du procès le coup bas qui venait de lui être porté :

« Au nom du Comité central de la Ligue internationale contre le
racisme et l'antisémitisme (L.I.C.A.) organisation fondée en 1928,
je tiens respectueusement à protester contre la lettre qui vous aurait
été adressée par une prétendue association d'israélites pour la réconciliation des Français.

» A notre connaissance, une telle association n'a point d'existence légale. Jusqu'à ce jour elle ne s'est d'aucune façon et en
aucune manière manifestée. On n'en connaît pas les dirigeants
responsables, ni leurs buts, ni leurs statuts. Elle semble avoir été
" créée " pour les besoins de la cause afin de tenter de tromper la
Cour de justice et de lui laisser croire que les israélites français sont
du côté de la défense de Louis-Ferdinand Céline, alors qu'ils sont
moralement et à l'unanimité partie civile dans ce procès.

» Je suis assuré, Monsieur le Président, que vous voudrez bien
tenir compte de cette énergique protestation qui émane de milliers
de Juifs et de non-Juifs adhérents à notre organisation. »

Maurice Lemaître avait aussi effectué une enquête auprès de
nombreuses personnalités dont il publia les réponses dans *le Libertaire* des 13, 20 et 27 janvier 1950. Louis Pauwels, Albert Paraz,
Albert Béguin, Paul Lévy, directeur de *Aux écoutes* et quelques
autres ont ainsi manifesté leur sympathie à Céline. Charles Plis-
nier écrivit qu'il avait été « l'un des plus grands pourrisseurs de la
conscience libre », et André Breton affirma qu'il n'admirait pas plus
Céline que Claudel, que Céline ne courait aucun risque au Dane-

1. Lettre de Maurice Lemaître à H. Pedersen, 14 octobre 1975.
2. Voir tome I, p. 285.

mark et qu'il ne voyait aucune raison pour créer un mouvement d'opinion en sa faveur.

Répondant à cette enquête, Jean Paulhan s'engagea à fond aux côtés de Céline : « Céline n'a cessé de témoigner à l'autorité allemande, comme à la vichyssoise, le même détachement et, à proprement parler, le même dégoût qu'il montrait avant la guerre à notre gouvernement démocratique (ou soi-disant). [...] Si l'anarchie est un crime, qu'on le fusille. Sinon, qu'on lui foute une fois pour toutes la paix. » Marcel Aymé n'hésita pas non plus, allant beaucoup plus loin que dans sa lettre au président Drappier : « Ses ennemis auront beau mettre en jeu contre lui toutes les ressources d'une haine ingénieuse, Louis-Ferdinand Céline n'en est pas moins le plus grand écrivain français actuel et peut-être le plus grand lyrique que nous ayons jamais eu. Le fait est que la jeune littérature procède de lui sans oser s'en réclamer. La IV⁰ République ne s'honore pas en tenant en exil un homme de cette envergure. Elle ne se montre pas non plus très habile, car un Céline exilé pourrait un jour écrire des " CHATIMENTS " que tous les Français liraient avec plaisir. »

Maurice Lemaître avait également sollicité Gide, Aragon, Mauriac, et même Jean-Paul Sartre, qui n'ont pas cru devoir répondre... à moins que Maurice Lemaître ait préféré ne pas publier leurs réponses.

Le 14 février 1950, quelques jours avant l'audience prévue pour le 21 février, Céline écrivit au président Drappier :

« Monsieur le Président,

» J'espérais pouvoir me rendre devant la Cour de Justice à la date du 21 février. Je suis malade; très malade depuis des années, je pensais pouvoir cependant me rendre devant vous à la date fixée, mais mon état, loin de s'améliorer s'est aggravé au point que les médecins consultés me déconseillent formellement tout déplacement ou voyage.

» Je vous prie de ce fait d'excuser mon absence et vous prie de bien vouloir que Mᵉ Albert Naud mon défenseur me représente devant la Cour.

» Veuillez croire M. le Président à l'assurance de ma haute considération. »

Le nom de Tixier-Vignancour ne se trouvait pas mentionné. Il semble qu'à cette époque la cote de Naud ait été bien meilleure que celle de Tixier : « Au fond tu vois mon seul *à peu près* sérieux défenseur c'est Naud. Tixier est un hurluberlu très chaleureux. Mais l'esprit de travers... *Mauvais conseil* (ne rien en dire) [1]. »

Mikkelsen avait adressé de son côté au président Drappier un certificat médical établi le 13 février par le docteur Axel Søeborg Ohlsen, lequel s'était du reste borné à recopier mot à mot un projet rédigé par Céline lui-même [2] !... La dégradation de sa santé faisait partie de son système de défense. N'écrivait-il pas au docteur Jacquot : « Donnez bien entendu des nouvelles assez alarmantes de ma santé [3]. » Léon Bloy avait utilisé les mêmes procédés à une époque où il espérait obtenir un secours du ministre de l'Instruction, écrivant à un ami médecin : « Il faut une ordonnance d'une exécution très coûteuse pour une maladie d'estomac — la plus convenable pour un crève-la-faim tel que moi [4]. »

Mikkelsen y avait joint un document émanant du ministère de la Justice danois, daté du 30 janvier 1950, signé Elvina Larsen, justifiant de la durée de la détention de Céline et du fait qu'il se trouvait en liberté depuis le 24 juin 1947, après avoir signé un engagement d'honneur de ne pas quitter le pays sans l'accord préalable des autorités danoises.

L'envoi contenait aussi les deux mémoires de Céline, scellés par lui après légalisation par l'ambassade de France. Le premier, rédigé à la prison de la Vestre le 6 novembre 1946 [5], et le second, intitulé « Réponse à l'exposé du Parquet de la Cour de justice [6] », écrit à Korsør dans les jours qui ont précédé l'audience du

---

1. Lettre de Céline à Paraz, 20 [janvier 1949]. *Cahiers Céline*, n° 6, *op. cit.*, p. 124.
2. Archives de la Fondation Mikkelsen.
3. Lettre inédite de Céline au docteur Jacquot, 20 décembre, sans date.
4. 1er août 1889. Catalogue Morssen, décembre 1980.
5. Voir *supra*, p. 200.
6. Voir Annexe V.

21 février [1]. En effet, le 16 janvier 1950, Céline n'avait pas encore obtenu le réquisitoire de M. Charrasse. Il écrivait alors à Paraz : « Je n'ai pas encore le *Réquisitoire*. Ils doivent enculer la mouche au vol! Les plus forts acrobates de Vendôme-Montrouge ont dû être mobilisés... sommés [2]. » Le second mémoire fut diffusé comme le premier auprès de tous les amis de Céline et le pasteur Löchen, infatigable défenseur de Louis, l'adressa à tous ses paroissiens avec une lettre circulaire qui fit quelque bruit dans la colonie française de Copenhague et dans laquelle il suppliait ses lecteurs de ne pas faire de Céline un bouc émissaire : « [...] il n'y en a qu'un seul qui puisse être et reste toujours notre bouc émissaire, il se nomme Jésus de Nazareth [3]. »

L'audience de la Cour de justice se déroula dans une grande indifférence. L'absence de Céline retirait au procès tout l'intérêt qu'il aurait pu avoir s'il avait accepté d'y comparaître. De plus, en l'absence de leur client, Albert Naud et Jean-Louis Tixier-Vignancour ne purent plaider. Ils assistèrent à l'audience, muets, dans un rôle de pure figuration. Depuis que les têtes ne tombaient plus, les procès de Collaboration ne faisaient plus recette, surtout que les feux de l'actualité se trouvaient alors braqués sur « l'Affaire des généraux [4] ».

Un mois avant l'audience, le 21 janvier 1950, *l'Humanité* avait bien tenté de relancer l'affaire par un article intitulé « Louis-Ferdinand Céline était agent de la Gestapo », dans lequel Pierre Hervé faisait état d'une pièce du Procès de Nuremberg, à savoir les déclarations du S.S. Hans Grimm selon lesquelles il aurait autorisé Céline à se rendre à Saint-Malo pendant la guerre, sur recommandation du *Standartenführer* S.S. Knochen. Le jour même de l'audience, *l'Humanité* était revenue à la charge, faisant aussi état d'une lettre d'Otto Abetz du 1er mars 1941. L'article se terminait ainsi : « Ces documents éclairent la véritable per-

1. L'original de la main de Céline portait par erreur la date du 24 février 1950.
2. Lettre de Céline à A. Paraz, 16 [janvier 150]. *Cahiers Céline*, n° 6, *op. cit.*, p. 223.
3. Église réformée de Copenhague, 11 février 1950.
4. Scandale politique qui secoua l'opinion française à la suite de la divulgation du rapport établi par le général Revers sur la situation militaire en Indochine.

sonnalité du traître Céline que la justice doit frapper avec la dernière rigueur [1]. »

Les débats furent menés tambour battant par M. Drappier qui donna lecture de toutes les lettres reçues par lui et pria le greffier de lire les deux « défenses » de Céline. Il donna ensuite la parole à M. Charrasse qui fut très modéré et ne prit pas l'affaire très au sérieux. Il semble qu'il y eût même de francs instants de « rigolade » lorsque le Commissaire du gouvernement donna lecture des lettres qu'il avait reçues de Céline. Il estima qu'un tel homme était incapable de collaborer avec qui que ce fût et regretta d'avoir été dans l'impossibilité de faire examiner Céline par des psychiatres. Au terme de son réquisitoire, le Commissaire du gouvernement Charrasse réclama une peine d'emprisonnement de durée modérée. Le lendemain *l'Humanité* cria au scandale, estimant que, malgré son absence, Céline avait été défendu pendant toute l'audience, et disant du réquisitoire qu'on aurait pu le confondre facilement avec une plaidoirie...

Après une très brève délibération, le président Drappier et la Cour de justice composée de M\ensuremath{^{me}} Claverie épouse Dumont et de MM. Baillon, Pentel, Pagès, Bréant et Merle, rendirent leur verdict. Céline était condamné par contumace à un an de prison et 50 000 francs d'amende, il était déclaré en état d'indignité nationale et condamné de ce fait à la peine de la dégradation nationale, tandis que ses biens présents et à venir étaient confisqués à concurrence de moitié.

La justice était ainsi tombée, presque en douceur. Céline le devait à ses amis, à ses avocats, à l'érosion du temps et, pour beaucoup, au président Drappier et au Commissaire du gouvernement Charrasse auquel il adressa, dès sa publication en novembre 1950, un exemplaire de *Scandale aux abysses* avec une affectueuse dédicace.

---

1. Dans les semaines qui ont précédé l'audience du 21 février 1950, le « Comité d'Action de la Résistance » avait publié le quatrième numéro de son périodique *les Cahiers de la Résistance,* entièrement consacré à Céline. Cette publication a été rééditée en 1952 par les Éditions Créator.

CHAPITRE XI

Caserne de Reuilly

« J'ai le petit q[uel]q[ue] chose qui plaît aux
bourreaux et aux bourriques! Ils me veulent!
j'ai le " flic appeal "... »
                    Lettre inédite de Céline
                    à Marie Bell, sans date.

Après avoir tempêté contre les outrances de l'accusation et s'être
comparé aux martyrs de la chrétienté, Céline finit tout de même
par reconnaître que les choses ne s'étaient pas trop mal passées :
« Oui ce jugement est assez moche - mais c'est le mieux, l'extrêmement mieux de ce qui pouvait arriver - Il ne s'agit pas de ma
chétive personne mais du désaveu de toute une politique! Pensez!
J'ai eu le concours d'amis admirables, de médecins, d'écrivains,
d'inconnus sans nombre! et je dois dire du *Président* et du *Commissaire du G[ouvernemen]t*! mais bien-sûr tout a buté sur l'impossible : *LA RAISON D'ÉTAT*[1]. » Céline écrivit dans le même sens
à son beau-père : « Nous venons de passer une nuit blanche à
essayer d'apprendre la nouvelle - Voilà = 1 an! bon. Ils auraient
pu commettre un plus énorme crime[2]. », et à Raoul Nordling :

1. Lettre inédite de Céline à F. Löchen [probablement 23 février 1950].
2. Lettre inédite de Céline à E. Pirazzoli, sans date.

« On ne m'a coupé le cou qu'à demi. C'est rare que les bourreaux s'arrêtent en besogne... vous avez stoppé leur bras [1]... » Et de même à Galtier-Boissière : « Si l'on ne m'a tranché qu'à moitié le col c'est un peu grâce à vous [2]. »

Plus tard, à Meudon, travaillant à *D'un château l'autre, Nord* et *Rigodon*, Céline se remémora souvent cette époque où il avait eu le sentiment d'être traqué par le monde entier : « [...] le petit succès de mon existence c'est d'avoir tout de même réussi ce tour de force qu'ils se trouvent tous d'accord, un instant, droite, gauche, centre, sacristies, loges, cellules, charniers, le comte de Paris, Joséphine, ma tante Odile, Kroukroubezeff, l'abbé Tirelire, que je suis le plus grand ordure vivant! de Dunkerque à Tamanrasset, d'U.R.S.S. en U.S.A. [3]... »

Parmi ceux qui l'avaient poursuivi, Céline en voulut surtout aux Danois, mais il conserva une haine assez tenace contre M. de Charbonnière et contre Madeleine Jacob [4] dont il avait lu les comptes rendus des audiences des procès de la collaboration. Il l'appelait communément « Muse des charniers [5] », et, comme elle l'avait traité d'ivrogne dans le compte rendu de son procès, la « plus haineuse des hyènes franco-juives [6] ». Céline se souvint encore d'elle dans un texte qui mérite d'être rapporté : « Je trouverais Madeleine Jacob en plein cancer envahissant du ligament large, j'admets, je suppose... je serais pas comme Caron!... sûrement non!... à l'éventrer, écarteler, et la suspendre par sa tumeur à un croc... non! qu'elle se vide complètement en lapine pourrie... non! [...] moi là qui vous cause, vous me verrez vaincre mes sentiments! peloter, mignoter la Madeleine! me comporter en vif aimant [7]! »

Céline était aussi révolté par le fait que la justice n'avait pas

---

1. Lettre de Céline à R. Nordling, 10 mars 1950. *Cahiers de l'Herne*, p. 158.
2. Lettre inédite de Céline à J. Galtier-Boissière, sans date. Coll. Roger Vauthion. Texte communiqué par Pierre G. Dubois.
3. *Nord.*, p. 619.
4. Célèbre chroniqueur judiciaire qui écrivait alors dans *Libération*.
5. *Nord.*, p. 618.
6. Lettre inédite de Céline à T. Mikkelsen [février 1950].
7. *D'un château l'autre*, p. 99.

frappé de la même façon les uns et les autres. Il ne comprenait pas que les uns aient été condamnés tandis que d'autres étaient blanchis par un de ces tours de passe-passe dont la IVᵉ République avait le secret. Il n'avait pas supporté de voir Maurice Thorez, ancien déserteur, devenir vice-président du Conseil, ni Cocteau, Montherlant et Morand s'acheminer tout doucement vers l'Académie française [1]. Condamné à un an de prison, il ne comprit pas non plus pourquoi il ne pourrait pas rentrer en France impunément, puisque sa peine avait été purgée, et même au-delà. Il dut attendre encore plus d'une année à Klarskovgaard avant de pouvoir revenir avec la certitude de n'être pas conduit à Fresnes. Les choses étaient pourtant simples en apparence, puisqu'il suffisait aux autorités françaises de reconnaître que la peine avait été effectuée et de lever le mandat d'arrêt lancé en 1946.

« Mikkelsen doit se grouiller aussi pour obtenir de ce même ministère le certificat (que demande Naud), spécifiant que c'est bien par le mandat d'arrêt de France que j'ai été emprisonné ici et non pas pour un délit danois. Naud prétend alors qu'il pourra obtenir l'équivalence de la justice française. Sinon, on me refoutera au gnouf pour un an au passage de la frontière.

» Voulez-vous suivre toute cette chierie! Je crains que Naud ne laisse traîner, alors je risque d'être viré manu militari et en somme dirigé sur Fresnes. Dites-lui d'urgence! Il devait venir me voir [2]. »

A l'occasion de ces combats d'arrière-garde, la querelle entre les deux avocats français de Céline prit un tour plus aigu et elle s'acheva en déroute pour Albert Naud et en triomphe pour Tixier-Vignancour. Dans *Les défendre tous*, Albert Naud a raconté l'histoire à sa façon, c'est-à-dire tout à son avantage. Le nom de Tixier-Vignancour ne fut même pas mentionné à propos de l'affaire Céline : « Céline condamné par contumace à un an de prison fut amnistié. Paulhan m'écrivait pour m'exprimer " notre recon-

---

1. Élus, respectivement, en 1955, 1960 et 1968.
2. Lettre de Céline à P. Monnier, 28 février 1950. *Ferdinand furieux, op. cit.*, p. 123.

naissance ". Le plus difficile était fait, du moins le pensais-je. Il restait à convaincre Louis-Ferdinand Céline d'acquiescer à ce jugement rendu par défaut et de se présenter pour bénéficier de l'amnistie. Je n'y parvins pas. Cet exploit fut réalisé par un de mes confrères en mal de publicité qui s'en fut au Danemark pour y rassurer Céline et rentrer triomphant, avec lui[1]. » Ce qui était tout à fait inexact.

A la page suivante, Albert Naud convenait qu'il n'avait jamais rencontré Céline : « La mort l'a empêché de venir jusqu'à moi. » Il oubliait seulement qu'avant de mourir, Céline avait vécu dix ans à Meudon, assez près de la rue Franqueville où se trouvait son cabinet... Céline n'avait jamais été tout à fait dupe : « Naud ne m'a servi absolument à rien, ni en cour ni ailleurs. Il n'a rien fait, il ne fait rien. C'est un mondain. Peau de zébi. Je le compte pour du beurre. Sauf bien sûr que je le révère! résistant etc. Très entre nous. Tixier m'a eu l'air beaucoup plus actif, mais le boulot intime, le " vrai de vrai ", c'est moi qui le fais en direct. Je ne vous en dis pas plus. Quand il faut dérouiller, c'est moi qui dérouille, personne d'autre. Tout le reste c'est causeries et cie[2]. »

Après l'audience du 21 février 1950, Céline demanda encore à Albert Naud d'obtenir la levée du mandat d'arrêt sans laquelle il risquait toujours l'arrestation, mais Naud échoua dans cette entreprise, apparemment simple, laissant le champ libre à Tixier qui mena le combat de main de maître et conduisit Céline à l'amnistie.

« En fait de vacherie juridique - voici l'ultime je l'attendais - la Chancellerie (dit Naud!?) avait admis après 9 mois de chichis l'équivalence des peines. MAIS le Procureur Général a refusé la levée *du mandat d'arrêt!* Tu parles d'une chicande pourrie! Naud tout épaté(?). Il a fait moins d'histoire le Procureur Général pour admettre parfaitement que *Piétri* ambassadeur de Pétain à Madrid l'excrimeur [sic] richissime bien connu soit condamné par contu-

---

1. Albert Naud, *Les défendre tous*, Robert Laffont, 1973, p. 325.
2. Lettre de Céline à P. Monnier. *Ferdinand furieux, op. cit.*, p. 60. Reprise dans l'éloge d'Albert Naud par Me Louis Rheims lors de la rentrée solennelle de la Conférence des avocats (Paris, 31 janvier 1981).

mace à 5 ans d'indignité et revienne comme un Pape à Paris -
pour que *Morand - Paul* 2 fois ambassadeur de Pétain s'en porte
comme une fleur - ! jamais inquiété le moins! et il a publié pendant
la guerre un petit livre GRATINÉ je t'assure et *Mr Montherlant*
collaborateur de la revue Franco-Allemande s'est toujours porté
à merveille - moi on m'encriste on me ruine on me fait crever [1]
[...] »

Le 1er février 1951, les Cours de justice furent supprimées et les
Tribunaux militaires [2] se virent attribuer tous les dossiers de collaboration restant à juger, y compris les procédures par contumace.
Tixier rendit aussitôt visite au colonel René Camadau, chef du
Parquet du Tribunal militaire, avec lequel il s'entendait parfaitement, non seulement parce qu'il détestait le général de Gaulle,
mais aussi parce qu'il était béarnais. Ils arrêtèrent un plan de
bataille que Tixier suivit à la lettre.

Le 6 mars 1951, à la demande de Tixier, Me Turmel, huissier
à Paris, rue de Charonne, chez lequel Louis Destouches avait fait
élection de domicile, fit opposition à l'arrêt de défaut rendu par la
Cour de justice. Cette opposition fut dénoncée le 12 mars au Commissaire du gouvernement du Tribunal militaire de Paris. Le
6 mars, Tixier avait aussi présenté une requête au président du
Tribunal militaire : « Qu'après exploit de Turmel huissier en date
du 6 mars 1951, le requérant a notifié son opposition au dit arrêt
et s'est engagé à comparaître à l'audience pour laquelle il sera cité :
qu'étant cependant toujours gravement malade, il lui est impossible de s'exposer à une arrestation. Qu'ayant accompli au Danemark une détention supérieure à la peine qui lui a été infligée
par défaut, le mandat d'arrêt est devenu sans objet. »

Tixier allait obtenir rapidement du président du Tribunal militaire ce qui avait été refusé à Naud par le ministère de la Justice
puisque, dès le 15 mars, l'Ordonnance suivante était rendue :

---

1. Lettre de Céline à A. Paraz, 6 octobre 1950. *Cahiers Céline*, n° 6, *op. cit.*, pp. 266-
267.
2. Le Tribunal militaire de Paris siégeait à la caserne de Reuilly.

« Nous Linée, Conseiller à la Cour d'Appel, Président du Tribunal Militaire de Paris;

» Constatant qu'il résulte d'une attestation du Ministère de la Justice Danois qu'il a été incarcéré du 17 décembre 1945 au 24 juin 1947 à la suite d'une demande d'extradition du Gouvernement Français;

» Vu l'article 67 du code de justice militaire,

» Ordonne la main-levée du mandat d'arrêt délivré le 19 avril 1945 par M. Zousman Juge d'Instruction près la Cour de Justice de la Seine, sous réserve que le susnommé se présente au Tribunal Militaire avant le 15 avril 1951. »

Tixier-Vignancour prit aussitôt l'avion pour Copenhague où il rencontra le pasteur Löchen et Mikkelsen. Puis il vint à Korsør et fut reçu par Céline qui lui signa une procuration pour obtenir, en son nom, un passeport pour se rendre à Paris. Il s'agissait en fait d'une manœuvre car Céline n'avait toujours pas l'intention de se présenter.

Jean-Louis Tixier-Vignancour a surtout conservé de cette entrevue le souvenir d'un véritable marécage qu'il lui avait fallu traverser en souliers de ville pour atteindre la porte sur le pas de laquelle Céline l'attendait. Il se souvient aussi qu'on lui offrit une tasse de thé alors qu'il n'avait mangé depuis le matin qu'un méchant hareng saur en guise de petit déjeuner chez le pasteur Löchen.

Lorsque Louis avait reçu Tixier à Klarskovgaard, il avait aussitôt été séduit par le personnage, par son intelligence et sa vivacité d'esprit. Il avait alors écrit à Paul Marteau, qui avait financé le voyage : « Je l'ai vu à l'œuvre - talent, courage, profonde connaissance juridique, habileté, courage, témérité, qualité de cœur — il a tout! le bougre... C'est Henry IV et Bernadotte! Mais tout de même vieux médecin de banlieue je le trouve fougueux, adroitement téméraire, mais téméraire [1]! » Dans une lettre à Pierre Monnier

---

1. Lettre inédite de Céline à P. Marteau, 29 mars 1951.

du 30 novembre 1950, sans doute effrayé par la témérité de son défenseur, il l'avait traité de « spadassin irresponsable [1] ».

De retour à Copenhague, Tixier et François Löchen se présentèrent à l'ambassade de France où ils ne trouvèrent que M. Thomas, vice-consul, auquel ils demandèrent un passeport pour que Céline puisse se présenter à Paris avant le 15 avril. Ils étaient porteurs d'une lettre de Céline à M. d'Harcourt, chargé d'affaires, datée du 19 mars 1951, et de l'ordonnance de M. Linée prononçant la main-levée du mandat d'arrêt. M. Thomas était très bien disposé mais il refusa de prendre sur lui une telle décision. Il fit écrire le même jour, sous la signature de l'ambassadeur, à Robert Schuman, alors ministre des Affaires étrangères, qui répondit le 29 mars en donnant seulement son accord pour la délivrance d'un laissez-passer valable pour un seul voyage en France. M. Thomas avait tout de même accepté de rédiger un document qui avait donné pleinement satisfaction à Tixier :

« L'an 1951 et le 19 mars.

» Devant nous Jacques Thomas, Vice-Consul chargé de la Chancellerie, séant à l'Ambassade de France à Copenhague, a comparu le ci-après dénommé Destouches qui a déclaré [...] qu'il lui était impossible d'obtenir un passeport ou un laissez-passer lui permettant de se rendre à Paris pour confirmer l'opposition faite par acte du ministère de Turmel huissier le 6 mars 1951 à l'Arrêt susvisé avant l'audience du 21 mars prochain. En foi de quoi nous avons dressé le présent procès-verbal à telles fins que de droit. »

Pour Tixier le tour était joué. Il avait en poche un document qui établissait que si Céline ne comparaissait pas le 15 avril devant le Tribunal militaire, ce n'était pas de sa faute, mais de celle de la République...

Au vu de cette pièce, le président du Tribunal militaire accepta

---

1. Lettre de Céline à P. Monnier, 30 novembre 1950. *Ferdinand furieux, op. cit.,* p. 156.

de considérer l'opposition comme recevable et, le 14 avril, il fixa l'audience au 20 avril. Le 17 avril, dans la précipitation, on notifia la date de l'audience à « Destouches Ferdinand en liberté provisoire chez M⁰ Turmel, représenté par M⁰ Tixier-Vignancour ». L'acte est signé « Destouches », comme s'il avait été reçu par Céline lui-même, et l'huissier lui a même fait dire : « Je choisis M⁰ Tixier-Vignancour. »

Tixier prépara une requête en amnistie en visant les dispositions de la loi du 16 août 1947 permettant d'accorder l'amnistie aux grands invalides de guerre qui n'avaient pas été condamnés à plus de trois années de prison, dont la peine était définitive et avait été effectuée avant le 1ᵉʳ janvier 1951, et qui n'avaient pas été reconnus coupables de dénonciations ni de faits ayant exposé des personnes à la déportation. Cette requête fut épinglée soigneusement sur le dossier avec un certificat délivré le 29 mars 1951 par le consul de France à Copenhague attestant que Louis Destouches avait la médaille militaire et qu'il était invalide de guerre. Le consul avait aussi légalisé un état signalétique et des services. En marge de la requête de Tixier-Vignancour le Commissaire du gouvernement émit un avis favorable à la demande d'amnistie.

Ces préparatifs avaient été entourés du plus grand secret, de telle façon que personne ne savait que le dossier Céline allait être de nouveau évoqué devant le Tribunal militaire. Il ne s'agissait que du dossier du docteur Destouches, ancien combattant. A l'audience du 20 avril 1951, le Tribunal militaire était présidé par M. Roynard, conseiller à la cour d'appel de Paris, et composé de deux juges, MM. Sentis et Maillet, ainsi que de six militaires : le lieutenant-colonel Corsini, le chef de bataillon Alazet, le capitaine Jan, le lieutenant Colombies, le sous-lieutenant Arnoult et l'adjudant Chambert. Tous n'y virent que du feu...

Dans la salle, aucun journaliste, aucun ami de Céline, aucun avocat. Après que le Tribunal eut évacué les affaires ordinaires qu'il avait à juger, le président constata que Destouches n'était pas là. Il se tourna vers le capitaine Mercier, qui tenait le siège du Commissaire du gouvernement, et lui demanda quelles étaient ses réquisitions. Le capitaine Mercier requit en quelques mots pour dire qu'il s'agissait d'un itératif défaut [1], mais que le Tribunal militaire était aussi saisi d'une demande d'amnistie à laquelle il était favorable, exécutant en cela les instructions de son supérieur hiérarchique, le colonel Camadau. Le Tribunal se retira pour délibérer et revint quelques instants plus tard à l'audience pour donner lecture du jugement :

« Le Tribunal, à la majorité, donne défaut contre le nommé Destouches Louis, Ferdinand, et déclare l'opposition nulle et de nul effet, conformément aux articles 188 du code d'instruction criminelle et 99 du code de justice militaire.

» Dit, à la majorité, que l'arrêt rendu par défaut, le 21 février 1950, par la 3e Section de la Cour de justice de la Seine, qui l'a condamné à la peine de un an d'emprisonnement, à cinquante mille francs d'amende, à la confiscation de la moitié de ses biens et à la dégradation nationale, pour " actes de nature à nuire à la Défense nationale ", sortira son plein et entier effet.

» Le condamne, en outre, aux frais envers l'État, et fixe au maximum la durée de la contrainte par corps, conformément aux articles 95 du code de justice militaire, 9 de la loi du 22 juillet 1867, modifiés par l'article 14 de la loi du 14 mai 1946.

» Mais attendu que les faits sont antérieurs au 16 janvier 1947, que le susnommé est délinquant primaire, ancien combattant de 1914-1918 et blessé le 25 octobre 1914, le Tribunal militaire *le déclare AMNISTIÉ*, par application de l'article 10 de la loi du 16 août 1947. »

M. Roynard ne savait évidemment pas qu'il venait d'amnistier Céline, bien qu'il ait ensuite affirmé avoir agi en parfaite connaissance de cause. La partie n'était du reste pas définitivement gagnée pour Céline puisque le jugement n'était pas définitif. Les parties disposaient encore d'un délai de cinq jours pour se pourvoir en cassation, pendant lequel Tixier resta silencieux. La bonne fin

---

1. Terme utilisé lorsqu'un prévenu, déjà condamné par défaut, ne se présente pas devant le Tribunal.

de l'opération commandait une discrétion totale. Le 26 avril, après s'être assuré que le Ministère public n'avait pas formé de pourvoi, Tixier téléphona aux journaux pour leur annoncer la nouvelle.

Certaines réactions furent violentes. On dit qu'un ministre en aurait cassé une chaise... et que le garde des Sceaux aurait convoqué le pauvre président Roynard pour le réprimander, ce dont il s'est toujours défendu. Tixier-Vignancour affirme que le *savon* lui aurait été passé par Jules Moch, alors ministre de la Défense nationale. Au ministre, surpris que le président n'ait pas su que Céline s'appelait Destouches, M. Roynard aurait répondu : « Oh, moi, Monsieur le Ministre, en littérature, je me suis arrêté à Flaubert [1]. » Du côté des communistes, l'indignation était à son comble et les deux journaux du Parti n'hésitèrent pas à forcer leur talent pour célébrer l'événement à leur manière. Le 27 avril, dans *Ce soir,* dont Aragon était le directeur : « Ainsi la justice de M. Queuille fait qu'aujourd'hui le porte-parole de Goebbels et de Rosenberg, qui salua frénétiquement les déportations et les massacres de patriotes, va pouvoir rentrer librement. » Le matin même, *l'Humanité* avait tout de suite donné le ton : « L.-F. Céline, agent de la Gestapo et glorificateur des chambres à gaz nazies est amnistié, grâce à la loi votée par la majorité de l'Assemblée par priorité sur les revendications populaires. [...] La vérité est que le sort des collabos les intéresse davantage que celui des masses laborieuses du pays. »

Devant l'émotion soulevée par l'amnistie de Céline, le Ministère public fut requis de former un pourvoi dans l'intérêt de la loi, non pour remettre en cause la décision rendue, mais pour obtenir une cassation de principe. La cour de cassation a effectivement censuré le jugement du Tribunal militaire de Paris et ceci par arrêt du 6 décembre 1951 [2].

Il paraît que Céline pleura quand il apprit qu'il était amnistié. C'est Jean-Louis Tixier-Vignancour qui le lui annonça par télé-

1. J.-L. Tixier-Vignancour, *Des Républiques, des justices et des hommes,* Albin Michel, 1976, p. 227.
2. Voir Annexe VI.

phone. « Mon Cher Maître et Ami. Nous nous remettons à peine de ce coup de téléphone, de cette fantastique émotion! Les miracles vous le savez ne sont point tenus pour véritables miracles avant scrupuleuses enquêtes, conciles, etc... Car enfin miracle il semble! Et vous êtes l'astrologue, sorcier grigri! Oh cela demande réflexion! cela demande confirmation par cette chère Ambassade et Monsieur Thomas! Quel nom! vice-consul des Incrédules! attendons! mais n'attendons point pour vous témoigner, assurer, jurer, mille affectueuses et éblouies reconnaissances! Diable je vous ai vu à " l'arraché " de l'impossible... Quel Hercule! Quel cœur! Quel esprit! C'est génial - J'ai raconté cent fois la scène à Lucette et ce n'est pas fini! Dans notre solitude un événement c'est du tonnerre! Ça tombe du Ciel [1]! »

Le 30 avril 1951, Céline écrivit à Paul Marteau pour commenter l'amnistie : « C'est Tixier qui a gagné *seul* la bataille! en dépit de Naud pour ainsi dire - carabinier d'Offenbach assez tragique - car avec lui je n'en sortais jamais de ma condition d'infâme! [...] Naud va-t-il se pendre avec son épitoge? Et bougre non! je veux être tout de reconnaissance - et d'admiration au contraire! d'ailleurs en justice - au début 45 Tixier n'était pas en état de m'assister - Naud était là - il ne faisait rien mais il était là - je le rémunérerai pour ceci... l'honorerai, le fêterai. Jamais on ne me trouvera en défaut de politesse et chichiterie [2]. »

Portant un jugement plus général sur les avocats, Céline écrivait à Mikkelsen le 3 janvier 1951 :

« Voyez-vous le discrédit dont souffre la profession d'avocat en France provient surtout de *l'énorme littérature,* qui depuis le haut moyen-âge - jusqu'à Molière et jusqu'à nos jours *ridiculise,* rend odieuse, *systématiquement* toutes les professions juridiques.

» Depuis *le Roman de Renard* XIIe siècle jusqu'à Courteline 1900 - il n'est guère d'auteur qui n'ait décoché flèches, lances, bombes contre Tribunaux, juges, avocats -

1. Lettre inédite de Céline à J.-L. Tixier-Vignancour, 23 [avril 1951].
2. Lettre inédite de Céline à P. Marteau, 30 avril 1951.

» Tous bandits pêle-mêle!

» La chose est si bien entendue, tellement traditionnelle, qu'on n'en parle *même plus. Le sujet est usé!* C'est affreux! Heureux Danemark! sans littérature [1]! »

Une fois l'amnistie acquise, Céline prépara son retour en France et son premier souci fut d'obtenir un passeport que l'ambassade de France ne pouvait désormais lui refuser. Ce fut l'infatigable pasteur Löchen qui se chargea de toutes les démarches au consulat. Tarabusté par François Löchen, et avec l'accord de M. de Charbonnière, M. Thomas avait déjà accepté de rendre visite à Céline à l'automne 1950. Il se souvient parfaitement de cette entrevue et de Céline l'accueillant à la porte de *Skovly :* « Vous êtes le premier représentant de cette putain de IVe République à franchir le pas de cette porte [2]. » L'entrevue fut ensuite très cordiale. M. Thomas était jeune et sympathique et Céline était trop content de recevoir quelqu'un de la « Sous-Préfecture » qui lui était favorable. Il fut parmi les seuls de l'ambassade à échapper aux sarcasmes de Céline, privilège qu'il partagea avec M. de Guébriant (parce qu'il était explorateur, et surtout breton) et avec l'attaché de presse, M. Raynaud, dont Céline avait connu le père à la S.D.N.

Quelques mois avant le jugement d'amnistie, en décembre 1950, Céline avait eu la tristesse de voir sa fille opérée une nouvelle fois des suites de sa dernière grossesse et de la naissance de Claude Turpin, né le 28 juin. Il avait eu aussi la joie de recevoir Marcel Aymé, venu avec sa femme à Klarskovgaard pour deux ou trois jours en mars 1951 [3]. Ils avaient évoqué les vieux souvenirs de la Butte, parlé de l'abominable Gen Paul, et Céline leur avait montré de récentes photos de sa fille et de ses petits-enfants qu'il espérait bientôt connaître.

Céline se rendit personnellement à Copenhague avec Lucette pour effectuer dans le bureau de M. Thomas les démarches néces-

1. Lettre inédite de Céline à T. Mikkelsen, 3 janvier 1951.
2. Témoignage de M. Thomas recueilli à Berlin (août 1978).
3. Parti de Paris le 7 mars, il était venu à Copenhague pour assister à une représentation de *Clérambard.*

saires à l'obtention de leurs passeports. Le 5 mai 1951, Céline écrivit à Paul Marteau : « Ah! ça y est j'ai le passeport et le jugement! le miracle a donc eu lieu [1]. » Le document lui fut remis à Klarskovgaard par le pasteur Löchen en présence des Ribière et l'on prit quelques photos de l'événement, sur lesquelles, pour une fois, Céline a l'air vraiment heureux [2]. Louis avait encore à trouver un point de chute en France, à organiser son voyage et à faire ses bagages et ses comptes avec Mikkelsen, sans savoir exactement s'il était débiteur de son avocat ou si, au contraire, un reliquat lui restait dû.

Après ses démêlés avec Karen Marie Jensen, Céline avait confié tout ce qui restait de son or à Thorvald Mikkelsen. Aucun écrit n'avait été signé, moins parce que Céline avait confiance en son avocat que parce qu'il était interdit de détenir de l'or et plus encore de le négocier [3].

Peu avant sa libération, alors qu'il se trouvait au Rigshospital, Céline lui avait écrit [4] :

« Mon cher Maître -
» Je repense à notre conversation " intime " à propos des sous... Un billet *de mille* (1 000) francs français se change ici *comme on veut* à 40 couronnes - or la *livre or Livre or* se vend à Paris *5 000* à *6 000* et même *7 000* francs - facilement - Voici les prix - cela donnerait donc la *Livre or* à *160* ou *200* couronnes - facilement!
» Comme nous sommes riches!
» Bien votre fidèle

Louis »

Dès qu'il eut l'or de Céline en dépôt, Mikkelsen versa à Lucette une petite rente, portée à sept cents couronnes par mois dès la mise en liberté de Louis et qui lui fut régulièrement versée jusqu'à son

1. Lettre inédite de Céline à P. Marteau, 5 mai 1951.
2. M. Thomas se trouvait également présent, mais il n'a pas voulu figurer sur les photographies pour ne pas se compromettre.
3. D'après Antoine Ribière, Mikkelsen aurait reçu en dépôt douze cents louis d'or.
4. Lettre inédite de Céline à T. Mikkelsen, 25 mai [1947].

retour en France. Quand Lucette fut hospitalisée à Copenhague, Céline demanda à Mikkelsen de lui verser de quoi lui permettre de faire face aux frais d'hospitalisation. Il est difficile de dire quels ont été les autres revenus de Céline pendant son séjour au Danemark. On peut cependant affirmer qu'ils ont été minimes. Pendant sa détention ils ont même été nuls, hormis les secours adressés à Lucette par les Pirazzoli et le peu d'argent qu'elle gagnait en donnant des cours de danse. Quelques manuscrits ont été ensuite vendus par l'intermédiaire de Daragnès, notamment à Paul Marteau et à Jean Dubuffet. Puis, à partir de la fin de l'année 1948, grâce aux initiatives de Jean Paulhan, de Jonquières, de Frémanger, d'Amiot-Dumont, et surtout de Pierre Monnier, Céline fut réédité en France mais sans grand succès et à petits tirages.

Il n'est pas possible d'évaluer aujourd'hui le montant des droits revenant à Céline, ni les sommes qu'il a effectivement perçues. Jonquières paraît ne lui avoir rien versé; quant à Frémanger, Louis le considérait comme une « canaille [1] ».

Lorsque Pierre Monnier prit ses affaires en main, la situation s'améliora, mais il n'existe aucun compte précis. On sait, par la correspondance qu'ils ont échangée, que Monnier devait faire face à certains frais, par exemple pour la rémunération de Marie Canavaggia. Dans une lettre du 6 janvier 1951, Céline écrivait à Monnier : « Je veux fêter pour ma Lucette cette rentrée du million! Une folie! Elle rêve de ce livre, Larousse, vous est-il possible de l'obtenir à prix de libraire, combien [2]? » Un million, c'était sans doute beaucoup d'argent, mais cette somme survenait tout à fait à la fin du séjour de Céline et quelques mois seulement avant son retour en France. Quelques jours auparavant, le 1er janvier 1951, il lui avait décrit l'état de misère dans lequel il se trouvait : « Vous imaginez très mal nos conditions ici! Vivant comme des rats gelés, la moitié au moins de nos piteuses ressources empruntées partent en cadeaux! Il le faut : ou nous crèverons dans la plus parfaite hypocrisie de charité du monde! Au surplus je suis malade et

1. Voir Pierre Monnier, *Ferdinand furieux, op. cit.*, pp. 108, 111, 112, 124, 125, 138, 148, 152, 167, etc.
2. *Ibid.*, p. 173.

Lucette surtout, je suis couvert de dettes! Soins dentaires, soins électriques, des catastrophes! Il a fallu que j'achète un matelas, car enfin nous n'avions que des paillasses impossibles! Lucette, pourtant vaillante, ne dormait plus! Et des couvertures! Et des draps! 1 000 couronnes! Et bouffer! Même le hareng au porridge! Et les taxis pour aller chez le dentiste et à l'hôpital! Et les frais énormes de dactylo à Copenhague et le papier pour écrire! Tout ça autant de ruines. Nous vivons strictement dans le froid, la demi-famine et l'horreur, et tout gloussant de reconnaissance, épiés au moindre mot de travers : Fresnes [1]! »

Tous les transferts d'argent se faisaient évidemment sous le manteau et par l'intermédiaire du père de Lucette. Il fallait à la fois éviter les saisies et veiller à ce que Mikkelsen ne sache pas que son pensionnaire avait quelques rentrées. Louis, qui avait des doutes sur l'intégrité de son protecteur, ne voulait surtout pas lui donner un prétexte pour lui couper les vivres. Pourtant, en décembre 1948, il avait donné pour instructions à Monnier de faire transiter une partie de ses revenus par Mikkelsen : « Si votre ami m'édite, il faudra tout de même d'abord envoyer une certaine somme en couronnes à Mikkelsen, 45 Bredgade. Voici pourquoi. Il n'est pas seulement mon avocat, mais aussi mon banquier, hélas! avec quel découvert! Voici cinq ans que je n'ai pas gagné un centime et tout perdu. Nous vivons de très peu, mais quand même l'ardoise monte... nous sommes des économiquement archi-faibles! S'il apprend, et il l'apprendra qu'on revend mes livres, il trouvera bien singulier de ne point tenter de le rembourser un peu... Vous saisissez [2]. »

On ne peut, cependant, se fonder sur les lettres de Céline pour se faire une juste opinion de sa situation, car il avait tout intérêt à dire à Monnier qu'il était sans ressources et débiteur de Mikkelsen pour qu'il s'emploie à faire rentrer ses droits d'auteur. Il écrivait dans le même sens à Ercole Pirazzoli : « Au surplus j'arriverai là-

---

1. Pierre Monnier, *Ferdinand furieux, op. cit.*, p. 172.
2. *Ibid.*, p. 32.

bas sans *un sou!* je ne *sortirai pas un centime de Mikkelsen* - cent bonnes raisons - excellentes - opportunes, officielles etc... fort à propos! Et d'ailleurs il ne doit pas rester *grand-chose!* Car même dans cette misère glaciale les sous fondent... Et depuis 5 ans!... les harengs ne tombent pas du ciel! J'aurais donc bien mauvaise grâce à demander des comptes... il se pourrait *selon le change* que je sois endetté [1][...]. »

Céline tenta de faire les comptes et, d'après ses calculs, Mikkelsen lui devait encore huit mille couronnes danoises. Il n'est pas impossible que Thorvald Mikkelsen en soit convenu, mais il ne lui remboursa jamais cette somme, de telle façon que Céline crut jusqu'à la fin de ses jours que son avocat était un forban : « Ici j'ai affaire à un damné coquin le Mikkelsen - l'amnistie est tombée sur lui en sacré coup de bâton! Comment qu'il va me restituer ce qu'il me doit? ce grand bienfaiteur? tous COMPTES FAITS? oh la la - c'est ardu - il a déjà fait 4 faillites! et tartufe - et chiard et cruel - Le Danois c'est le boche sans les vertus militaires - c'est tout TE DIRE! finasseries! chicaneries etc... [2] »

Après être rentré en France, Céline espéra que Mikkelsen allait à la première occasion lui apporter son dû, mais quand ils se sont revus en septembre à Paris, Mikkelsen n'avait rien apporté. Céline chargea donc Antoine Ribière d'entreprendre des démarches, lui demandant de faire de son mieux : « Me voilà encore vous embêtant avec ce vieux forban! Vous aurez peut-être la gentillesse de lui téléphoner Central 12804 - dès qu'il sera rentré de son " tourisme " (Saloperie!) (avec mon pognon l'ordure!) pour lui demander les 8 000 couronnes environ qui me reviennent - et dont j'ai foutrement besoin - Lucette n'est toujours pas brillante - S'il a pas tout bu le cochon [3]! » Après le passage à Paris de Mikkelsen il écrivit à nouveau à Ribière : « Comme prévu Mikkelsen n'a pas apporté les *8 000 couronnes* environ qu'il me doit! (vieille saloperie!) MAIS - il a été convenu avec lui qu'ils étaient à votre disposition par les transferts possibles. Si vous avez la bien grande obligeance de vous

1. Lettre inédite de Céline à E. Pirazzoli, 20 mars [1950].
2. Lettre inédite de Céline à R. Le Vigan, 5 juin [1951].
3. Lettre inédite de Céline à A. Ribière, 4 septembre 1951.

charger de ce soin... selon les modalités que vous voudrez ou pourrez! Lucette est toujours souffrante rien de tragique il semble - mais les suites de son opération (*ratée*, désastreuse) de Copenhague - Je suis accablé de soucis divers, écœuré par la cherté des choses - et d'avoir laissé tant de sous au cochon que vous savez! *une lettre pour lui* ci-joint [1] - »

A cette lettre se trouvait joint un document qui devait servir de pouvoir à M. Ribière :

« A Maître Thorvald Mikkelsen

» 45 A Bredgade

» Le 15 septembre 51

» Mon cher Maître

» Mon ami Ribière que vous connaissez a toute ma confiance.

» Je l'ai chargé pour vous du message de toutes nos amitiés.

» Bien votre fidèle et attentif -

LF Destouches [2] »

Antoine Ribière n'obtint, évidemment, rien du tout et, quand il téléphonait au cabinet de Me Mikkelsen, ce dernier n'était jamais là. Céline renonça finalement à lui demander son dû, mais il écrivit encore une fois à Ribière le 13 octobre 1951 : « Ce salaud de Mik fauxfuye " il ne peut plus vous trouver " vous êtes parti on ne sait où... vous reviendrez à la Trinité de... en vérité il veut que les 8 000 couronnes tombent *à 0* -

» La charogne s'il continue à lanterner il va lui advenir un sacré malheur... vous pouvez le lui téléphoner - ce vieil apache! Je vous en prie - Je lui demande de m'adresser un chèque sur l'*USA* ou qu'il passe par votre intermédiaire mais qu'il se *décide* avant que je me *décide* car alors il pourra cavaler après sa plantation!

» On voit pas beaucoup des pommiers courir mais il les verra!

» Je ne vous raconte pas les innombrables emm... avec lesquels nous sommes aux prises...! Y en a trop!

» Bien affectueusement à vous deux [3]. »

1. Lettre inédite de Céline à A. Ribière, samedi [septembre 1951].
2. Coll. Antoine Ribière.
3. Lettre inédite de Céline à A. Ribière, 13 octobre 1951.

En 1975, lorsqu'elle publia *le Danemark a-t-il sauvé Céline?*, Helga Pedersen connaissait-elle toute la vérité? Elle ne pouvait ignorer la lettre de Céline du 25 mai 1948, puisque l'original de ce document se trouve dans les archives de la Fondation Mikkelsen, dont elle était administrateur. Elle ignorait certainement les tentatives d'Antoine Ribière qui n'est finalement pas parvenu à rencrrer Mikkelsen. Elle connaissait, en revanche, la mésaventure survenue à ce dernier, dont elle n'a cependant pas fait état, bien qu'elle soit établie par plusieurs témoins.

A une date qui ne peut être précisée, probablement en mai 1949, Thorvald Mikkelsen se rendit à Paris par la route. Il avait dissimulé des pièces d'or dans sa voiture avec l'intention de les changer à Paris où le commerce en était licite. En passant la frontière entre le Danemark et l'Allemagne, lors du contrôle effectué à l'entrée du secteur britannique, l'or fut découvert et saisi. Grâce à sa qualité de « Résistant » et à ses appuis politiques, Mikkelsen obtint qu'il n'y ait aucune poursuite, mais l'or ne lui fut pas restitué.

Il eut tellement honte de ce qui lui était arrivé qu'il n'en parla jamais, même à Céline. En son for intérieur, Mikkelsen estima probablement qu'il n'avait pas à rendre à Céline des pièces qu'il avait transportées pour lui et dans son seul intérêt. Céline l'aurait sans doute admis. Il est mort avec le sentiment d'avoir été volé et Thorvald Mikkelsen avec celui d'avoir été victime de l'ingratitude légendaire d'un homme auquel il avait manifestement sauvé la vie.

*

Autorisé enfin à quitter le Danemark, Céline avait le choix entre plusieurs solutions. A Le Vigan qui lui proposait de venir le rejoindre en Argentine, il écrivait : « Mon Cher Coco - il faut être prudent avisé comme Ulysse - dans notre méchant cas - mais il y a l'âge fiston 57 ans le 27 mai - ça pèse! et dans quel état les os le ciboulot et le reste! et les boyaux! Alors dis l'aventure argentine! fiston! réadaptation! oh la la - mieux crever - d'un bon mauser!

Et puis je parle pas un mot d'espagnol, à mon âge apprendre? Je suis déjà écœuré de l'anglais et du boche et du danois que je connais! une autre? moi j'aime que le franscaille - je suis patriote - je suis vieux - je suis con - je suis buté - et entre nous je serais assez content de crever! alors si je m'en fous des attentats patati! la merde! Pour l'Argentine faudrait qu'on me trouve une planque médicale soie-soie! dans un climat frais ou *froid*. Moi la chaleur je l'ai en horreur - dis j'ai fait 2 ans de Cameroun! Il me faudrait tout de suite des honneurs et la considération! Pas trop de boulot - peu - pas de cordons de sonnettes! Non - trop vieux - trop haineux aussi! Chierie! le rampage? merde! même la politesse! à dache! Pourquoi faire? une carrière? tu penses! moi tu sais c'est le Père Lachaise mon idéal! comme je l'ai dit à la Mairie de Sigmaringen aux Durs de Durs rassemblés - Alors tu comprends je suis pas plaçable [1]! »

Le 5 juin 1951, de nouveau à Le Vigan : « J'ai plus envie d'être accablé de boulot, je *pourrais plus* plus la force - Il me faut une 1/2 retraite - une place de médecin assistant *logé* dans un hôpital d'un pays genre Normandie ou Bretagne - *avec Lucette* - pénard qui me laisse bien des heures à " œuvrer " sur mon manuscrit romanesque - voilà comme je suis - donc un sacré con - difficilement casable et piffrable. [...] médecin de port me plairait bien aussi [2]. »

Zuloaga l'avait invité en Espagne, André Pulicani en Corse, Paul Marteau à Neuilly-sur-Seine et les Pirazzoli lui offraient l'hospitalité à Menton : « Plus embêté je suis pour mon relogement en France! où me caser finalement? je vais sans doute tâter de la Côte d'Azur (entre nous) chez mes beaux-parents - Menton mais quel climat! Cette chaleur va me crever! A Paris il faudrait que je trouve un studio pour Lucette (pas à Montmartre) [3]. »

Alerté par Albert Paraz, dont il avait été le condisciple à Constantine, le maréchal Juin avait même proposé de faciliter son établissement au Maroc où il était alors Résident général : « Ce qui m'intéresse diablement c'est cette proposition Juin Rabat - Peux-tu

1. Lettre inédite de Céline à R. Le Vigan, le 21 [entre janvier et avril 1951]. Voir *supra*, p. 203.
2. Lettre inédite de Céline à R. Le Vigan, 5 juin 1951.
3. Lettre inédite de Céline à P. Marteau, 24 mai 1951.

avoir des précisions? *précises? sérieuses!* oh c'est rare les paroles sérieuses!

» Médecin là-bas? où? moi tu sais je voudrais pas quitter le bord de la mer. Il me faudrait un logement pour moi et Lucette - j'aimerais bien être interne ou adjoint dans un hôpital [1]. »

Céline décida finalement d'accepter l'hospitalité qui lui était offerte par ses beaux-parents, mais il lui restait encore beaucoup de choses à faire. Comme le pasteur Löchen venait de quitter Copenhague pour devenir aumônier de la Légion étrangère à Sidi-Bel-Abbès, c'est Antoine Ribière qui le seconda pour la préparation matérielle du voyage et pour toutes les démarches administratives à Copenhague. Il avait été décidé que Lucette et Louis voyageraient par avion, accompagnés de Bessy, de Bébert et de cinq autres chats [2]. Il fallut faire fabriquer une caisse assez grande pour contenir Bessie, qui était énorme, et un panier d'osier pour les chats. Il fallut aussi obtenir du vétérinaire de Korsør autant de certificats de bonne santé à faire légaliser ensuite par le consulat de France.

Lucette et Louis avaient accumulé à Klarskovgaard tout un bric-à-brac intransportable, et beaucoup de livres. Lucette en fit le tri et acheta des sacs marins qu'elle fit expédier par bateau au prix de multiples démarches à Korsør, notamment auprès des douanes.

Le 16 juin, Céline demanda à être relevé de son serment, car il était toujours prisonnier sur parole; il prit congé des quelques Danois qu'il connaissait à Korsør et il écrivit au directeur du journal local, le *Korsør Avis* :

« Monsieur le Directeur,

» Au moment où nous allons quitter, ma femme et moi, la jolie ville de Korsør, je vous prie de croire que ce n'est pas sans tristesse que nous nous éloignons de ces lieux où nous avons reçu le plus aimable, le plus humain, le plus délicat des accueils.

» En des années pour nous critiques, nous avons été entourés à

---

1. Lettre de Céline à A. Paraz, 29 [mai 1951]. *Cahiers Céline*, n° 6, *op. cit.*, pp. 335-336.
2. Il n'en ramena que quatre : Bébert, Tomine, Flûte et Mouche.

Korsør d'une véritable sympathie, qui nous fut d'un grand réconfort au cours de notre long exil.

» Je vous serais particulièrement reconnaissant, Monsieur le Directeur, de bien vouloir me permettre d'adresser par votre journal tous nos sentiments d'amitié et de gratitude aux habitants de Korsør.

» Et veuillez agréer, je vous prie, l'assurance de ma parfaite considération.

L.-F. Céline [1] »

Après avoir changé plusieurs fois de date, Céline décida de prendre l'avion à Copenhague le dimanche 1er juillet, avec départ de Klarskovgaard le 30 juin au matin par le train et une nuit à Copenhague chez Mikkelsen. « Nous partirons donc de Korsør définitivement avec les animaux LE 7 n'y *reviendrons* PLUS RIDEAU! le cirque déménage [2]! »

Le dimanche après-midi, Mikkelsen, un peu compassé, les Ribière et les Sales accompagnèrent Céline et Lucette à l'aéroport de Copenhague. Louis portait un complet avec gilet et des musettes en bandoulière. Lucette avait aussi une musette sur un tailleur noir très classique. On prit quelques photos pour la postérité.

Le DC-4 de la S.A.S. décolla de Copenhague à dix-huit heures vingt-cinq, heure locale. Le vol était sans escale. L'arrivée à Nice était prévue à vingt-trois heures cinquante-cinq.

Pour Louis, c'était le baptême de l'air.

Le 11 juin 1900, dernier jour de son exil danois, Léon Bloy avait noté dans son *Journal :* « Bienheureuse fin de notre exil. Sublime dernière heure dans le train qui nous porte à la frontière allemande, par une de ces belles nuits claires de l'été scandinave - le ciel même s'illuminant pour nous voir partir. Désormais nous souffrirons en France [3]. »

1. *Korsør Avis*, 4 juillet 1951; repris dans *Cahiers Céline*, n° 1, *op. cit.*, p. 150.
2. Lettre inédite de Céline à A. Ribière, 18 juin 1951. (Le retour fut avancé d'une semaine.)
3. Léon Bloy, *Mon journal*, tome I, *op. cit.*, p. 362.

CHAPITRE XII

Menton et Neuilly

« Et on fout le camp du Danemark nom de
Dieu »

Lettre inédite de Céline au pasteur Löchen,
16 [mai 1951].

Dès que l'avion eut décollé, Céline s'amusa comme un enfant.
Il était manifestement enchanté par cette nouvelle expérience :
« Ce ne fut qu'un trait dans l'air de Copenhague à Nice - un tapis
volant! de la magie - mais à Nice comme je le prévoyais le cauchemar a recommencé pas d'auto un camouflage d'arrivée ignoble -
Finalement à Menton à 5 heures du matin! Trouvé les beaux-
parents ahuris! prévenus depuis 7 ans pourtant! bien gentils, mais
l'âge le super confort et de toutes petites facultés mentales! enfin
rien de tragique... mon inquiétude est pour Lucette [1]. »
Le 8 juillet, il écrivit à Jean Paulhan pour lui annoncer son
retour en France et lui dire que *Féerie* touchait à sa fin. Il envisageait de revenir à Paris au début du mois de septembre pour
conduire Lucette chez le docteur Tailhefer. Le 14 juillet, il reprit
contact avec Paul Marteau : « Le destin est fort rigolo - je quitte

1. Lettre inédite de Céline à P. Marteau, 9 juillet 1951.

Mik vieil escroc chevronné je tombe sur mes beaux-parents qui lui sont juxtaposables comme en géométrie [...] l'avarice délirante - quant à *Féerie* qui doit nous renflouer - je m'y paye ma millième migraine... 10 000e [1]. »

Après quelques heures d'euphorie, le climat se dégrada chez les Pirazzoli au point que Céline et ses beaux-parents se heurtaient plusieurs fois par jour pour les questions les plus futiles et Lucette craignait qu'ils n'en viennent aux mains. Louis ne supportait pas leur avarice, leurs soucis bourgeois et leur petitesse. Il étouffait dans leur appartement, pourtant vaste, mais surchargé de fanfreluches. Il souffrait de ne pouvoir faire un mouvement sans être épié et sans avoir à subir ensuite les commentaires acidulés de sa belle-mère qu'il prit en haine et songeait à étrangler. Le changement de décor avait été trop brutal. Céline avait été transplanté, sans transition, d'une bicoque dans laquelle il avait vécu comme bon lui avait semblé dans un appartement de cocotte plein de miroirs, de coussins et de sofas, dans les tons pastel. On comprend que le choc ait été rude et qu'il ait rapidement préféré la fuite à cet enfer : « La vie s'est révélée ici *impossible*. Nous remontons dans le nord lundi - *nord de la* France! mais à partir d'aujourd'hui écrivez-moi je vous prie Destouches c/o Monnier 45 rue du Rocher Paris.

» On est un peu inquiet d'ailleurs cher Ribière! Que s'est-il passé depuis notre départ? Aucune nouvelle de Mikkelsen sauf un imbécile blabla... noyade du poisson [2]! »

Dans une autre lettre également adressée à Ribière, le 1er août, alors qu'il était déjà remonté à Paris, il fut un peu plus explicite : « Notre virée à Menton fut une catastrophe, ruineuse! Le climat, les beaux-parents, les journalistes, le logis! du cabanon surchauffé! l'hystérie à son comble! nous nous sommes enfuis! horrifiés! Ici [3] on est au calme, enfin - presque... le calme qui rend le travail possible *mon seul but* [4]! » Et le 10 août : « Mes beaux-parents de

1. Lettre inédite de Céline à P. Marteau, 14 juillet 1951.
2. Lettre inédite de Céline à A. Ribière, 21 juillet 1951.
3. Chez Paul Marteau, à Neuilly.
4. Lettre inédite de Céline à A. Ribière, 1er août 1951.

Menton, PIRAZZOLI se sont révélés comme de très grossières crapules [1]. » Un peu plus tard, Céline revint sur son séjour à Menton et sur ses relations avec les Pirazzoli, qu'il appelait les Couscous parce que Ercole Pirazzoli « [...] a l'air de prendre des bains d'huile de palme [2] ». Voici l'état de leurs relations au 26 février 1952 : « J'ai coupé tous les ponts avec les Couscous Dieu merci! Rien plus à faire avec ces vieux fastidieux *escrocs!* Archi prouvés! Appartements? ah là là! Ce sont de foutus idiots carambouilleux voleurs de tout! J'ai pris Tirelire [3] en train de faucher la fourrure de sa fille! Elle l'a fait 100 fois dans sa vie! Rien à faire avec ces deux exténuants imbéciles bandits! Salut! [...] Laisse les Couscous dans leur cloaque - Dieu que je regrette d'avoir tant perdu de temps et d'argent dans ce guet-apens *de Menton!* Quelle racaille [4]! »

Pierre Monnier avait recueilli le même son de cloche : « Ah, vous parlez d'une Afrique, ici! Et miteuse! Des beaux-parents cupides, cons au possible. C'est mieux que la Baltique à cause de la langue française dans la rue, mais pour le reste, ça serait plutôt pire [5]. »

Dans cette même lettre, il parlait de Gaston Gallimard sur le ton qui lui était habituel lorsqu'il s'agissait des éditeurs en général et des siens en particulier : « Gaston est aussi maquereau et canaille que Frémanger, Dumont et tout le reste! Son pognon lui vient d'Hachette, c'est-à-dire Philippaqui [6] smyrniotte gangster bluffeur... Bon, ne relancez ni Paulhan ni Jouhandeau. Laissez choir [7]. »

Céline ne pouvait s'attendre à ce qu'il y eût du côté de Gallimard la moindre surprise. Il travaillait à *Féerie*, ne mettait pas le nez dehors, se disputait avec sa belle-mère et ne voyait personne, pas même Paraz qui était pourtant son voisin puisqu'il résidait alors à Vence, à la pension de famille Les Palmiers.

1. Lettre inédite de Céline à A. Ribière, 10 août 1951.
2. Lettre de Céline à A. Paraz, 30 mai 1951. *Cahiers Céline*, n° 6, *op. cit.*, p. 337.
3. Mme Pirazzoli.
4. Lettre de Céline à A. Paraz, 26 février 1952. *Ibid.*, p. 355.
5 et 7. Lettre de Céline à P. Monnier, 13 juillet 1951. *Ferdinand furieux, op. cit.*, p. 188.
6. Henri Filipacchi, secrétaire général des Messageries Hachette, père de Daniel Filipacchi, aujourd'hui propriétaire et directeur de Paris-match.

Pourtant, l'inattendu survint : Monnier tombait du ciel avec un contrat de Gallimard... et quel contrat! Vers la mi-juillet, Monnier avait reçu une lettre de Jouhandeau lui demandant de prendre contact avec Paulhan pour une chose importante. Quelques heures plus tard, Monnier était chez Gallimard où il put constater que l'état-major de la N.R.F. s'était beaucoup agité depuis quelques jours. Après avoir eu vent que Flammarion songeait à Céline, Gallimard avait finalement décidé de faire entrer Louis-Ferdinand dans son écurie.

Chez Gallimard, en juillet 1951, les plus chauds partisans de Céline ont été Paulhan, bien sûr, mais aussi Marcel Jouhandeau et André Malraux, qui n'aimait pas Céline mais reconnaissait qu'il était l'un des principaux écrivains du demi-siècle. Comme Monnier était alors l'éditeur de Céline et que chacun savait qu'il était son homme de confiance, pour ne pas dire son souffre-douleur, « on » avait estimé qu'il serait de loin le meilleur ambassadeur pour approcher le « Monstre ».

Monnier connaissait les exigences de Céline : cinq titres, dix-huit pour cent sur le prix fort de vente, cinq millions d'avance, droits de traduction et de cinéma réservés. Gallimard accepta d'emblée ces conditions draconiennes. On rédigea le contrat et l'on mit Monnier dans le premier avion pour Nice. Céline signa sans hésitation le 18 juillet 1951.

L'avance de cinq millions donnait à Céline une aisance qu'il n'avait pas connue depuis la fin de la guerre. Il décida de quitter aussitôt Menton avec sa ménagerie et d'accepter l'hospitalité qui lui avait été offerte par Paul Marteau à Neuilly. « Les préparatifs de départ n'ont pas manqué de pittoresque... Il y avait au moins vingt bagages, valises et paquets divers, sans compter les paniers pour les animaux [1]. »

Le voyage de Nice à Paris eut lieu le 23 juillet 1951, jour de la mort du maréchal Pétain. Céline n'avait passé que trois semaines chez les Pirazzoli, le temps de se fâcher avec eux et de perdre une chatte sauvage, Tomine, qui revint quelques mois plus tard. Recueil-

---

1. Pierre Monnier, *Ferdinand furieux, op. cit.*, p. 190.

lie par la mère de Lucette, elle fut ensuite expédiée à Meudon par avion, au prix de toutes sortes de difficultés.

Céline avait donc bien peu profité de cette villégiature, décrite dans l'*Humanité* du 20 juillet 1951 : « Gracié par le gouvernement, Céline se pavane sur la Côte d'Azur : Au moment même où le Conseil de guerre condamnait le patriote Henri Martin à cinq ans de réclusion, on annonçait que Louis-Ferdinand Céline venait de rentrer en France. Il s'est fixé à Vence, dans les Alpes-Maritimes, à proximité de la Côte d'Azur, où il goûte les joies d'une liberté dont le gouvernement français lui a fait gracieusement cadeau.

» Fasciste notoire, antisémite forcené, littérateur douteux et grossier, Céline était un grand admirateur des nazis au service desquels il mit sa plume nauséabonde dès l'occupation de la France. C'était aussi un agent de la Gestapo. »

Paul Marteau (qui ne lisait pas l'*Humanité*) attendait Céline à la gare des Invalides. Les deux hommes ne s'étaient jamais rencontrés. Voici ce que Paul Marteau nota le soir dans son « Journal » :

« Arrivée aux Invalides le 23 juillet 51, lundi, à 8,15 du soir. Lui, elle, accompagnés de Monnier et venant de Nice. 1 cage en osier contenant Bébert et   [1] chats, trois sacs de matelots, grandeur d'homme, renfermant le barda, 1 valise carrée contenant les manuscrits, six valises et, à la main, Bessy, policier de toute beauté. Lui, sa canne et en bandoulière deux sacoches croisées pour les tickets, bulletins de bagages et monnaie. Sur le quai d'arrivée, le beau-père, M. Almansor et sa seconde femme, ainsi que Madame Monnier. Affrètement d'un taxi pour l'emplir des colis, Lucette dans la Packard avec Pascaline. L. F. dans la Simca à côté de moi, la cage aux chats derrière. Départ véhément et mouvementé des Invalides devant les Almansor et les Monnier. Le Quai d'Orsay, le Pont Alexandre : " Tiens ils n'ont pas encore démoli le Grand Palais. Ils le raccommodent. Dire qu'il ne devait durer que le temps de l'Exposition 1900! " Champs-Élysées. L'Étoile, Av. Foch : " Je

1. Laissé en blanc.

revois la gare où je faisais partie de l'escorte comme cuirassier aux arrivées de souverains. " Neuilly - Déballage et installation. Visite du petit appartement que nous mettons à leur disposition au second étage : une grande chambre et un petit salon donnant par une grande fenêtre sur le Bd Maurice Barrès, une salle de bains. " Versailles, c'est Versailles. " On monte les chats, le barda, ils s'installent. Rendez-vous dans une demi-heure pour dîner. Le dîner est préparé dans la salle à manger, tout est froid, pas de service. Ils descendent à 9 heures. Nous nous mettons à table. Lui boit de l'eau minérale, elle rien du tout. Ils mangent de bon appétit. Il paraît plus calme mais encore soucieux. " Mik, trois fois failli, vieil escroc. Il m'a certes accueilli au Danemark, mais m'a donné à la police avant son départ pour les États-Unis. On nous a cueillis le lendemain de son départ et il est revenu quatre mois après. Si je suis venu au Danemark, c'est une vieille histoire. Du temps de mes bénéfices, j'avais acheté 1 800 fr or, et au cours d'un voyage, je les avais mis dans un coffre à Copenhague. Pendant la guerre, au moment ou les Allemands razziaient tout ce qu'ils trouvaient dans les coffres, j'ai eu l'idée de faire un voyage à Berlin avec Popaul, là j'ai eu l'occasion de voir...... (danseuse danoise), et lui remis la clef du coffre. Elle s'arrangea pour vider le coffre de son contenu et le conserver à son appartement. Voilà pourquoi j'ai quitté la France avec le désir de retrouver mon magot et que j'ai échoué au Danemark après avoir fait la route à pied de Sigmaringen à Copenhague. J'ai vécu sur mes fonds, rien emprunté à personne mais j'avais besoin d'un intermédiaire pour changer mes pièces, ce fut Mik qui fit l'affaire en les changeant au cours officiel et en me refilant des couronnes danoises au plus haut cours. Il gagnait sur les deux tableaux. "

» Il revient sur son emprisonnement qui semble l'avoir marqué puissamment : " On nous a cueillis en pleine nuit, voitures cellulaires, menottes, pas de juge d'instruction. Pendant 4 mois de cellule je n'ai vu personne. Au Danemark il n'y a pas d'instruction, c'est le commissaire de police qui mène la chose à son gré. Ce fut horrible j'ai attrapé une maladie que l'on croyait disparue depuis le moyen âge. On la retrouvait toutefois à bord des pontons où les prisonniers croupissaient à l'époque des guerres napoléoniennes : la pellagre. "

» A un autre moment, il me fait part confidentiellement : " ·Moi qui ne vais aux cabinets qu'avec un lavement, je suis resté quinze jours sans aller à la selle. J'ai perdu plus de quarante kilos. " Après le dîner, détente. Il nous conte avec humour la visite d'Héron de Villefosse et de sa femme à Copenhague " invités " par Mik. " Je suis avisé par une lettre d'H. de Villefosse qui avait rencontré Mik à Paris, que sur ses instances ils partaient tous les deux pour Copenhague, où ils comptaient trouver une fastueuse installation dans une de ses villas et visiter ses plantations. Ces dernières étaient tout simplement des vergers lui permettant un modeste commerce de pommes. Dès cette lettre reçue, je me rendis chez Mik - Ils arrivaient le jour même - c'était un dimanche, la bonne était de sortie et je trouvais Mik, incompréhensif, niant avoir invité les Héron à venir et encore moins à les héberger. J'essayais de le décider à venir le chercher à la gare, il s'y refusa énergiquement, me conseilla d'y aller et de faire pour le mieux. Je m'y rendis donc et dois tout d'abord exposer que H. de V. est un pique-assiette notoire, très apprécié du monde qu'il rétribue en anecdotes du vieux Paris. Il a épousé la femme divorcée d'un attaché d'ambassade qui est élégante et diserte. Ils ont tous deux l'habitude d'être reçus, hébergés, dorlotés etc. Ils arrivent, chargés d'un important bagage et je leur fais part de la carence de Mik. Ils décident de l'aller voir immédiatement - Mik redoutant cette entrevue s'était mis en robe de chambre et chaussons et dégustait une vague tisane. Son incompréhension n'avait fait qu'augmenter. Son seul effort fut de demander à Lucette de voir si à la cuisine elle ne pouvait pas trouver un verre d'eau et peut-être un pot de confiture! Pour en sortir je proposai à Mik de téléphoner à l'Hôtel d'Angleterre afin de leur retenir une chambre. A cette perspective, son intellect parut se ranimer "on ne m'a jamais rien refusé à l'Hôtel d'Angleterre" déclara-t-il. En effet une chambre était disponible. Je m'employai à y conduire les H. de V. Celui-ci imperturbable, on ne pouvait lui faire faux bon, déclara : " Tout cela n'est qu'un malentendu. Mik est furieux que nous soyons arrivés le jour de congé de sa bonne. Tout s'arrangera demain en allant le voir. D'ailleurs je n'ai pas un sou, il faut qu'il m'avance 2 000 couronnes." Le lendemain, je fus obligé de m'entremettre à nouveau et je conseillai à H. de V. de modérer ses exigences et de les limiter à 500 couronnes que Mik consentit difficilement à lui lâcher contre reçu en bonne et due forme, et dont je trouvai le débit sur la dernière note de frais qu'il me remit avant notre départ définitif de Copenhague le 1er juillet. "

» Sur ce il monte chercher sa chienne Bessie et nous fîmes en compagnie de Lucette un petit tour sur le boulevard Maurice-Barrès. Sa femme et lui font connaissance de nos deux pékinois qui fraternisèrent avec sa chienne [1]. »

Le soir, quand Céline était remonté dans son appartement, Paul Marteau notait les événements de la journée. Président du Club des Cent, il observait Céline en gastronome; ainsi, le 3 août 1951, après un dîner chez Marius : « Jambon, saucisson, salade, tomates et concombres, homard à l'américaine, ravis ils mangent de tout. Beaujolais, lui boit 2 1/2 bouteilles de Badoit, fromage et eux prennent des framboises à la crème qu'ils mangent avec volupté [2]. » Après des années de harengs et de porridge, Céline se retrouvait chez un authentique épicurien, logé comme un prince dans le très somptueux hôtel particulier du 66 bis, boulevard Maurice-Barrès à Neuilly, que Pascaline Marteau avait aménagé avec beaucoup de raffinement. Paul Marteau était ravi de recevoir Céline sous son toit, surtout qu'il se piquait de littérature au point d'avoir constitué avec René-Louis Doyon, une revue [3] et une maison d'édition : « La Connaissance », dont le principal titre de gloire était d'avoir employé occasionnellement un jeune courtier qui n'avait alors que dix-huit ans, et s'appelait André Malraux.

Marteau était aussi enchanté de voir défiler chez lui les amis de Céline : le docteur Camus, Marcel Aymé, Jacques Deval, Perrot, Jean Bonvilliers et quelques autres. Gen Paul refusa de venir. Céline aurait pourtant beaucoup aimé le revoir. Il attendit quelques

1 et 2. « Journal » inédit de Paul Marteau.
3. P. Marteau y écrivit des articles sur l'ésotérisme.

jours, espérant qu'il allait se manifester, puis décida de lui dépêcher Pascaline. Après quelques réticences, Mme Marteau accepta cette mission suicide; elle monta à Montmartre, frappa chez Gen Paul, et fut reçue par lui. Il refusa l'invitation, abreuvant la pauvre Pascaline de propos grossiers et de commentaires acidulés sur les malheurs que lui avaient causés ses relations avec Louis-Ferdinand, le rendant responsable du fait que tous les Juifs, amateurs et marchands, lui avaient tourné le dos et qu'il n'avait pas vendu un tableau depuis la guerre... Le soir, quand elle raconta tout cela à Céline, il ne fit aucun commentaire, mais il monta aussitôt dans sa chambre et ne redescendit pas pour dîner.

Paul Marteau, qui connaissait Gen Paul, et lui avait acheté plusieurs très belles huiles, est certainement intervenu de son côté, mais sans plus de succès. Quelques mois plus tard, en janvier 1952, alors que Céline venait de s'installer à Meudon, Gen Paul écrivit à Marteau : « Je m'étais mis une idée dans le tronc qu'il habitait Château Maurice Barrès - je ne veux pas le rencontrer (grand génie mais cave pour mésigue) [1]. »

Céline confia une autre mission délicate à Paul Marteau, celle d'aller voir Gaston Gallimard pour lui dire qu'il avait réfléchi, que l'avance de cinq millions était insuffisante et qu'elle devait être doublée. Marteau accepta d'effectuer cette démarche, ce qui montre à quel point il était attaché et dévoué à Céline auquel il ne refusait vraiment rien. Il lui fallut pourtant prendre sur lui pour aller voir Gallimard auquel il n'avait jamais pardonné de l'avoir supplanté auprès de Valentine Tessier dans une liaison orageuse qui s'était achevée dans le rocambolesque. Paul Marteau alla donc voir Gaston Gallimard. Les deux hommes firent la paix et Céline obtint les cinq millions supplémentaires qu'il convertit en or par l'intermédiaire de son beau-père, M. Almansor, et plaça ensuite dans la chambre forte de Marteau à Neuilly. Pascaline Marteau lui ayant demandé s'il était satisfait d'avoir obtenu cinq millions de plus, il lui répondit : « En plus il vous faut de la reconnaissance [2]! »

1. Lettre inédite de Gen Paul à P. Marteau, janvier 1952.
2. Témoignage de Pascaline Marteau.

La malheureuse Pascaline eut beaucoup à souffrir des sarcasmes de Louis. Elle était une proie facile et souffrit aussi de voir l'état dans lequel se trouvait le petit appartement mis à sa disposition et dans lequel Bessy, Bébert et Mouche se comportaient comme en terrain conquis. Les meubles avaient été poussés dans un coin du petit salon pour permettre à Lucette de travailler et, quand elle sautait pour son entraînement, on ne s'entendait plus dans le salon du rez-de-chaussée dont le lustre tanguait dangereusement. Paul Marteau s'en amusait, mais Pascaline trouvait cela moins drôle, comme elle supportait mal quelques maladresses de langage, ou d'être appelée « la doubronneuse [1] ».

Céline reçut plusieurs fois la visite de sa fille, mais il refusa de voir son gendre, qui se présenta pourtant dans l'espoir de faire sa connaissance. Yves Turpin croisa son beau-père sur le trottoir du boulevard Maurice-Barrès. Il lui dit : « Je suis votre gendre. » Céline lui répondit : « C'est bien possible » et il continua son chemin [2]. Il le jalousait d'avoir épousé sa fille et lui reprochait de lui avoir fait tant d'enfants. Colette proposa à son père de les lui amener. Céline refusa, remettant à plus tard. Colette Turpin explique le fait qu'il n'ait finalement jamais accepté de les voir par son extrême sensibilité [3]. Il avait déjà tant souffert du fait des êtres qu'il avait aimés qu'il ne voulait pas s'attacher à ses petits-enfants pour éviter toute nouvelle souffrance. Il avait écrit, un peu dans le même sens à Paraz, de Menton, le 15 juillet 1951 : « J'ai pas vu ma fille depuis dix ans. J'ai 5 petits-enfants inconnus. Je ne sais pas si je les verrai à Paris tellement j'ai contracté l'horreur des bafouillis pataquès... *inévitables* [4]! »

Réconcilié avec Gaston Gallimard, Paul Marteau organisa un déjeuner chez lui au début du mois d'octobre 1951, probablement le 10 octobre, auquel assistaient Jean Paulhan, les professeurs Allary et Gaudart d'Allaines et Antonio Zuloaga. C'est ce jour-là que Céline fit la connaissance de son nouvel éditeur. Le 3 novembre,

1. Femme stérile.
2. Témoignages de Colette Turpin et de Pascaline Marteau.
3. Voir *infra*, p. 306.
4. Lettre de Céline à A. Paraz, 15 juillet 1951. *Cahiers Céline*, n° 6, *op. cit.*, p. 348.

Gallimard lui envoya un pneumatique, assez plat, dans lequel il faisait « patte de velours », ce qui n'était sans doute pas le meilleur moyen de s'attirer ses grâces : « Comptez sur mon impatience et mon désir de mériter votre confiance. [...] Je souhaite aussi que nous ayons prochainement l'occasion de nous revoir, je peux bien dire que notre première rencontre a bien été celle que je dois à Paul Marteau, je vous ai trop assidûment écouté pour n'être pas impatient de vous entendre encore; il faut que vous me croyiez si je vous dis que je suis fier, fier et heureux d'être votre éditeur et que je me sens déjà votre très dévoué Gaston Gallimard. »

Gallimard ne fut pas récompensé par tant d'aménité. Dans *D'un château l'autre*, il apparaît sous le nom d'Achille Brottin, « vieux merlan frit libidineux [1] » flanqué du président de son « Pinbrain-trust », Norbert Loukoum, alias Jean Paulhan. Ailleurs [2] il est « l'archi pourri! » Quant à ses collaborateurs, « une armée de larbins et larbines qui arrêtent pas de lui passer des langues dans tous les trous [...] [3] » Il sera mimi Chapelle ardente... éternel Achille! enfin son vilain œil clos!... son horrible sourire ravalé!... il sera regardable, mort [4]. » Il brocardait aussi son « sourire horriblement gêné de vieille chaisière prise sur le fait [...] [5] » Pour ce qui est des services rendus par sa maison d'édition, il affirmait : « [...] de temps en temps quelque entêté arrive tout de même à me découvrir, dans un tré-fonds de hangar sous une pyramide d'invendus [...] [6] »

Le 28 juillet 1951, Céline rendit visite à Tixier-Vignancour. Voici la relation qu'il en fit, du moins ce que nota Paul Marteau dans son « Journal » : « Une heure qu'on a poireauté chez le T.-V. Il venait de temps en temps montrer son nez dans le salon où nous étions. "Encore une minute je suis à vous." Il y avait au moins vingt personnes qui attendaient. Le moins drôle c'est que de temps en temps la porte s'ouvrait. Un type venait nous contempler : on l'amusait bien. Enfin il nous a reçus, sa femme était partie pour le

1. *D'un château l'autre*, p. 194.
2. *Ibid.*, p. 101.
3 et 4. *Ibid.*, p. 91.
5. *Ibid.*, p. 36.
6. *Ibid.*, p. 19.

Béarn la veille et lui allait la retrouver le lendemain avec le gosse, beaucoup de baratin. Enfin on est partis [1]. »

Le « Journal » de Marteau révèle aussi que Louis déjeuna chez son beau-père, M. Almansor, le 29 juillet, et qu'il en est revenu éreinté d'avoir dû parler à vingt personnes, mais avec un napperon de dentelle ancienne pour Pascaline. Le 31 juillet, il recevait Zuloaga avec Perrot et Bonvilliers. Pendant le déjeuner, Céline fut « étincelant ». Paul Marteau nota : « Il évoque encore son odyssée à pied de Constance au Danemark [sic]. » Le 5 août, Lucette et Louis allèrent au théâtre Marigny voir des ballets d'Amérique latine, mais comme d'habitude Louis voulut partir à l'entracte. Au début du mois de septembre, il conduisit Lucette chez le docteur Tailhefer, rue Barbet-de-Jouy.

Dès les premiers jours du mois d'août, Paul Marteau leur prêta une voiture et un chauffeur pour visiter des maisons autour de Paris. Rien ne convenait jamais, mais ils finirent par découvrir à Meudon une maison avec un jardin, dont la vue sur la Seine et Paris les enchanta.

Situé 25ter, route des Gardes, c'était un pavillon Louis-Philippard construit au XIXᵉ siècle au cours d'une opération de lotissement réalisée par Eugène Labiche (ou par sa famille). Quatre pavillons sur un terrain fortement en pente et disposant chacun de quinze cents mètres de terrain. Comme Lucette venait de vendre deux fermes à Moulin Lamarche, près de Sainte-Gauburge dans l'Orne, provenant de l'héritage de sa grand-mère, l'acquisition se fit à son nom et avec son argent. Deux millions et demi, payables comptant à la signature immédiate du compromis, le 6 septembre 1951. L'acte de vente devait être signé chez le notaire avant le 1ᵉʳ octobre, ce qui fut fait.

La maison se composait d'un sous-sol éclairé par deux fenêtres et dans lequel se trouvaient la cave, la chaudière et une cuisine. Au rez-de-chaussée, une entrée, une première pièce dans laquelle Céline installa son bureau et une autre dont il fit sa chambre. Au

---

1. « Journal » inédit de Paul Marteau. Céline offrit aussi ce jour-là à Mᵐᵉ Tixier-Vignancour une nappe en dentelle qui provenait de la collection de Marguerite Destouches.

premier étage, Lucette installa une salle de gymnastique et se réserva une chambre. Il y avait encore à cet étage une salle de bains donnant sur le jardin. Le second fut aménagé en studio de danse où Lucette fit poser un excellent plancher, des barres et des glaces murales.

Le chauffage central ne fonctionnait pas, ou du moins Céline ne l'utilisa jamais, préférant la cheminée de son bureau qu'il remplaça ultérieurement par un poêle à gaz. Avant d'emménager il fit faire quelques travaux car la maison était dans un état pitoyable : réfection de la salle de bains et d'une partie de la plomberie pour près de dix mille francs, du chauffage pour cinq mille francs, des clôtures; pose d'une palissade de dix-neuf mètres, pour plus de vingt mille francs, divers travaux de peinture et de menuiserie pour vingt-trois mille francs, et installation du téléphone.

Céline récupéra un peu de mobilier qui provenait de sa mère; Mme Marteau prêta quelques meubles, assez quelconques; on acheta des ustensiles de cuisine et Lucette et Louis purent s'installer à la fin du mois d'octobre dans cette maison qui présentait beaucoup d'attraits à la belle saison, mais se révéla humide dès l'automne, difficile à entretenir, fatigante parce que toute en étages et pratiquement impossible à chauffer convenablement. Voici la description qu'en donna Céline dans une lettre à Le Vigan du 27 octobre : « Je regrette de ne plus avoir personne pour prendre une photo de la case - Elle est pas tellement croulante bien qu'âgée de 150 ans - mais il faudrait 4 domestiques - Et nous deux Lucette sommes des laquais jardiniers et professeurs et écrivains et médecins et contribuables et crève la faim. Ça se passe à flanc de coteau de Meudon 4 maisons semblables bâties en même temps que celle de Bassano, secrétaire de Napoléon, jouxte - La vue de tout Paris de la Tour Eiffel, du Mont Valérien, de Montmartre et des ponts de la Seine et des usines Renault - très bonne guitoune avec 500 sacs de frais d'entretien par an! alas! on y crèvera Lucette et moi ici, de surmenage et de vieillerie [1] - »

En quittant Paul et Pascaline Marteau, Céline apposa sur leur

---

1. Lettre inédite de Céline à R. Le Vigan, 27 octobre 1951.

exemplaire de *Voyage au bout de la nuit* une dédicace en forme de poème :

> *On va traverser le Bois de Boulogne*
> *pour s'en aller mon Dieu où?*
> *voyager, chercher la belle vue,*
> *le bel air, lanlaire!*
> *Corniaud qui part,*
> *part arrive fleur!*
> *fané mort fumier!*
> *La preuve l'ai faite et voilà!*

Neuilly octobre 1951

Céline avait été heureux chez les Marteau. Ils lui avaient un peu réappris à vivre. Comme il savait que son hôte était bibliophile, il lui dédicaça au mois d'août suivant un exemplaire du tirage de tête de *Mort à crédit* dans l'édition de Frédéric Chambriand :

> *Au bout d'un très long cauchemar*
> *trouvé deux âmes, une demeure de*
> *paradis, et le Bois de Boulogne!*
> *Vive miracle*
> *deux miraculés bien affectueux*
> *à Monsieur Paul et Madame Pascaline!*

Août 1952

L.-F. Céline

Lucette

CHAPITRE XIII

Route des Gardes

« C'est peut-être ça qu'on cherche à travers
la vie, rien que cela, le plus grand chagrin possible pour devenir soi-même avant de mourir. »

Voyage au bout de la nuit, p. 236.

Dès leur installation à Meudon, Lucette ouvrit un cours de
danse « classique et de caractère ». Des enfants, des hommes et des
femmes de tous âges et de tous milieux, beaucoup d'amateurs et
quelques professionnels, prirent l'habitude de venir chez elle, non
seulement pour apprendre la danse, mais surtout pour pratiquer la
« méthode Almanzor », sorte de « barre au sol » de son invention,
fondée sur la respiration [1].

Pour monter dans les étages où Lucette donnait ses cours, les
élèves devaient passer devant la porte du bureau de Louis qui les
houspillait quand ils faisaient trop de bruit, mais il aimait aussi
parler avec certains d'entre eux qui devinrent petit à petit des amis,
parmi lesquels : Mme Brami, qu'il appela « Manchourie », puis
« Sistole » et « Ombre blanche », le docteur Robert Brami que

---

1. Les principes en ont été définis dans une plaquette écrite par Nicole Debrie.

Céline arrêtait volontiers pour bavarder, Mme André de Vilmorin, belle-sœur de Louise [1], Renée Cosima, à la ville Mme Gwen-aël Bolloré, Claude Maupommée, Judith Magre, Mme Roger Nimier, deux petites filles de Marcel Aymé, etc. Certains élèves étaient terrorisés à l'idée qu'il pouvait surgir dans l'escalier quand ils passaient devant sa porte. Pour rassurer Claude Gallimard sur les risques imaginaires courus par sa femme et ses filles, Céline lui écrivit :

« Cher Ami,
» Vous savez ce que valent les légendes!... une d'elles veut paraît-il que je me trouve Cerbère dévorant à la porte du cours de ma femme! N'en croyez je vous prie rien du tout!
» 1° Je ne suis jamais monté au studio de danse.
» 2° S'il m'arrive, très très rarement, de croiser une élève, je m'efface, je me sauve si vite que pour ainsi dire je n'existe pas.
» Tout ceci pour éventuellement bien vous rassurer. Je demeure tout en bas, à un autre étage, et à la cave.
» Bien amicalement à vous [2]. »

Lucette donnait des leçons tous les jours, mais chaque mardi après-midi elle s'échappait quelques heures pour aller faire des courses à Paris, surtout chez Fauchon, d'où elle rapportait principalement des fruits, des gâteaux et des croissants pour Louis. Le mardi soir, quand les animaux commençaient à s'agiter, il savait qu'elle allait rentrer et descendait avec eux à sa rencontre sur la route des Gardes.

Céline ne reprit pas tout de suite l'exercice de la médecine et il attendit près de deux ans pour demander sa réinscription à l'Ordre des médecins de Seine-et-Oise auquel il a de nouveau appartenu à partir du 16 septembre 1953 [3]. Il fit alors imprimer du papier à

---

1. Louise de Vilmorin est venue une fois voir Céline à Meudon avec son frère André.
2. Lettre de Céline à C. Gallimard, 6 novembre 1960. Citée par Henri Godard dans *D'un château l'autre*, p. 1004.
3. Céline prit cette décision pour pouvoir bénéficier d'une retraite à laquelle il ne pouvait prétendre sans avoir vingt années d'exercice professionnel. Il avait exercé à Clichy de 1928 à 1937 (après des remplacements à Croissy-sur-Seine en juillet 1927 et

lettres professionnel, apposa une plaque à la grille de son jardin, reçut de temps à autre quelques malades et fit aussi des visites à domicile. Malgré le déclin de ses forces et la dégradation progressive de son état de santé, il resta passionné de médecine, se tint au courant, recevant toujours ses confrères avec plaisir. Il conserva jusqu'en 1959[1] quelques malades qu'il ne faisait pas payer : « Je me suis fait plus de tort jamais prendre un rond aux malades que Petiot de les faire cuire au four[2]!... » Il était toujours prudent dans ses diagnostics, avec une obsession pour la tuberculose qu'il avait tendance à voir un peu partout et, à la première complication, il envoyait ses patients en consultation chez des spécialistes.

Dans *D'un château l'autre*, Céline a beaucoup parlé de sa vie à Meudon et il a ainsi commenté, avec un humour qui cachait mal son amertume, l'échec de son cabinet médical!

« Je serais guérisseur, ça irait... ça serait une façon... et pas bête!... je ferais de mon cabinet mi-Bellevue un lieu de " frétillement " des blèches!... Lourdes " new-look ", le Lisieux-sur-Seine!... Vous voyez?... mais le hic! je suis que le petit médecin tout simple... je serais empirique? je pourrais me permettre... je peux pas!... ou " chiropracte "?... non! non plus!

» J'ai le temps de méditer... repenser le pour, contre... de réfléchir ce qui me fait le plus de tort?... mon complet peut-être? mes grolles?... toujours en chaussons?... mes cheveux? Je crois, le plus surtout de pas avoir de domestiques... ah, et aussi le pire du pire : " il écrit des livres "... ils les lisent pas, mais ils savent...

» Je vais chercher les malades moi-même (les rares), je les ramène moi-même à la grille, je les guide qu'ils glissent pas (ils me

à Montmartre, 5, rue des Saules, en octobre 1957). Hormis quelques remplacements, notamment au Havre en juillet 1937, il avait exercé pendant quelques mois en 1939 à Saint-Germain-en-Laye, puis aux dispensaires municipaux de Sartrouville et de Bezons jusqu'en juin 1944.

1. Il a déclaré à l'Ordre des médecins cesser toute activité professionnelle en clientèle privée à compter du 31 mars 1959. Il remplissait alors les conditions pour toucher sa retraite, ayant exercé pendant vingt ans. Par ailleurs il eut soixante-cinq ans deux mois plus tard, le 27 mai 1959.

2. *D'un château l'autre*, p. 9.

feraient un procès), la glaise, la gadoue!... les chardons aussi... je vais moi-même aux " commissions "... voilà qui vous discrédite!... je vais aussi porter les ordures! moi-même! la poubelle jusqu'à la route!... vous pensez! comment je serais pris au sérieux [1]? »

L'idée qu'il aurait connu l'aisance s'il avait été guérisseur fut reprise par lui dans une lettre du 26 octobre 1956 (dont il avait conservé un double) au président de l'Ordre des médecins de Seine-et-Oise [2]. En réponse le Conseil de l'Ordre le dispensa du paiement des cotisations : « Je ne demande pas mieux que de cotiser, mais l'argent? Je n'en ai pas pour manger et me chauffer et pas un client à l'horizon! depuis 3 ans! les charlatans et rebouteux foisonnent et sont riches, vous le savez mieux que moi! que ne cotisent-ils! Je suis ruiné, vous le savez, depuis l'Épuration par l'Épuration. Gallimard est une crapule, vous le savez peut-être, je n'ai rien à espérer de ce côté! Quant aux médecins-écrivains, sous la férule de DIAMANT-BERGER [3], ils me repoussent comme le choléra. »

*

Pendant les dix années que Céline passa à Meudon, le cérémonial de ses journées fut à peu près le même. Il se levait toujours très tôt et descendait au sous-sol pour se faire un thé léger et s'occuper des chiens, puis il se mettait au travail. Lucette n'apparaissait que vers neuf heures trente et descendait prendre un café préparé par Céline qui se faisait alors chauffer un second pot de thé. Puis les cours commençaient pour Lucette, tandis que Céline retournait à sa table de travail. Deux fois par semaine, il descendait au Bas-Meudon pour faire quelques courses, toujours accompagné par un chien. La viande était cependant livrée par le boucher, en grande quantité, surtout pour les chiens. Louis, pour sa part, n'en mangeait pratiquement pas, juste un peu de poulet de temps

1. *D'un château l'autre*, p. 20. Voir aussi pp. 52-53.
2. C'était alors le docteur Ollier.
3. André Gillois; voir *supra*, pp. 160 et 189.

en temps. Il préparait des repas pour Lucette, qu'il aurait voulu voir manger régulièrement. Elle aimait grignoter et s'alimentait de façon très anarchique. Quand elle faisait un peu de ménage, Louis s'insurgeait, affirmant qu'il avait « l'impression de coucher avec la bonne ». Deux ou trois fois par semaine, un homme venait travailler au jardin, puis, en 1957 ou 1958, une femme de ménage, « Madame Agnès », vint de temps en temps faire la lessive et mettre un peu d'ordre dans la maison. Vers dix-huit heures, même l'été, Céline fermait les volets du sous-sol et du rez-de-chaussée, puis il s'affairait pour le repas du soir que Lucette venait prendre avec lui.

Dans la matinée, Louis descendait à la grille pour relever la boîte aux lettres. Il y trouvait *le Figaro* auquel il s'était abonné dès son installation à Meudon. Il disait volontiers qu'il n'en lisait que le « Carnet du jour », et plus spécialement la chronique nécrologique, comme si la mort des autres le ragaillardissait et lui redonnait goût à la vie :

« Une petite consolation, peut-être, chaque matin dans *le Figaro*, en chronique nécrologique, les départs... " que dans son château d'Aulnoy-les-Tropines, le grand Commandeur Poussetrouille a pris son billet... que toute la famille éplorée, avant de passer chez le notaire vous remercie... de vos condoléances affectueuses... etc... "
» L'abonnement au *Figaro* a des raisons, " Courrier des Parques "... que j'en ai vu passer comme ça qui s'étaient joliment promis de me manger l'intérieur du crâne... aux astibloches, hautains cocus!... salut la famille éplorée!... tout embarrassée d'Aulnoy-les-Topines... forêts et château... tannez le notaire [1]! »

En réalité, Céline lisait aussi, rapidement et toujours avec dégoût, les pages concernant la politique française et les grands événements du monde. Il y guettait les catastrophes qu'il avait annoncées et n'y trouvait que des raisons de craindre les orages à venir et le déclin de l'Occident. Il voyait évidemment toujours les choses

1. *Nord,* p. 312.

sous leur angle le plus sinistre et constatait que s'imposaient partout la débauche, le mauvais goût, la vulgarité, la violence et l'hypocrisie, sans parler des injustices qui permettaient à certains champions de la Collaboration de tenir de nouveau le haut du pavé, à de mauvais écrivains de réaliser de gros tirages, et à Maurice Thorez, ancien ministre d'État du général de Gaulle et ancien vice-président du Conseil, d'achever sa vie très bourgeoisement et dans la considération générale [1].

La France était alors principalement préoccupée par la guerre d'Indochine, qui n'en finissait pas, et par celle de Corée, dont on craignait qu'elle ne dégénère en conflagration mondiale [2]. Louis croyait à la guerre et prophétisait l'envahissement de l'Europe occidentale par les hordes de l'Armée rouge. Il n'attendait plus rien de la France de Vincent Auriol et affichait pour les Français le plus parfait mépris : « [...] à moins que les tanks russes passent sur la Beauce je ne vois pas beaucoup de Français changer d'opinion ou d'usages... [...] Ils ne bougent que la mitraille au cul et encore pour foutre le camp - Si les Soviets déferlent jusqu'à Quimper ils tourneront tous communistes dans la nuit pour sauver leur pauvre peau de cabotins foireux [3]. »

La vie sous la IVe République, telle qu'il la voyait du haut de la route des Gardes, apparaît aussi dans une lettre à Le Vigan :

« [...] mes larmes plutôt aux cobras qu'aux hommes fils! Tes nouvelles d'Argentine semblent d'une préfecture avec 20 ans de retard! toutes ces questions ne se posent même plus ici! Il s'agit simplement de savoir quand sera la grande déportation - Je dis US et URSS parfaitement d'accord - cette Vranze est putride et contagieuse - on l'éparpillera - La vie matérielle même aux nouilles est devenue

1. Thorez est décédé après Céline, le 11 juillet 1964, de façon symbolique, sur un bateau soviétique qui l'emmenait passer ses vacances en U.R.S.S.
2. Répondant à une enquête (*Carrefour*, 15 août 1950), Céline s'était étonné de l'inquiétude qui régnait alors. En cas d'extension du conflit, il prévoyait : « Je foutrai le camp pour mon compte au diable! Vous aussi? On se retrouvera! Vous me reconnaîtrez facilement, j'ai les cheveux longs, j'ai le chat : Bébert, j'ai la médaille militaire. » (*Textes et documents 1*, *op. cit.*, p. 23).
3. Lettre inédite de Céline à A. Jacquot, le 14, sans date.

ruineuse - Ils ont rendu les produits de base inabordables - mais le superflu, l'auto, les vacances, la Côte d'Azur prennent *tout* à crédo! tu ne peux plus circuler dans Paris - c'est un garage - Les autos circulent sur les trottoirs - textuellement - il sort 600 n^{lles} autos par jour - Le sexe n'intéresse plus que les touristes - les Vranzais veulent et ont autos, frigidaires, appartements, lessiveuses, et vedettes - tout pour le matériel - Picasso une valeur " mieux qu'or " - tu ne te reconnaîtrais pas si tu venais - Buenos Ayres c'est Bordeaux 39 - d'après tes cancans [...] Les gens qui veulent vivre à peu près dépensent 1 million par mois - les ouvriers de chez Renault ont des voitures - la viande tu sais est le fléau n° 1 des hommes au-dessus de 50 ans! Providentielle misère donc! non! Coïncidence grostesque [1]! »

Céline, qui avait vécu les années d'exil dans l'attente du jour où il pourrait enfin rentrer en France, ne pouvait être que déçu par la réalisation de ce rêve qui tourna vite en désillusion. Quels que soient les événements, ils ne pouvaient plus être pour lui que funestes présages et prémisses d'une apocalypse déjà bien avancée. Désabusé de tout, en butte à mille tracasseries, il osait à peine sortir dans Meudon par crainte des insultes et des pierres qu'on pouvait lui jeter et vivait dans la hantise qu'on lui empoisonnât ses bêtes. Dans l'indifférence totale des milieux littéraires, pourquoi Céline, vieillard prématuré, usé par la souffrance et la maladie, aurait-il éprouvé d'autres sentiments que le mépris, la rancœur et la haine, qu'il avait au demeurant toujours soigneusement entretenus?

Sa première lettre écrite de Meudon au pasteur Löchen [2] en est une parfaite illustration. Ce n'est qu'une longue plainte :

« Mon bien cher Ami,
» Nous sommes très heureux d'avoir de vos bonnes nouvelles - mille pardons pour ce long silence. Nous avons été pris dès Nice par un ouragan de déveines et de méchancetés qu'on en est tout abruti - en plus de la maladie - Lucette et moi. J'ai 4 ou 5 procès

1. Lettre inédite de Céline à Le Vigan, 17 juin, sans date.
2. François Löchen et sa femme sont venus à Meudon en 1952.

sur les bras [1] - On est *maudits* voilà le mot - A Menton ce fut un cauchemar et *ruineux - Deux brutes féroces - voleurs* la mère et Pirazzoli - deux bandits - un mois d'horreur - *coupé tout contact -* l'imbécile Paraz - semé aussi - cabotin désastreux - Paris sans toit d'un gîte à l'autre - Lucette malade - guère de mieux - la canaille Mikkelsen nous a tellement volé - le Thénardier du Nord Je suis obligé d'intenter des procès en faux, injures etc... Avocats ravis - mais il faut les payer! La famille (la mienne) a pillé tout aussi! même mon oncle de 80 ans! Je ne retrouve *rien* ou les saloperies, l'invendable - je ne parle pas de rééditer - ce serait le signal d'une autre curéc! Quand j'aurai un domicile (mais quand?) je vous l'écrirai - il faut faire attention aux *lettres* en principe *ne pas m'écrire* - Les ondes du cœur! c'est tout! et mille affectueux baisers à votre famille [2]. »

Dans cette lettre écrite à une époque où il tenait encore secrète sa nouvelle adresse à Meudon, se faisant expédier son courrier chez Monnier ou chez le père de Lucette, Céline fait état d'un procès qu'il venait d'engager contre les Éditions Julliard, à la suite de la publication du *Journal* d'Ernst Jünger.

Né à Heidelberg le 29 mars 1895, Jünger avait été saisi très jeune, comme Louis Destouches, par le vent de l'aventure. Engagé volontaire dans la Légion étrangère française, il s'était ensuite illustré dans l'armée allemande au cours de la Grande Guerre, notamment dans les Flandres, sur les lieux mêmes où le maréchal des logis Destouches avait combattu et avait été blessé. Jünger était revenu de la guerre avec sept blessures et avait été décoré de l'ordre « pour le Mérite » généralement réservé aux officiers supérieurs. En 1920, il avait publié *Orages d'acier*, vision de la guerre totalement opposée à celle présentée par Céline en 1932 dans *Voyage au bout de la nuit*. Officier dans l'âme, homme d'ordre,

1. Céline avait alors un procès contre les Éditions Julliard. Il avait également lancé deux citations correctionnelles pour diffamation contre *l'Aurore* et contre *Preuves*. Il renonça ensuite à ces deux actions. Il envisageait aussi des procès contre Frémanger et Jonquières pour obtenir le règlement de ses droits d'auteur.
2. Lettre inédite de Céline à F. Löchen, 14 novembre [1951].

grand bourgeois devenu hobereau, il était demeuré attaché aux traditions culturelles et libérales du Saint-Empire et ne s'associa à aucune des grandes hystéries d'Adolf Hitler, dont il fit Kniébolo dans *les Falaises de marbre* et qu'il considérait comme une véritable incarnation du Diable. Toutes proportions gardées, il fut pareillement épouvanté par Céline. Les deux hommes n'avaient rien pour s'entendre, et la fantaisie débridée de Céline choqua profondément l'officier allemand toujours très respectueux des bonnes manières.

Céline apparaît souvent dans le *Journal* d'Ernst Jünger, parfois sans être nommément cité et toujours de façon très désagréable :

7 janvier 1942 : « L'après-midi chez Poupet rue Garancière [...] Conversation sur Melville, Fabre, Cocteau, Hercule et l'affreux Céline [1]. »

14 mars 1943 : « Le soir au chevet d'Armance [2], malade; elle s'est blessée au pied dans la maison de X... Elle disait que la raison pour laquelle cet auteur est toujours à court d'argent, malgré l'importance de ses gains, c'est qu'il les donne en entier aux prostituées qui viennent le consulter [3]. » Ce que Florence Gould avait sans doute oublié de lui dire, c'est que, venue chez Céline à Montmartre en fiacre avec Marie Bell, elle avait apporté du champagne dont elles avaient été les seules à boire... En descendant l'escalier, Florence Gould était tombée et s'était fait une mauvaise entorse à la cheville.

23 avril 1943 : « Petit déjeuner chez les Morand où se trouvaient la comtesse Palfy, X..., Benoist-Méchin. La conversation a tourné autour d'anecdotes sinistres. Benoist-Méchin raconta que, par temps de verglas, sa voiture avait dérapé, en écrasant contre un arbre une femme qui se promenait dans la rue avec son mari. [...] Le docteur X... alors nous parla de sa pratique, qui semble se distinguer par une accumulation de cas sinistres. Du reste il est Breton — ce qui me confirme ma première impression, qu'il est un

1. Ernst Jünger, *Journal, I (1941-1943)*, Julliard, 1951, p. 102. Le *Journal* est actuellement édité chez Christian Bourgois.
2. Florence Gould.
3. Ernst Jünger, *Journal, II (1943-1945)*, Julliard, 1953, p. 19.

homme de l'âge de pierre. Il va visiter incessamment le charnier de Katyn [1], qu'exploite aujourd'hui la propagande. Il est clair que de tels endroits l'attirent [2]. »

16 novembre 1943 : « Le soir à l'Institut allemand. S'y trouvaient le sculpteur Breker et sa femme, une Grecque; puis arrivèrent Mme Abetz et les sympathiques Abel Bonnard et Drieu La Rochelle, avec qui j'ai échangé des coups de feu en 1915. Ensuite, des scribouillards à gages, des bonshommes qu'on ne voudrait pas toucher avec des pincettes. Tout ce monde mijote dans un mélange d'intérêts, de haine, de crainte et certains portent déjà sur le front le stigmate des morts horribles. X..., aux ongles dégoûtants - j'entre à présent dans une période où la vue des nihilistes me devient physiquement insupportable [3]. »

On sait aussi le mépris qu'il avait exprimé dans son *Journal* le 22 juin 1944 en apprenant par le lieutenant Heller le départ de Céline pour Baden-Baden [4]. Plus tard, le 15 février 1947, il évoqua de nouveau Céline sur un mode plus littéraire alors qu'il venait de lire *le Sursis* de Sartre, estimant à son sujet : « Le phénomène est moins inquiétant que sa popularité. » Voici le passage qui concerne Céline : « Chez Zola, la peinture de la décomposition est encore liée à certains lieux : boucheries, bordels, le marché des halles. Chez Céline et Sartre, elle imprègne chaque phrase, chaque relevé de faits. On sent que la pourriture a gagné la charogne entière [5]. »

Le malheur voulut que dans le premier tome du *Journal* d'Ernst Jünger mis en vente chez Julliard en septembre 1951, il ait été imprimé, à la date du 7 décembre 1941, la relation de sa première rencontre avec Céline, dont Karl Epting avait été l'instigateur, et qui s'était soldée par un fiasco :

---

1. Ce projet n'a pas eu de suite. Voir *supra*, p. 196.
2. Ernst Jünger, *Journal, II, op. cit.,* p. 51.
3. Ernst Jünger, *ibid.,* p. 206.
4. Voir *supra*, pp. 22-23.
5. Ernst Jünger, *Journal de guerre et d'occupation (1939-1948)*, Julliard, 1965, pp. 486-487.

« L'après-midi à l'Institut allemand, rue Saint-Dominique. Là, entre autres personnes, Céline, grand, osseux, robuste, un peu lourdaud, mais alerte dans la discussion ou plutôt dans le monologue. Il y a, chez lui, ce regard des maniaques, tourné en dedans, qui brille comme au fond d'un trou. Pour ce regard, aussi, plus rien n'existe ni à droite ni à gauche; on a l'impression que l'homme fonce vers un but inconnu. " J'ai constamment la mort à mes côtés ", et, disant cela, il semble montrer du doigt, à côté de son fauteuil, un petit chien qui serait là.

» Il dit combien il est surpris, stupéfait, que nous, soldats, nous ne fusillions pas, ne pendions pas, n'exterminions pas les Juifs — il est stupéfait que quelqu'un disposant d'une baïonnette n'en fasse pas un usage illimité. " Si les Bolcheviks étaient à Paris, ils vous feraient voir comment on s'y prend; ils vous montreraient comment on épure la population, quartier par quartier, maison par maison. Si je portais la baïonnette, je saurais ce que j'ai à faire [1]. " »

Dans le texte original du *Journal* publié en Allemagne, Jünger avait pris soin de remplacer le nom de Céline par celui de « Merline » et il l'avait cité en d'autres endroits sous le nom du docteur X..., pour lui éviter des ennuis à une époque où Céline n'avait toujours pas été jugé et où les procès de la Collaboration défrayaient encore la chronique. Il avait du reste fait de même pour beaucoup d'autres personnes rencontrées à Paris pendant l'Occupation et qui apparaissaient dans le *Journal* sous des pseudonymes. Le malheur avait aussi voulu que Henri Thomas, le traducteur, n'ait pas travaillé sur un exemplaire du livre publié en Allemagne, mais sur une dactylographie non corrigée sur laquelle figurait encore le nom de Céline [2]. Comme Jünger ne prit connaissance de la traduction intégrale qu'une fois le livre fabriqué, il ne put rétablir le nom de « Merline [3] ».

1. Ernst Jünger, *Journal, I, op. cit.*, pp. 94-95. Le nom de Céline a été remplacé par celui de Merline dès le tirage du 12 octobre 1951.
2. Voir la lettre d'Henri Thomas à F. Morési, 30 mai 1980. *Le Lérot rêveur*, n° 29, décembre 1980, pp. 73-74.
3. Témoignage d'Armin Molher, secrétaire de Jünger en 1951.

Dès qu'il en eut connaissance, Jünger écrivit à Marcel Jouhandeau une lettre datée du 11 septembre 1951 : « Beaucoup de temps s'est écoulé depuis ma dernière lettre. Par des amis, en particulier par Mme Furst, je me suis tenu au courant de ce que vous faisiez, et j'ai eu le plaisir d'apprendre que vous aviez surmonté les écueils qui, il y a plusieurs années, se sont dressés devant nous. J'avais toujours espéré, étant moi-même à présent un *occupé*[1], recevoir un mot de mes amis de cette époque, car il existait pour cela plus d'une voie sûre. Cependant, j'avais probablement surestimé les sympathies dont je pouvais disposer. Mais votre épouse n'a certainement pas fléchi.

» C'est pour une autre raison que je vous écris et que je me fais du souci. Peut-être pourrez-vous m'aider. Ces derniers jours, la première partie de mes *Journaux* est parue à Paris. J'avais prié à plusieurs reprises traducteur et éditeur de laisser tous les noms exactement tels qu'ils figurent dans l'édition originale allemande. Je constate qu'il n'a pas été tenu compte de mon désir, et ceci dans un cas particulièrement pénible, celui de Céline. Dans un passage où la version allemande porte un autre nom, on a introduit à mon insu celui de Céline. Je tenais cet auteur, dont je n'estime pas l'œuvre, pour disparu, mais voilà que j'apprends qu'il vient de rentrer en France. Au cas où cette erreur pourrait être pour lui une source de désagréments, je démentirai qu'il se soit agi de lui. C'est ce que je lui fais savoir dans la lettre jointe, que je vous serais très reconnaissant, cher Marcel Jouhandeau, d'envoyer à l'adresse de Céline que je ne connais pas. Je peux, il est vrai, me réconforter à la pensée que si ses propres livres, avec ce qu'ils ont d'effroyable, n'ont pas nui à Céline, cette mention ne le fera certainement pas non plus. Mais je veux avoir la conscience tranquille, car comme les médecins, j'ai pour principe de " Nil nocere "[2]. »

Jünger demandait donc à Jouhandeau de transmettre à Céline la lettre suivante qui lui fut remise par Monnier :

1. En français dans le texte.
2. Lettre partiellement inédite de Jünger à M. Jouhandeau, 11 septembre 1951. Texte aimablement communiqué par M. Jacques-Henri Pinault.

« Très honoré Monsieur Céline,

» C'est une circonstance pénible qui me fait vous écrire. En examinant la traduction de mon *Journal* qui vient de paraître à Paris, je tombe sur votre nom — et juste à un endroit où dans l'original allemand c'est le nom de " Merlin " qui figure. Cette substitution que je regrette de la façon la plus vive et dont l'origine m'est obscure s'est produite à mon insu. Je n'approuve pas vos idées, mais rien n'est plus loin de moi que de vouloir vous nuire. S'il arrivait que vous fussiez attaqué à cause de ce passage, je vous en prie, référez-vous-en à moi. Je démentirai qu'il se soit agi de vous.

» Avec mes meilleurs vœux.

Ernst Jünger [1] »

Céline a-t-il tenu les propos que lui prête Ernst Jünger? On sait comment sont écrits les journaux dans lesquels on met en avant tout ce qui peut choquer, sans rapporter le contexte et les intonations, ce qui permet toutes les dénaturations. Céline tenait parfois des propos cyniques, avec un humour à froid qui est celui des carabins. Ceux qui le connaissaient mal pouvaient penser qu'il était vraiment sadique. Jünger avait de plus l'habitude de « replâtrer » son texte avant de le publier : « La révision de mes journaux de voyage me fait voir quelle part y prend l'action du temps. Il en modifie le contenu, comme la maturation et la fermentation font d'un vin dans un cellier. Il faut maintenant mettre en bouteille, précautionneusement, en prenant garde à la lie. J'ai eu à ce sujet une longue conversation chez Armance avec Léautaud, qui désapprouve totalement ce procédé et déclare inviolables et sacrosaints les termes du premier jet [2]. »

Céline consulta Tixier-Vignancour [3] qui conseilla de foncer. Deux assignations furent préparées contre *l'Aurore* et contre

1. Lettre de Jünger à Céline, 11 septembre 1951. Texte aimablement communiqué par M. Jacques-Henri Pinault.
2. Ernst Jünger, *Journal, II, op. cit.*, pp. 356-357.
3. Albert Naud en conçut beaucoup d'amertume.

Preuves qui avaient rapporté le texte de Jünger avec des commentaires très désobligeants pour Céline, mais il y renonça après qu'elles eurent été délivrées. Une plainte fut par ailleurs déposée le 12 octobre 1951 contre René Julliard pour faux, usage de faux et dénonciation calomnieuse. Céline vint lui-même au Palais se constituer partie civile. Tixier avait promis que tout se ferait dans la plus grande discrétion, mais la nouvelle avait rapidement fait le tour du Palais, et Céline fut accueilli par des reporters et des photographes. Il fut ensuite entendu le 26 octobre à quatorze heures trente par le juge d'instruction J. Decaudin, puis le 17 juillet 1952 par le juge Marc Escolier qui avait succédé à M. Decaudin. La venue de Céline au Palais de Justice de Paris ne donna plus lieu à la moindre publicité car il avait adjuré Jean-Louis Tixier-Vignancour de faire en sorte qu'il n'y ait plus de journalistes : « Je me demande toujours *quand* je devrai me rendre au supplice du Juge d'Instruction? J'espère au moins *sans photos* ce coup-ci!! autrement au premier journaliste *entrevu* je fous le camp et il faudra me ramener avec les menottes [1]. » Le 12 novembre il lui écrivit de nouveau dans le même sens : « Je vis dans l'angoisse d'être encore photographié questionné, d'autant plus que je suis vraiment mal foutu! »

L'instruction de l'affaire tourna rapidement à la confusion. Céline demanda l'audition de Jünger et d'un journaliste, Alain Sergent (de son vrai nom André Mahé) : « Il peut témoigner qu'il a connu Merlin, que ce Merlin osseux, frénétique, fanatique, souffreux, etc. [2] » Du côté de Julliard, on prétendait que les épreuves d'imprimerie n'avaient pas été corrigées par Jünger lui-même, mais par sa secrétaire, Mme Banine. On soutenait aussi qu'Henri Thomas n'avait pas achevé la traduction, qui aurait été revue par un nommé Séchan, après qu'Armand Petitjean eut refusé de le faire. Du côté du Parquet, le Procureur de la République n'était pas favorable à Céline et considérait que les infractions visées dans la plainte ne pouvaient être retenues contre Julliard.

---

1. Lettre inédite de Céline à Tixier-Vignancour, 22 octobre [1951].
2. Lettre inédite de Céline à Tixier-Vignancour, 12 [novembre 1951].

Navrés de voir la tournure que prenaient les choses, Jouhandeau et Paulhan sont intervenus auprès de Pierre Monnier pour qu'il modère les ardeurs procédurières de Céline. Paulhan n'aimait pourtant pas Jünger, au sujet duquel il écrivait à Paul Marteau qu'il avait « l'air d'un faux bonhomme [1] ». Dans une autre lettre reçue par Marteau le 20 octobre 1951, Jean Paulhan lui rapportait une conversation avec Armand Petitjean : « [...] je lui ai dit que J. me paraissait un faux jeton et d'ailleurs un médiocre écrivain [2]. » Céline repoussa toutes les offres de médiation et les conseils de modération :

« Mon Cher Paulhan,

» Tous ces gens animés d'un soudain très vif intérêt pour ma tranquillité auraient bien fait d'y penser à ma tranquillité avant de me couvrir d'outrages, de dénonciations, de calomnies atroces... Ce jeu avec Céline, contre Céline, tout est permis! dure depuis 10 ans! 12 ans! ça suffit - Il me tombe justement précisément le cas Julliard Jünger (que je ne connais ni d'Ève ni d'Adam et qui ne sont, ô providence! pas Palestiniens) c'est le moment que je fasse bien connaître qu'il faut à mon égard que l'immonde jeu de la persécution *gratuite* CESSE et une bonne fois pour *toutes* - Voilà ce que mon petit esprit médical, tarabiscoté, m'indique nettement - Diagnostic - Traitement -

» Je me fous énormément vous le pensez de tous les avis latéraux conjecturaux et - s'il n'y a pas faux et il *y a faux* - il y a grossière et criminelle calomnie *provocatrice* - C'est encore pire - Je ne regarde que *l'imprimé* - je me fous des individus - de leurs chichis - trouducuteries - " A qui qu'ils causent? " Il me connaissait pas du tout, vraiment! Ils m'outragent encore par l'ignorance de mon caractère - tout granit - Vous comprenez bien que ce n'est pas moi foutre qui embête les Tribunaux avec mes petites histoires! Il faut que l'affaire ait été aussi *énorme et criminelle* que celle-ci - pour que je consente moi qui ai la tête bien ailleurs à sortir de ma tranquillité -

1. Lettre inédite de Paulhan à Marteau, vendredi, sans date.
2. Lettre inédite de Paulhan à Marteau, 20 octobre 1951.

précisément. Le monde est grossier, pataud, gaffeur - Les pavés leur retombent sur les gueules! ça braille! Idiots! Il m'est absolument douloureux de cavaler en Justice vous le pensez! oh je m'en passerais bien de cette ultime corvée! mais il *faut*.

» Bien que je ne tiens pas du tout à faire condamner Julliard ni personne! mais je veux une *sentence de justice* (pas des journaux obliques fourbes, appareils à bêtises mensonges crimes) *Non* noir sur blanc en JUSTICE que je n'ai jamais prononcé ces fameux mots, ni d'autres du genre - Ce n'est ni ma plume ni mon esprit - JAMAIS On ne trouvera rien d'approchant dans mes LIVRES On voudrait (et avec quelle rage!) qu'ils aient été par moi prononcés - *NON* - *JAMAIS* - curieuse rigolade c'est St Louis qui a je crois prononcé des mots semblables vers Damiette - Ils sont connus de tous les lettrés! Réminiscence sans doute Joinville ou autre... mais je ne suis ni roi ni saint. D'ailleurs le style le ton est d'époque! on n'écrit plus on ne parle plus ainsi - Ces méchants sont de répugnants cons - Ils pataugent dans l'anachronisme s'empêtrent dans les tapisscries - (jusqu'à la garde, etc.)

» des *étrangers* en somme... qui confondent auditivement *tout*, salades!

» Je vous dis cher Paulhan qu'ils sont ignobles par tous les bouts

» A vous bien affectueusement.

LF Céline

» Il va sans dire que si ces bourriques écopent d'une amende je verserai le tout à l'Assistance Publique! vous le pensez bien. [1] »

Pour suivre l'instruction, Tixier-Vignancour avait heureusement confié le dossier à l'un de ses collaborateurs, Me Jean-Marc Dejean de La Batie, que Céline aimait bien et qui lui donna de bons conseils. Était-il nécessaire de poursuivre une procédure dont le Parquet se désintéressait et qui risquait encore de favoriser la vente du livre en lui faisant de la publicité? Et si l'affaire venait à l'audience publique, ne risquait-on pas de voir la presse reprendre

1. Lettre inédite de Céline à J. Paulhan [1951].

le malheureux propos de Jünger et lancer de nouvelles attaques contre Louis pour son antisémitisme et pour les relations qu'il avait entretenues sous l'Occupation avec certains intellectuels allemands?

Céline se rendit à ces raisons et, le 9 mai 1952, il écrivit à Jean-Louis Tixier-Vignancour :

« Mon bien cher Maître et Ami,

» De notre dernière visite au Palais avec votre très subtil et bien amical Labatie [*sic*] l'impression du vieillard que je suis est qu'il serait *bien exténuant* et sans doute *périlleux* de vouloir contrarier une décision prise très haut et qui me fait connaître une fois de plus ce que je sais déjà et très bien, qu'un individu dans mon genre doit déjà s'estimer joliment heureux, miraculeusement heureux, de s'en être tiré à si bon compte... et qu'un peu de tact devrait le faire tenir à son rang de " genre de maudit " (amnistié par un cheveu!) dont le moindre murmure fait scandale.

» Quant au fond des choses mon opinion est scientifique et d'acier. Tout ce fatras d'" épreuves " soi-disant corrigées et qui portent *mon nom!* n'ont aucune espèce de valeur! Pour les besoins de la cause de telles " épreuves " se fabriquent à la tonne, et les corrections manuscrites! risibles paperasses! Les manuscrits eux-mêmes sont fabriqués après coup en série! cette bonne blague! monnaie courante du métier! Je connais des membres du Goncourt qui ont *vendu* 3 et 4 manuscrits de leurs romans! recherchés par les amateurs!

» Le Palais je l'espère n'est pas dupe de ces espiègleries - Il n'y a pour moi *qu'une seule pièce* qui fasse autorité dans tout ce fatras (plus qu'ambigu!) (risible!) c'est le livre imprimé! *Strahlùng* [1] en allemand - *daté* et *antérieur* à toute traduction française - Il faudra finir par me faire admettre que lorsque Jünger écrivait *Merlin* dans son livre en allemand il pensait en réalité : *Céline* - cette muscade ne passera jamais -

» Mais je demeure ferme sur le point qu'il faut en laisser les choses *là*. Nous vexons la Raison d'État! Et j'ai soupé de la Bastille,

1. Signifie littéralement : rayonnement.

des bastilles. L'impétuosité n'est plus de mon âge et la Fronde m'est en horreur!

» Je révère les Puissances et Puissants pour ce qu'ils valent... et je les redoute pour ce qu'ils peuvent... Et comme ils ne pensent pour ce qui me concerne qu'à me faire du mal... Je me le tiens pour dit... et Amen!

» A vous bien affectueusement [1] »

Le désistement de plainte ne fut cependant pas transmis au juge d'instruction et l'affaire traîna encore quelques mois. Céline fut encore entendu le 11 février 1953, puis le juge rendit le 16 avril une ordonnance de non-lieu. Céline ne voulut plus jamais entendre parler de cette histoire : « *Oh là alors mon vieux!* laisse choir cette histoire Juillar [*sic*] qui m'a coûté du pognon et du temps pour des nèfles! Le circuit est *à sens unique* et j'ai un petit peu trop payé pour le connaître! Et je suis trop vieux pour rigoler - et trop malade - Le fou c'est celui qui ne sait pas : qui il est - où il est - l'heure qu'il est - Je sais tout ça très bien - et ça me suffit [2]. »

Pourtant, le 9 novembre 1956, Armin Mohler, qui avait été le secrétaire de Jünger à l'époque du procès, et qui confirme la version des faits qui vient d'être présentée, rendit visite à Céline avec un journaliste suisse, Sergius Golowine. Ils avaient eu la malencontreuse idée de lui apporter en cadeau une bouteille de vieux Pommard... que Céline refusa, outragé. Il leur expliqua simplement : « Moi je ne bois que de l'eau de nouille. » Puis Céline, les yeux mi-clos, s'enfonça dans une sorte de mutisme et la conversation traîna en longueur jusqu'à ce qu'Armin Mohler lui eût révélé qu'il avait été le secrétaire de Jünger : « L'effet est étonnant. Pour la première fois Céline lève la tête, ses yeux me regardent et de sa bouche s'échappe une file glaciale de jurons, de ces jurons que l'on trouve si nombreux dans ses livres. Deux mots reviennent toujours : " Ce petit boche... cette espèce de flic... [3] " » Puis il retourna dans sa torpeur, dont il ne sortit qu'au moment des adieux pour leur dire

1. Lettre inédite de Céline à J.-L. Tixier-Vignancour, 9 mai 1952.
2. Lettre de Céline à A. Paraz, 7 mai 1953. *Cahiers Céline*, n° 6, *op. cit.*, pp. 376-377.
3. Armin Mohler, *Von rechts gesehen*, Seewald Verlag, Stuttgart, 1974, p. 297.

avec une sorte de rire sarcastique : " Les Français! Mais il n'y en a plus du tout! Je suis le dernier Français... " »

De son côté, Jünger ne voulut plus entendre parler de cette affaire, ni de Céline. Lorsque je lui écrivis en janvier 1978 dans l'espoir de le rencontrer, il me·répondit : « Je ne serai probablement pas présent à Wilflingen en février. Je ne crois pas que je puisse vous être de quelque utilité pour votre travail sur Céline. Pas seulement lui, mais moi aussi, nous avons traversé de rudes épreuves, et je crois qu'un "quieta non movere" est maintenant à observer [1]. »

Quand je lui envoyai *le Temps des espérances,* il m'écrivit de nouveau, moins contracté :

« Tous mes remerciements pour votre travail complet et fondamental sur Céline, un précieux enrichissement pour ma bibliothèque.

» Je compte parmi les premiers lecteurs de Céline. Dès sa parution j'ai dévoré *Voyage au bout de la nuit,* qu'un de mes amis m'avait décrit comme un " super-zola ".

» Mon admiration restait toutefois chargée de réserves. Bien que je tienne Céline pour un des meilleurs connaisseurs de l'infamie moderne (dont l'étude critique avait sans doute déjà commencé avec *Bouvard et Pécuchet* de Flaubert), je pense cependant qu'il n'a pas conservé la distance qui s'impose vis-à-vis de cette infamie. Ceci n'enlève rien en fait à son œuvre, et même la rend encore plus intense, mais apporte une certaine gêne à la lecture — tout comme dans l'œuvre de Léon Bloy, que j'admire également.

» J'espère que vous ne m'en voudrez pas de renoncer à vous rencontrer. Ce n'est pas seulement en vertu de l'adage " quieta non movere " mais aussi parce que j'ai à cœur de tenir compte de tiers [2]. »

1. Lettre inédite de Jünger à F. Gibault, 28 janvier 1978.
2. Lettre inédite de Jünger à F. Gibault, 3 mars 1978.

*

Céline avait rapporté du Danemark les manuscrits de *Féerie pour une autre fois* qu'il avait envisagé de publier en un seul volume. *Féerie I,* et *Féerie II* publié sous le titre *Normance,* sont en fait assez dissemblables. L'histoire, le style et le ton de *Normance* en font un livre à part qui n'est que la longue relation d'une nuit de bombardement à Montmartre, racontée à sa façon par Céline qui avait été vivement impressionné par le spectacle du bombardement des usines Renault à Boulogne-Billancourt auquel il avait assisté des fenêtres de son appartement de la rue Girardon. Le livre est dédié à Pline l'Ancien, témoin, lui aussi, puis chroniqueur, d'un spectacle fantastique : l'éruption du Vésuve. C'est une vaste fresque où les bruits tiennent une place essentielle et dont les acteurs principaux sont Bébert, le chien Piram, un voisin nommé Normance et surtout Jules, cul-de-jatte lubrique juché sur son toit, tonitruant des insanités et des imprécations de toutes sortes. Jules c'était évidemment Gen Paul, grand mutilé de la guerre de 1914, amputé d'une jambe au-dessus du genou, mais dont Céline fit un cul-de-jatte, fidèle à sa technique de transposition qui consistait à ne jamais se contenter du mal et à rechercher toujours le pire.

Féerie I est d'une tout autre veine. Écrit pour partie en prison, dédié « aux animaux, aux malades, aux prisonniers », c'est une sorte de complainte, la chanson d'un homme blessé, malheureux et déçu. L'ensemble dénote une sensibilité exacerbée et un sens aigu de la poésie. Céline y relate sa vie en prison avec des évocations de son passé, qui sont autant de retours en arrière, des souvenirs de Montmartre, de Saint-Malo, de sa jeunesse et de son enfance, avec souvent une note d'amertume : « [...] j'en ai moi des remords intimes!... Courtial... Follet... Elizabeth... Édith... Janine... c'est autre chose que cent ans de prison [1]!... » Céline a certainement exprimé dans *Féerie* le meilleur de lui-même et ce livre est un chef-d'œuvre, aujourd'hui encore ignoré du grand public.

---

1. *Féerie pour une autre fois,* p. 130.

Le manuscrit se trouvait à peu près achevé quand Céline quitta Klarskovgaard pour revenir en France. Il en avait adressé l'original à Marie Canavaggia, par plusieurs paquets recommandés, ne gardant qu'un double obtenu avec un papier carbone. Il y retravailla cependant encore à Meudon et remit le manuscrit dactylographié à Gallimard en avril 1952. Le livre fut mis en vente en juin de la même année, dans l'indifférence générale, malgré les efforts de Paulhan et de Roger Nimier et deux bonnes critiques de Gaëtan Picon et de Maurice Nadeau.

Céline était en partie responsable du peu d'échos rencontré par *Féerie*. Par crainte de poursuites judiciaires pour diffamation, il avait demandé à Gaston Gallimard de ne commencer la publicité qu'au mois d'octobre, après l'expiration du délai de trois mois au-delà duquel toutes les actions sont frappées de prescription. Gallimard s'en plaignit dans une lettre à Paul Marteau : « Je m'adresse à vous avec l'espoir que vous pourrez influencer notre ami. " Féerie pour une autre fois " doit sortir prochainement, mais Céline se refuse à tout lancement efficace. [...] Céline désire que la mise en vente ait lieu maintenant, le lancement publicitaire étant remis à octobre. Pouvez-vous le convaincre qu'une telle façon de procéder serait très préjudiciable au livre et, par conséquent, à lui-même, dont la rentrée doit être franchement remarquée. Il n'a rien à craindre, Maurice Garçon a lu le texte, et c'est son avis. La discrétion n'empêchera pas les roquets d'aboyer s'il en est encore qui veulent le faire. Le climat n'est plus à l'hostilité a priori. J'estime au contraire qu'une trop grande réserve ne sera prise que pour de la timidité [1]. »

Céline voulait pourtant sortir de l'ombre et souhaitait faire parler de lui :

« Cher Monsieur
» Suite à notre conversation téléphonique Il me semble que le temps est venu de rechercher un " lettré " qui s'occupe de rédiger

---

1. Lettre inédite de G. Gallimard à P. Marteau, 29 mai 1952.

un livre sur mes belles œuvres et leurs mérites - M. Gide, M. Proust,
M. Patati et Patata Giraudoux etc... ont cent livres publiés sur leur
style, leurs filiations - etc... même des étrangers comme Joyce, Faulkner, Miller etc... Il est *grotesque* et hautement PRÉJUDICIABLE
(à nous deux!) qu'on continue à me considérer comme un vague et
dégoûtant SUIVEUR d'un Sartre, d'un Miller, d'un Genet, d'un
Passos, d'un Faulkner - alors que je suis MOI l'inventeur le défon-
ceur de la porte - de cette chambre où stagnait le roman jusqu'au
VOYAGE Vous semblez avoir honte de le faire savoir et écrire et
clamer France d'abord nom de Dieu! en ce pays il n'y a plus de
valable que la cuisine et les belles-lettres - [...] Quand vous me
dites qu'on ne veut pas de *Féerie* je vous crois modérément - vous
savez vous avez la réputation de ne *jamais avouer* qu'on *veut un
livre* -

» Je parlais en fait d'illustrateur de Voyage grand luxe de *Bernard Buffet* [1] Moi qui vous croyais au pouls du Paris Artistique! Je
vais de déceptions en déconvenues! Vous finirez par vendre du
beurre rue Sébastien Bottin [2]. »

Très affecté par l'échec de *Féerie* et pour éviter son renouvelle-
ment, Céline appela *Féerie II : Normance*. Publié chez Gallimard
en juin 1954, le livre n'eut aucun succès et Céline fit part à Jean
Paulhan de son amertume : « Nous n'entendons pas les mêmes
voix publiques! Pitié! les miennes me hurlent leur surprise de n'avoir
rien trouvé dans votre revue (déficitaire) sur Normance - ... aucune
critique! (non israélo-trouducuteuse et débilo-mentale comme
d'usage!) mais une bonne franche invitation à l'achat comme il se
doit dans la maison de notre pauvre Gaston qui a tant de peine à
joindre les deux bouts et sur le sort duquel vous vous apitoyez avec
un si attendrissant lyrisme que les larmes m'en montent... Allez
vous l'aurez JP votre médaille des véritables serviteurs des der-

---

1. Bernard Buffet est venu voir Céline à Meudon avec Pierre Bergé et Jean Perrot.
Buffet aurait aimé illustrer *Voyage au bout de la nuit,* mais le projet n'eut pas de suite.
2. Le 3 [1952]. Cette lettre provient des archives Paulhan. Elle paraît cependant avoir
été adressée à Gaston Gallimard.

niers féodaux. Vous l'aurez votre place à Nanterre! et bien méritée! déficitaire!

» Affectueusement

LFC[1] » ·

Le 21 juillet 1954, il lui écrivit de nouveau pour lui préciser sa pensée : « Gaston ne se vexe et n'a de chagrin que lorsqu'on lui fait verser du pognon - le reste il s'en fout et il a raison - Erreur JP! Je parle d'un article sur Normance pour faire vendre le livre, pour enrichir encore Gaston! mon Dieu! pour moi! Il suffit que je trouve mon nom écrit q[uel]q[ue] part pour que je le saute - Ah cher JP je n'ai aucun narcissisme - aucun - celui-ci fait partie de l'instinct de conservation, vous le savez... que j'en suis tellement dépourvu! mais j'ai une femme et des chiens[2]... »

Entretiens avec le Professeur Y, publié en cinq livraisons dans *la Nouvelle N.R.F.* à partir du 1er juin 1954[3], est passé complètement inaperçu. Le texte de cette interview imaginaire est cependant acide et savoureux. Jean Rougerie en a fait, en 1975, une remarquable adaptation théâtrale[4].

Céline avait-il lu la fausse interview de Léon Bloy par Maurice Toussaint rapportée dans le *Journal* à la date du 3 mai 1911?

« Interview drolatique fabriquée par Brou et par moi-même, en vue de me délivrer de l'obsession d'un reporter enragé que je ne voulais pas laisser pénétrer dans ma maison. Le pauvre diable a signé cela, hier soir, dans *l'Intransigeant.*

---

1. Lettre inédite de Céline à J. Paulhan, le 17 [1954].
2. Lettre inédite de Céline à J. Paulhan, le 21 juillet [1954].
3. A cette époque, Céline projetait d'écrire une nouvelle, « l'Ambassadrice », qu'il destinait à *la N.R.F.* (d'après Lucette Destouches, l'Ambassadrice aurait été la Mort, personnifiée par une jeune fille). Mécontent que *Entretiens avec le Professeur Y* aient été publiés en plusieurs livraisons, Céline se brouilla avec Paulhan et cessa de correspondre avec lui.
4. Création le 26 novembre 1975 au théâtre Firmin Gémier. Reprise le 4 mars 1976 au théâtre du Lucernaire et le 14 avril au Greenwood Theater de Londres.

" COURTOISE VISITE AU *MENDIANT INGRAT*
» Chez Léon Bloy

» La Butte rapidement grimpée, je m'arrêtai, indécis, devant le 40 de la rue du Chevalier-de-la-Barre, j'avoue même que ce ne fut pas sans appréhension que je tirai la sonnette de l'antre redoutable. L'aménité bien connue de Léon Bloy m'enlève toute velléité de me vanter d'un accueil chaleureux; il vint lui-même ouvrir, prit ma carte et sans lire me demanda ce que je venais f... chez lui.

» Vous interviewer, cher maître!

» Léon Bloy, à ces mots, se précipita sur une trique probablement accrochée en permanence au bouton de sa porte et siffla un molosse qui vint en grognant se ranger à ses côtés.

» Puis il lut ma carte, m'examina curieusement et voyant mon air consterné, se mit à sourire, déposa sa trique, renvoya son chien et, d'une voix extrêmement douce qui me fit froid dans le dos :
[...]

» — Vous semblez ignorer que je ne me prête à aucune de ces saletés que vous nommez interview, et qu'à la dénomination de "cher maître", je préférerais les derniers outrages. Cependant, pour une fois, et seulement par égard pour votre nom, je vous écoute :

» — On dit que vous quittez Montmartre. Pourquoi ce départ?

» — Parce que je suis exactement informé que Paris va sauter; qu'ayant encore à embêter mes contemporains, je ne veux pas servir de combustible à l'incendie qui se prépare et dont vous serez, je le crains bien, une des premières *bûches*.
[...]

» — Et la jeune littérature?

» — Il n'y a pas de jeune littérature, il n'y a que des gens de talent et des Jean-f... [...] [1] " »

Malgré ces échecs, qu'il ressentait douloureusement, Céline travaillait sans relâche, ne quittant pratiquement pas Meudon et

---

1. Léon Bloy, *Journal*, tome III, *op. cit.*, pp. 237-238.

n'y recevant que très peu de visites. Une fois par an, il menait Lucette rue Barbet-de-Jouy chez le docteur Tailhefer qui les retenait toujours à déjeuner. Un dimanche, ils sont même allés à la campagne, où Tailhefer les avait conduits et d'où il les ramena dans sa voiture. Céline est également descendu à Paris, toujours par le train, pour aller chez son dentiste, le docteur Godefroy, avec lequel il entretenait des relations amicales. Quand il prit sa retraite, Céline se confia à son successeur, le docteur Jean Athimon, qui lui fit, peu avant sa mort, une prothèse complète. A sa première visite, Louis fut éconduit par l'infirmière qui l'avait pris pour un clochard. Jean Athimon rapporte qu'après les séances Céline était toujours épuisé. Après l'une d'elles, il s'était trouvé mal dans la rue et avait dû s'allonger sur un banc, aidé par des passants, avant de se traîner jusqu'à un taxi.

Au début de leur installation à Meudon, Lucette et Louis sont allés au Louvre pour voir surtout les Rembrandt. (Avant la guerre, il l'avait emmenée en Hollande uniquement pour lui faire visiter les musées [1].) En 1952, Céline est aussi allé voir, sans elle, une exposition de tableaux de Jean Dubuffet, rue de Grenelle, dans la salle des horticulteurs où il n'était pas revenu depuis la conférence qu'il y avait faite en 1942 [2]. Cette exposition, qui comportait quarante-huit tableaux de Dubuffet, resta ouverte au public du 8 au 17 septembre 1952. Huit visiteurs seulement se présentèrent, parmi lesquels Pierre Matisse, Michel Tapié, Jean Paulhan et Céline [3].

Jean Dubuffet vouait à Céline un véritable culte. Avant la guerre les deux hommes ne s'étaient jamais rencontrés et n'avaient jamais correspondu. Pendant les années d'exil, Dubuffet s'était mis en rapport avec Céline par l'intermédiaire de Paulhan. Gaston Gallimard et Jean Paulhan avaient alors incité Dubuffet à se rendre au Danemark dans l'espoir d'amener Céline à traiter avec

---

1. Il y emmena une autre fois sa fille Colette.
2. Voir *supra*, pp. 224-225.
3. *Catalogue des travaux de Jean Dubuffet*, fascicule VII, Jean-Jacques Pauvert, 1967, p. 200.

les Éditions Gallimard. Ce projet n'avait pas eu de suite, Dubuffet s'étant refusé à jouer « le canard d'appel [1] ». A son retour d'Amérique en 1952, il était allé voir Céline à Meudon, puis il prit l'habitude de lui rendre visite assez souvent, et il le conduisait parfois en voiture pour faire des courses à Meudon ou à Paris. Céline est même venu une fois chez Dubuffet, rue de Vaugirard, pour une visite qui n'a pas duré plus d'un quart d'heure. A peine arrivé, mal à l'aise, il avait manifesté le désir de rentrer chez lui [2]. En 1954, en raison de l'état de santé de sa femme, Dubuffet partit s'installer à Vence. Il a correspondu un peu avec Céline, puis leurs lettres se sont espacées et les deux hommes ne se sont plus revus.

Pendant les dix années qu'il passa à Meudon, Louis descendit deux fois à Paris pour voir des spectacles : en 1952, pour assister à une représentation de *la Tête des autres* de Marcel Aymé, et une autre fois pour voir les ballets du marquis de Cuévas au Théâtre des Champs-Élysées avec Lucette et André Willemin [3]. A l'entracte, il avait fait sensation car il n'avait en rien modifié la tenue dans laquelle il vivait quotidiennement à Meudon.

Après son retour en France, Céline est revenu à Montmartre, une fois chez Marcel Aymé, rue Féval, et une autre fois rue Gabrielle, en 1956, pour soigner Pierre Duverger, cloué depuis quinze jours au lit par une très forte fièvre. Céline se rendit aussi à deux ou trois reprises dans la maison de campagne de Marcel Aymé à Grosrouvres pour passer la journée, avec retour le soir à Meudon dans la voiture de Marcel. Un jour, après le déjeuner, Louis et Marcel avaient joué aux boules. Une autre fois, partis de Grosrouvres, ils étaient allés voir Vlaminck dans la maison qu'il avait près de là, à Rueil-la-Gadelière, près de Verneuil-sur-Avre. Céline et Vlaminck, qui s'étaient connus à Montmartre, se sont revus sans plaisir. Après quelques minutes, Céline avait voulu rentrer et Marcel Aymé l'avait ramené aussitôt à Meudon.

Lucette sortait un peu plus souvent que Louis, mais il avait

1. Témoignage de Jean Dubuffet.
2. En 1953, Dubuffet avait projeté la constitution d'un « Comité d'amateurs des écrits de Céline », auquel il renonça à la demande expresse de Céline.
3. Le marquis de Cuévas avait écrit à Céline pour l'inviter à Monte-Carlo.

horreur de la voir partir. En dehors des courses qu'elle faisait à Paris tous les mardis, elle fut autorisée à sortir le soir, pour un ou deux spectacles de ballets, pour voir le théâtre chinois et les pièces de Marcel Aymé, mais elle devait rentrer à Meudon sitôt après le spectacle, où Céline l'attendait, manifestement angoissé [1]. Elle a pu aussi, à deux ou trois reprises, partir quarante-huit heures à Dieppe avec un chien. Elle logeait alors dans l'une des maisons jumelles que Céline avait héritées de ses parents.

Céline a aussi voulu revoir Dieppe, où il est allé deux fois. La première, avec Lucette, mais à la vue des petites maisons de ses parents, véritables taudis, il refusa d'y coucher et prit le premier train pour Paris. Il est retourné une dernière fois à Dieppe en voiture avec Pierre Monnier et Lucette, le temps d'un repas sur le port et d'une nuit dans un petit hôtel [2].

Céline est aussi allé chez Monnier pour une entrevue avec Yvon Morandat, grand patron des Charbonnages de France et Compagnon de la Libération. Après avoir habité dans le petit appartement de Le Vigan, avenue Junot, réquisitionné à son profit à la Libération, Morandat s'installa chez Céline en septembre 1944, 4, rue Girardon, à deux pas de chez Le Vigan et juste en face de chez Gen Paul. L'appartement avait très certainement été « visité » par les F.F.I. de la Butte avant la réquisition officielle au profit d'une personne qui avait précédé Morandat [3] dans les lieux. Il n'était donc pour rien dans le « pillage » dont Céline s'est souvent plaint : « Remerciez Morandat, mais il n'a que des épreuves brouillon, ce sont les définitifs manuscrits qui m'ont été secoués par les épurateurs chez moi! Vous savez que je fais taper 3 ou 4 fois de suite mes chers romans, j'épure, j'épure, j'épure, un boulot de Chinois, le brouillon de " Guignol' " je l'ai aussi! Ça ne vaut rien. C'est l'épuré qu'il me fallait deux ans de boulot [4]! »

1. Lucette se rendit à des cocktails de la N.R.F. à la demande de Céline, mais sans lui.
2. Pierre Monnier, Ferdinand furieux, op. cit., p. 201. Céline n'a pas profité de ses passages à Dieppe pour voir Pierre Marcot, avec lequel il a correspondu.
3. 1913-1972. Voir supra, pp. 176-177.
4. Lettre de Céline à P. Monnier, 25 décembre 1950. Ferdinand furieux, op. cit., p. 164.

Il est difficile de dire ce qu'il en fut exactement. Céline avait mis en sûreté les manuscrits qui se trouvaient achevés ou très avancés en 1944, ce qui était le cas de *Guignol's Band* II. En revanche, il a toujours affirmé avoir laissé, outre certains brouillons secondaires, des projets, un texte inconnu, « la Volonté du roi Krogold », et le début de *Casse-pipe* : « Allez pas croire que *Casse-pipe* c'était seulement ce prélude! Diantre il y en avait 600 pages! Mes épurateurs ont tout foutu aux ruisseaux - plein la Butte... le milieu - le fin - le plus beau, le sublime! une bite! L'impression qui me reste : l'abélard! châtré de l'œuvre! suis! C'est affreux, ce qu'ils osent! Déjà à Alexandrie (en 390!) [1]. » Gen Paul affirmait que l'on trouvait à la Libération des pages de Céline dans les poubelles de la rue Girardon, ce que Pierre Duverger confirme. Il n'est pas impossible, en effet, que les premiers occupants de l'appartement aient jeté, par malveillance ou par ignorance, des papiers qui pouvaient encore s'y trouver.

Quand Yvon Morandat s'y installa, sur les conseils de Mme Champfleury [2], le mobilier était apparemment complet. Au début il vécut dans les meubles de Céline, puis il s'installa petit à petit, se maria en 1946, et n'eut plus besoin de ce mobilier. Il aurait pu le remettre aux Domaines, mais, en octobre 1949, il en plaça une partie dans un garde-meubles [3], et le reste chez son frère. En 1951, quand il apprit le retour de Céline en France, il se mit en rapport avec lui par l'intermédiaire du pasteur Löchen (auquel il était apparenté) pour lui rendre ses meubles contre paiement des frais de gardiennage qui se montaient à 36 739 francs. Céline refusa de payer quoi que ce fût. Le conseil de Morandat, M. Parlier, se mit alors en rapport avec Jean-Louis Tixier-Vignancour pour tenter d'arranger l'affaire, mais, de nouveau, Céline ne voulut rien savoir malgré une sommation d'huissier qui lui fut délivrée à la requête d'Yvon Morandat le 30 novembre 1953 et dans laquelle on pouvait lire : « Que le garde-meubles Roisin

1. Lettre de Céline à R. Nimier, 15 octobre 1950. *Magazine littéraire*, n° 116, septembre 1976, p. 28.
2. Locataire du quatrième étage. Voir *infra*, pp. 317-320.
3. A la Société Roisin, 21-23, rue Villiot.

n'est pas une institution philanthropique, tenue de faire crédit *in eternum*. Qu'il a fait la preuve jusqu'ici d'une grande longanimité, mais qu'il manifeste l'intention de libérer son garde-meubles et d'essayer de récupérer les sommes dues sur les meubles actuellement en sa garde, et dont inventaire a été remis à M. Destouches en son temps [1]. » Céline persista évidemment dans son refus de payer : « Bien entendu je ne fais rien, je n'écris rien, je ne paye rien - Qu'ils vendent donc ce qu'il reste du pillage! Pensez que j'ai fait mon deuil de tout ceci! Effractions, pillages, subis mais *non consentis!* (embarbouillés de mensonges!) Ces meubles, ces manuscrits étaient chez moi en 44 (juin) garantie du propriétaire - Le logement lui-même a été " échangé " par Morandat sans aucun droit! J'ai perdu, j'ai été volé d'environ 10 millions (valeur à ce jour!) Rue Girardon! Ces voleurs veulent " régulariser " en me faisant payer 36 739 frs! L'astuce est lourde - Si je me plaignais, je perdrais, automatiquement, on me déclarerait, moi, ignoble, comme ce fut le cas dans l'affaire Jünger - " Selon que vous serez etc... " Fatigue, frais, temps perdu! Dont acte [2]! » Tixier-Vignancour fit savoir au conseil de Morandat que les meubles pouvaient être vendus et l'on ne parla plus de cette affaire.

Pierre Monnier emmenait parfois Céline dans sa voiture pour faire des courses dans Paris. Louis eut aussi l'occasion de sortir plusieurs fois avec Paul Chambrillon qui lui fit rencontrer Marcel Jouhandeau. Bien qu'ils aient évolué l'un et l'autre dans les milieux proches de la Collaboration, Céline et Jouhandeau ne s'étaient jamais rencontrés. Peu de temps avant la mort de Louis, Paul Chambrillon était allé rue du Commandant-Marchand chez Jouhandeau, pour lui porter un disque, tandis que Céline attendait en bas dans la voiture. Jouhandeau était descendu : « On s'est donné la main. On s'est regardés longuement. On ne s'est rien dit et on a branlé la tête d'une négation absolue pour tous les verbiages possibles. » Jouhandeau jugeait cette entrevue « grandiose ». Ni l'un ni l'autre n'ont ensuite tenté de se revoir : « Ce

---

1. Notification du ministère de Me Charles Maillard, huissier.
2. Lettre inédite de Céline à J.-L. Tixier-Vignancour, 30 novembre 1953.

n'était pas nécessaire, nous avions dit tout ce que nous avions à dire [1]. »

C'est Albert Paraz qui avait recommandé Paul Chambrillon à Céline au début de l'année 1955. L'idée de Chambrillon était de faire un disque, mais pour ne pas risquer un refus, Paraz avait seulement suggéré que Chambrillon conduise Céline avenue George-V, dans un studio où une autre de ses relations, Jean-Jacques Sadoul, devait réaliser pour une Radio suisse une interview qui n'a jamais été diffusée. Après la prise de son qui eut lieu dans les premiers jours du mois de mars, Céline était allé avec Chambrillon boire quelque chose sur les Champs-Élysées, à la terrasse du Fouquet's où ils avaient fait sensation.

Chambrillon lui demanda alors l'autorisation de faire un disque avec Arletty disant des passages de *Mort à crédit* et Michel Simon des extraits de *Voyage au bout de la nuit*. C'est lui qui servit de nouveau de chauffeur pour conduire Céline dans un studio proche de la porte d'Auteuil pour l'enregistrement qui devait se révéler défectueux et inaudible à cause d'un phénomène d'écho. Il fallut tout recommencer. Michel Simon fut enregistré, en présence de Céline, à l'Hôtel de Beaujolais; Arletty le fut un autre jour, chez elle, rue Raynouard. A la fin de la séance, Chambrillon demanda à Céline de chanter ses chansons en l'assurant que les appareils de prise de son étaient coupés. C'est ainsi que Céline a interprété *a capella* ses deux chansons, *A nœud coulant* et *Règlement*. On y a ajouté ensuite, par un procédé de play back, un accompagnement d'accordéon [2]. Chambrillon l'accompagna encore en juillet 1957 dans les studios de la Radio Télévision française, lorsqu'il participa à l'émission « Lectures pour tous », interviewé par Pierre Dumayet.

---

1. « Radioscopie » de Jouhandeau par Jacques Chancel. France-Inter, 8 septembre 1976. Voir aussi la lettre de Marcel Jouhandeau, *Cahiers de l'Herne*, p. 266.
2. Disque Urania 1956 (n° URLP 0003), repris par Pacific en 1957 (n° LDPS 199), puis par Vogue en 1968 (n° LVLX 242).

*

Inconditionnel de Céline, Roger Nimier lui avait témoigné son admiration en lui adressant à Klarskovgaard *les Épées* avec une très belle dédicace [1]. Céline lui avait répondu le 24 février 1949 : « Ah! mon cher confrère je ne sais pas si c'est ma " liberté " ou mon " génie " qui m'ont fourré dans l'état où je me trouve mais ça doit être plutôt à mon sens ma connerie! Moins con je ne serais jamais tombé si bas! Je vois bien d'autres génies qui s'en tirent à merveille! Malraux, Giono! Gide! Duhamel, des centaines! Et pourris d'honneurs! Vous êtes vous-même génial je le vois, foutre! et vous portez superbement! Ce cynisme jovial bon enfant c'est le genre du jour [2]! » Céline avait lu *les Épées* avec enchantement. Enfin l'on commençait à parler de la guerre sans grandiloquence, hors des sentiers de l'histoire racontée par les vainqueurs. L'année suivante, Nimier lui envoya *le Hussard bleu*. Céline y retrouva ce goût de la liberté et de l'impertinence que Nimier partageait avec ses amis Antoine Blondin, Stephen Hecquet, Albert Vidalie et Kléber Haedens.

Conduit pour la première fois à Meudon par Marcel Aymé, Roger Nimier devint un familier de Lucette et de Louis. Il téléphonait, écrivait, venait sans prévenir. Alors il leur racontait ses multiples aventures (car il était la coqueluche de toutes les femmes) et les secrets de la vie parisienne dans le tourbillon de laquelle il se trouvait, presque malgré lui. A partir de 1957, travaillant chez Gallimard, il raconta à Louis tous les potins de la maison et lui donna de bons conseils pour défendre ses intérêts. Pendant les dernières années de la vie de Céline, il se démena aussi comme un diable pour secouer l'indifférence du public, multipliant les articles, les critiques et les interviews, amenant des journalistes à Meudon et talonnant les attachés de presse de Gallimard pour qu'un peu de battage soit fait autour de son nom : « [...] loin de

---

1. Voir tome I, p. 150.
2. Lettre de Céline à R. Nimier, 24 février 1949. *Magazine littéraire, op. cit.,* p. 28.

vouloir lui, la mort du rat, il fait tout pour le dépanner [1]... »

Céline aimait Roger Nimier, il aimait sa générosité, son humour et s'amusait de sa fantaisie et de l'ignorance dans laquelle il était toujours de ce qu'il allait faire dans l'instant suivant : « Affolé à l'idée qu'on pût savoir où il était, il céda devant la jubilation d'arriver là où on ne l'attendait pas [2]. » Céline savait aussi ce que cachaient ses pirouettes et ses mots d'esprit. Il avait décelé dès le premier jour ce qu'il portait en lui de grave et de tragique.

Quand Nimier lui amena son Aston-Martin, il fallut que Louis descende à la grille pour la voir. Il dut s'asseoir dedans, voir le moteur, le coffre et les accessoires. Roger était comme un enfant : « Ce beau jouet d'impatience était un des refuges de Roger, sa cabane, son lopin de terre, en dernier ressort le seul bien matériel qu'il possédât [3]. » Louis dut s'extasier et le complimenter. En remontant à la maison, il dit à Nimier qu'il était complètement fou, que cette voiture lui faisait peur et qu'elle était un engin de mort [4]. On sait comment Roger Nimier devait se tuer dans son Aston-Martin le 28 septembre 1962. Céline n'était plus là pour le pleurer, mais Paul Morand, qui l'avait aimé comme un fils, honorait à sa façon la mémoire de cet ami qui avait été l'incarnation de l'Homme pressé : « Chaque semaine je passe sur l'autostrade de l'Ouest. On ne réparera jamais, pour moi, certaines trois bornes, après certain taillis, en arrivant sur le pont de Garches... Et, comme dans la 300 SL qu'il aimait bien, je force sur la pédale, pour lui faire plaisir [5]. »

Un jour, avec Marcel Aymé, Nimier amena Blondin. Céline connaissait l'Europe buissonnière, dont il avait apprécié l'humour et la désinvolture. S'il n'avait pas été toujours si anxieux, il aurait

1. *Nord*, p. 506.
2. Antoine Blondin, *Monsieur Jadis*, Coll. « Folio », pp. 190-191.
3. *Ibid.*, p. 139.
4. Céline lui avait écrit le 3 août 1959 : « Ne vous faites pas blesser, accidenter!... l'accident est un sport de riches... » Cité par Henri Godard dans *D'un château l'autre*, p. 1013.
5. Il s'agissait d'une Aston-Martin. Paul Morand, *Monplaisir... en littérature*, Gallimard, 1967, pp. 255-256.

pu se reconnaître dans « Muguet » dont les aventures à travers l'Europe en guerre évoquaient pour lui quelques souvenirs personnels! Céline l'accueillit par ces mots : « Ah! C'est toi le petit Blondin? Tes livres sont si aériens, si légers, que quand ils me tombent des mains, ils ne me font pas mal aux pieds [1]. »

Nimier revint d'autres fois avec Blondin, une fois ou deux avec Kléber Haedens et Albert Vidalie et plus souvent avec l'avocat Stephen Hecquet [2], auteur de plusieurs livres parmi lesquels : *Anne ou le Garçon de verre, Faut-il réduire les femmes en esclavage?* et *les Guimbardes de Bordeaux,* réponse aux *Taxis de la Marne* de Jean Dutourd. Premier secrétaire de la Conférence en 1947, journaliste, écrivain, critique, Hecquet détestait les femmes et défraya la chronique au Palais en attaquant les « avocates » de façon inconvenante, avec un humour qui ne fut pas de leur goût et dont il dut répondre devant le Conseil de l'Ordre. Sa mort, le 5 mai 1960 à Valenciennes, laissa ses amis sans voix : « On nous a bien dit que le jeudi 5 mai 1960, à une heure du matin, Stephen Hecquet a quitté notre compagnie pour aller s'asseoir aux côtés de Robert Brasillach et de Drieu La Rochelle. Ou plus loin aux côtés de Léautaud et de Suarès qu'il aimait tant. Mais nous autres nous ne saurons jamais cette leçon-là [3]. »

On ne peut citer tous ceux qui sont venus voir Céline à Meudon. Dès son installation route des Gardes, presque tous les vieux amis sont venus à l'exception de Gen Paul. Marcel Aymé, qui prit l'habitude de venir presque tous les dimanches matin, Clément Camus, Jean Bonvilliers, Jean Perrot, Georges Geoffroy, Pierre Duverger, René Miquel [4], futur grand reporter à *Paris-match,* André Pulicani, Henri Mahé, le peintre Jean d'Esparbès venu avec Guillotin, autre copain de la Butte, René Héron de Villefosse, Charles et Éliane Bonabel, le Dr Georges Desse, venu avec Nimier, Andrée Le Coz, Jacques Deval, Jacques Hébertot, Robert Mac Gregor [1], Marie Bell, qui amena une

1. Témoignage d'Antoine Blondin.
2. 27 juillet 1919-5 mai 1960.
3. Roger Nimier. Cité par Georges-Paul Wagner, le 30 mai 1962, devant l'Association des Secrétaires de la Conférence.
4. René Miquel avait interviewé Céline au dispensaire de Clichy en 1933 en se faisant passer pour un malade (voir *Cahiers Céline,* n° 1, *op. cit.,* p. 43).

fois le prince Napoléon Murat lorsqu'il fut question d'une adaptation cinématographique de *Voyage au bout de la nuit*[2]. Arletty, qui avait été une des premières à se manifester, vint ensuite assez souvent à Meudon, accompagnée une fois de Lucien Rebatet et d'autres fois de Michel Simon.

Albert Paraz est venu à Meudon une première fois en juin 1956, puis avec Robert Poulet et un ami photographe, Michel Bernard, en mai 1957. (Paraz était monté à Paris pour le procès qui opposait *Rivarol* et lui-même à *l'Express*.) Sa dernière visite eut lieu au mois d'août 1957, peu avant sa mort, survenue à Vence le 2 septembre. Trois entrevues décevantes entre un Paraz affectueux, agité, débordant de vie et un Céline qui détestait ce type de manifestations et ne sortit de sa réserve que pour parler de la santé de son visiteur qu'il avait surtout aimé parce qu'il était malade.

Céline autorisait Lucette à voir ses parents, mais les visites étaient réglementées comme les parloirs dans les prisons. Elle avait le droit de recevoir son père tous les samedis après-midi à l'heure du thé. M. Almansor était généralement accompagné de sa seconde femme, que Louis appelait « La Mite », et qu'il ne voulait rencontrer à aucun prix. Ils arrivaient et repartaient comme des voleurs, en rasant les murs. Mme Pirazzoli venait aussi, mais comme elle habitait toujours dans le Midi, elle bénéficiait, lors de ses passages à Paris, d'un droit de visite plus large.

Céline ne revit aucun membre de sa famille hormis son ex-femme, Édith Follet, et leur fille Colette. Après l'époque difficile de leur divorce[3], Édith et Louis avaient entretenu des rapports affectueux, surtout à cause de Colette. Édith s'était remariée le 15 mai 1930 avec un officier de cavalerie, le colonel Émile Lebon[4] avec lequel elle fit plusieurs séjours au Maroc et dont elle eut un fils, Jacques Lebon, né en 1933. Après le retour de Céline en France, Édith

1. Robert M. MacGregor (1911-1974), dirigeait le bureau de New Directions à New York. Il est venu voir Céline à Meudon en 1952.
2. Céline reçut plus tard Claude Autant-Lara, venu pour le même motif. Nimier aurait voulu que le film soit fait par Louis Malle.
3. Voir tome I, pp. 269 et suiv.
4. 1er juillet 1872-7 avril 1951.

vint une première fois à Meudon avec Colette, puis d'autres fois seule en taxi et Céline lui remboursait toujours le prix de la course. Il lui avait demandé d'illustrer *Scandale aux abysses* et lui en voulut de n'avoir pas accepté de le faire : « Si tu ne fais pas les illustrations il ne paraîtra pas na! Têtu aussi moi. Pauvre mais tête de cochon [1]. »

En 1958, après le décès de son ex-belle-mère, Mme Athanase Follet, qui vivait à Paris chez sa fille, Céline écrivit à Édith une lettre de condoléances et à cette occasion une partie de son passé lui revint en mémoire.

« Ma chère Édith

» Je t'embrasse bien, tout ce qu'on peut faire, dans ce cas, et prends bien part à ton chagrin, je devrais être avec toi, si je ne m'étais pas conduit si follement!

» Marie Follet va rejoindre G. Sand elle était toute d'un autre temps. Elle m'a toujours fait du bien, j'ai gardé grand souvenir de ses très fastueux cadeaux (Degas) [2] et son hospitalité - que j'ai été brutal aussi avec elle! J'ai l'excuse, peut-être, en plus de ma bêtise, de mon horrible avatar d'oreille [3], *très faible excuse!* J'espère te voir un jour à ton choix, entre nous, mon Dieu, sortir de la vie, rien n'est autre que souvenirs parfaitement innocents! mais je tiens à ces souvenirs et à ton pardon.

» Je t'embrasse bien.

Louis

» Lannilis en soi, est déjà un endroit bien funèbre. J'entends encore ton père raconter ses fiançailles... quand il faisait ses effets poétiques et prenait dans les brumes le phare pour une apparition de la vierge. Marie la fiancée étonnée.

» Armandine [4] pas loin [5]. »

1. Lettre inédite de Céline à É. Follet, sans date.
2. Voir tome I, p. 291.
3. Voir tome I, p. 160.
4. Amandine Follet, née Morvan, mère d'Athanase Follet.
5. Lettre inédite de Céline à É. Follet, 10 août 1958.

Après la mort de Mme Follet les rapports entre Édith et Louis devinrent plus étroits, il vint la voir plusieurs fois dans son appartement de la rue Vaneau, prit l'habitude de lui envoyer des fleurs et de lui téléphoner tous les jours à onze heures. Il lui écrivit à la fin de sa vie des lettres intimes qu'Édith conserve jalousement et dont beaucoup sont de véritables lettres d'amour :

« Chère Édith,
» Je n'ai pas de nouvelles de toi, tu as dû aller trop à la messe ou au diable. Ci-joint lettre de Nimier, surmené par la vie et la famille et le reste, et surtout par la vente de son auto. Je ne t'écris pas long, je te boude, tu es méchante avec ton vieux croulant qui t'adore.

Louis [1] »

Il lui reprochait souvent de le délaisser et lui demandait pardon de l'avoir abandonnée à Rennes en 1924 : « Crois-tu que j'ai beaucoup de bons souvenirs? Vieille loque, mystique, lyrique, je m'avoue bien inhabile aux plaisirs de la vie, je n'y entends rien, mais je suis une bête à souvenirs [2]. »

Édith le consolait comme elle pouvait : « Je voudrais vraiment tant te faire plaisir et sais-tu que ce n'est pas si facile - il semble qu'au contraire on te fait sans le savoir si vite et si aisément de la peine - c'en est déconcertant - je voudrais aussi que tu sois en paix vis-à-vis de moi - que tu ne me demandes pas toujours pardon [...] S'il te semble que tu étais bien fou en ce temps-là, il me semble que moi aussi j'étais bien folle - Mais vraiment je n'avais pas cru te faire tant de mal en divorçant - je croyais que tu ne serais pas mécontent d'être très libre - Il m'était avant tout très douloureux d'être la chaîne - Tu ne t'es pas vu marcher de long en large dans le petit appartement du rez-de-chaussée du Quai Richemont [...] ce n'était pas de ta faute et c'était ça le plus triste car cela voulait

1. Lettre inédite de Céline à É. Follet, sans date.
2. Lettre inédite de Céline à É. Follet, sans date.

dire que je ne savais pas te rendre heureux même en t'aimant tant [1]. »

Colette vint voir son père à Meudon plusieurs fois et ils se téléphonaient assez souvent, mais il lui interdit de lui amener ses enfants. Quand elle insistait, il répondait toujours qu'il était trop sensible, qu'il s'attachait trop facilement, surtout aux enfants. Il refusait d'aller au-devant de nouvelles affections et préférait les ignorer pour n'avoir pas ensuite à en souffrir.

Lucette aurait pourtant voulu que Louis connaisse ses petits-enfants. Elle suggéra que les filles viennent à son cours de danse et Louis n'y était pas opposé, mais le projet n'eut pas de suite. Elle imagina ensuite, avec la complicité d'Édith, de faire venir l'aîné, Jean-Marie, qui se trouvait alors âgé d'une quinzaine d'années. Elle avait bien recommandé qu'il se montre timide, simple et affectueux. Il se présenta malheureusement avec une cravate genre lavallière et la pipe à la bouche. Tout ce qu'il ne fallait pas! Céline le reçut sans savoir à qui il avait affaire. Jean-Marie lui dit : « Je suis votre petit-fils, comme vous je voudrais écrire [2]. » Son grand-père lui dit simplement : « Monsieur, avez-vous votre baccalauréat? » Après que le gamin lui eut répondu par la négative, il lui dit encore : « Eh bien Monsieur, revenez me voir quand vous aurez votre baccalauréat. » Puis, s'opposant à Lucette qui voulait offrir une tasse de thé, il le reconduisit à la porte de la maison, laissant son petit-fils repartir chez lui, le cœur gros. L'entretien n'avait pas duré trois minutes. Sitôt la porte refermée, Céline fit une scène à Lucette qu'il avait immédiatement soupçonnée d'avoir été l'âme de ce complot.

Parmi les familiers de Meudon figurait Serge Perrault, frère de la danseuse Lycette Darsonval, lui-même danseur dans la compagnie de Roland Petit [3]. Lucette et lui s'étaient connus peu avant

---

1. Lettre inédite d'É. Follet à Céline, 15 octobre 1958.
2. Jean-Marie Turpin a publié : *La Guerre langéenne* (Flammarion, 1973), *Sol ou Jules Lequier* (Éd. Libres Hallier, 1978), *Augustin Morvan ou les images divines des petits garçons de Lannilis* (Éd. Libres Hallier, 1979) et *les Runes* (Éd. Libres Hallier, 1981).
3. En 1949 ou 1950, alors que la Compagnie dansait à New York, S. Perrault avait

la guerre chez Mme d'Alessandri [1] et Louis avait tout de suite apprécié sa gentillesse, sa fidélité et ses qualités de cœur. A Meudon Serge Perrault lui présenta le docteur André Willemin qui prit l'habitude de venir assez régulièrement route des Gardes pour faire un peu de gymnastique avec Lucette, bavarder avec Louis et travailler dans le jardin, en petite tenue, dès que la saison le permettait. Willemin lui parlait de médecine, lui prenait sa tension de temps en temps et lui apportait des vitamines et des médicaments. Louis promettait de les prendre, mais il n'en faisait jamais rien.

Le docteur Willemin fut témoin d'une visite impromptue de Thorvald Mikkelsen et de la façon dont il fut reçu. Céline ouvrit la fenêtre et se mit au balcon avec Willemin. Mikkelsen était à la porte en bas du jardin avec un paquet de médicaments, contenant surtout du Noctifène Léo, comme il avait l'habitude d'en apporter à Klarskovgaard quand il arrivait de Copenhague. Céline lui parla du balcon, sans même l'inviter à entrer. Il lui demanda de déposer son paquet à la porte et rentra dans son bureau. Willemin en était outré.

Il y avait eu cependant trop d'événements vécus ensemble dans des conditions souvent dramatiques pour que les deux hommes n'aient pas conservé l'un pour l'autre un reste d'affection. Mikkelsen est venu voir Céline à Meudon chaque fois qu'il était à Paris, soit au moins à cinq ou six reprises, et Céline l'a toujours reçu poliment, sauf le jour où André Willemin se trouvait là. Mikkelsen envoya aussi une fois son collaborateur, M. Otto Lassen, qui lui porta de sa part un colis de médicaments.

Céline écrivait de temps en temps à Mikkelsen pour prendre de ses nouvelles et, souvent aussi, pour lui demander des précisions sur le sens de différents mots danois, sur leur orthographe ou sur certains détails de l'histoire du Danemark [2]. Thorvald Mikkelsen répondait toujours très ponctuellement, avec force explications.

écrit à Céline pour lui dire que R. Petit aimerait monter l'un de ses ballets. Céline lui avait envoyé le texte de *Foudres et Flèches*. Le projet n'eut pas de suite.
1. Voir tome I, p. 296.
2. Céline travaillait alors à *D'un château l'autre*.

Dans ses lettres, Céline lui donnait aussi des nouvelles des bêtes qu'il avait connues : « Voici le jour de l'An et ses bons vœux! on n'ose plus à notre âge!... tout prouve que tout va de plus en plus mal - ne serait-ce que le prix des nouilles! francs vieux ou nouveaux! la pauvre *Tomine* est morte notre petite chatte noire et blanche, de pneumonie et de vieillesse. Il ne nous reste plus qu'un chat de chez vous, le tout gris, Flûte [1]. »

« Nous parlons souvent de Korsør, du Danemark nous n'avons plus en souvenir vivant qu'un chat, gris, *Flûte*... il est vieux et n'a plus de dents, il dort... je voudrais bien faire comme lui, mais lui a les " moyens "... tout est là! finir sans " moyens " quelle galère [2]! »

Dans le petit groupe des animaux ramenés de Korsør, Bébert faisait figure d'ancêtre. C'était un grand vieillard qui s'éteignit très paisiblement en 1953, et si l'on en croit Céline, encore très ingambe : « Bébert je l'ai ramené ici à Meudon... il est mort ici après bien d'autres incidents, cachots, bivouacs, cendres, toute l'Europe... il est mort agile et gracieux, impeccable, il sautait encore par la fenêtre le matin même [3]... » Frédéric Vitoux donne de sa fin une image moins poétique, rappelant qu'il était atteint d'un cancer généralisé : « Il ne se nourrissait plus. Ne pouvait plus rien garder. Maigre, efflanqué, la peau sur les os, il se traînait d'une chaise à une autre. Péniblement [4]. »

Bébert fut enterré dans le haut du jardin, derrière la maison, et comme pour tous les autres animaux décédés à Meudon, un arbuste fut planté sur sa tombe, de telle sorte qu'il y a maintenant dans le jardin, sans qu'on puisse les distinguer, l'arbre de Bébert, celui de Tomine, celui de Flûte et de tant d'autres chiens et chats recueillis au fil des ans. Il y a aussi l'arbre de Bessy.

« [...] Je l'ai eue, au plus mal, bien quinze jours... oh, elle se plaignait pas, mais je voyais... elle avait plus de force... elle couchait à côté de mon lit... un moment, le matin, elle a voulu aller dehors...

1. Lettre inédite de Céline à T. Mikkelsen, 4 janvier 1960.
2. Lettre inédite de Céline à T. Mikkelsen, 16 juin 1960.
3. *Nord*, p. 670.
4. Frédéric Vitoux, *Bébert le chat de Louis-Ferdinand Céline*, Grasset, 1976, p. 129.

je voulais l'allonger sur la paille... juste après l'aube... elle voulait pas comme je l'allongeais... elle a pas voulu... elle voulait être dans un autre. endroit... du côté le plus froid de la maison et sur les cailloux... elle s'est allongée joliment... elle a commencé à râler... c'était la fin... on me l'avait dit, je le croyais pas... mais c'était vrai, elle était dans le sens du souvenir d'où elle était venue, du Nord, du Danemark, le museau au nord, tourné nord... la chienne bien fidèle d'une façon, fidèle aux bois où elle fuguait, Korsør, là-haut... fidèle aussi à la vie atroce... les bois de Meudon lui disaient rien... elle est morte sur deux... trois petits râles... oh, très discrets... sans du tout se plaindre... ainsi dire... et en position vraiment très belle, comme en plein élan, en fugue... mais sur le côté, abattue, finie... le nez vers ses forêts à fugue, là-haut d'où elle venait, où elle avait souffert... Dieu sait!

» Oh, j'ai vu bien des agonies... ici... là... partout... mais de loin pas des si belles, discrètes... fidèles... ce qui nuit dans l'agonie des hommes c'est le tralala... l'homme est toujours quand même en scène... le plus simple [1]... »

De plus en plus aigri, et déçu par le genre humain, Céline reporta sur les animaux l'affection dont il débordait et qu'il avait toujours volontairement contenue. La petite meute des animaux ramenée de Korsør s'était rapidement éclaircie, mais les disparus avaient été remplacés les uns après les autres de telle façon qu'il y eut toujours à Meudon au moins trois ou quatre chiens, quelques chats, des oiseaux et parfois des représentants d'autres espèces, comme un couple de hérissons, Dodard et sa compagne, parfaitement apprivoisés, qui vécurent quelque temps dans le bureau de Louis, et des tortues amenées un jour par Marcel Aymé.

Presque tous les chiens sont venus d'un refuge de Viroflay, tenu par la « Mère Hannet », où Céline se rendait de temps à autre en taxi, mais plusieurs ont été recueillis par d'autres filières. Ainsi, peu après le retour de Céline en France, l'une de ses admiratrices belges, Mme Feys Vuyesteke, lui avait envoyé de Géluwe par le

---

1. *D'un château l'autre*, p. 116.

chemin de fer une malinoise qui avait très mal supporté le voyage dans une caisse et décéda peu après. Céline eut aussi un danois, Bonzo, qu'il s'était procuré par les petites annonces d'un journal, mais Bonzo ne vécut que quelques mois à Meudon, emporté par la maladie, peu après son adoption.

Mme André de Vilmorin, qui travaillait à l'hôpital militaire Percy à Clamart, donna à Louis un berger allemand, dont le maître, un médecin-colonel, venait de mourir. Ce chien se prit d'affection pour Louis qui le lui rendait bien, mais il devint jaloux au point de ne plus supporter la présence d'aucun autre animal auprès de lui. Il fallut s'en séparer et le mettre en pension chez la « Mère Hannet ». Pendant longtemps Céline alla le voir en taxi, ramenant de temps en temps un chien qui l'avait particulièrement ému. Il y eut ainsi jusqu'à huit chiens en même temps à Meudon.

Les personnalités les plus marquantes ont été Yasmine, une danoise bringuée venue de Viroflay, un couple de chiens-loups, Agar et Frida, qui en venaient aussi tous les deux et qui ont donné naissance à plusieurs chiens, dont Totom. Il faut encore citer : Ingeburg, une danoise qui a vécu sept ans à Meudon (où elle est morte à la suite d'une bataille), une groenendael, Cricri, et une chienne genre boxer, Delphine, qui venaient aussi toutes les deux de chez la « Mère Hannet ». C'étaient avec Totom, vieux berger allemand, les seuls chiens vivants à la mort de Céline. Tout ce petit monde était soigné par André Poussard, vétérinaire à Sèvres, puis, à partir de 1956, par Jean Pommery. Un jour Céline, excédé par les bagarres, lui demanda de couper tous les chiens. Il ajouta qu'ils s'exhibaient dans l'escalier devant les jeunes élèves de Lucette et qu'il convenait de mettre un terme à ces inconvenances. Jean Pommery devint vite un familier de la maison et Céline aimait parler avec lui de son métier.

En 1953, à la mort de Bébert, Lucette crut faire plaisir à Louis en lui rapportant un jour, de la Samaritaine, un perroquet du Gabon. Furieux de cette initiative, furieux aussi à cause de la dépense, Céline ordonna à sa femme de reporter l'oiseau dès le lendemain à la Samaritaine. Le jour suivant il n'en parla plus, Toto faisait déjà partie de la famille, et il ne quitta plus le bureau de Louis, devenant ainsi son compagnon de tous les instants. Céline lui apprit à chanter, principalement quelques notes des *Steppes de l'Asie centrale* de Borodine et le refrain de *J'ai du bon tabac dans ma tabatière*. Il lui apprit aussi à dire quelques mots, mais son vocabulaire resta très limité : « chut », « allô », « miaou » et « Toto », auxquels il faut ajouter toute une gamme de sifflements variés. L'oiseau était toute la journée en liberté, le suivant partout, quand il descendait à la cave ou quand il sortait dans le jardin. Lorsque Louis était à sa table de travail, Toto le regardait écrire, parfois il jouait avec ses crayons, qu'il s'amusait à casser dans son bec. Il aimait très jalousement son maître. Quand il y avait un visiteur, Toto s'en approchait sans bruit et le mordait aux pieds ou aux chevilles. Toto, qui demeure le seul survivant des animaux qui ont connu Céline, a été ainsi le témoin de sa vie quotidienne et des dernières années de labeur pendant lesquelles il écrivit devant lui : *D'un château l'autre*, *Nord* et *Rigodon*.

Louis travaillait dans une pièce attenante à sa chambre dans un décor familier très simple : une table faite de panneaux de bois sur des tréteaux, un fauteuil Louis XIII, quelques chaises, une bibliothèque à portes vitrées qui contenait surtout des livres de médecine; au mur, sous verre, la page de *l'Illustré national* représentant l'exploit du cuirassier Destouches [1], des reproductions de gravures de Dürer, quelques cartes postales, des planches anatomiques représentant un « écorché », et une réduction en plâtre de *l'Inconnue de la Seine* [2]. Sur la table de travail se trouvaient les manuscrits en cours, toujours sur de grandes feuilles jaunes, numérotées et reliées entre elles avec des pinces à linge.

L'idée de raconter sa vie à Sigmaringen n'est venue à Céline qu'après son retour en France. Ainsi, le 2 juin 1949, écrivait-il à Paraz : « Non je n'ai rien envie d'écrire sur Sigmaringen! Dieu

1. Il ne s'agissait pas de la première page du n° 16 de *l'Illustré national*, mais de la seizième et dernière page du n° 52. La photographie qui figure dans le coin, en haut et à droite, a été ajoutée par les parents de Céline quand ils ont fait encadrer le document. Ces précisions m'ont été apportées par M. Florent Morési. D'après Daniel Bordet (qui avait fait la même découverte que F. Morési), le n° 52 aurait été publié seulement en novembre 1915.

2. Masque mortuaire d'une jeune noyée. Voir le commentaire de Jean A. Ducourneau dans *Œuvres*, tome I, *op. cit.*, pp. 757-759.

j'ai bien assez de tintoin avec le début de *Féerie!* Le premier ours!
Rien que Montmartre! J'écris lentement. Il faudrait être un Jules
Romains, un Romain Rolland un Romain [1]! »

D'un château l'autre a été commencé par Céline pendant
l'été 1954 et achevé au printemps 1957. Comme le souligne Henri
Godard dans l'édition de la Pléiade [2], Céline avait soixante ans en
1954 et près de soixante-quatre en achevant cette œuvre qui fait
souvent référence aux événements de l'époque : la révolution
hongroise d'octobre 1956, l'intervention de l'armée russe en
novembre, la guerre d'Algérie, etc. Chez Gallimard, on était tenu
au courant de l'état d'avancement du manuscrit : « Je suis à la
1300e page, 50e mouture... je peux penser sans optimisme idiot
que je parviendrai bientôt à la fin (environ un mois) [3]. » Quelques
semaines plus tard, le livre était pratiquement achevé : « Mon ours
est là, pure dentelle [4]. » Achevé en mars, le livre fut mis en vente
le 20 juin 1957.

Céline savait qu'en évoquant des événements récents qui tenaient
à l'histoire de France, il allait intéresser et peut-être inquiéter l'opinion beaucoup plus qu'en publiant un livre comme *Féerie* dans
lequel il avait essentiellement évoqué ses malheurs personnels et
ses propres états d'âme. Le succès de *D'un château l'autre* a cependant dépassé toutes ses espérances.

La critique a salué unanimement le retour en force de Céline
comme une véritable résurrection. Depuis la fin de la guerre, il
avait été régulièrement soutenu par un petit nombre de journaux :
Aux écoutes, grâce à Paul Lévy et à Pierre Monnier; *Carrefour,*
dont le rédacteur en chef était Raymond Magne, gendre de Marcel Aymé, et où collaboraient occasionnellement Louis Pauwels,
André Brissaud et Stephen Hecquet; *Rivarol* où se retrouvaient
pas mal de journalistes qui avaient connu des difficultés à la Libération; la revue *Arts,* proche de *Carrefour;* et *Paris-Presse,* grâce

---

1. Lettre de Céline à A. Paraz, 2 [juin 1949]. *Cahiers Céline,* n° 6, *op. cit.,* p. 161.
2. *D'un château l'autre,* p. 978.
3. Lettre de Céline à R. Nimier, 25 février 1957. Citée par Henri Godard dans *D'un château l'autre,* p. 978.
4. Lettre de Céline à G. Gallimard, 18 mars 1957. *Ibid.,* p. 979.

Nœuil et Baumelbourg.

La Truite

Je l'ai appelé   La fille Baumelbourg je lui
juif   renvoie
              Laval et moi
                mendel le truc   Bichelonne
         Sabold   la mort
                                             à Hohenlunchen
                                                S' Gebhart
                                                    pendu

La boutique du PPF   Promenade Pétain
Le Parti ne ffle doit rien.   L'aigle.   Les ministres
Tu dois tout au Parti   marion —   Les Canar
Doris La sale

dejeuner
Morand   Nœuil à Berlin...
il se plaint   retour de Nœuil
Villemorin
La 6
les   J'aurai S' Pierre
beaux yeux.   et miquelon
distribution
des Plancques)   depart pour le Danemark
               Bastin Tastre   ce petit fumier d'Herolr
Emile Blason   Emblème Blason   Paquis
Josephin Tastre   il n'est jamais venu à Siegmar
             il a trouvé un journaliste
Apollin Vairon de   plus fumier encore que lui
Vouron

D'un château l'autre. Plan autographe.

à André Parinaud. A partir de 1957, son audience s'est étendue et le dégel a gagné l'ensemble de la presse française, lui redonnant, après plus de dix années d'indifférence ou d'hostilité, une place prépondérante dans le monde des Lettres. Toujours considéré comme un franc-tireur poursuivant son chemin en dehors de tous les itinéraires classiques, il fut de nouveau reconnu, à partir de la publication de *D'un château l'autre,* comme l'un des auteurs importants du XXᵉ siècle, non seulement pour la richesse de son œuvre, mais en raison de l'influence exercée par lui sur les autres écrivains de son temps, aussi bien en France qu'à l'étranger. De nouveau projeté au premier plan de l'actualité, il fut désormais régulièrement assailli par des journalistes de la presse écrite, radiophonique et télévisée.

Le premier entretien avec Céline fut réalisé par Madeleine Chapsal pour *l'Express* [1] sur la recommandation de Nimier. Ce fut pour lui l'occasion de dire tout ce qu'il avait sur le cœur, avec toutes les outrances voulues pour que le papier assure le lancement du livre : « Sache que Nimier n'assistait pas à cet entretien, *l'Express* avait peur qu'en sa présence je me retienne de mes outrances et grossièretés habituelles... ils les voulaient!... Ils n'ont rien caviardé ni biffé, il me semble... tu sais quand on a eu le monde entier si longtemps à la traque, en cage et hors de cage, on possède facilement tout le vocabulaire mesuré au milli... Comment ces babouins espèrent-ils me surprendre? J'en ai pour des années à leur apprendre et encore! sont-ils si pesants qu'ils n'apprendront jamais rien que leur propre grasse mélasse [2]! » *L'Express* avait eu beau intituler l'interview « Voyage au bout de la haine » et présenter Céline sous un jour particulièrement antipathique, l'article fit scandale, assurant à *D'un château l'autre* le retentissement que Nimier avait espéré et pour lequel il avait tiré toutes les ficelles et attisé tous les feux.

Le 19 juin paraissait dans la revue *Arts* une nouvelle interview

---

1. *L'Express,* nº 312, 14 juin 1957, pp. 15-18; repris dans *Cahiers Céline,* nº 2, *op. cit.,* pp. 18-36. Quelques jours auparavant, Céline avait refusé une interview à Maurice Lemaître.

2. Lettre de Céline à A. Paraz, 18 juin [1957]. *Cahiers Céline,* nº 6, *op. cit.,* pp. 417-418.

recueillie par André Parinaud : « Il y a *l'Express* qui est passé par Meudon. J'avais pavoisé la gare de toute ma dégueulasserie pour le recevoir. Il a dû être content! Vont pouvoir édifier leurs lecteurs et avec bonne conscience. Je me suis roulé dans ma fange de gros cochon... » Un peu plus loin : « L'alcoolisme, le tabac, la vie bourgeoise ont tout miné en France. Personne n'a d'ailleurs besoin d'autre chose que de beefsteak-pommes frites, télévision, quatre CV : et de faire l'amour le samedi soir. » L'intention de choquer était évidente, mais Céline ne disait en fait que ce qu'il pensait : « J'ai toujours été masochiste et con oui! Je crèverai de ma connerie. Je me suis trompé de file en 1940; rien de plus. Mais c'est quand même con. J'ai voulu faire le malin. J'aurais pu aller à Londres. Je parle l'anglais comme le français. Aujourd'hui je serais à côté du pion Mauriac à l'Académie. Si j'avais su. Mais j'ai perdu alors je paie. Je crèverai dans l'ignominie et la pauvreté comme tout le monde le souhaite. Vous ne voudriez pas que je pavoise. J'ai assez souffert d'abord. J'ai bien le droit d'être malheureux et de le montrer. On m'a assez persécuté. Tout le monde devrait se réjouir de me voir dans la merde. C'est ce qu'on voulait n'est-ce pas [1]? »

Jean Callendreau publia une autre interview, puis la revue *C'est-à-dire* un entretien téléphonique entre Céline et Paraz [2]. En juillet, Céline parut à la télévision dans « Lectures pour tous », interrogé par Pierre Dumayet. Chacune de ces interventions alimentait un mouvement d'opinion qui ressemblait à la querelle qui avait opposé les uns et les autres en 1932 lorsque le prix Goncourt lui fut pratiquement attribué, puis refusé, pour *Voyage au bout de la nuit*. Le plus fort tapage venait à la fois des communistes et des anciens de la Collaboration qui ne supportaient pas que Céline les ait trahis en affirmant par exemple à *l'Express* n'avoir jamais été antisémite ou collaborateur. A la tête des trahis figurait Pierre-Antoine Cousteau qui se déchaîna dans *Rivarol*

---

1. *Arts*, n° 624, 19-25 juin 1957; repris dans *Cahiers Céline*, n° 2, *op. cit.*, pp. 37-38.
2. Respectivement, *Artaban*, n° 11, 21 juin 1957 et *C'est-à-dire*, n° 8, juillet 1957; repris dans *Cahiers Céline*, n° 2, *op. cit.*, pp. 40-43 et 43-59.

des 20 juin et 11 juillet, tandis que dans le même journal Paraz et Poulet lui donnaient la réplique les 27 juin et 4 juillet.

Cousteau, ancien rédacteur en chef de *Paris-Soir,* condamné en même temps que Lucien Rebatet et Claude Jeantet, ironisait aussi dans *Lectures françaises* à propos des affirmations de Céline parues dans *l'Express :* « Je n'ai jamais été antisémite (pas assez con) mais pro-français et pro-aryen! Je n'ai jamais fait d'anti-sémitisme pendant la guerre. Je n'ai jamais foutu les pieds à l'ambassade d'Allemagne, ni avant, ni après la guerre, ni seul, ni accompagné de *Je suis partout.* J'y étais d'ailleurs détesté. » Cousteau rappelait sans indulgence certains passages de *Bagatelles pour un massacre* et il évoquait l'avant-guerre : « [...] à cette époque lointaine, personne ne soupçonnait que Louis-Ferdinand Céline n'était PAS antisémite. On avait même tendance à le considérer — les gens sont si méchants! — comme le pape de l'anti-sémitisme. Cette illusion était si répandue que lorsque sonna l'heure des catastrophes et des options, des tas de jeunes Français qui avaient lu *Bagatelles pour un massacre* et *l'École des cadavres* — mais qui les avaient mal lus, bien sûr — et qui avaient eu la stu-pidité — le Maître Céline dirait : la connerie — de les prendre au sérieux, se trouvèrent automatiquement embarqués dans une aventure qui finit mal. Certains de ces jeunes imbéciles allèrent trépasser, vêtus de *feldgrau,* sur le front de l'Est. D'autres furent transformés en écumoires aux aubes mélodieuses de la Libération. D'autres que j'ai connus traînèrent dans les Maisons de Repos et de Rééducation de la République les plus belles années de leur vie. C'était bien fait pour eux. Ils avaient lu Céline avec un sens cri-tique insuffisant, sans interpréter les textes, sans chercher la vérité entre les lignes. Ils avaient eu confiance dans la nuit, et jus-qu'au bout de la nuit. C'était impardonnable [1]. »

De très nombreux écrivains et journalistes prirent le parti de Céline, tel Maurice Clavel, qui dénonçait les prises de position des anciens collaborateurs « dont la rancune recuit, mijote [2] », tels

---

1. *Lectures françaises,* nᵒˢ 5-6, juillet-août 1957, pp. [1]-6.
2. *Jeune-Europe,* 15 juillet 1957.

aussi Robert Kemp (dans *les Nouvelles littéraires* du 4 juillet), *le Monde* du 3 juillet, *Dimanche-Matin* du 1er septembre, etc. Hormis de rares exceptions, les critiques littéraires réservèrent le meilleur accueil à *D'un château l'autre*. Henri Godard en a fait une analyse dans la notice de la nouvelle édition du livre dans la collection de la Pléiade [1].

Après avoir lu *D'un château l'autre* à Vevey, Paul Morand écrivit à Céline le 29 juillet 1957 : « Je vous ai lu, pendant ce début de vacances, avec une émotion que vous imaginez mal. J'étais resté sur les *Entretiens avec le Professeur Y*, qui m'avaient déchiré l'âme et l'oreille; c'était le livre d'un fauve enragé, fou de douleur; bouleversant, illisible pour moi, un cri de mort imprécatoire. Et puis, aujourd'hui, la surprise, la joie de retrouver le talent d'il y a vingt ans, aussi jeune, aussi fort, enrichi de l'appauvrissement de l'homme. [...] Votre succès est prodigieux. Les jeunes vous vénèrent. Votre message est attendu, reçu, compris. La génération qui vient est comme les autres : elle déteste ses pères, mais elle aime ses grand'pères, dont nous sommes. Cela nous aidera à passer le pas.

» Je reviendrai plus souvent en France à la fin de l'année. Un petit coin au haut de l'avenue Charles Floquet (plus bas, que vous connûtes). J'aimerais vous y voir souvent. Yours, ever [2]. »

Paul Morand et Céline, qui s'étaient connus pendant la guerre, ne se sont pas revus, mais les deux hommes avaient l'un pour l'autre une profonde estime et l'on peut dire de Morand qu'il fut, avec Henri Barbusse, l'un des seuls écrivains du XXe siècle que Céline ait appréciés.

L'écrivain communiste Roger Vailland [3] publia son roman, *la Loi*, à peu près dans le même temps que Céline publiait *D'un château l'autre,* de telle façon que les deux livres se trouvèrent bien souvent côte à côte dans les vitrines des libraires. A la rentrée, le prix Goncourt fut attribué à Roger Vailland pour *la Loi.* Céline

1. Pp. 1018-1022.
2. Lettre inédite de Paul Morand à Céline, 29 juillet 1957.
3. 1907-1965.

questionna Nimier sur le point de savoir si Vailland n'était pas l'un de ses « assassins », c'est-à-dire l'un de ceux qui l'avaient attaqué quand il était au Danemark, au moment de la publication de *Casse-pipe* par Frédéric Chambriand en décembre 1949.

Roger Vailland avait alors publié dans *la Tribune des nations* du 13 janvier 1950[1] un violent article contre Céline dans lequel il racontait qu'en 1943 un groupe de résistants, dont il faisait partie, utilisait le concierge de Céline comme « boîte à lettres » et se retrouvait au quatrième étage de l'immeuble, rue Girardon, où le Conseil national de la Résistance avait même tenu l'une de ses réunions... tandis qu'au cinquième étage, Céline recevait « Ralph Soupault, l'humoriste hitlérien », des journalistes de *Je suis partout;* en bref, « le dessus du panier de la collaboration ».

Vailland avait aussi raconté qu'un véritable conseil de guerre s'était réuni en 1943 sur le point de savoir si l'on devait procéder ou non à l'exécution de Céline et de ses amis. Céline aurait obtenu d'échapper à la mort parce qu'il leur avait tout de même paru difficile « d'abattre comme un chien l'auteur de *Voyage au bout de la nuit* », bien que certains l'aient considéré comme déjà mort, du moins littérairement : « Abattre un cadavre, cela ne pose pas de problème de conscience. »

Dans son article de 1950, Roger Vailland regrettait leur mansuétude : « [...] Laubreaux complote à Madrid son retour et notre mort. Soupault survit et jure qu'il aura notre peau. Et Céline, de Copenhague, écrit des lettres d'injures aux écrivains qui ne " collaboraient " pas, et un mauvais livre[2], que tous les " collabos " achètent parce qu'il collabora. Je crois que notre mansuétude fut un marché de dupes et par surplus une mauvaise action. »

Céline répliqua à cet article avec un retard de huit années qu'il justifia à sa façon : « A propos du récent Goncourt, des amis sont venus me lire un certain article... en son temps je fus bien excusable de n'y point répondre, j'étais en prison[3]... » En réalité, dès 1950,

---

1. « Nous n'épargnerions plus Céline », *la Tribune des nations*, n° 221, 13 janvier 1950, pp. [1] et 6.
2. *Casse-pipe.*
3. *Le Petit Crapouillot*, n° 2, février 1958, pp. [1-4].

Céline avait eu connaissance de l'article de Vailland dont il parle dans sa correspondance avec Albert Paraz. Il faut aussi préciser qu'en 1950 Céline n'était plus en prison depuis plusieurs années, mais en exil à Klarskovgaard.

La réponse de Céline fut cinglante, mais moins injurieuse et moins scatologique que celle qu'il avait destinée à Jean-Paul Sartre en écrivant *A l'agité du bocal*. Il rappelait surtout ses relations amicales avec les occupants du quatrième étage, M. Robert Champfleury et sa femme, Simone, dont il connaissait les activités : « Au vrai, presque chaque matin, un de ces jeunes S.T.O. [1] montait frapper à notre porte, au cinquième, se trompant d'étage... ma femme ou moi les conduisions chez Champfleury, la porte au-dessous...

» Champfleury me donnait toujours les dernières nouvelles de la Bibici [2], il faisait même hurler son poste, que je l'entende bien... notre appareil fonctionnait mal... »

Puis Roger Vailland, que Céline rangeait dans la catégorie des « [...] justiciers féroces... vengeurs implacables des coliques... », se voyait reprocher la dénaturation de cet épisode sympathique de l'Occupation : « Que cet imbécile avec ses ragots pourris vienne me gâcher un bon souvenir!... je n'ai pas tellement de bons souvenirs!... il est naturel que j'y tienne... de plus, eh! là! Vailland s'en prend à mes " trois points "! le cancre! Fougerat du Roman! demain que n'osera? nous pouvons nous attendre à tout de ce plumiteux! » Céline avait aussi saisi l'occasion pour repartir à l'assaut de ses vieilles têtes de turc, auxquelles il ajoutait Cousteau, pour le remercier de ses récents articles : « Je dis, j'affirme, que ce Vailland (ma honte qu'il soit si dépourvu de style et forme!) me doit la vie et son Goncourt... Et que ce taré prend à présent de tels airs, poses photogéniques, copie Gréco, Malraux, Mauriac, qu'il devrait être en bocal avec Sartre, Madeleine, Triolette [3], Cousteau... pas un bocal! une cuve entière pour les mettre tous!... à l'aise, en formol... sans distinction d'où ils proviennent! »

1. Réfractaires du Service du travail obligatoire.
2. Station radiophonique anglaise (British Broadcasting Corporation).
3. Madeleine Jacob et Elsa Triolet.

L'article était signé :
« Louis-Ferdinand Céline,
» Médaillé militaire novembre 1914,
» Engagé volontaire des deux guerres, mutilé 75 %,
» Pillé, carambouillé, emprisonné 100 % [1]. »

Robert Champfleury entra sans hésitation dans la bagarre, écrivant au *Petit Crapouillot* dans le même sens que Céline. Plus tard, en 1963, dans un article publié dans les *Cahiers de l'Herne*, sous le titre « Céline ne nous a pas trahis », il dénonça « la manière tendancieuse de cet écrivain de présenter les faits, de les inventer ou de les interpréter. » Il rappelait aussi qu'il eût été facile à Céline de les dénoncer s'il en avait eu l'envie. Il confirmait enfin que Céline savait ce qui se passait dans son appartement et qu'il lui avait même offert de l'aider. Un jour, se souvenant de cette offre, Champfleury lui avait amené un résistant qui avait été torturé par la Gestapo et qu'il avait soigné, non seulement sans poser de questions, mais en « ayant parfaitement deviné l'origine de la blessure... [2] »

Céline remercia Champfleury pour sa lettre au *Petit Crapouillot* : « On m'a bien presque assassiné avec le succès fifi; les nazis, eux, m'auraient tout à fait estourbi depuis belle! Nous n'avons rien à faire avec ces pirates!... chevronnés tous, mon pauvre ami!... infiniment incorrigibles!... Si vous remuez les masses, vous entrez dans le cauchemar!... et n'en sortez plus!...

» Enfin, le grand plaisir, la joie de vous embrasser, au-dessus de ces horribles turlupinades [3]!... »

Le succès de *D'un château l'autre* eut d'heureux effets sur le compte de Céline chez Gallimard, qui resta cependant débiteur jusqu'à sa mort. A la signature du contrat, en juillet 1951, sa dette était de cinq millions d'anciens francs et elle ne fit qu'augmenter jusqu'en 1956. Arrêté au 30 juin 1954, le compte était débiteur

---

1. *Le Petit Crapouillot, op. cit.*
2. *Cahiers de l'Herne*, pp. 246-251.
3. Lettre de Céline à R. Champfleury, 8 avril 1958. *Cahiers de l'Herne*, p. 250.

de 7 161 846 francs, au 30 juin 1955 de 7 806 897 francs. Au 30 juin 1956, on constatait un léger mieux grâce à la sortie de *Voyage au bout de la nuit* en livre de poche, mais le solde restait tout de même débiteur de 7 593 495 francs, et il ne s'était guère amélioré le 30 juin 1957, bien que le compte ait été crédité de 1 496 340 francs correspondant à la vente de 9 780 exemplaires de *D'un château l'autre*, mis en vente le 12 juin. Céline devait encore à Gallimard 7 051 330 francs. Le 30 juin 1958 sa dette était réduite à 5 558 936 francs, elle passait le 30 juin 1959 à 58 731 nouveaux francs, et le 30 juin 1960 à 47 262 francs.

Il est vrai que les ventes étaient très faibles et les rentrées réduites, voire négligeables, pour certains titres. En 1956, par exemple, la vente de l'édition ordinaire de *Voyage au bout de la nuit,* pourtant le meilleur titre de Céline, ne rapporta que 94 500 anciens francs, soit 945 nouveaux francs, pour un prix de vente en librairie de sept francs cinquante, tandis que *Mort à crédit,* second meilleur titre, rapportait 495 nouveaux francs pour un prix de vente de onze francs. Entre juin 1957 et juin 1958, le meilleur titre de Céline fut *D'un château l'autre,* dont 22 959 exemplaires avaient été vendus à la date du 30 juin 1958, soit un an après sa publication, chiffre modeste compte tenu de l'accueil de la critique et de l'intérêt suscité dans l'opinion par la sortie du livre.

A partir de 1957, et jusqu'à la fin de sa vie, Céline fut régulièrement sollicité par les journalistes de la presse écrite, radiophonique et télévisée, tous en quête d'une interview. Les textes ont été rassemblés dans les *Cahiers Céline* [1] et il n'est pas possible de les mentionner ici en totalité. Parmi eux : Pierre Dumayet en 1957 pour la première chaîne de télévision et Louis-Albert Zbinden pour Radio suisse romande, Jacques Chancel en 1958, André Parinaud en 1957 et 1959, Yvan Audouard, Pierre Démeron, Hervé Le Boterf, Paul Werrie venu avec Robert Poulet, Jacques Izoard en 1959 et surtout, la même année, Louis Pauwels et André Bris-

---

1. Voir *Cahiers Céline,* n° 2, et *Textes et documents* 1, *op. cit.*

saud pour un entretien dont la diffusion fut interdite à la demande
d'associations de lutte contre le racisme et dont les parties non
utilisées ont été volées à l'époque par des inconnus [1]. En 1960 ce
sont Jean-François Devay, Claude Sarraute, Robert Stromberg,
Léon Darcyl, Louis Le Cunff, Pierre Rey et, de nouveau, André
Parinaud qui sont venus recueillir des interviews; puis, en 1961,
Pierre Audinet, Claude Bonnefoy, Stéphane Jourat et Julien Alvard.

Deux entretiens ont été enregistrés sur disques. Le premier,
réalisé par Gérard Sire, dont de très courts extraits figurent dans
la série « Le temps que nous vivons [2] », relatif aux événements les
plus marquants de la période du 30 juin au 30 septembre 1958
pendant laquelle intervint la campagne électorale pour le référen-
dum du 28 septembre 1958 sur la Constitution de la Ve République.
Quelques voix célèbres se mêlent à celle de Céline, parmi lesquelles celles de Stephen Hecquet et des généraux de Gaulle et
Massu. Le second disque, inédit à ce jour, est beaucoup plus intéressant. Il comporte l'enregistrement intégral d'une interview réalisée le 16 juin 1959 par Francine Bloch pour le compte de la Phonothèque nationale. Céline, interrogé sur son style et sur sa façon
d'écrire [3], avait répondu : « Mon dieu c'est un don que j'avais, que
je ne pressentais pas, qui me gênait [...] je dois avoir une petite
façon de voir, de tripoter les phrases de telle façon qu'elles sont
pas tout à fait comme celles qu'on attend. [...] Je suis pas musicien,
j'entends une chanson, je la laisse tranquille, je dis c'est très gentil,
bien, j'applaudis [...] j'aime bien le chromo et puis j'aime bien la
Polka des patineurs, le *Danube bleu*, la symphonie de Beethoven,
toutes ces choses-là me plaisent beaucoup et je le dis, mais je n'ai

1. Réalisé au printemps 1959, l'entretien fut partiellement diffusé pour la première fois
en 1969; il a été recueilli dans *En français dans le texte* (Éditions France-Empire, 1962,
pp. 14-23) et repris dans *Cahiers Céline*, n° 2, *op. cit.*, pp. 119-129.

Louis Pauwels avait publié, le 13 décembre 1949, dans *Carrefour*, un article favorable
à Céline à la suite duquel ils avaient correspondu. André Brissaud, lui, avait connu
Céline chez Gen-Paul et il est venu assez souvent le voir à Meudon (*Cahiers de l'Herne*,
pp. 313-317).

2. N° 2, disque Prétoria, dépôt légal du 28 octobre 1958; repris dans *Cahiers
Céline*, n° 2, *op. cit.*, pp. 99-102.

3. Voir aussi sur ce sujet l'interview réalisée le 17 octobre 1954 par André Brissaud
(*Cahiers Céline*, n° 1, *op. cit.*, pp. 157-164).

pas envie de transformer tout ça non, tandis que la phrase Madame je la tortille; j'ai envie de la travailler [1] [...] »

Céline reçut aussi la visite d'universitaires : Jean Callendreau et Louis-Albert Zbinden en 1957; Marc Hanrez en 1959; Nicole Debrie, Jean Guénot et Jacques Darribehaude en 1960; de nombreux photographes : Liptnitzki envoyé par l'agence Roger-Viollet [2], Gimon, Michel Bernard en 1957, en compagnie de Paraz, et revenu ensuite seul et une fois avec son beau-père le peintre Jean Schrœder que Céline avait connu chez Gen Paul à Montmartre, Pierre Duverger qui venait à titre amical et Étienne Hubert, pour la revue *Arts,* devant lequel Céline s'étonna qu'il fût venu le prendre en photo : « A votre place j'irais photographier le cul des filles », et, de 1957 à 1960, Simon, Gragnon et Pagès de *Paris-match;* des médecins, tels André Gossert, présenté par Héron de Villefosse, et Louis Cournot.

La publicité faite autour du nom de Céline à l'occasion de la publication de *D'un château l'autre* lui amena aussi la visite de certains « revenants », dont beaucoup avaient appartenu à la Collaboration. Parmi ceux qui n'y avaient pas trempé : André Neufinck, ancien camarade du 12e Cuirassier, qui lui apportait le *Carnet du cuirassier Destouches* [3], Max Revol, inventeur des « Branquignols » et de la « Revue des Deux Anes », Théophile Briant et sa seconde femme, Lucette Bellet, et Maria Le Bannier, venue avec sa fille Sergine. Il revit avec plaisir l'ancienne amie de son beau-père [4] chez laquelle il avait passé d'heureuses vacances à Saint-Malo avant la guerre et pendant l'Occupation.

Parmi les anciens de la Collaboration, Lucien Combelle, ancien directeur du journal *Révolution nationale,* condamné à ce titre dès décembre 1944 à quinze années de détention. Libéré en septembre 1951 mais assigné à résidence en province, il ne revit Céline qu'à partir de 1957 et pour la première fois à l'occasion de la publication de *D'un*

1. Interview inédite, conservée à la Phonothèque nationale, dont un court extrait a été publié dans le « Dictionnaire sonore Larousse », Pathé Marconi (AC 70-001 à 010).
2. Cette visite eut lieu vers 1955.
3. Voir tome I, p. 124.
4. *Ibid.*, p. 235.

château l'autre : « Le mieux est que tu viennes chercher le livre ici toi-même! On descend à *Bellevue* gare Montparnasse, n'importe quel jour après 16 heures... 10 minutes de dur... Tu sais le livre n'est pas un moyen de gagner sa croûte c'est un moyen des pires malheurs... " perseverare " en plus! l'âge n'est pas une excuse non plus! la maladie non plus! français qu'il ne faudrait pas être [1]! »

Céline reçut aussi le docteur Bécart [2], ancien pilier du Cercle européen, chez lequel il avait souvent déjeuné dans son appartement du boulevard Berthier, qui se trouvait sur le chemin du dispensaire de Bezons où il se rendait chaque jour à seize heures pour ses consultations. C'est au cours d'un déjeuner chez lui qu'il avait fait la connaissance de Jacques Doriot et de Marcel Déat. Mme Bécart vint aussi de son côté à Meudon. Céline revit avec plaisir cette très jolie femme, descendante de Bernadotte et donc parente des rois de Suède. Quand il l'aperçut à la grille du jardin, il entonna immédiatement « Sauvez, sauvez la France au nom du Sacré-Cœur », comme il avait l'habitude de le faire, dans le temps, quand il la voyait boulevard Berthier.

Céline retrouva aussi avec beaucoup de plaisir M^ne Mitre ancienne secrétaire de Fernand de Brinon et le docteur Jacquot, avec lesquels il évoqua les tristes souvenirs de Sigmaringen. Quand le docteur Jacquot reçut des nouvelles de Germinal Chamoin, il l'amena deux fois à Meudon et Céline put ainsi témoigner sa reconnaissance à celui qui lui avait servi d'infirmier et l'avait aidé à traverser l'Allemagne en mars 1944, de Sigmaringen à Flensburg, au prix des difficultés que l'on sait. Chamoin lui raconta son épopée, son retour à Sigmaringen, sa fuite à travers l'Allemagne, l'Autriche et l'Italie, sa vie clandestine, hébergé par les uns et les autres, puis son retour en France en 1954, après l'amnistie.

Parmi les « revenants », il faut encore citer Arno Breker, Karl Epting et Hermann Bickler.

En 1940, quand Hitler était venu passer une journée à Paris, il avait demandé à un Parisien d'adoption, le sculpteur Arno Breker,

---

1. Lettre inédite de Céline à L. Combelle, 17 juin [1957].
2. Auguste Bécart (1896-1954).

d'être son cicérone, notamment pour la visite de l'Opéra. Un peu plus tard, en 1943, l'exposition de Breker à l'Orangerie, inaugurée en présence de Maillol, avait été l'un des grands événements mondains de l'Occupation. C'est à cette époque, à l'Institut allemand, que Céline lui avait été présenté par Epting. Après le retour de Céline en France, Arno Breker proposa à Louis de faire son buste et il vint à Meudon pour quelques séances de pose, mais l'œuvre ne fut achevée qu'après la disparition de Céline, à l'aide d'une documentation photographique [1].

Karl Epting est venu voir Céline au début de l'année 1961, accompagné de Werner Boekenkamp [2], correspondant de la *Frankfurten Zeitung,* qui avait été son collaborateur à l'Institut allemand, rue Saint-Dominique. Epting et Louis se sont retrouvés avec émotion car ils avaient l'un pour l'autre une profonde affection. Epting regrettait de l'avoir compromis, mais Céline lui était reconnaissant pour tout ce qu'il avait fait pour lui, à Paris, à Baden-Baden, à Kraenzlin et à Sigmaringen. Il avait honte aussi que l'on ait poursuivi et emprisonné cet homme qui n'avait jamais milité que pour le rapprochement entre les intellectuels des deux pays! Comme on ne pouvait pas le poursuivre pour intelligence avec l'ennemi puisqu'il était allemand... on l'inculpa de « pillage en temps de guerre ». Arrêté en Allemagne le 4 octobre 1946, puis transféré à la prison du Cherche-Midi le 2 mai 1947, Karl Epting y resta détenu jusqu'à son acquittement par le Tribunal militaire de Paris le 28 février 1949, après que Jean Paulhan fut venu témoigner pour lui et après une belle défense de René Floriot.

Karl Epting écrivit plusieurs articles sur Céline, notamment dans *la Chronique de Paris* en avril 1944, et dans les *Cahiers de l'Herne,* quatre pages intitulées : « Il ne nous aimait pas [3]. » Les deux hommes avaient correspondu pendant la guerre et, de Meudon, Céline lui écrivit au moins deux lettres :

1. Arno Breker vivait alors à Montmartre dans un appartement qu'il avait acheté en 1950.
2. Futur traducteur de *D'un château l'autre* et de *Nord.*
3. P. 240.

« Bien cher ami, j'ai lu et relu votre admirable article, il est émouvant de connaître les impressions d'un témoin de ces moments et lieux tragiques! Invraisemblables aux jeunes! lieux et populations d'ailleurs disparus! demain bien d'autres deviendront irréels!... qui ne s'en doutent pas!... ils ne pensent qu'à bouffer, boire, et voyager... demain ils détruiront et seront détruits... l'Apothéose!... rien à dire nous sommes trop vieux pour avoir un avis!

» Nous vous embrassons bien.

Destouches [1] »

« Cher Ami

» Nous sommes bien heureux et émus de recevoir de vos nouvelles, directes, j'espère que vous viendrez nous voir ici bientôt, mille choses à vous raconter, ce qu'il reste de tout ce cataclysme!

» Nous vous embrassons bien.

Destouches [2] »

Lorsque Karl Epting me raconta sa visite à Meudon, il décrivit Céline seul, debout dans son jardin, le regard fixe, comme un visionnaire. Après l'entretien les deux hommes s'embrassèrent. Savaient-ils qu'ils ne se reverraient plus? Epting eut ce jour-là plus que jamais l'impression qu'il venait de rencontrer « l'un des grands prophètes du XXᵉ siècle ».

Hermann Bickler avait connu un destin singulier. Né le 28 décembre 1904, à Hoffwiller (la Moselle était alors allemande), d'un père d'origine germanique et d'une mère alsacienne, il avait opté pour la nationalité allemande en 1919. Avocat à Strasbourg, fondateur en 1931 d'un groupe paramilitaire, la *Jungmannschaft*, militant autonomiste au sein du *Landespartei*, il fut arrêté par les autorités françaises le 4 septembre 1939, emprisonné à Nancy, puis libéré par les Allemands. Il se mit alors à leur service et se trouvait à la fin de l'Occupation à la tête de la Section IV du *Sicherheitsdienst*, boulevard Flandrin, chargé de regrouper les

1. Lettre inédite de Céline à K. Epting, 16 octobre [1960].
2. Lettre inédite de Céline à K. Epting, 21 juillet 1960.

renseignements politiques sur la France, l'Espagne, le Portugal, la Suisse, l'Angleterre et les États-Unis. C'est à cette époque qu'il avait connu Céline dont il appréciait la fantaisie et qui n'hésitait pas à lui dire tout le mal qu'il pensait des Allemands, de même qu'il soutenait devant lui que la guerre était irrémédiablement perdue pour le Reich. Bickler le laissait parler, mais l'histoire ne dit pas s'il tenait compte de ses avis quand il faisait des rapports sur le moral de la population française... Arrêté par la Wehrmacht le 20 juillet 1944, le jour de l'attentat contre Hitler, il fut relâché dès que fut connu l'échec du complot. Il disparut à la Libération et fut ensuite condamné à mort par contumace en septembre 1947. Hermann Bickler écrivit à Céline en 1960 et reçut de lui ensuite quatre lettres par l'intermédiaire d'Epting qui avait été à l'origine de leur rencontre.

« Vous pensez quelle joie d'avoir de vos nouvelles! depuis long-temps je voulais demander ci... là... mais vous savez combien il est délicat d'avoir l'air curieux!... Il nous est arrivé bien des choses, très désagréables... vous vous doutez! mieux que personne!... [...] Bébert est mort ici, il est enterré ici, dans le jardin... vivre est déjà difficile, mais survivre à 67 ans et gagner sa vie semble tout à fait imbécile [1]... »

« Le grand et doux malheur voyez-vous, c'est que nos pauvres histoires n'intéressent plus personne, le monde est un théâtre et nous ne sommes plus de l'acte qui se joue... aussi démodés que les héros de 70... d'un côté ou de l'autre... certes le public veut tou-jours du sang mais du sang frais!... il se fout pas mal des idées et des causes! des Arènes il veut, c'est tout!... des tripes au Soleil!... vous avez des bois et des prairies, quel privilège! Ici nous sommes assez bien, si ce n'est la vie matérielle difficile, et l'hostilité sour-noise et implacable... et les santés qui ne sont pas brillantes et la vieillesse qui est là... Nous parlons de vous bien souvent et bien affectueusement. Comment nous revoir? Hélas, ils iront à New York

---

1. Lettre inédite de Céline à H. Bickler, 22 septembre 1960.

en 10 minutes et je n'ai pas le moyen d'aller à Paris (je n'y tiens pas) qui est à deux cents mètres [1] ! »

« Nous pensons bien à vous. La Wehrmacht est à Mourmelon - forcément elle va se faire des amis, des collaborateurs. Ainsi toujours les mêmes grimaces en attendant les chinois ou les russes, ce qui revient au même - Amen! La bombe n'arrêtera rien. La faim, oui... Elle vient! un de ces cavaliers de Dürer - grâce à votre tour de cou je ne prendrai pas froid il est merveilleux, Lucette l'accapare aussi pour tenir le thé au chaud. Elle m'a bien recommandé de ne rien vous en dire! c'est donc " top secret " [2] ».

« Que cette 61 soit possible, ce serait déjà très beau, tout le bonheur que je vous souhaite! Certes il faudrait nous rencontrer - mille choses inconnues nous séparent hélas! d'abord nous sommes *vieux* et *démodés,* nos histoires embêtent les gens! *Je n'ai pas vu Epting.* Vous ne pouvez pas vous faire une idée de notre vie ici, en cinq minutes vous auriez compris... tout... *pas du tout ce que vous imaginez.* Par Epting vous pouvez sans doute savoir ce que veut dire, s'il existe, un Institut de Recherches historiques *officiel de Bonn* dont le siège serait à Munich, et tout à fait sérieux, qui après longues recherches aurait découvert et *publié* qu'il n'y aurait jamais eu de fours à gaz (gaskammer) à Buchenwald Dachau, etc... *ni nulle part en* Allemagne... il y en avait en *construction* mais qui ne furent jamais terminés... selon cet *Institut.* Si vous obtenez des documents voilà qui m'intéresserait fort, vous aussi sans doute [3] ! »

Malheureusement pour Louis Destouches, pour Hermann Bickler et surtout pour ceux qui n'en sont pas revenus, les camps de la mort ont existé. Le passage de cette lettre est inhabituel, car après la guerre Céline n'a plus jamais abordé ces questions, sauf au cours d'entretiens très privés avec son « confesseur » protestant, le pasteur François Löchen, auquel il a dit qu'il avait été dans l'ignorance

1. Lettre inédite de Céline à H. Bickler, 4 octobre 1960.
2. Lettre inédite de Céline à H. Bickler, 29 novembre 1960.
3. Lettre inédite de Céline à H. Bickler, 30 décembre 1960.

des camps d'extermination. A Copenhague, portant un jugement sur sa responsabilité d'écrivain et de polémiste, il lui avait confié qu'il était habité de remords à l'idée des souffrances endurées par tous ceux qui l'avaient lu et, pour l'avoir mal compris, s'étaient engagés dans des batailles insensées. Il se sentait responsable à leur égard, parce qu'il avait été leur maître à penser [1].

Toutes les lettres écrites de Meudon ne sont que de longues plaintes, des suites de lamentations assorties de l'annonce de guerres prochaines, de cataclysmes épouvantables et autres lugubres prophéties. Aigri, malade, désabusé de tout, Céline éprouvait pour ses contemporains le plus profond mépris et les vouait aux pires gémonies, en attendant l'apocalypse et l'extinction définitive du genre humain. Dès son installation à Meudon en 1951, Céline avait repris le ton qui avait été celui de beaucoup de ses lettres du Danemark et qui n'a probablement son équivalent dans la littérature française que dans le *Journal* et la correspondance de Léon Bloy.

« Nous voici revenus, malades, au milieu de nos décombres! décombres est encore un grand mot! En réalité - *plus rien!* la vaporisation par les vols, rapines, judiciaires, privées, amicales, des parents etc... vous connaissez le processus sempiternel!... Ce ne serait rien avec 10 ans de moins! hélas! On nous a loué ici une immense bicoque impossible à chauffer et hors de prix! prêté quelques meubles... et la meute ne démord pas - vous l'avez lu.

» Je vais d'insomnies en migraines - ce qu'on a pu souffrir là-bas! et ce qu'on a été pillé! et *2 ans de réclusion! ne dites pas que je vous écris* JE NE ME CACHE PAS... mais j'ai l'épouvante des curieux et des journalistes - j'espère que vous vous débrouillez bien à présent - Il faudra bien un jour, assez proche, que je retrouve une espèce de situation même *très médiocre, médicale* - gardes de nuit, interne en maison de santé - n'importe quoi pour assurer notre très mesquine vie matérielle - l'édition c'est fini - le barrage est impeccable - la Palestine vigilante - aux aguets de me renvoyer en cabane [2]. »

1. Témoignage du pasteur Löchen.
2. Lettre inédite de Céline au docteur Jacquot, 28 décembre [1951 ou 1952].

Les lettres adressées à Le Vigan sont tout aussi lugubres : « Je ne sais pas quel est ton sort là-bas? le nôtre ici est plus que misérable... rien ne manque, froid, haine partout, maladie, pauvreté, avenir! zéro! tu te doutes de tout ça! J'ai tout laissé au Danemark, Mikkelsen et les autres, nous ont tout (mes chétives économies) secoué, vaporisé! rien à dire... ici, Gallimard (Hirsch [1] directeur) m'étouffe à zéro... je ne vends *rien!* médecine? je suis affiché dans tout Meudon comme traître, pornographe etc... total : zéro malade!... ah, qu'il serait bon d'être mammouth, froid pour froid, pris dans les glaces... on se sortirait dans 20 siècles, toute cette sale engeance bien crevée...

» A toi vieux, de nous deux, bien affectueusement, tes très fidèles sincères amis! bien reconnaissants crois-le! pas oublieux, JAMAIS [2]! »

« Pour notre compte Lucette et moi c'est la schtourbe en dépit de bien, d'énormément, d'inimaginables humilités, privations, et nouilles et eau pure, sardines rares! Écrasés de calomnies, haines sabotage systématique - La NRF est un ghetto coco pédérastique - on m'y étouffe [avec] acharnement... et idiotement en plus - car c'est tous idiots Cie - la vie est très chère - et les impôts écrasent tout - on ne vous laisse *rien* - moi je n'ai que des dettes - pour en finir moi et les bêtes c'est une question de cyanure bien pur bien sec... pas à " la Laval " [3]! Ce juif abusif! Ils se gratteront encore longtemps avant d'envoyer leurs bombes! la chiasse Ouest ou Est la même! la peur du " *désordre* " surtout! une nuit de " *désordre* " fait lever 5 ou 6 Césars par village! Césars, noirs jaunes rouges [4]! »

---

1. Louis-Daniel Hirsch, alors directeur commercial des Éditions Gallimard.
2. Lettre inédite de Céline à R. Le Vigan, 11 janvier 1955.
3. Pierre Laval s'est suicidé à Fresnes le 15 octobre 1945, peu avant l'heure prévue pour son exécution, en absorbant du cyanure dont l'action se trouva réduite par l'humidité. Réanimé, Laval a été fusillé deux heures plus tard dans l'enceinte de la prison.
4. Lettre inédite de Céline à R. Le Vigan, 24 mai [probablement 1957]. C'est la dernière lettre qu'il lui écrivit.

Dans les lettres qu'elle écrivait à sa mère, Lucette donnait de sa vie à Meudon une image qui n'était pas beaucoup plus réjouissante. Le pessimisme de Céline avait-il à ce point déteint sur elle? Sans doute a-t-elle aussi forcé un peu la dose, sachant que la misère chasse les importuns! Elle faisait de son mieux pour dissuader sa mère de venir la voir, car Louis ne la supportait plus; ainsi dans une lettre de décembre 1955 : « Hélas encore bien des chagrins et des soucis! J'ai été très malade une sinusite et une bronchite - fièvre etc... Louis aussi des crises graves en plus notre grosse Yasmine la danoise est morte après des jours d'agonie. Voici ces derniers temps dans l'angoisse - Je pensais bien à vous écrire la maladie m'a empêchée de continuer mes lettres. [...] De notre côté il ne faut rien espérer de mieux en notre état - l'argent faisant tout à fait défaut il me faut travailler beaucoup je suis épuisée - Je ne sais combien de temps encore je pourrai tenir et il le faut absolument - personne ne nous aide jusqu'au bout - En ces fêtes qui ne le seront pas pour nous je pense à vous [...] Vous voyez l'état de Louis il vaut mieux ne pas lui parler. Tout l'irrite. Il ne dort plus et sa santé est à bout de force, il ne faut rien lui dire c'est préférable il est trop irritable - Il vaut mieux écrire que téléphoner aussi - je le regrette mais les scènes me font mal et cela n'avance à rien [1] - »

L'étalage complaisant de toutes ses misères et l'expression non voilée d'une véritable manie de la persécution apitoyaient quelques-uns des lecteurs de Céline, mais en horripilaient beaucoup d'autres. Ainsi Françoise Sagan [2], qui appartenait à la première catégorie, notait dans son « Journal » après avoir lu *D'un château l'autre :* « Le livre de Céline est assez effarant. En fait il pose la question : en sortant d'ici puis-je ou non aller porter cent mille francs à Céline? Il semble que c'est la question que devrait se poser tout

1. Lettre inédite de Lucette Destouches à Mme Pirazzoli, décembre 1955.
2. Céline a dit ce qu'il pensait de Françoise Sagan en répondant à une enquête de la revue *Arts.* Voir *Cahiers Céline,* n° 2, *op. cit.,* p. 80.

lecteur attentif [1]. » Cousteau, qui appartenait évidemment à la seconde catégorie, écrivait de son côté : « Le martyr, dans toutes ces interviews — mais alors un martyr pyramidal, fantastique, comme il n'y en a jamais eu et comme il n'y en aura jamais plus — c'est Louis-Ferdinand soi-même, l'homme qui a " souffert comme pas un ", l'homme que Pétain poursuivait de sa haine, que Hitler voulait faire fusiller, que le P.P.F. se proposait d'égorger. L'homme qui a connu à Sigmaringen d'indicibles tourments. L'homme qui a subi quelques mois d'incarcération, puis un exil conjugal au Danemark et qui a finalement été condamné — comble de l'horreur! — à une année de prison par contumace, alors que tant d'heureux veinards, pendant ce temps-là, s'en tiraient avec la bagatelle de douze balles dans la peau ou respiraient l'air si pur et si français de Poissy ou de Clairvaux.

» Pas question, donc, de mettre sur le même plan les tortures hallucinantes qui furent infligées à l'auteur de *Bagatelles* et de *l'École* et les mêmes désagréments subis par les lecteurs aberrants de *Bagatelles* et de *l'École*. Pourquoi Céline aurait-il aujourd'hui un mot pour les gens qui l'ont si mal compris? Les textes étaient pourtant assez clairs, et ne pouvaient laisser place à aucun soupçon d'antisémitisme [2]. »

Qu'aurait écrit Cousteau s'il avait eu connaissance de certaines lettres de Céline : « Vive les juifs! vive les nègres! vive les papous! et vive la lune! moi je suis sur les *gradins* - Que les autres se déchirent étripent dilacèrent, entre-bouffent! Je regarde j'applaudirai les plus vaillants! Je compterai les tonnes de viande à saler [3]! » Quand il était au Danemark, il était prêt à tout, à la seule condition de pouvoir rentrer librement en France : « Pour revenir il faut que j'entreprenne un long travail de raccommodage avec les juifs... *cela est possible* mais il faut que j'établisse les contacts

---

1. *Toxique*, Julliard, 1964, p. 42.
2. « Fantômes à vendre », *Lectures françaises*, op. cit.
3. Lettre de Céline à J.-G. Daragnès, 23 [septembre 1949]. *Le Lérot rêveur*, n° 29, op. cit.

politiques habiles et efficaces... Dénoncer l'antisémitisme... que l'antisémitisme n'a plus aujourd'hui aucun sens [1]... »

Même s'il y avait une part de vérité dans les attaques de Cousteau, il reste que Céline fut malheureux à Meudon, comme il l'avait été au Danemark et pendant la plus grande partie de sa vie. Comment aurait-il pu en être autrement d'un homme qui avait traqué le malheur depuis l'enfance, seul état dans lequel il ait rêvé d'accomplir son destin : « C'est peut-être ça qu'on cherche à travers la vie, rien que cela, le plus grand chagrin possible pour devenir soi-même avant de mourir [2]. » Parfois, bien sûr, il avait un peu forcé la nature : « Ce n'est pas si facile que ça en a l'air. Ce n'est pas tout que de se dire " je suis malheureux ". Il faut encore se le prouver, se convaincre sans appel [3]. »

A force de l'avoir tant recherché, le malheur est tombé sur lui, inlassable compagnon de ses dernières années. Comme il ne croyait que ce qu'il avait vu, entendu, touché du doigt, il finit par ne plus être atteint que par les misères de sa vie quotidienne, ses propres malheurs, ceux de Lucette, de leurs bêtes et de quelques malades. Cette forme d'égocentrisme n'avait fait que s'accentuer avec l'âge, au cours des mois de prison, pendant les années d'exil et durant les dix années de réclusion vécues à Meudon, aux côtés d'une femme respectueuse de son génie au point de le suivre dans ses rêves, compagne de toutes ses visions, de ses cauchemars et de ses fantasmes, veillant à n'exercer jamais sur lui la moindre contrainte.

La misanthropie fut l'aboutissement inévitable d'une si constante volonté, exercée dans une solitude qui avait été voulue dès le premier âge :

Mes yeux sont trop blessés, et la cour et la ville
Ne m'offrent rien qu'objet à m'échauffer la bile :
J'entre en une humeur noire, et un chagrin profond,
Quand je vois vivre entre eux les hommes comme ils font ;

1. Lettre inédite de Céline à E. Pirazzoli, le 10 [juin ou juillet 1947].
2. *Voyage au bout de la nuit*, p. 236.
3. *Ibid.*, p. 250.

Je ne trouve partout que lâche flatterie,
Qu'injustice, intérêt, trahison, fourberie;
Je n'y puis plus tenir, j'enrage, et mon dessein
Est de rompre en visière à tout le genre humain [1].

Être franc et sincère est mon plus grand talent;
Je ne sais point jouer les hommes en parlant;
Et qui n'a pas le don de cacher ce qu'il pense
Doit faire en ce pays fort peu de résidence [2].

Trahi de toutes parts, accablé d'injustices,
Je vais sortir d'un gouffre où triomphent les vices,
Et chercher sur la terre un endroit écarté
Où d'être homme d'honneur on ait la liberté [3].

Irrationnel et intolérant, Céline avait vécu dans l'anarchie, ne supportant ni la liberté ni la contrainte. Frileux qui n'aimait pas la chaleur, il finit, comme tous les grands malades, à être mal partout et avec tout le monde, célébrant comme Chateaubriand : « [...] le respect de ses propres opinions, le mépris du succès et de l'or, la félicité des sacrifices, le culte de la faiblesse et du malheur [4]. »

« Une immense haine me tient en vie. Je vivrais mille ans si j'étais sûr de voir crever le monde [5]. » Ce cri de Céline, du fond de la prison de Copenhague, est finalement l'aboutissement logique d'une vie hérissée de désillusions et l'on comprend que Léon Bloy, « pèlerin de l'absolu », après avoir parcouru le même chemin, ait intitulé l'une des dernières parties de son *Journal* : « Au seuil de l'apocalypse », et soit parvenu à des conclusions si rigoureusement identiques à celles de Louis-Ferdinand Céline : « Oui, c'est vrai, je suis plein de haine depuis mon enfance, et nul n'a aimé les autres hommes plus naïvement que je n'ai fait. Mais j'ai abhorré

---

1. Molière, *le Misanthrope,* acte premier, scène 1.
2. *Ibid.,* acte IV, scène 1.
3. *Ibid.,* acte V, scène dernière.
4. *Mémoires d'outre-tombe,* tome II, éd. de la Pléiade, p. 567.
5. Lettre de Céline à A. Paraz, 1er juin 1947. *Cahiers Céline,* n° 6, *op. cit.,* p. 22.

les choses, les institutions, les lois du monde. J'ai haï le Monde infiniment, et les expériences de ma vie n'ont servi qu'à exaspérer cette passion [1]. »

Céline a-t-il pensé qu'il pourrait être plus heureux ailleurs? Il a très sérieusement envisagé de quitter Meudon pour s'installer au bord de la mer ou plus près du littoral. Il avait revu Dieppe sans plaisir et trouvait la maison de ses parents tout à fait inhabitable [2]. Il rechercha une maison à Trouville ou à Forges-les-Eaux, où Lucette aurait pu ouvrir un cours de danse, et il interrogea sur ce point Jacques Hébertot qui s'occupait alors du casino de Forges.

Louis abandonna cette idée et préféra faire effectuer quelques travaux pour améliorer le confort, alors très rudimentaire, de la maison de Meudon. Il fit réparer l'électricité, la plomberie, procéder à divers aménagements et remplacer la chaudière sans utiliser pour autant le chauffage central qui n'a jamais fonctionné. Il autorisa aussi Lucette à acheter une télévision, ce qui était à l'époque un grand luxe, mais il ne la regarda pas [3] : « Lucette voit tout avec sa télévision, délirante d'enthousiasme - je ne la regarde jamais - cet instrument me fait peur [4]. »

Au tout début de l'année 1961, il fut repris par l'idée de mouvement. Il envisageait de s'établir à Tahiti, écrivant au gouverneur des territoires de Polynésie pour lui demander des renseignements sur les conditions d'installation, le coût de la vie, le nom des notaires.

Vivant reclus dans la maison de la route des Gardes, Céline n'a sans doute jamais cessé de rêver au monde qu'il avait aimé parcourir. Quand Pierre Duverger entreprit seul en décembre 1957 un raid en 2 CV qui le conduisit jusqu'au cap de Bonne-Espérance et lui valut le prix Citroën, il lui envoya des lettres dans lesquelles il évoquait de vieux souvenirs avec une pointe de regrets [5] :

1. Léon Bloy, *Journal, op. cit.,* 13 avril 1895.
2. Voir *supra,* p. 296.
3. Au sujet de la télévision, voir l'interview de Jacques Chancel publiée par *Télémagazine,* 19-25 janvier 1958; repris dans *Cahiers Céline,* nº 2, *op. cit.,* pp. 95 et suiv.
4. Lettre inédite de Céline à É. Follet, sans date.
5. Voir tome I, pp. 269-278.

« Joliment heureux de vous savoir au moins débarqué en cet infect pays juste bon pour les moustiques et les nègres - Y a 30 ans ils se bouffaient encore entre eux c'était déjà ça! En Angola vous allez trouver des gens que j'ai bien connus portugais mi-noirs bien civilisés bien polis comme on l'était en 1900 - après viendront vos désagréables surprises les anglais coloniaux super snobs méprisants et alcooliques et vous nous reviendrez paludéen, amibéen, mais riche de photos qui sont sûrement déjà toutes à Pretoria à Londres Moscou et Washington partout sauf à Paris - n'oubliez pas Ville-bois Mareuil [1] il avait sa statue à Nantes Place de la Bourse [2]. »

« Je suis joliment content de vous savoir sorti de l'étuve tropicale et en pleins champs diamantifères, ne vous gênez pas ramassez! Peut-être retrouverez-vous la trace d'un *Sir Edward Thornton* - je l'ai baladé avec 10 autres chefs de service sanitaires africains sur toute la côte ouest à la chasse à la fièvre jaune et maladie du som-meil - c'était au temps de la S.D.N. [3] - j'étais fastueux, navire fretté l'*Alba* - lui Sir Edward devait être une grosse huile sanitaire à Pretoria ou Capetown - Il ne sortait pas sans une escorte d'énormes hindous larbins - lui était d'un caractère et d'une morgue britan-niques délirantes - Il m'a donné bien du mal! S'il vit encore portez-lui mes bonnes amitiés - n'oubliez pas Villebois-Mareuil! et à bien-tôt! que tous ces enfantillages finissent! Vous n'avez pas fini d'aller à la consultation Pasteur retrouver tous les autres globe-trotters de votre espèce, infiniment fiers, parasités, fiévreux, méprisants et romanciers [4]. »

En décembre 1960 ou janvier 1961, il entreprit deux démarches, dont l'une au moins témoignait d'un désir de stabilité. Il écrivit

1. Georges de Villebois Mareuil, ancien colonel de l'armée française, participa comme général à la guerre des Boers au cours de laquelle il fut tué en 1900.
2. Lettre inédite de Céline à P. Duverger, 3 décembre 1957 (adressée poste restante à Luanda).
3. Voir tome I, pp. 271-273.
4. Lettre inédite de Céline à P. Duverger, 20 janvier 1958 (adressée poste restante à Cape Town).

tout d'abord au président du Conseil municipal de Paris pour présenter sa candidature au Grand Prix littéraire de la Ville de Paris. On lui accusa réception de sa lettre en l'avertissant que le prix n'était attribué à un romancier que tous les trois ans. Il lui faudrait donc attendre janvier 1964, puisque en 1962 le prix devait aller à un poète et en 1963 à un historien, à un philosophe ou à un essayiste.

Surprenante aussi fut sa démarche auprès d'André Malraux, alors ministre de la Culture, auquel il écrivit, le 10 décembre 1960, pour lui recommander Lucette afin qu'elle puisse professer à l'Opéra. Malraux donna des instructions et Lucette fut reçue par A.M. Julien, directeur du Théâtre national de l'Opéra, qui lui proposa une classe, sans comprendre qu'elle souhaitait enseigner selon sa méthode, fort éloignée de l'enseignement traditionnel. L'affaire tourna rapidement au vinaigre et Lucette adressa à A.M. Julien une lettre dont Céline était l'auteur [1]. Il y réglait ses comptes avec Harald Lander [2] et donnait son avis sur sa façon de mener le corps de ballet.

« Monsieur le Directeur,
» Vous avez eu l'amabilité de me recevoir et de m'écouter - Je veux vous remercier - Je crois cependant que je me suis mal fait comprendre. Très brièvement, je sais que votre temps est précieux, je veux que vous sachiez qu'il ne s'agit pas pour moi de la recherche d'une situation ou d'un professorat à l'Opéra. Un professorat m'y intéresserait certes, mais non à condition de passer sous le commandement de M. Lander dont je connais vous le savez l'incapacité (absolue) de longue date - En vérité à l'Opéra la danse est morte (ou en train de mourir) Pourquoi? Parce que ce pseudo-danseur ne sait pas de quoi il s'agit - Qu'il fasse observer une stricte discipline (mais quelle discipline?) est le rôle d'un gendarme. Quant à la danse c'est une autre technique à laquelle il n'entend rien. Il s'agit à l'Opéra de chorégraphie, créations et tradition. M. Lander

1. Céline avait conservé le brouillon de cette lettre qui est incontestablement de sa main.
2. Voir *supra*, p. 82.

ne parle pas plus français à Paris qu'à Copenhague, or, vous le savez sans doute, les termes, le vocabulaire de la danse est encore et dans le monde entier " en français "... Ceci ne serait rien si le grand régent de la Danse avait la moindre notion de la technique de la danse même, s'il savait donner *une leçon*, régler une variation, mais il est de tout ceci tout à fait incapable... il ne passerait pas le plus petit examen d'un Conservatoire de province... Les bras?... votre ballet n'a plus de bras, plus d'expression... (fait bien remarqué par tous les étrangers). Bien sûr ce monsieur a dicté, le plus simplement, que désormais danseurs et danseuses auraient les bras en forme de bâtons... bien raides. Vous avez ainsi un corps de ballet " cul de jatte "... Vous voyez Monsieur le Directeur que mon opposition à la technique actuelle de la chorégraphie à l'Opéra est absolue. Je trouve que cette technique, à l'enseignement et en scène, est désastreuse - voir les résultats [1]. »

*

Après avoir achevé *D'un château l'autre*, et probablement dès le printemps 1957, Céline entreprit la suite du récit des événements de 1944, sans souci de la chronologie, puisque *Nord* comporte principalement l'évocation de faits vécus à Baden-Baden et à Kraenzlin, et donc antérieurs au séjour à Sigmaringen. Il lui fallut deux ans et demi pour achever le livre dont le titre apparut dès 1958 dans un écho de *Paris-Presse*. Un an plus tard, en janvier 1959, Céline avait terminé le manuscrit de premier jet et il écrivit à Roger Nimier : « Il avance mon prochain ours... il est terminé (2 600 pages)... Il me reste à le pourlécher pendant encore quelques mois [2]. » Le manuscrit définitif ne fut remis à Gaston Gallimard que le 23 décembre, et le jour même, en rentrant à Meudon, Céline en avait informé Roger Nimier : « Très discrètement et des plus rapides nous avons été Marie et moi à *la N.R.F.* ce matin porter l'ours [...] Nous

---

1. Lettre inédite de Lucette Destouches à A. M. Julien, décembre 1960 ou janvier 1961.
2. Lettre de Céline à R. Nimier, 27 janvier 1959. Citée par Henri Godard dans *Nord,* p. 1145.

n'allions pas vous déranger! [...] Mais ne voulez-vous pas avoir la bonté de rédiger le petit digest coutumier de la fin? Si ce n'est pas vous ce *sera moi*. Les autres éreintent, lourds galapiats [1]! » Une semaine plus tard, le 29 décembre, il lui avait écrit de nouveau au sujet du « prière d'insérer » : « Puisse *Nord* vous porter à l'état de transe! vous faire œuvrer un petit digest étiquette suffisant à tous les lecteurs. » Ensuite, il pressa Nimier d'agir vite, comme si la mort avait été à sa porte : « J'ai peur de l'avenir Roger... l'impression, vite [2]! »

Céline avait demandé une fois de plus à Marie Canavaggia de procéder à la dactylographie du manuscrit. Sa tâche consistait en réalité à déchiffrer son texte original, qu'elle lisait avec facilité, connaissant bien son écriture. Ce travail se faisait chez elle, 16, square de Port-Royal, en présence d'une dactylo qui tapait à la machine, sous sa dictée [3]. Ensuite elle corrigeait la dactylographie, puis travaillait une dernière fois sur les épreuves d'imprimerie que Céline se refusait à corriger lui-même. Marie Canavaggia accompagna effectivement Céline chez Gallimard pour la remise de *Nord,* comme elle l'avait déjà fait en d'autres occasions. Céline a raconté l'une de ces visites dans *Nord* avec beaucoup d'humour [4].

Le 16 juin 1959 un nouveau contrat a été signé avec Gallimard, portant à 1 500 francs l'avance mensuelle que Louis percevait et qui était de 1 000 francs depuis le contrat initial du 18 juillet 1951.

Louis n'avait jamais entretenu de très bons rapports avec ses éditeurs qu'il considérait volontiers comme des voleurs et jugeait indignes de sa production. Si les relations qu'il eut avec Robert Denoël avaient été parfois difficiles, elles n'avaient cependant pas été dénuées d'affection. Avec Gaston Gallimard, avec lequel il n'avait aucune affinité, et qui n'appartenait pas à sa génération,

1. Lettre de Céline à R. Nimier, 23 décembre 1959. Citée par Henri Godard dans *Nord,* p. 1145.
2. Lettre de Céline à R. Nimier [janvier 1960]. *Ibid.,* p. 1145.
3. Pour *D'un château l'autre,* ce fut Jeannine Belly, élève de Lucette et amie de Judith Magre, qui aida ainsi Marie Canavaggia. Tous les autres livres, de *Mort à crédit* à *Nord* ont été dactylographiés par Mme Chennevier que Céline appelait La Vitruve. Il appelait Marie Canavaggia Camomille.
4. *Nord,* pp. 649-654.

Céline eut surtout des rapports d'affaires [1]. Il éprouvait un réel plaisir à lui écrire des sottises et plus encore à lui faire éditer des horreurs sur lui, sur sa maison, ses collaborateurs et sur *la N.R.F.* qu'il appelait communément : « L'Illustriss Brottin », la « Revue Compact », la « Revue Crottière », ou encore la « Revue Ponctuelle d'Emmerderie [2] ». Trois lettres de Céline à Gaston Gallimard permettent de se faire une idée de ce que furent leurs relations. La première est datée du 21 mai 1952. Louis se plaignait de ne jamais pouvoir joindre son éditeur :

« Mon cher Ami,
» J'ai essayé de vous téléphoner... mais folie de moi! Ce grand vent de jean foutrerie Pentecôte Patati Ascension Tourneboule les appareils! nous en voilà jusqu'en novembre! Grandes Vacances! Pas libre Pas libre! Je renonce... Je ne sais pas quand Féerie sera terminé... imprimé? St Glinglin? Si vous parvenez à un moment d'accalmie avant la Toussaint... ayez la grâce de me faire savoir ce que vous pensez de notre dernière conversation?
» Votre bien amical

Destouches [3]. »

La seconde lettre est plus impertinente, Gallimard y est critiqué pour sa mauvaise éducation et traité de goujat :

« Cher Ami
» Vous avez bien raison pour cette question de " mercis " super-flus! d'un parasite à un parasite le merci est parfaitement ridicule! le contraire se comprend encore...
» A ce propos j'ai dédié mon dernier livre [4] à Pline l'Ancien et à Gaston Gallimard il[s] ne m'ont remercié ni l'un ni l'autre... quel mépris! Vous n'êtes pas dénué de finesse, vous êtes apte à remarquer

1. Cependant, G. Gallimard est venu voir Céline plusieurs fois à Meudon.
2. André Gide partageait ce point de vue qu'il exprimait toutefois en termes moins orduriers. Voir *Cahiers André Gide,* n° 4, Gallimard, 1973, p. 64.
3. Lettre inédite de Céline à G. Gallimard, 21 mai 1952.
4. *Normance, Féerie pour une autre fois,* II.

que les bourgeois qui ont remplacé les nobles, en tout, ne s'embarrassent plus de panaches, mais y ont substitué la goujaterie? goujats en tout, partout, avec rage! Louis XIV se trouvait sur des charbons pour évincer son médecin ordinaire par Fagon, qui lui opéra le trou du cul... quelles ruses!... quelles diplomaties! " Que va penser la Cour?... " n'arrêtait-il pas de demander à Dangeau... il en faisait une maladie de ne pas être... peut-être pas... correct! correct!... Allez-y voir!

» Je ne vais pas me me [*sic*] mettre au pas...!

» Je vous accuse réception du chèque de *567 000* (oh largement dû!) et ne vous dis pas merci!

» Je vous envoie néanmoins mes espèces d'amitiés...

Destouches [1] »

En mai 1952, Gallimard avait eu droit au « cher Ami » et à « Votre bien amical ». En 1954 les sentiments amicaux avaient été empreints de réserve : « Je vous envoie néanmoins mes espèces d'amitiés... » Le 7 septembre 1960, Gallimard n'était plus que le « Cher Éditeur » et Céline son « très sincère » [2]...

« Mon cher Éditeur.

» Comme je regrette Denoël! Quel dommage qu'il ait été assassiné! Si vous aviez à vous renseigner lui au moins vous le trouviez à son bureau! tout plein de balivernes bien sûr, mais enfin là!... de la *NRF* je n'obtiens pour ce qui me concerne, je veux dire mes livres, que des silences, et " on vous téléphonera "... en vérité mon cher éditeur je pense que dans un instant de mansuétude vous pourrez peut-être m'envoyer un de vos collaborateurs me voir et vous rapporter ce que j'ai à vous dire... je sais que vous avez comme moi l'épistole en horreur... cet envoyé pourra vous renseigner par un croquis...

---

1. Lettre inédite de Céline à G. Gallimard, 7 octobre 1954.
2. Il n'y a cependant pas eu de dégradation dans leurs rapports. Les lettres amicales alternaient avec les rappels à l'ordre. Dans une lettre inédite du 11 juillet 1957, Roger Nimier écrivait à Céline : « Je crois que Gaston est un peu triste de ne plus recevoir d'insultes. Songez-y. »

» Veuillez me croire votre très sincère

Destouches [1] »

Nord fut admirablement accueilli par la critique et l'on ne peut citer tous les articles, unanimement élogieux : Roger Nimier dans *Arts* du 1ᵉʳ juin, André Rousseaux dans *le Figaro littéraire* du 9 juin, Kléber Haedens dans *Paris-Presse* du 4 juin, Pascal Pia dans *Carrefour* du 8 juin, Jean-Louis Bory dans *l'Express* du 26 mai, Maurice Nadeau dans *l'Observateur* du 9 juin, Robert Poulet dans *Rivarol* du 28 juillet, parmi d'autres.

Mais déjà Céline avait commencé *Rigodon* qu'il avait d'abord envisagé d'appeler « Colin-Maillard ». Il lui restait dix-huit mois pour écrire le dernier volet de son équipée à travers l'Allemagne, de Sigmaringen à Flensburg, dont il avait conservé un souvenir épouvanté et qu'il a racontée comme il s'en souvenait. Chaque jour, à Meudon, il revivait ce cauchemar, cette course insensée, ce sauve-qui-peut qui remontait en lui comme une nausée. Il revoyait la cohue des gares en ruine, les attentes interminables, la peur d'échouer, les bousculades aux portes des wagons, la traversée des villes incendiées, l'océan des voyageurs, passagers de toutes origines, tous hagards et hallucinés, qui tentaient de fuir la guerre, pour on ne sait où, dans la débâcle d'un monde qui s'écroulait inexorablement.

Céline se savait pressé par le temps. Il écrivait comme on mène une course, gêné par l'ankylose qui gagnait son bras et sa main. Son écriture s'en ressentait, devenait tremblée, hésitante, parfois illisible. Pourtant, malgré l'effort physique qui transparaît à chaque page, il relisait, raturait, corrigeait, à la recherche du mot juste, de la teinte qu'il fallait et de la bonne cadence de chaque phrase. Il suffit de regarder chacune de ces pages pour voir qu'il était au bout de ses forces. C'est le manuscrit le plus poignant qui soit, celui d'un homme qui se meurt.

Un jour, tout à fait à la fin de sa vie, alors qu'il se traînait encore dans Meudon, Louis rencontra Wladimir Abakoumoff, qui avait été son collègue de travail à la Biothérapie entre 1928 et 1937 et

1. Lettre inédite de Céline à G. Gallimard, 7 septembre 1960.

qui habitait Bellevue [1]. Céline dans sa houppelande était lugubre. Abakoumoff exprima le désir de lui rendre visite et Céline lui répondit simplement : « On se verra dans le cimetière de Meudon », puis il tourna le dos et continua son chemin.

Céline pensait à la mort. Pour y avoir accompagné tant de malades, tant de vieillards, il connaissait sa manière de faire, sa façon de s'embusquer, d'approcher et de prendre. Elle le hantait depuis toujours : « Je professe qu'il est de bon ton d'agir avec la mort comme elle agit avec vous; simplement [2]. » Dans *Mort à crédit*, il avait envisagé plusieurs éventualités : « Je suis pas fadé question longueur d'existence... Je me demande pour quand ça sera? J'ai un sillon au bas du pouce... Ça sera-t-il une artériole qui pétera dans l'encéphale? Au détour de la Rolandique?... [...] Ça sera peut-être hélas un néo-fongueux du rectum... Je donnerais beaucoup pour l'artériole [3]... » Et dans *Guignol's Band* : « Au moment où montent les ombres, où bientôt il faudra partir on se souvient un peu des frivolités du séjour... Plaisanteries, courtois devis, frais rigodons, actes aimables... et puis de tout ce qui n'est plus après tant d'épreuves et d'horreurs que lourd et fantasque apparat de catafalques [4]... » Parfois il éclatait de son rire jaune : « [...] je tarde un peu à décéder [5]... », imaginant la joie de ceux qui le guettaient à ce tournant de son chemin : « Je fais l'union sacrée des soulèvements de cœur [6]... »

Il aurait voulu pouvoir leur échapper, leur voler sa mort, leur gâcher le sabbat qu'ils préparaient pour ce jour-là. Il voulait disparaître, mourir en secret et souhaitait être jeté dans la fosse commune pour fuir à jamais le genre humain : « Quand je finirai je vais vous dire : c'est en pensant aux animaux, pas aux hommes! à " Tête de Chou ", à " Nana ", à " Sarah " ma chatte qu'est partie un soir qu'on n'a jamais revue, aux chevaux de la ferme, aux animaux

1. Voir tome I, p. 291.
2. Lettre de Céline à ses parents, 14 janvier [1917]. *Cahiers Céline*, n° 4, Gallimard, 1978, p. 171.
3. *Mort à crédit*, p. 514.
4. *Guignol's Band*, I, p. 137.
5. *Nord*, p. 505.
6. *Ibid*, p. 506.

compagnons qu'ont souffert mille fois comme des hommes! lapins, hiboux, merles! passé tant d'hivers avec nous! au bout du monde!... la mort me sera douce... j'aurais donné mon cœur à tous... je serai débarrassé de vos personnes, de vos affections, de vos mensonges!... Je serai débarrassé de Tante Estrême! de Clémence! du brutal Toto!... Ils danseront plus dans mes murs!... Putois s'écrasera plus la tête... Je ne veux pas que ma mort me vienne des hommes, ils mentent trop! ils me donneraient pas l'infini [1]! »

Il étudiait avec lucidité, en praticien, l'évolution de son état de santé, constatant la plus grande fréquence des jours où il devait rester prostré, accablé de maux de tête insoutenables, et il songea souvent au suicide. Il demanda à Pierre Duverger de lui apporter du cyanure « pour les chiens » et un revolver pour son usage personnel. Quand Duverger lui proposa un Smith et Wesson 38 à canon court qu'il tenait d'un héritage, Louis plaça le canon de l'arme dans sa bouche, puis il lui rendit le revolver qu'il jugeait trop lourd pour lui, cédant aussi aux instances de Lucette qui craignait le pire.

Céline savait qu'il était au bout de son chemin, il se hâtait pour achever *Rigodon,* auquel il travaillait sans relâche. Il brûlait aussi de voir la publication de *Voyage* et de *Mort à Crédit* dans la « Bibliothèque de la Pléiade » pour y figurer de son vivant [2]; honneur jusque-là réservé à Montherlant et à Malraux qu'il jalousait : « Bien merci pour le splendide catalogue mais vous avez sûrement noté que dans la table des matières je suis pudiquement omis alors que Malraux et Montherlant - Je suis fixé! une fois de plus [3]. »

Fin juin, les élèves de Lucette s'étaient éparpillés comme chaque année. La maison était devenue trop grande et triste. Lucette s'entraînait seule dans les étages avec Marie-Claude [4] et parfois Rose

---

1. *Féerie pour une autre fois,* p. 309.
2. C'est Jean A. Ducourneau qui prépara l'édition avec Céline.
3. Lettre de Céline à un destinataire inconnu (peut-être Jacques Festy), 13 [probablement juin 1961] (coll. Marc Laudelout).
4. Marie-Claude Delon, aujourd'hui Mme René Héron de Villefosse.

de France, seules élèves que la canicule n'avait pas chassées de Paris.
Louis souffrait de la chaleur. Il manquait d'air.

La seconde version de *Rigodon* touchait à sa fin. Une fin qu'il voulait à son image; une fin française. Alors, avec cette manière inimitable qu'il avait de rigoler des choses les plus graves il écrivit :

« Je lui fais remarquer qu'à Bizance ils s'occupaient du sexe des anges au moment où déjà les Turcs secouaient les remparts... foutaient le feu aux bas quartiers, comme chez nous maintenant l'Algérie... nos Grands-Transitaires vont pas s'en occuper du sexe des anges!... ni de péril jaune! manger qui les intéresse... toujours mieux!... et vins assortis... de ces cartes! de ces menus! ils sont ou sont pas les maîtres du peuple le plus gourmand du monde? et le mieux imbibé?... qu'ils viennent, qu'ils osent les Chinois, ils iront pas plus loin que Cognac! il finira tout saoul heureux, dans les caves, le fameux péril jaune! encore Cognac est bien loin... milliards par milliards ils auront déjà eu leur compte en passant par où vous savez... Reims... Épernay... de ces profondeurs pétillantes que plus rien existe [1]... »

Louis-Ferdinand Céline avait achevé son œuvre.
Le 30 juin, il envoya une lettre à Roger Nimier :

« Cher Roger.
» J'ai vu, à peine, cette dame romancière, je n'ai pas une minute à perdre, je veux passer la 70e borne en plein effort, en trombe, au diable, le public!
» Ah quel admirable conseil, j'écris céans à Gaston, et vive 1 500 NF! J'en suis! De moi tout est appelé à se vendre bien puisque les autres s'entêtent en Bourget, Maizeroy [2], je n'y suis pour rien, ces acharnées vieilles nouvelles vagues me tiennent en perpétuelle nouveauté!
» Affection

Louis »

1. *Rigodon*, pp. 926-927.
2. Romancier français, né en 1856.

» Pas *Colin Maillard Rigodon* le prochain vous savez je cogite très lentement mais des années d'avance - déjà la bande : Par-ci! vite! Par-là [1]! »

Le même jour, il écrivit à Gaston Gallimard :

« Mon Cher Éditeur et ami.

» Je crois qu'il va être temps de nous lier par un autre contrat pour mon prochain roman *Rigodon*... dans les termes du précédent sauf la somme. *1 500* NF au lieu de 1 000. sinon je loue moi aussi un tracteur et vais défoncer *la NRF,* et pars saboter tous les bachots!

» Qu'on se le dise!

» Bien amicalement vôtre

Destouches [2] »

Le samedi 1er juillet, dès le matin, la chaleur fut étouffante. Lucette se leva à six heures et trouva Louis à la cave, à la recherche d'un peu de fraîcheur, épuisé et absent. Il accepta de remonter dans sa chambre et de s'allonger. Il prit un thé très léger, demanda à Lucette de ne pas ouvrir les persiennes et de le laisser se reposer. Elle n'était pas trop inquiète; il avait eu déjà tant de crises pareilles. Elle s'occupa des chiens, allant et venant dans la maison sans trop faire de bruit. De temps à autre, elle allait dans la chambre de Louis et s'approchait du lit pour le regarder somnoler. Il souffrait de la tête et se plaignait de la lumière et de la chaleur.

En fin de matinée, Serge Perrault est passé, comme il faisait souvent, mais Louis refusa de le voir. Il ne voulait personne. Au tout début de l'après-midi, Marie-Claude et Rose de France sont venues travailler avec Lucette au premier étage. Vers quinze heures, Marie-Claude est descendue dans la chambre de Louis pour boire une tasse de thé. Il se sentait un peu mieux et plaisanta gentiment.

---

1. Lettre de Céline à R. Nimier, 30 juin 1961. Citée par Henri Godard dans *Rigodon,* p. 1183.

2. Lettre de Céline à G. Gallimard, 30 juin 1961. Citée par Henri Godard dans *Rigodon,* p. 1183.

La leçon reprit au deuxième étage, en sourdine, sur le pizzicato de *Sylvia*. Lucette descendait de temps en temps pour le voir. Vers dix-sept heures, elle le trouva à court de souffle et voulut appeler Willemin, mais le vieux cavalier voulait mourir comme il avait vécu, en solitaire. Il répéta plusieurs fois : « Pas de médecin, pas de piqûre, pas d'hôpital [1]. » Elle resta près de lui, sans parler, appliquant seulement des compresses fraîches sur son front mouillé de sueur. Son bras droit était paralysé et complètement froid. Il respirait avec difficulté. Sa poitrine se soulevait douloureusement pour des inspirations de plus en plus saccadées et courtes. Il suffoquait. Vers dix-huit heures, sa poitrine se souleva une dernière fois. Les yeux clos, la tête un peu penchée sur le côté, il avait tout à fait l'air de dormir.

> *Mais voici Tante Estrême*
> *et son petit Léo!...*
> *Voici Clémentine et le vaillant*
> *Tuto!*
> *Faut-il dire à ces potes*
> *que la fête est finie?*
> *Au diable ta sorte!*
> *Que le vent t'emporte!*
> *Adieu feuilles mortes! fredaines*
> *Et soucis [2]!*

Paris, 11 novembre 1980.

---

1. Lucette téléphona cependant au docteur Willemin.
2. *Féerie pour une autre fois*, p. 71.

ÉPILOGUE

Lucette rappela le docteur Willemin pour lui dire que Louis venait de mourir. Elle demanda à Marie-Claude et à Rose de France de partir. Ni l'une ni l'autre ne s'étaient aperçues de rien. Puis Serge Perrault, alerté par Willemin, vint aider Lucette. Ils changèrent les draps du lit et passèrent une chemise à Louis, mais ils ne savaient comment s'y prendre, ni ce qu'il y avait à faire. Serge monta route des Gardes jusqu'à l'Institution Saint-Joseph pour demander l'assistance d'une religieuse. Une sœur lui ouvrit, mais c'était un samedi de juillet, elle était seule à garder la maison, s'excusa de ne pouvoir venir et conseilla de s'adresser à une infirmière. C'est à partir de cela que se développa la légende selon laquelle les derniers secours auraient été refusés à Céline par le curé de Meudon, qui n'aurait voulu ni célébrer de messe ni jeter sur son cercueil un peu d'eau bénite, toutes choses qui ne lui ont pas été demandées. Ce fut donc une infirmière de Meudon qui vint assister Lucette et Serge pour la toilette mortuaire.

Dans la soirée, Willemin constata le décès, dû à « une hémorragie cérébrale gauche, faisant suite à un paroxysme céphalgique particulièrement violent s'accompagnant entre autres signes neurologiques de photophobie [1] ».

---

1. Certificat du docteur Willemin.

Mme Marcel Aymé, que Lucette parvint à joindre à Grosrouvres, arriva peu après, suivie un peu plus tard de Marcel, retenu par la répétition d'une pièce. Le lendemain, il téléphona à Gen Paul pour lui annoncer la mort de Louis et l'accompagna à Meudon se recueillir sur la dépouille de celui qu'il avait considéré comme un frère et qu'il n'avait pas revu depuis le mois de juin 1944.

Puis ce fut le défilé des intimes, la fille de Louis Colette Turpin, Roger Nimier, Arletty, Robert Poulet, Claude Gallimard, Tailhefer, Max Revol, Pierre Duverger, Charles et Éliane Bonabel, Renée Cosima, Robert Brami, Bonvilliers, Marie Canavaggia, Mme Pirazzoli, Lucien Rebatet et Gaston Gallimard venu avec un prêtre qui bénit le corps et prononça la prière des morts. Willemin fit prendre par Léon Paul Berthault l'empreinte de la main droite de Louis et de son masque

Lucette ne voulait voir personne, elle s'enfermait dans sa chambre, laissant aller et venir... Le lundi, avant la mise en bière, elle coupa toutes les fleurs du jardin dont elle recouvrit le lit de Louis.

Tous respectèrent la consigne de silence donnée par Lucette. Elle autorisa tout de même le lundi soir la diffusion d'un communiqué : « L'état de santé de Louis-Ferdinand Céline, atteint depuis plusieurs mois d'une affection cardiaque, s'est subitement aggravé. »

Pendant toute la nuit du lundi au mardi, sa dernière nuit route des Gardes, le corps fut veillé par quatre fidèles : Marcel Aymé, Robert Poulet, Bonvilliers et Pierre Duverger.

Le mardi matin, quelques journalistes venus aux nouvelles se trouvaient présents à huit heures quarante-cinq, sous une petite pluie fine et chaude, quand le convoi quitta la maison de la route des Gardes, suivi d'une dizaine de voitures.

Il n'y eut pas plus de cinquante personnes autour de Lucette au Vieux Cimetière de Meudon : les amis, les fidèles, des élèves de Lucette et quelques voisins. Le cercueil fut descendu dans un caveau provisoire sans aucune forme de cérémonie. Auparavant, un prêtre, M. Cassin, petit-fils d'Ercole Pirazzoli, avait récité quelques prières et, comme il avait apporté de l'eau bénite et un goupillon, chacun bénit le corps.

L'inhumation définitive eut lieu au mois de novembre 1961

dans un caveau de deux cases commandé par Lucette, recouvert d'une dalle épaisse de granit breton sur laquelle elle fit graver une croix, un voilier à trois mâts et les mots :

« Louis-Ferdinand
Céline
Docteur L.-F. Destouches
1894-1961
Lucie Destouches
née Almansor
1912-19 »

Les amis n'étaient plus qu'une poignée autour de Lucette, parmi lesquels Arletty : « A l'inhumation définitive, un chat roux s'installe près du cercueil pendant la cérémonie; un jeune enfant arrose des fleurs près d'une tombe voisine; un houx poussait à côté. Ce qu'il eût souhaité.

» L'enfant, l'animal, l'arbuste.

» Je jette sur sa tombe un peu de terre de Courbevoie[1]. »

---

1. Arletty, *la Défense*, la Table ronde, 1971, p. 144.

ANNEXE I

LETTRE DE CÉLINE A THORVALD MIKKELSEN

Vestre Fangsel.

Destouches Louis.   5. Mars 1946.

Mon cher Maître,

Grâces soient d'abord rendues à M. Hansen, qui s'est trouvé brusquement chargé de l'effroyable charge de notre défense. Il s'en est acquitté avec un dévouement, un talent et une adresse admirables. Il me tarde d'ailleurs de lui témoigner ma gratitude par des signes plus tangibles et je vous en parlerai. Je vais tout de suite aux faits de ma défense, les heures décisives sont là. J'ai rassemblé ici sur ce papier quelques réflexions que vous trouverez peut-être utiles à mon plaidoyer, mais je vous laisse bien entendu souverain juge.

1º Le Gouvernement français, le Parquet du Tribunal spécial de Paris (à la demande sans doute de la Légation à Copenhague) a lancé contre moi un mandat d'arrêt pour *trahison*. Or je nie absolument formellement être coupable de ce crime ni de tout autre crime. Il s'agit là d'une accusation de bluff et d'intimidation absolument mensongère. Une invention de toutes pièces. Le Gouvernement français se trouve bien incapable d'étayer son accusation de la moindre preuve, du moindre fait. Bien entendu que s'il y avait eu dans mon cas le moindre indice de trahison réelle, palpable, le Parquet de Paris, vu sa hargne à mon égard, se serait dépêché de le proclamer, de le hurler! Devant toute demande de détails il se recuse, il s'abstient. Et pour une bonne raison, c'est qu'il n'a rien à montrer au Gouvernement danois! Le geste du Parquet de Paris est un geste d'esbroufe et d'intimidation, son mandat d'arrêt un envoi de lazzo au petit bonheur! (On verra bien si ça prend!) Ce sont là manières peu élégantes, déloyales, assez canailles, mais qui sont bien hélas dans la manière française pour ceux qui connaissent les mauvais côtés de notre nation. Je mets au défi le Parquet de Paris de me citer le moindre fait de trahison dont je me sois rendu coupable envers mon pays. Il est vrai que le simple fait d'être « suspect » suffit en France en ce moment, comme en 89, et amplement à vous faire fusiller. Je n'ai fait paraître qu'un seul livre en France depuis la guerre à tendances vaguement politiques « les Beaux Draps ». Œuvre bien anodine, où il n'est même plus question des Allemands, livre de pacifisme, de poésie et de philosophie. Livre qui a profondément déçu les milieux « Collaborateurs », qui a été même éreinté dans le grand journal collaborateur de Luchaire « Les Nouveaux Temps », qui a été interdit en Allemagne (comme tous mes autres livres) et au surplus dans la Zone Vichy, où il a été saisi par la Police sur les ordres de Pétain, qui me détestait. Pétain me déclarait anarchiste dangereux, en ceci parfaitement d'accord avec la Wilhelmstrasse. Mais si l'on s'acharne absolument à trouver aux « Beaux Draps » quand même un parfum de trahison, qui aurais-je bien pu trahir au moment où ce malheureux livre est paru, fin 1940? Le Gouvernement de Gaulle n'existait pas encore, le seul gouvernement français légal reconnu était bel et bien le Gouvernement de Vichy, auprès duquel les U.S.A. ont eu un ambassadeur accrédité pendant près de 3 années (l'amiral Leahy). Il y a actuellement à Paris en liberté des écrivains qui ont vraiment collaboré, écrit dans les journaux de collaboration : Montherlant, Guitry, Giono, etc. Pourquoi ne sont-ils pas eux aussi des traîtres? Nous le verrons tout à l'heure. Je reviens aux « Beaux Draps ». La Loi française qui régit l'édition est dite « Loi sur la Presse de 1880 » je crois, stipule *absolument* que l'auteur et l'éditeur sont solidairement responsables devant la loi de toutes infractions et délits encourus. L'éditeur, de par cette loi, se trouve même responsable au premier chef, l'auteur n'est que « complice », or, il est essentiel de remarquer que mon éditeur Robert Denoël, qui vient d'être assassiné à Paris il y a deux mois (crime politique), était en liberté au moment de sa mort, qu'il n'avait jamais été inculpé ni inquiété pour les « Beaux Draps ». Alors? Hors les « Beaux Draps » je n'ai absolument rien écrit depuis la guerre sauf « Guignols ». Je n'ai d'ailleurs *de ma vie* publié un seul article ni politique ni littéraire dans aucun journal ni français ni étranger. C'est une de mes caractéristiques bien connue. J'ai la presse en horreur et elle me le rend bien. Je n'ai jamais parlé de ma vie non plus en séance publique, privée ou à la radio. Tout le monde à Paris sait cela. J'ai refusé de ce côté des petites fortunes. Je n'ai jamais appartenu non plus à aucun parti politique ni français, ni étranger, à aucune Société, à aucun club. *Je n'ai jamais voté de ma vie.* J'ai même toujours refusé d'avoir chez moi le téléphone tellement j'ai tout enrôlement ou affiliation en horreur.

Je cherche encore une autre vraisemblance à ma « trahison ». Peut-on m'appeler traître parce que je me suis enfui vers l'Allemagne en juin 44? Je voulais depuis le début de la guerre quitter la France et me rendre au Danemark, l'on m'en avait empêché jusque-là. En juin 44 les Allemands me promettent le passage et puis me séquestrent et m'internent en Allemagne. Je veux retourner en France, ils s'y refusent. Me suis-je mis alors au service de l'Allemagne en Allemagne? Pas le moins du monde. Nous avons vécu en Allemagne ma femme et moi plus misérablement que les derniers des réfugiés, nous avons strictement crevé de faim et de misère pendant un an. Tout en travaillant d'ailleurs, car je n'ai pas arrêté de pratiquer la médecine de jour et de nuit dans des conditions atroces, donnant mes soins strictement à mes compatriotes. J'ai toujours refusé en Allemagne la moindre participation à la politique ou à la propagande écrite ou parlée. J'ai dépensé en Allemagne plus de 500 000 francs de ma poche, emportés de France et changés en marks. J'ai acheté à mes frais tous les médicaments que je trouvais dans les pharmacies allemandes et que je distribuais aux malades français et dont nous étions totalement dépourvus. *Le Parquet de Paris est actuellement par de nombreux témoignages parfaitement au courant de ces faits.* Il sait très bien que je n'ai trahi mon pays à aucun moment en aucune circonstance, seulement il poursuit pour ce qui me concerne d'autres buts, des buts de vengeance politique qui n'ont rien de commun avec la justice et qu'il ne peut évidemment avouer au gouvernement danois. Que n'implique-t-il, le Parquet de Paris, en trahison les 300 000 ouvriers français volontaires qui se sont rendus pendant plusieurs années en Allemagne pour y travailler à l'armement? Je n'ai rien commis de semblable, pourquoi moi suis-je le traître que l'on réclame à toute force au poteau? Je vais tâcher de l'expliquer pour autant que de telles haines soient explicables.

Les explications que je donne peuvent évidemment sembler au Gouvernement danois trop partiales et favorables à ma cause, il peut lui sembler impossible que le Parquet du Tribunal spécial de Paris lance ainsi des mandats en l'air et agisse à mon égard avec autant de désinvolture et de méchanceté. Et pourtant la Justice spéciale française des temps de troubles politiques a toujours agi de cette façon. On se souvient que la Convention de 89 a déclaré la guerre à l'Europe pour aller chercher les émigrés et leur couper la tête. En 89, 48, 71 la Justice des Tribunaux spéciaux a donné à cet égard toute sa mesure. On peut dire sans nullement forcer la vérité que pendant ces époques de délire et de frénésie politique la Justice et le Droit ne comptent plus en France. Nous traversons l'une de ces époques. Il me reste à expliquer pourquoi je suis moi tout spécialement en butte aux haines des partis politiques actuellement au pouvoir en France.

1° En raison de mes livres humoristiques et rabelaisiens et antisémites et surtout *pacifistes* parus en France avant la guerre (Bagatelles et l'École) il y a 10 ans!

2° Sans doute encore bien davantage en raison de mon attitude anticommuniste et du pamphlet que je fis paraître (mea culpa) à mon retour d'un voyage en Russie (1936), où je m'étais rendu d'ailleurs entièrement librement et à mes frais.

Évidemment que le Parquet de Paris (ni la Légation) ne peuvent avouer au Gouvernement danois les véritables motifs des poursuites que l'on m'intente. Le Parquet de Paris se ménage lorsqu'il sera en possession de ma personne de me liquider d'une façon ou d'une autre, « sans autre forme de procès » comme écrit La Fontaine, ou de fermer les yeux sur certain meurtre comme il a été procédé avec mon éditeur Robert Denoël. L'essentiel est de tenir la bête, à l'abattre l'on parvient aisément. Parmi tant de haines dont je suis l'objet je dois encore compter sur celle de presque tous les littérateurs français, jeunes et vieux, race diaboliquement envieuse s'il en fut, et qui ne m'ont jamais pardonné mon entrée si soudaine, si éclatante dans la littérature française. Ceux-là ne respireront que le jour où je serai exécuté. « Le Voyage au bout de la nuit » les empêche positivement de respirer, de vivre depuis sa parution (1932). Je me trouve un peu dans la même situation que Manet ou Monet après leur découverte de « l'Impressionnisme ». 10 000 peintres de l'époque eussent été parfaitement prêts à les assassiner (et même le public), seulement ils n'ont pas donné dans leur vie le bon motif d'assassinat, et moi j'ai été assez bête pour le donner. Tout est là. Dès la parution du « Voyage » je devins l'objet de toutes les sollicitations et amabilités des divers partis politiques, qui m'offraient évidemment dans leurs rangs les places les plus flatteuses et les plus éminentes. Le parti communiste à cet égard se montra particulièrement pressant. Mon style dynamique, ma truculence, ma force pour tout dire, me désignaient au remplacement d'Henri Barbusse déjà très malade à l'époque. Le « Voyage au bout de la nuit » dès sa parution fut traduit aux soviets à plusieurs cent mille exemplaires (alors qu'il était interdit par Hitler). Ces faits ne sont pas oubliés par le Parti communiste en France. Le P. communiste possède une mémoire remarquable; ce n'est pas tendre pour les écrivains qui ont décliné d'avance et féroce pour ceux qui ont publiquement dénigré son système. C'est mon cas avec « Mea culpa ». Or le P. communiste forme l'aile marchante, active du Gouvernement français actuel. On ne lui refuse rien. Je n'ai pas besoin d'en dire davantage.

A toutes fins utiles cependant j'insiste bien sur ce fait qu'à aucun moment ni avant ni pendant la guerre je n'ai été autre chose qu'un *écrivain*, à l'état pur si j'ose dire, *jamais* journaliste, *jamais* propagandiste, *jamais* politicien, jamais militaire. *Français, médecin* et *écrivain* — voilà ce que je suis et rien d'autre. *Aucun compromis.* J'ai tiré mes revenus de mes livres, ils me suffisaient très largement. Je n'arrivais pas à dépenser le quart de ce que je gagnais. Mon train est très modeste vous le savez sans doute par mon ami Varenne. Peut-on m'accuser au moins d'avoir entretenu des relations amicales avec l'ambassade d'Allemagne à Paris? Je n'y ai jamais mis les pieds ni avant ni pendant la guerre, et je sais qu'on m'y détestait, que l'on m'y traitait d'anarchiste désastreux et redoutable. C'était aussi l'opinion à Berlin puisque tous mes livres y furent interdits (y compris les antisémites) dès l'avènement d'Hitler. Tout ceci peut être facilement prouvé. Nul doute que si les Allemands avaient finalement gagné la guerre ils m'eussent fait abattre, liquider, comme veulent le faire actuellement les magistrats du Parquet du Tribunal « très spécial » de Paris.

J'ai voulu établir la paix entre la France et l'Allemagne. J'ai trop souffert moi-même de la guerre, mutilé à 75 pr. 100, engagé volontaire des deux guerres, pour ne pas y penser tout le temps, j'y ai trop pensé.

Je souffre, par éclatement d'obus et commotion de l'oreille et du cerveau d'une des plus pénibles infirmités qui soient (vertige de ménière), ma vie est une espèce de torture depuis plus de 30 années, à cause de la guerre. J'ai tout de même mené à bout en dépit d'un état physique de torture permanente et sans aucune aide puisque je suis issu de famille très pauvre, une carrière médicale honorable et une carrière littéraire exceptionnellement brillante. Il me reste quelques livres à écrire et la police est venue m'arrêter au moment où j'achevais Guignols.

Dans cette effroyable aventure j'ai tout perdu, situation médicale, littéraire, économies, maisons, biens divers, rentes, pensions de mutilé, parents, famille, amis, patrie, tout. Il ne me reste plus à perdre que les 10 ou 15 p. 100 de validité qui me restent. Cher maître, je vous en prie, faites que le Gouvernement danois leur donne asile le temps que la tourmente s'apaise.

Et je signe votre bien fidèle

Louis Destouches

ANNEXE II

Claude Jamet, « Un entretien chez Denoël avec L.-F. Céline. " L'Égalitarisme ou la mort " ». *Germinal,* 28 avril 1944, n° 1, p. 4.

Moi, vous savez, c'est le théâtre, d'ordinaire, c'est la littérature qui m'intéresse, plutôt. Les questions d'art, de poésie, de rhétorique : c'est mon métier, et je n'en sors guère. Les problèmes de style! Ainsi Céline : dans un récent article, j'avais salué en lui, avant tout, l'écrivain, le chambardeur-sauveur de la langue française, le néologueur au génie, le musicien des mots. Une espèce de messie du Verbe. Et donc j'allais le voir, incarné! Lui, tout à l'heure, là, comme je vous vois! Chez Denoël qui m'avait même invité exprès pour cela! Éperdu comme la petite Esther avant de rencontrer Assuérus! Je me proposais de bien le regarder, au moins, de bien l'écouter, catimini, sans en laisser tomber miette; peut-être, si l'occasion se présente, de lui poser deux, trois questions sur des choses un peu délicates dans *Guignol's Band* que je n'ai pas saisies, que je ne suis pas bien sûr, que j'aimerais mieux savoir... Quant à l'interviouve politique (c'est bien comme cela que ça se prononce?) Dieu sait que j'étais loin d'y penser...

Mais c'est lui qui a commencé! Je vous le jure. A me demander où nous en étions de nos projets. C'est Denoël probablement qui lui en a touché quelques mots avant que je m'apporte. Le socialisme? Et *Germinal,* comment ça va? Et pas la pure politesse, avant de s'occuper d'autre chose. Mais comme si ça l'intéressait pour de bon. Vraiment gentil. Vraiment le Céline des très bons jours. Eh bien! voilà! je lui raconte que nous préparons actuellement un nouvel hebdomadaire, qui sera le mieux fichu qu'on pourra; un *Germinal* — c'est la saison — avec toutes sortes d'espérances, toutes bourgeonnantes! Pour le moment, donc, on prépare le premier numéro, on se dépêche, on n'a pas le temps; on n'aura pas encore la moitié des rubriques, mais ça ne fait rien! Il faut d'abord paraître, et que ça se fasse en beauté encore (autant que possible!) dans l'embrasement, le feu d'artifice, avec tous les moyens du bord! On voudrait frapper un grand coup. Je lui dis tout, comme vous voyez. Sérieusement, on veut s'expliquer une fois pour toutes, mais clair et net : en long, en large et bien à fond. On veut (re)présenter le Socialisme. Pâques du peuple! En vérité! Qu'il est vraiment ressuscité! C'est notre devise : « Tout ce qui est socialiste est nôtre. » Et zut pour Maurras! « Le Socialisme! Le Socialisme seul!... »

Il ne dit pas non, Céline. Je vois bien tout de suite qu'il n'est pas contre. Il aurait plutôt l'air d'approuver. Seulement, c'est le mot qui ne lui va pas. « Socialisme, qu'est-ce que ça veut dire? » Il prévoit des difficultés. « La S.F.I.O.? Les trois flèches? Le chapeau de Blum? Le crâne d'Auriol? » Il y a du malentendu dans l'air. Il y a des hypothèques à lever. Et puis, ce n'est pas seulement cela. « Tout le monde est socialiste de nos jours. A qui mieux mieux! Ils se l'arrachent! M. Wendel est socialiste, et M. le Comte de Paris itou! Les enfants de chœur sont socialistes! Les dames de la Croix-Rouge! Le pape! La Banque Morgan! M.A.Weygand! Tout ça finit par faire du tort. Vous me dites que vous, vous êtes des vrais? Mais l'étiquette reste la même. A quoi voulez-vous qu'on reconnaisse? Parmi tant de contrefaçons, drogues, tisanes, eau de rose, eau bénite? Que votre appellation est vraiment contrôlée? On ne vous entendra seulement pas. Crédit est mort! Que voulez-vous? Le peuple, il a un préjugé, maintenant, en bloc contre tout ça. Il ne croit plus à grand-chose, dans le genre. Chat échaudé! Il se méfie atroce, il a pas tort... »

Évidemment! La fausse monnaie chasse la bonne, comme on dit. Mais ça serait tout de même trop commode. S'il suffisait à une bande de guignols et de mal déguisés de prendre un nom, comme ça, n'importe lequel, pour que ceux qui ont le droit de le porter y renoncent. Sous prétexte qu'ils le salissent, qu'on leur laisse, qu'on leur abandonne, qu'on aille se chercher ailleurs un petit pseudonyme. Ça ferait mal! Mais ça ne se passera pas de la sorte. Au contraire! Vous verrez que c'est nous qui les confondrons, nos faussaires. Sépulcres malrougis! Mardis gras! Nous leur arracherons leur faux nez! Patience! C'est une question d'hommes, au fond, et de programme. Nous les forcerons bien à montrer leurs papiers, leurs faux fafiots maquillés gras. Nous les démasquerons publiquement. Parfaitement confiants, pour le reste, que le peuple — qui n'est pas si bête — finira par reconnaître les siens. Mais ça, n'est-ce pas, c'est notre affaire. Nous avons le temps. C'est « notre combat », comme nous disons, précisément. En attendant, il ne s'agit pas de discuter, ni d'ergoter; j'écoute Céline — en toute modestie, je m'instruis! Qu'importent les mots?

« Toute la question (il nous explique), c'est de leur donner du positif, aux prolétaires des temps qui courent. Ils sont devenus pires que saint Thomas, tous, sous le rapport de la méfiance. Ils veulent toucher. Pas des discours. De la viande. Pas de bavardage, pas de vagues salades. Du substantiel, du consistant. On ne les a plus avec des bulles! Autrefois, oui, c'était facile. Le peuple français, naturellement, il était anti; c'était tout. Le fond celtique. La vieille bisbille. Il votait contre n'importe quoi. Les jésuites, les francs-maçons! Le citoyen, quand il pouvait voir sur la place de son village, sous les platanes, l'instituteur et le curé en train de bien s'engueuler, il avait le sentiment de vivre un grand moment de la politique; d'être en plein cœur, dans l'intime de la chose! Son député, il ne lui demandait jamais de tenir les promesses qu'il avait faites : une pissotière, une crèche modèle, un nouvel asile d'aliénés. Pourvu qu'il ait bien emmerdé les autres, ceux de l'autre bord, ça lui suffisait; il le réélisait, d'enthousiasme; il le reportait à la Chambre en triomphe! »

La belle époque! Et en effet, je revois — pendant que Céline parle — je ne sais combien de générations de lutte ardente sous le clocher. D'oppositions, de douces chicanes. De bagarres futiles en somme. Des siècles de municipalité. De clochemerleries bien sordides, acharnées. Droite, gauche. Tous les partis, coquets, qui jouent de l'éventail. Les bleus, les blancs. Les radicaux contre les opportunistes. L'Union des Gauches, le Bloc national. La Ligue des Patriotes et celle des Droits de l'Homme. C'était le bon temps. Gambetta, Poincaré, le petit père Combes, Déroulède! Toute une République! Des avocats, des professeurs. Cinquante années, bon poids, de parfaite salive, de parlementage dans les formes. Dosages de ministères, motions chèvres et choux! Toutes les barbes au vent, toutes les moustaches en croc. Les modérés, intransigeants! Le Centre Gauche, qui siège à droite! Ah! je comprends qu'il y ait tant de braves gens, dans ce doux pays, qui versent des larmes nostalgiques à de pareilles évocations, et qui espèrent revoir tout cela. Tout « comme avant ». Mais c'est fini. Comme dit Céline, elle est morte, Adèle, tout à fait. Ce sont d'autres questions maintenant qui se posent, et d'un autre ton. Sur un autre rythme.

« Le jazz a tué la valse lente. On peut regretter. Naturellement! En somme, c'était joli la valse. Et si français! doucement grisant! si plein de nuances toutes captivantes! De même pour nos anciens partis, nos anciennes parties politiques, nos bonnes vieilles " positions " anticeci anticela... Il y a le Communisme maintenant, en ligne. Je ne sais pas si l'on se rend bien compte. Voilà le fait nouveau, qui change tout. La révolution du langage, de la technique, des slogans. Le chef-d'œuvre juif - comme le jazz. Le jazz est nègre, mais c'est pareil, comme chacun sait. Il y a le Communisme qui parle tout seul, pour ainsi dire; et comme il faut : clair, simple, direct - aux oreilles du ventre - et entrez dans la danse! Qu'est-ce que vous allez lui opposer? Deux bastringues l'un en face de l'autre, s'il y en a un qui joue swing et l'autre valse lente, vous pourrez dire ce que vous voudrez, que c'est grand dommage, le goût qui se perd, et patata; ce n'est jamais sur *les Roses* de Métra que la jeunesse viendra guincher! »

Mais alors, quoi? La surenchère? Hurler plus haut? S'il y en a qui promettent la lune, en promettre deux pour se faire entendre? J'en connais que je ne veux pas nommer, qui s'essaient à ce petit travail — sans trop de succès, il faut reconnaître. Ils sont bien doués par la nature pourtant, question cordes vocales. Ils n'ont pas à se plaindre de ce côté. Ils retentissent! Ils vibrent! Toute l'équipe! Ils résonnent comme des tambours! Mais justement ça sonne creux. Ça sonne camelote. Misérable ersatz propagande. Ça finit tout en glapissements, en cris femelles; en voix de châtrés. Je suppose que c'est du côté des bourses (pluriel!) qu'il y a quelque chose qui leur manque. Ou du cœur, peut-être. La sincérité? Ça ne s'invente pas, ce menu détail. On l'a, comme ça, ou on ne l'a pas. Et quand ça manque, ça se voit que ça manque, ou ça s'entend. Soyons sérieux. Au Communisme, ce n'est pas des ballons qu'il faut opposer, de la baudruche, même gonflée, des postillons, même irisés. C'est du massif, de l'authentique. Du dur plus dur. Je comprends très bien.

« Contre le jazz, il n'y a que le jazz hot. On ne vaincra pas le Communisme avec de la répression seulement. Faut bien défendre l'ordre. Mais quel ordre? Il faudrait d'abord en faire un qui vaille la peine qu'on meure pour lui. Et qu'on tue. Bouffer du Juif, ou du Maçon, ça n'est pas tout; c'est négatif. Dérisoire, si on s'en tenait là. Ça ne soulève aucun enthousiasme. Ça n'est que de l'anti, de l'abstrait, bagatelles! Ça ne tient pas au corps de la masse. Vous aurez beau retourner votre disque, le ralentir, l'accélérer, ou bien le faire marcher à l'envers. C'est changer le disque qu'il faut. Froidement! Race? Famille? Patrie? Sacrifesse? C'est de l'idéal, tout ça, plus tard. Ça surplombe, ça flotte, ça planc - trop. Il faut prendre ce peuple où il est, au ras de ses besoins bien épais. On ne renversera le communisme qu'en le dépassant, en faisant plus. En se posant au-delà, non en deçà. C'est peut-être fâcheux, mais c'est tel quel. Contre le Communisme, je ne vois rien que la Révolution, mais alors, là, pardon! La vraie! Surcommuniste! »

Voilà comme il cause, Ferdinand! Et moi, qui l'écoute, je suis aux anges. Je ne me sens presque plus. Je bois du lait. Tellement il abonde dans notre sens! Question de point de vue; question de rapports; presque tous, contre le Communisme, ils se mettent à droite (leur fric à gauche). Ils sont réacs. On sent qu'au fond ce qu'ils ressentent de plus fort, c'est la grande frousse pour leurs gros sous, pour leurs bank-notes, leurs Royal Dutsch; qu'on leur prenne leurs titres, leur standard. Mais nous ça ne nous gêne pas du tout. Au contraire, si c'est le grand partage. Notre mot d'ordre, nous, ça serait plutôt : contre la réaction bolchevique! Le thermidorisme stalinien! Contre la Révolution trahie! Et pas d'hier : depuis la NEP (au moins). Le rétablissement de l'héritage! Les privilèges! L'exploitation stakhanoviste! Les ingénieurs américains attirés à prix d'or dans les usines du Caucase ou de l'ultra-Oural! L'entente avec Canterbury! Les généraux ci-devant rouges, trente-six étoiles, avec deux autos personnelles, quinze domestiques, et un hôtel particulier qu'ils conservent même après la retraite! Qu'on se le dise! Nous ne sommes pas là, nous, pour rassurer le Capital...

« L'Égalitarisme ou la mort! Les prolétaires d'un côté, les bourgeois de l'autre, ils ont au fond qu'une seule idée : devenir riches, ou le rester; l'envers vaut l'endroit, c'est pareil. Les uns envieux, les autres avares; mais tous cupides également, fielleux, haineux, la gueule de travers, au caca, malades autant les uns que les autres de la même honteuse maladie : de l'argent, qu'ils ont ou qu'ils n'ont pas. Ils en crèveront si on les laisse tels qu'ils sont. Deux Français millionnaires sur trois, à l'heure actuelle! C'est comme une tumeur dégueulasse, infecte, qui leur dévore la vie. Déjà, ils ne peuvent plus se supporter. Ils peuvent plus même se regarder les uns les autres. Tant ils se dégoûtent! Je ne connais qu'un remède : pas de discours, faut opérer ça d'un seul coup, inciser l'abcès à fond, que ça dégorge! Qu'on n'en parle plus. Tout partager! L'argent, les ronds! Ouvrir Pognon! Vider le bas de laine! Le coffre-fort, ses tripes d'or au soleil! Le grand nettoyage par le vide! La grande justice devant le pèze! Je décrète salaire national maximum 100 francs par jour, 150 francs pour les ménages, 25 en sus, à partir du troisième môme. Comme vous voyez, j'ai tout prévu!

» Je connais le système, en effet - le communisme Labiche ça s'appelle - il est exposé tout au long dans *les Beaux Draps*. Avec la fermeture de la Bourse, définitive! - Nationalisation des banques, des mines, des assurances, de l'industrie, des grands magasins! Kolkhozification de l'agriculture française à partir de tant d'hectares. Et ça ira! Mais oui, faut revenir à Gracchus Babeuf, Buonarrotti. Les grands ancêtres! La Conjuration des Égaux! Le Français, au fond, il a ça dans le sang. Il est empoisonné, actuellement, par ses sous. Mais une fois guéri, bien lavé, désintoxiqué, ah! vous verrez le citoyen! Comme le savetier de la fable, il se remettra à chanter. *La Carmagnole* et d'autres airs. Et à danser! Couplets, franc rire, passages, roulades! On retrouvera la gaieté française! La musique de la race! La nôtre! Fifres, clarinettes! grêle tambour! Ça sera la grande Libération, la vraie celle-là; les idées libres, et petit cœur pour d'autres choses... Tous les espoirs redeviendront permis!... »

Sur ce, bonsoir! Céline se lève. Il renfile sa peau de mouton. Il va les mettre. Comme ça? Déjà? Moi, du coup, je rassemble mon courage; je lui demande l'aumône pour notre fameux hebdomadaire! Un mot, une lettre, quelque chose de lui, qui reprenne un peu ce qu'il vient de dire. Ça ferait si bien dans nos colonnes! notre numéro! le Socialisme! Mais il secoue la tête, il rigole : « Je ne suis pas un conducteur de peuples! » Il en a assez pour sa part, de parler sur la place publique : « C'est à vous, les jeunes, essayez! » Tout de même — j'insiste — le coup d'épaule? L'encouragement au démarrage? Le souffle du Prophète dans nos voiles? Non, il ne veut rien savoir. Il a son roman qui l'attend. « Quand vous serez partis, on verra. » Je lui arrache quand même, *in extremis*, une promesse un peu plus ferme pour *Germinal*, pour le second numéro. Merci, Céline! Je m'en serais tenu là... Mais c'est Denoël qui m'a soufflé la riche idée : « Vous avez bien un peu de mémoire? Essayez donc de reconstituer, comme vous pourrez, votre entretien avec Céline. Quand ça sera fait, vous lui porterez chez lui. Il corrigera peut-être un mot par-ci par-là. Mais il vous laissera publier... » Ah! que je touche bien vite du bois : je vais y aller demain... Si vous lisez jamais ce papier, c'est que Céline aura dit « Oui! »

ANNEXE III

Le Cri du peuple de Paris (4ᵉ année, nᵒ 789) du 31 mars 1943 a publié le texte suivant sous le titre : « Le départ de Doriot. Céline nous a dit... »

Céline nous a dit : « Je n'ai pas changé d'opinion depuis août 1941, lorsque Doriot est parti pour la première fois. »
Voici quelle était, à l'époque, l'opinion de l'auteur de *Bagatelles pour un massacre* :
« Doriot s'est comporté comme il l'a toujours fait. C'est un homme. Eh, oui, il n'y a rien à dire. Il faut travailler, militer avec Doriot. Chacun de son côté il faut accomplir ce que nous pourrons. »

ANNEXE IV

Lettre à Jean Lestandi publiée dans *Au Pilori* du 2 octobre 1941 (2ᵉ année, n° 65) sous le titre « Céline nous écrit : Vivent les Juifs! »

Mon cher Directeur,

Les Français, fidèles à la tradition, sont demeurés tout au fond, dans l'ensemble, royalistes. Depuis Samuel Bernard, ils sont fidèles à leur roi juif. Celui qui fait en ce moment à Vichy l'intérim des Rothschild se trouve beaucoup plus puissant qu'aucun de ses prédécesseurs. (Louis XIV n'était qu'un petit garçon.) Il le confiait lui-même tout récemment à l'un de ses médecins. Que peut oser, dans ces conditions, le Commissariat aux Juifs? Des grimaces. Il ferait beau qu'il agisse? Il ne tiendrait pas vingt-quatre heures!... Toute l'opinion publique française est philosémite, et de plus en plus philosémite! (on mangeait si bien sous Mandel!) Qui pourrait tenter de remonter un pareil courant? Personne. L'école communale (si maçonne) a donné, une bonne fois pour toutes, au Français son ennemi héréditaire : l'Allemand. La cause est entendue. Les Français ne changent jamais d'idées. Ils sont immuables, ils disparaîtront tels quels. Ils sont noués. Ils n'ont plus l'âge ni le goût des variations : Ils préféreront mourir que de réfléchir, ils préféreront la mort à l'abandon d'un préjugé. Quels sont (pensent-ils...) les ennemis les plus sûrs des Fritz? Ce sont les Juifs? Alors, nom de Dieu! cinq cent mille fois : « Vivent les Juifs! »

Propagande? Explications? Démonstrations? Baratin? *Zéro!* Le pli est pris. La pièce est jouée. Argent, temps, perdus.

Pour recréer la France, il aurait fallu la reconstruire entièrement sur des bases racistes-communautaires. Nous nous éloignons tous les jours de cet idéal, de ce fantastique dessein. L'alouette est demeurée vaillante et joyeuse, elle pique toujours au ciel, mais les Gaulois ne l'entendent plus...

... Liés, amarrés au cul des Juifs, pétris dans leur fiente jusqu'au cœur, ils s'y trouvent adorablement.

L.-F. CÉLINE.

Lettre de Céline à Jean Lestandi, publiée dans *Au pilori* du 30 octobre 1941 (2ᵉ année, nº 69), sous le titre : « Le point de vue de Céline sur la création du C.C.I. ».

Aucun doute, mon cher Lestandi, votre idée est une grande idée napoléonienne, seulement vous savez ce qu'il est arrivé à Napoléon pour avoir voulu réunir les Juifs plus étroitement encore, les rassembler sous sa main en kahals conformes...

Très vite leur virulence en fut exaspérée au point de faire sauter leur protecteur, vous connaissez la suite, l'effroyable suite! Je redoute fort qu'il en advienne de même de votre C.C.I. Je vois très rapidement sous direction autonome juive cet organisme devenir le plus puissant, le plus écouté, le plus redouté des ministères de la nouvelle France (avec toute l'effrénée complicité, la ferveur, la vénération des aryens en masse). Je ne donne pas six mois avant que tous les Français viennent chercher au C.C.I. leurs mots d'ordre, leur marché noir, tous leurs artistes, leurs représentants, leurs prisonniers, leurs laissez-passer.

Si vous n'y prenez garde, tout naturellement, les futurs présidents du Conseil sortiront de la C.C.I.

Si nous n'avions affaire qu'aux Juifs, cher Lestandi, si nuls, si grossiers, plagiaires myopes, si creux, si burlesques, tout serait simple, mais nous avons affaire aux aryens, *surtout* aux aryens, si vils, si veules, si dégénérés, si antiracistes, si maçons, si déguéulasses, si enjuivés. *Ne l'oubliez jamais.*

Arracher un chien à son maître est œuvre douloureuse sous toutes les latitudes, je ne vois pas comment vous arracheriez le Français 1941 à son Juif. Le Français, et surtout la Française, n'imaginent même pas leur existence sans Juifs.

La « symbiose? » est totale. Ils n'éprouvent d'affection, de passion, de vice que par le Juif. Toute leur affectivité est accaparée, monopolisée par le Juif, la grimace juive, l'imposture juive.

Il ne s'agit plus de sauver le Français, l'actuel Français est définitivement perdu, pourri, cadavérique, il s'agit de recréer du Français.

Sous quelle mystique?

De quel enthousiasme? Sous quel Dieu?

A votre santé, cher Lestandi! Et bon courage! et bien cordialement.

CÉLINE.

Article d'Ivan-M. Sicard, paru dans *l'Émancipation nationale* du 21 novembre 1941 (6ᵉ année, nº 273) sous le titre : « Entretien avec Céline... Ce que l'auteur du *Voyage au bout de la nuit* " pense de tout ça... " »

Lorsque Louis-Ferdinand Céline publia son *Voyage au bout de la nuit,* il était inconnu : quelques jours après l'attribution du prix Goncourt, Céline était l'écrivain français le plus célèbre, non parce qu'il avait eu le prix, mais parce qu'il ne l'avait pas obtenu.

Le livre de Céline n'avait d'ailleurs aucunement besoin d'une consécration académique. Cet album photographique du désespoir et de la pourriture d'une époque était bon conducteur d'une puissance de révolte, ou, si l'on préfère, de révolution. Pour avoir défendu l'œuvre de Céline, je fus condamné par un tribunal correctionnel qui prétendait tout à la fois accomplir une besogne de critique littéraire, de gardien de la morale et de conservateur des vertus laïques et républicaines.

Dans sa rage singulière, la Cour me condamna conjointement et solidairement avec « un autre journaliste subversif ». J'avais par malheur imprimé, dans la revue que je dirigeais, un texte de Charles-Louis Philippe, mort depuis plus de vingt ans. Mais le président Dullin ignorait Philippe et n'avait pas lu *la Mère et l'Enfant.* Je lui envoyai le volume.

Ce n'est pas sans mélancolie que nous évoquions avec l'auteur de *l'Église* ces temps qui semblent si loin. Céline me rappela qu'il avait comparu lui aussi devant cette même 12ᵉ chambre correctionnelle. Il avait été cité par le Sampaix de *l'Humanité,* et condamné pour avoir diffamé le fameux croque-mort subalterne, larbin d'espion, Duclos. Tu parles!... M. Daladier, à ce moment, gouvernait la France.

Drôle d'époque qui n'est pas si loin de nous. Après le *Voyage,* Céline se tut, puis repartit hardiment au combat avec *Mort à crédit, Bagatelle* [sic] *pour un massacre, l'École des cadavres.* Livres durs et droits que les Juifs faisaient interdire pendant qu'ils nous poursuivaient devant les tribunaux, par l'intermédiaire de Weisskopf : livres étrangement prophétiques, impitoyables, annonciateurs de la guerre juive et maçonnique, de cet assassinat de cent vingt mille de nos camarades, et de dizaines de milliers de femmes, d'enfants sur les chemins de la débâcle.

Et pourtant, s'est-on assez indigné dans les salons, le derrière dans la soie et la tasse de thé à hauteur de l'œil, position réglementaire de la bourgeoisie militante : « Croyez-vous ma chère, quelle grossièreté... — Comment peut-on imprimer de pareilles horreurs! — Moi, je préfère *l'Amant de Lady Chatterley,* c'est plus convenable... »

Il n'avait pas raison Céline peut-être? Ah si, il n'avait que trop raison... Comme disait Bardamu : « Nous étions faits comme des rats. »

— Ce sont là vétilles passagères, mon vieux Sicard, car, aujourd'hui, où en sommes-nous, hein?

Céline est là avec sa crinière en bataille, ses yeux plissés qui jettent un feu vif, son front large, son sourire souvent sans amertume. Nous sommes dans son modeste appartement de Montmartre. Dehors, c'est la nuit glacée qui appuie sur les fenêtres de toute sa force. On la sent avec intensité, cette nuit de Paris, cette nuit de novembre, sans lumière et sans ombre, pleine de voyageurs invisibles et où l'on découvre tous les éléments du malaise qui pèse sur nous.

Céline parle avec une éloquence dynamique qui transporte; c'est pourquoi il est difficile de reproduire cette conversation.

— La France? C'était rien. Nous étions tombés terriblement bas. Nous en étions d'abord au temps du lèche-bottisme, du conformisme hurleur, de la défense de l'illustration du youtre sous toutes ses formes. Et maintenant... Dans *les Beaux Draps*, j'ai essayé d'expliquer tout ça d'une manière un peu rigolote parce que c'est préférable. Ça entre mieux dans la tête des Français? De Gaulle, le bel Anthony, Germaine Tabouis, ministre des informations, le Grand Mogol, etc... Évidemment, le Juiif [sic], il a peur de rien. Il a peur seulement que d'une chose, du communisme sans les Juifs.

— Croyez-vous, Céline, que cette période atroce de notre histoire soit une répétition? La France s'est déjà vue bien bas. Elle a remonté la pente. Ce qui a été fait peut se refaire.

— Elle a mal remonté la pente. Il faut prendre la bonne méthode. Attention aux planches pourries. On veut refaire la France, comme a dit Doriot depuis longtemps, refaire l'Europe, refaire une civilisation, tout refaire. Très bien. Moi j'en suis. Alors au travail. L'espoir, les illusions, les mots, tout ça c'est fichu. On ne comprend donc pas que c'est mort, que ça s'est effondré.

» Il faut autre chose. Il faut des hommes; alors une autre vie recommencera. Il y a une idée conductrice des peuples. Il y a une loi. Elle part d'une idée qui monte vers le mysticisme absolu, qui monte encore sans peur, et progresse. Si elle file vers la politesse, c'est fini. Elle tombe plus bas que la boue et nous avec. Si nous continuons, nous retombons d'où nous venons dans cette boue. Nous ne montons pas, nous descendons. Nous nous enlisons chaque jour un peu plus, on peut toujours dire qu'on avance, moi je dis qu'on fout le camp.

— Il y a une situation de fait que les Français ne veulent pas comprendre encore. La défaite, c'est tout de même la preuve absolue de nos fautes. Peut-être, sûrement, même, il faut que nous examinions complètement les éléments de notre corruption pour entrevoir les méthodes de guérison.

— C'est là toute la question, s'exclame Céline. Voyez-vous, je suis un vieux médecin et un Breton *(et il est de la vraie, de la grande race)*. En voilà un qui vient me dire : « Docteur, j'ai mal à la gorge », il faut qu'il n'ait plus mal.

« Docteur, je ne peux pas pisser », je le fais pisser. C'est mon métier. La France était malade, elle est malade. Qu'est-ce qu'elle avait? : le Juif, bien sûr et d'abord. Mais l'antijudaïsme n'est pas un système en soi, il fait partie d'un système. C'est un des aspects du boulot, mais il ne faut pas rester sur ce dada, ça ne sert à rien.

— La reconstruction d'un monde nouveau, selon vous, n'est donc pas possible si l'on fait seulement de l'anti quelque chose? Vous considérez l'antijudaïsme comme un stade dépassé de la révolution qui doit s'accomplir.

— Pas seulement ça. Je ne suis pas bon pour jouer de la musique, de la petite musique antijuive. On se dit : « Ah oui, Céline, qu'est-ce qu'il veut celui-là, qu'est-ce qu'il prépare, il nous embête. Sa spécialité : bouffer du youtre; ça l'amuse. Qu'il en bouffe, pendant ce temps il nous fichera la paix. » Enfants! Et ils font leurs petites combines, et ils organisent le désordre, la pagaye, comme avant. Ce n'est pas sérieux.

» Et les Juifs, ils rigolent mon vieux, la valise d'une main et l'autre sur le bouton de la porte d'entrée. Pour eux, c'est du « tout cuit ». Il y a autre chose. Il y a qu'on se contrefout de la révolution nationale, de la France, de nous autres pauvres imbéciles de Français. Alors, il faut le dire! C'est tout et c'est grave.

— On se contente, Céline, dans le meilleur des cas, de considérer le capitalisme juif comme destructeur. On oublie trop l'autre, ou les autres, qui nous ont fait tant de mal et qui continuent.

— Ah! les salauds, les salauds... Il y en a de ceux-là, de ces capitalistes, de ces patrons bien pensants, bien bondieusards, bien bourgeois, qui sont plus vaches que les youtres. Mais quand je les vois, moi, Céline, ils me feraient aimer les autres, les Juifs. Ceux-là au moins, mon vieux, ceux-là sont souvent intelligents, ils l'ont prouvé puisqu'ils nous ont eus. Et les autres, voulez-vous que je vous dise, c'est des c... Et alors on croit qu'on va pouvoir faire la Révolution nationale, sans toucher aux uns et aux autres. Moi, je refuse de prendre le fric dans la poche des Juifs pour le mettre dans celle des bourgeois aryens dolichocéphales. Je ne marche pas, non et non : A bas les Juifs, à la porte les métèques. Bravo! archi bravo... Et puis après, et les autres, des fois plus dangereux que les Juifs, qu'est-ce qu'on en fait?

— On les conserve, Céline, malgré la raclée que le Maréchal leur a passée à Saint-Étienne. On les rencontre plus puissants, plus insolents, plus néfastes que jamais.

— Et alors? On veut faire quelque chose qui tienne debout, quelque chose de durable? Il faut abattre tout ça, il faut une idée, une doctrine dure, une doctrine de diamant, plus terrible encore que les autres pour la France.

» Pour l'intérieur, il faut ça, ou bien on en sortira jamais, on descendra dans les sous-sols. On sera foutus.

» Tenez, la preuve, ils reviennent tous à Paris. Voilà le célèbre Spinasse qui débarque avec la valise de Blum. Et pourtant celui-là c'est un malfaisant ou non? Il fait un journal là-bas, il en fait un autre ici : *le Bleu et le Rouge.* Vive la République, bon dieu, et vivement qu'on revoie Mme Tabouis, Herzog dit Maurois, Cassou, Rosenfeld et la tribu. Il va faire les cantonnements. Au rapport sergent-major. V'la le ghetto-Bourbon, camarades! Si c'est ça qu'on veut, qu'on nous raconte plus d'histoires.

» Ils s'ennuient les pôvres à Londres, à New-York, à Jérusalem, loin de leurs clients. Le Prince sublime, où qu'il est? Leur faut Paris, les Tours de Notre-Dame, les Champs-Élysées, les bars à la mode, les salles de rédaction et tout... Les voilà, mon vieux Sicard, votre Weisskopft en tête... Présentez armes! Daladier au pouvoir, que les foules vont crier. Vas-y Léon! Vive Herriot! Doriotopoteau... et plus vite que ça. Alors, qu'est-ce qu'on veut faire, hein?...

— Peut-être, Céline, « maintenir la France en état d'anarchie descendante ».

— Triste et bête, je vous dis. Pour devenir collaborationniste, j'ai pas attendu que la Commandantur pavoise au Crillon. Aujourd'hui tout le monde se précipite à plat ventre, et les enjuivés et les francs-maçons et tous, « Vive l'Allemagne » qu'ils gueulent. Avant, ils envoyaient Hitler aux chiottes, poliment.

» On voit les bourgeois qui gagnent des fortunes, on voit les « personnalités » un petit peu juives et un petit peu maçonniques qui font le salut fasciste. « Mais je vous en prie, cher ami, après vous comment donc », et que je te lèche les bottes, et que je te brosse le derrière. Je vous le dis, Herzog, la prochaine fois, voudra faire une conférence à Berlin.

» Pendant ce temps, les Asiates du camarade Staline « trucident » les soldats blancs. Pas si bêtes, les jaunes, et nombreux avec ça. Dans dix ans, retenez ce que je vous dis, c'est la grande affaire Orient-Occident. Et l'Amérique ne comprend pas, et la France ne comprend pas. Le sort de la race blanche est engagé... et pas pour rire. Dans dix ans... 20 000 avions d'un côté dans le ciel, 20 000 de l'autre, et pour que la fête soit complète, un peu de tanks, de croiseurs, de gaz, et les copains à la béchamelle. On n'y pense pas assez à cette protection rigoureuse de la race blanche. C'est maintenant qu'il faut agir, parce que demain il sera trop tard.

— C'est ce que vous exprimiez dans *les Beaux Draps* quand vous disiez : « *On périra peut-être dans la noce* ». Le salut est une affaire de médecine, et il s'agit de médecine à forte dose que vous préconisez. Résumons : A l'intérieur, une doctrine d'acier, une protection rigoureuse des éléments de la race qui subsistent encore. En somme, des actes et vite. La légion antibolchevik a donné l'exemple, déjà...

— Et Doriot s'est comporté comme il a toujours fait. C'est un homme. Et oui, il n'y a rien à dire. Il faut travailler, militer avec Doriot. Vous avez raison. Chacun de notre côté, il faut accomplir ce que nous pourrons.

» Cette légion si calomniée, si critiquée, c'est la preuve de la vie. J'aurais aimé partir avec Doriot là-bas, mais je suis plutôt un homme de mer, un Breton. Ça m'aurait plu d'aller sur un bateau m'expliquer avec les Russes. Enfin, la Légion, ça existe, c'est quelque chose, il y a des gens que ça embête. Et qu'est-ce qu'ils font, eux? Moi, je vous le dis, la Légion, c'est très bien, c'est tout ce qu'il y a de bien. Voilà ce que je pense de tout ça.

Ce que Céline ne dit pas, c'est qu'il a laissé à l'autre guerre un morceau de son bras droit. Le cuirassier Céline-Destouches a figuré en première page du *Petit Journal illustré*, sanglant et terrible, tenant son colonel blessé en travers de son cheval lancé au triple galop.

Ce qu'on ne sait pas, c'est qu'à cette guerre Céline a encore payé, que le bateau sur lequel il se trouvait a été torpillé devant Gibraltar. On imagine Céline « prisonnier des Anglais », comme dit cette chanson triste des fusiliers bordelais, Céline prisonnier de Churchill, du juif Belisha.

Ce que Céline ne dit pas, c'est qu'il est l'objet d'une calomnie incessante et bien organisée : *vendu, profiteur, m'as-tu-vu et la suite.*

Il s'en moque et il a bien raison.

« Voilà ce que je pense de tout ça », répète Céline.

J'ai vu pendant quelques secondes cette révolution que nous portons en nous-mêmes luire dans ses yeux comme lorsque je parle avec les hommes de chez nous; mais je l'ai vu apparaître avec une telle force, une telle pureté, une telle sauvagerie que je n'ai pu m'empêcher de penser à la *Renaissance*, à cette *Fleur d'Or* de Gobineau.

J'ai pensé à la *Renaissance française* que nous appelons de tous nos vœux, que nous bâtissons chaque jour par l'obstination et la patience, dans notre Mouvement. Que le sort nous soit favorable, en face des grands fauves du monde; en tout cas, nous ne pourrions supporter le spectacle de notre patrie engloutie à jamais, comme le furent Élam, Ninive, Babylone. Nous ne voulons pas qu'on devine, au fond de quelque gouffre, le reflet de la France, nouvelle Ys sans roi.

C'est avec émotion que j'ai pris congé de Céline. Il m'a semblé, pendant un moment, que nous étions deux voyageurs marchant sur une route inconnue, parmi les ténèbres et le vent. Nous avancions vers une petite lumière, pâle d'abord comme le souffle d'un mourant, puis qui se mit à briller pour ressembler à la première étoile. En marchant, nous la regardions tous les deux sans rien dire.

ANNEXE V

RÉPONSE À L'EXPOSÉ DU PARQUET
DE LA COUR DE JUSTICE

Je suis bien étonné de me voir reprocher « Les Beaux Draps », alors que je lis dans l'arrêt rendu par la Cour de Justice le 30 août 1948, que la Maison Denoël est acquittée purement et simplement, et que celle-ci n'a jamais imprimé... collaboré, etc. avec l'ennemi... le Racisme, etc... A la question : La Maison Denoël a-t-elle collaboré? NON (la majorité du Jury).

Je reviens de mon étonnement et je relis les passages cités quand même par l'accusation et qui constituent l'essentiel de l'Exposé.

Je dois faire connaître à la Cour que j'avais cédé par mon premier contrat, à Robert Denoël, tous mes droits d'édition et de réédition. Robert Denoël était donc maître absolu, souverain exclusif, de ma production littéraire. Il publiait et republiait à sa volonté, à seule volonté, tous mes ouvrages. Je lui ai offert par vingt fois de *rompre ce contrat véritablement « léonin »*, il s'y est toujours refusé. Je n'étais pour rien dans mes rééditions.

« Les Beaux Draps ».
A l'époque où cet ouvrage fut publié (1941), je ne savais *rien*, absolument *rien*, des déportations juives, ni d'aucune déportation. Je n'ai d'ailleurs appris ces atrocités qu'à la fin de la guerre. Je regrette mon ignorance (même remarque pour la réédition de « Bagatelles » et de « L'École »). Je vois pour ma part dans « Les Beaux Draps » non un livre d'antisémitisme, mais un livre farouchement patriotique, peut-être d'une intransigeance patriotique insupportable,

mais *c'est tout.* Patriote je suis - *absolument;* je me suis élevé contre la guerre 39 parce que je voyais dans la guerre 39 une catastrophe « ultime », un Abattoir (encore un autre), dont la population française allait encore faire les frais... C'est tout. Ce que je pensais ou ne pensais pas des juifs était peut-être absurde, mais je ne suis qu'un écrivain - je ne fonde pas des partis politiques, je n'ai jamais prêté ma plume à *aucun parti politique* - je n'ai jamais écrit un article dans un journal - *de ma vie.* Je veux bien consentir à ce que l'on dise que je n'écris que des balivernes. Je peux me tromper. Quand je passe à l'action, quand je « m'engage » comme disent les autres, c'est toujours dans l'Armée française - jamais ailleurs - où j'ai toujours servi avec toute la vaillance convenable et traditionnelle. *Je suis un Patriote,* c'est tout. Il ne servira à rien d'essayer de me faire passer pour autre chose. Je sais très bien faire la guerre - je l'ai prouvé - je suis un bon soldat, mais un bon médecin aussi - et je considérais la guerre comme une catastrophe dont la France ne se relèverait pas, - et j'ai écrit tout ce qu'il m'a paru opportun et courageux d'écrire au moment où je croyais que l'on pouvait encore éviter la guerre. J'ai payé et je paye horriblement cher pour ce courage ou cette bêtise - bêtise en tout cas patriotique et patriotique seulement. Je me suis fait tous les ennemis possibles dans les milieux de la « collaboration » par mon acharné, janséniste patriotisme. - Je suis beaucoup plus près de Déroulède que de Romain Rolland (à cet égard tout au moins). *France d'abord!* n'est pas pour moi un mot de passe, c'est une raison d'être. Je le prouve par mes modestes citations et médaille militaire, mes 75 p. 100 d'invalidité, ma façon malgré tout d'avoir un peu travaillé au renom de nos Lettres... (à moins qu'on ne préfère les traductions étrangères!)

Cette façon de l'Exposé d'isoler des passages des « Beaux Draps » sans tenir compte de *l'esprit* du livre décourage toute réfutation - c'est le vieil aphorisme : « Donnez-moi 2 lignes de n'importe qui, et je le ferai pendre! » Impossible de lutter sérieusement avec une telle volonté déterminée de me perdre ou de me pendre. Mille procès de l'Histoire (et français hélas souvent!) le prouvent.

L'esprit des « Beaux Draps » est de patriotisme exaspéré par la jactance des néo-collaborateurs (41), prébendiers, opportunistes de la fausse et cabotine Résistance, qui aurait dû dans mon esprit borné de combattant 14 se manifester en 39 sur la Sambre bien plutôt qu'en 41 sur les Boulevards. Radotage évidemment - mais je ne vois pas le délit.

P. 44 de l'Exposé (cit) : « Il est bien évident que les Allemands n'ont autorisé la parution, etc... *Or - je réfute absolument cette allégation. « Les Beaux Draps »* sont parus sans autorisations de la censure allemande. Au moment où « Les Beaux Draps » sont parus, *il n'existait pas encore* de Censure allemande! Jamais je ne me serais plié à la honte *du visa de la Censure allemande!* comme tant d'autres écrivains français, des plus illustres et des plus résistants!

Une autre remarque :

« Les Beaux Draps » ont été accueillis par le silence absolu de toute la presse

« collaboratrice ». Je n'ai eu droit qu'à un éreintement dans « *Les Nouveaux Temps* » de Luchaire. Ce livre a été simultanément interdit comme *tous mes autres livres,* y compris les « dits antisémites », en Allemagne et en France (Zone Sud). Je note à ce propos qu'aucun de mes livres n'a jamais été traduit en allemand sous le régime hitlérien. Mon dernier éditeur en Allemagne est un éditeur juif : Julius Keittel - 1936.

Je relève cependant P. 44 de l'Exposé cette conclusion : *Nous nous trouvons là en présence de thèmes favoris de la propagande nazie, etc.* Oh, pas du tout! oh, pas du tout! Les nazis ne se trompaient pas eux en lisant mes livres - *ils les interdisaient tout simplement!* (et Vichy de même!) Ils y voyaient l'expression d'un patriotisme français ardent, dangereux, *très dangereux* (que M. le Commissaire se refuse à noter, ou interprète tout à rebours).

« *L'École des Cadavres* » n'a pas été non plus considéré par la Cour de Justice lors de l'acquittement de la Maison Denoël *30 avril 1948* comme un livre de nature à, etc........ *Pas du tout.* Enfin je vais répondre sur ce point puisque la Loi française me fait décidément un sort exceptionnel, mes actes et mes écrits devant être jugés semble-t-il dans des balances toutes spéciales.

Certes, je ne suis pas fier, je l'avoue, de la réédition de « *L'École des Cadavres* » en 43. Il m'a semblé assez étrange, à l'époque, que Robert Denoël m'en demande la réédition au moment précis où il publiait le « Cheval de Troie », roman philosémite d'Elsa Triolet. Quel jeu de balances? Quel micmac? Avait-il partie liée avec la Résistance à ce moment pour me compromettre *absolument* - « étoffer » mon dossier? Je l'ai pensé. C'est au même moment d'ailleurs qu'il me demanda de lui donner une préface pour un livre de Bernardini (ouvrage de philologie comparée, sur l'origine des noms patronymiques juifs, etc.) avec une étonnante, *inquiétante insistance.* J'observai cette *insistance* et je finis après des mois d'atermoiement par lui donner une préface tellement *antiraciste* qu'elle était *impubliable.* Le livre en effet resta sur le marbre - le dépit, la colère même de Denoël, si courtois d'habitude, *la véritable crise* qu'il piqua devant moi à la lecture de ma préface, me parurent assez révélateurs de singulières intentions... Je savais que Denoël hébergeait plus ou moins Aragon chez lui... J'avais des raisons sérieuses de méfiance. En tout cas, Denoël me présenta la réédition de « L'École des Cadavres » comme *indispensable* en l'état de ses finances - *état toujours très périlleux.* Il fallait au surplus, vu les « Règlements de l'Édition » d'alors, pour justifier une augmentation de prix du livre, que je fournisse à Denoël une préface. Ainsi fut écrite la préface qu'on me reproche. On me reproche surtout, semble-t-il, d'y avoir cité Rouquès. J'y raconte qu'il m'a fait condamner en correctionnelle pour diffamation. La belle nouvelle. Quelle révélation! Je raconte surtout qu'à l'époque toute la Presse dite (avant date) collaboratrice - « Je suis Partout », etc. - n'avait pas soufflé mot *lors de mon procès,* s'était souciée de ma défense comme de la dernière guigne! Si « vacherie » il y avait elle n'était pas pour Rouquès dans cette préface mais bien pour *« Je suis Partout »* et *« La libre Parole ».* Rouquès aurait été inquiété par la Police! forcé de déménager! Quelle blague! par ma faute... *Primo,* les Allemands se moquaient énormément que Rouquès m'ait fait condamner (même à mort), au *contraire. Secundo,* si j'avais eu un compte à régler avec Rouquès, j'aurais été le voir en personne. Rouquès, médecin des Brigades internationales en Espagne, personnage politique militant archi-connu, n'avait pas besoin que je révèle son existence dans mon livre. J'ai été approché pendant l'occupation par des amis de Rouquès, qui me firent savoir qu'il n'était pour rien dans les poursuites intentées, à l'époque, qu'on l'avait *obligé,* etc. A présent voilà que je l'ai persécuté. Si je me moque, et me suis toujours moqué de Rouquès! Ses dires, ses œuvres, ses actes, ses intentions. Tout cela est inepte. Il me semble que l'idée aurait pu me venir de demander la Révision de mon procès « perdu » à l'arrivée des Allemands. Ce sont là des idées qui ne me viennent pas - et ne me viendront jamais.

Rouquès a jugé bon de quitter Paris au moment de la Rupture du Pacte germano-soviétique et d'aller se refugier dans le Gard (donc en Zone Sud). Parfait. Où pouvait-il être mieux en sécurité qu'en Zone Sud, sous la Police Pétain? Je ne m'y serais jamais risqué moi dans le Gard! moi dont la Police de Vichy saisissait tous les livres, et qui avais attaqué avec violence Pétain dans « Bagatelles » - le « Prétartarin des Cimetières ». Rouquès lui n'a jamais attaqué Pétain.

Les prétendues lettres écrites par moi à Lestandi ont certainement été arrangées, tripatouillées, faussées dans tous les sens. Je ne les reconnais pas du tout. J'ai écrit à Lestandi pour me plaindre de ceci ou de cela, mais certainement pas spécialement des juifs! et pas pour la publication!

La Presse de la collaboration a passé son temps à publier de mes *fausses lettres,* malgré toutes mes défenses et démentis! ainsi la lettre de mars 43 au « Cri du Peuple » est un faux absolu. Je suis là absolument *certain* de n'avoir jamais rien écrit ni raconté de Doriot au « Cri du Peuple » (où d'ailleurs on me détestait).

Céline a été membre du Cercle européen. Absolu mensonge encore. *Tout le contraire!* On m'avait bel et bien *inscrit d'office* au Cercle européen - et j'ai forcé le Président de ce Cercle à m'accuser réception par écrit de mon *refus réitéré absolu,* - que je rédigeai en ces termes : *Je serai peut-être fusillé un jour! mais pas pour vos saloperies!*

Le Parquet d'ailleurs là a joué l'ignorance. Un des magistrats chargé de l'Instruction avait parfaitement reconnu que j'avais agi en cette occasion avec une certaine témérité. (Il est facile à la Cour de s'assurer de ce fait. M. Valby - Secrétaire du Cercle européen - vaque parfaitement à ses affaires à Paris en ce moment et sans inquiétude.)

Je n'ai donc jamais été *radié* du *Cercle européen.* J'ai refusé, moi, absolument d'en *faire partie*. Je n'étais pas un habitué non plus du Cercle européen. Je crois y avoir été *trois fois* en tout - « par curiosité ». C'est mon métier d'écrivain et de médecin d'être curieux - qu'on me pardonne.

Le Voyage en Allemagne.

C'est vrai - je me suis rendu en Allemagne *entièrement à mes frais* pour une durée de 5 jours à Berlin - en 1942 - non pas tout seul, mais en compagnie - des docteurs Bécart, Rudler, Claoué. Il fallait que je trouve un prétexte pour rencontrer une amie danoise, Mlle Karen Marie Jensen, qui m'offrait éventuellement asile au Danemark - or elle n'obtenait de permission de voyage que jusqu'à Berlin. Et moi-même il fallait que je trouve un prétexte pour aller à Berlin à sa rencontre. Je n'étais point membre d'une société médicale, littéraire, mondaine, franco-allemande - *membre de rien du tout*. Je me suis donc découvert un intérêt subit pour les hôpitaux de Berlin - or à Berlin je n'ai rien étudié du tout, sauf, avec cette amie, les possibilités de passer tout de suite au Danemark. Il fallut renoncer à ce projet - j'étais trop surveillé - elle aussi - (mais *vraiment* surveillé, pas comme Rouquès). Je n'ai mis que plus tard ce projet à exécution après la « dispersion » de la Colonie de Sigmaringen - lorsque nous remontâmes avec ma femme toute l'Allemagne, à pied (en 21 jours), en mars 44, à travers les 4 armées, de Sigmaringen à Copenhague.

J'ai d'ailleurs été arrêté chez cette même amie à son domicile — 20, Ved Stranden à Copenhague — en décembre 44 — Mlle Karen Marie Jensen est une amie de très longue date, à laquelle j'ai dédié l'un de mes premiers livres — « L'Église » (ci-joint preuve).

J'ai toujours eu dès le début de la guerre le dessein de m'échapper de France — où je n'avais rien à faire avec les Allemands — *rien du tout*, mais où pouvais-je m'enfuir? Je n'ai point joui des grâces « in extremis » accordées par Laval à ses amis et fidèles. Ambassades, consulats, etc. — ni de facilités allemandes non plus.

J'ai quitté Paris en juin 44 — à mes frais — J'ai été arrêté par les Allemands à Baden-Baden. J'ai essayé là encore vainement de passer au Danemark. Interné à Neurupin (Prusse) j'ai encore essayé de passer au Danemark par Warnemunde, où nous avons été arrêtés 4 fois dans la même journée. Sommé d'exercer la médecine par le Service allemand, je me suis alors rabattu, forcé et contraint, sur Sigmaringen, où j'ai pratiqué la médecine — soigné seulement des Français (et pas même Pétain, qui me détestait). J'ai expliqué tout ceci dans un mémoire écrit en prison danoise, qui, paraît-il, pour des raisons que je considère surnaturelles et magiques, n'a pas été pris en considération par le Parquet. Si j'ai pris la fuite en juin 44 pour l'Allemagne, c'est que je recevais depuis 3 ans par la Radio, par lettres, par journaux clandestins, au moins *trois menaces de mort par jour*. Oh, la mort ne me fait pas peur, je prie la Cour de me croire, *pas du tout*, mais je ne veux pas, je ne veux absolument pas, passer pour un traître. C'est ma manie.

Et si l'on m'avait trouvé chez moi en 44 — il n'était absolument pas douteux que j'étais exécuté *sur l'heure* — *sans preuve, sans dossier, sans jugement.* « *Haine* plus que suffisante. » Je n'aurais pas l'honneur en ce moment de me justifier devant la Cour. Les morts n'ont ni plume, ni voix.

J'ai, certes, emporté 600 000 francs et plus en Allemagne — toutes sommes intégralement dépensées en Allemagne — en prêts, dons et médicaments pour mes malades — *français.* Il ne m'est rien resté de cette somme, de cet argent, qui ne devait rien à personne — le plus honnêtement gagné du monde. Je ne compte plus d'ailleurs les pertes, vols, spoliations subies... Tout, jusqu'à mes manuscrits, qui ont été dispersés, 3 romans en cours, dans les poubelles de l'avenue Junot — (Bagatelles!).

Je me permets de relever une autre erreur dans l'Exposé. Je n'ai jamais été *abonné* aux *Cahiers franco-allemands.* Je n'ai jamais *écrit* non plus un seul mot dans les Cahiers franco-allemands (sans méchanceté pour personne!).

Je ne trouve pas, à mon regret, dans l'Exposé la moindre allusion à « l'Histoire de Bezons ». Ce livre m'avait été pourtant reproché à crime, ou plutôt sa préface, dans le mémoire du Parquet de la Seine, qui me fut communiqué en prison danoise. *Un crime qui me manque!* C'est dommage! J'écrivais dans cette Préface — page 10 — (livre paru en 1944), pas *occulte du tout* : « Bezons à travers les Ages » — par Albert Serouille, en plein « sous la botte » par conséquent, et au moment où les Allemands n'étaient plus du tout disposés à la plaisanterie.

Un exemple! L'Alsace-Lorraine! Que de Discours! Que d'encre! Que de Sang! de défilés! Un Français sur cent mille sait-il que nous devons l'Alsace-Lorraine au Maréchal Marquis de Bezons? La France est mufle. En passant. Mille autres traits merveilleux au cours de ce livre de Bezons! Gloire à son auteur, etc.

Ces paroles n'étaient point écrites ni clamées de Londres ou de Brazzaville — (postes très à l'abri). Je veux aussi faire connaître à la Cour que j'étais dénoncé pour ma « tiédeur, mon attentisme suspect » — mon défaitisme — à la Police allemande — et comme agent de l'I.S. par environ 10 « collaborateurs » chaque jour — sans doute devenus intensément « résistants » depuis cette Belle Époque! La même calomnie *par principe* et *redoublée* m'attendait à Sigmaringen, où l'on ne parlait que de nous assassiner comme « traîtres », moi et mon confrère le Dʳ Jacquot (de Remiremont).

Je relève au titre de véritable rigolade l'accusation de m'être rendu avec de Brinon à Katyn! (et avec photos, s'il vous plaît!) Là nous sommes en plein délire hallucinatoire. Je n'ai jamais été prié, pressenti de me rendre à Katyn, ni ailleurs! Je me suis rendu à Berlin pendant 4 jours, à mes frais, je l'ai expliqué, pour essayer de m'échapper au Danemark — c'est tout. J'étais même si mécontent des Allemands, à ce point excédé par leurs politesses de bourreaux, leur sollicitude policière que, prié par eux de prononcer quelques mots au *Foyer des ouvriers français de Berlin,* prié avec une certaine insistance de justifier de ma venue à Berlin, je tins à ces ouvriers à peu près ce discours, *dont on se souvient encore parfaitement :* « Ouvriers français. Je vais vous dire une bonne chose, je vous connais bien, je suis des vôtres, ouvrier comme vous, ceux-là (les Allemands) ils sont *moches*. Ils disent qu'ils vont gagner la guerre, j'en sais rien. Les autres, les Russes, de l'autre côté, ne valent pas mieux. Ils sont peut-être pires. C'est une affaire de choix entre le Choléra et la Peste ! C'est pas drôle. Salut ! » La consternation au « Foyer » fut grande. Il fut sérieusement question encore une fois de m'incarcérer. (Laval ne pensait lui aussi qu'à m'incarcérer.)

En somme je n'en sors pas ! J'ai l'air où que j'aille de promener depuis 10 ans une prison avec moi, autour de moi, qui ne me quitte pas ! Si je n'étais pas malade, je finirais par en rire, mais je suis trop malade pour rire.

Je crois qu'il est bon que je joigne à cette « Défense » une première Défense écrite en prison danoise en réponse à des accusations sensiblement du même ordre — et ma photo — (à comparer avec celle de Katyn, Brinon, etc...).

En somme, j'oppose un démenti absolu sur le fond, sur la forme, sur l'Esprit, sur les Intentions — que l'on me prête dans cet Exposé.

Je suis un patriote, trop patriote, qu'on persécute, c'est tout. Et je n'en sors pas ! *C'est ça la vérité, en gros et en détail.* Pas autre chose !

L. F. Destouches

dit L. F. Céline

né le 27 mai 1894 à Courbevoie, Seine.

ANNEXE VI

Nº 3.436   6 DÉCEMBRE 1951

M. C.   M. BATTESTINI Président

RÉPUBLIQUE FRANÇAISE

AU NOM DU PEUPLE FRANÇAIS

LA COUR DE CASSATION, CHAMBRE CRIMINELLE, en son audience publique tenue au Palais de Justice, à PARIS, le dix décembre mil neuf cent cinquante et un, a rendu l'arrêt suivant :

Sur le rapport de M. le conseiller ZAMBEAUX et les conclusions de M. le conseiller LEDOUX, faisant fonctions d'avocat général;

Vu la lettre du Garde des Sceaux, ministre de la Justice, en date du 7 juillet 1951;

Vu le réquisitoire écrit du procureur général du 13 juillet 1951;

Vu l'article 441 du Code de l'instruction criminelle;

SUR LE PREMIER MOYEN DE CASSATION, pris de la violation des articles 476 du Code d'Instruction criminelle et 122 du Code de justice militaire;

Attendu que, par décision du commissaire du Gouvernement près la Cour de justice de PARIS, en date du 3 décembre 1949, le nommé DESTOUCHES Louis Ferdinand, dit « CÉLINE », sans domicile connu, a été renvoyé devant ladite Cour de justice comme prévenu « d'avoir, sur le territoire national de la France, entre le 16 juin 1940 et la date de la libération, sciemment accompli des actes de nature à nuire à la défense nationale, délit prévu et puni par l'article 83, paragraphe 4, du Code pénal et l'ordonnance du 28 novembre 1944 »;

Que DESTOUCHES, à l'égard duquel il avait été procédé conformément aux prescriptions de l'article 22 de l'ordonnance du 28 novembre 1944, n'ayant pas comparu, la Cour de justice, par arrêt du 21 février 1950, a déclaré statuer par contumace et l'a condamné à 1 année d'emprisonnement et 50 000 francs d'amende ainsi qu'à la dégradation nationale et à la confiscation de la moitié de ses biens présents et à venir;

Que, par exploits de TURMEL, huissier à PARIS, en date des 6 et 12 mars 1951, notifiés l'un au commissaire du Gouvernement près la Cour de justice, l'autre au commissaire du Gouvernement près le tribunal militaire permanent de PARIS, DESTOUCHES a formé opposition à l'arrêt susvisé, mais que, cité devant le tribunal militaire pour l'audience du 20 avril 1951, il n'a pas déféré à la citation; que, par le jugement attaqué, ledit tribunal militaire a donné itératif défaut contre le susnommé et confirmé dans toutes ses dispositions l'arrêt de la Cour de justice;

Attendu, il est vrai, que le contumax n'est admis ni à acquiescer ni à former opposition au jugement qui l'a condamné; qu'il résulte, en effet, de l'article 476 du Code d'instruction criminelle, rendu applicable aux tribunaux militaires par l'article 122 du Code de justice militaire, que l'état de contumace ne cesse que par la représentation de l'accusé ou son arrestation avant que la peine soit éteinte par prescription;

Mais attendu que la procédure de contumace n'est applicable qu'aux accusés poursuivis pour des faits qualifiés crime par la loi; que l'ordonnance du 28 novembre 1944, relative à la répression des faits de collaboration, après avoir prévu, dans son article 22, les formalités qui doivent être remplies à l'égard des individus en fuite, dispose à l'article 23 : « La Cour de justice statue, suivant le cas, sur le défaut ou sur la contumace », ajoutant que, dans ce dernier cas, il sera procédé ainsi qu'il est dit aux articles 471 et suivants du Code d'instruction criminelle; que le même article énonce, in fine : « Si le défaillant ne fait opposition, ou si le contumax ne se représente qu'après la dissolution de la Cour de justice, l'affaire sera portée devant la juridiction normalement compétente »; qu'il appert de ces dispositions que la Cour de justice ne statue par contumace qu'à l'encontre des accusés en fuite qui font l'objet de poursuites criminelles, ses décisions à l'égard des individus non comparants prévenus de simples délits étant rendues par défaut et susceptibles d'être attaquées par la voie de l'opposition;

Attendu que DESTOUCHES étant poursuivi pour avoir sciemment accompli des actes de nature à nuire à la défense nationale, délit puni de peines correctionnelles par l'alinéa 4 de l'article 83 du Code pénal, la Cour de justice n'a pu statuer à son égard que par défaut; que la mention erronée que l'arrêt aurait été rendu par contumace ne saurait changer son caractère; que la circonstance que la Cour de justice, après avoir fait application au susnommé des pénalités édictées par l'article susvisé, a constaté qu'il était en état d'indignité nationale et l'a condamné à la dégradation nationale n'a pas modifié le caractère correctionnel de la poursuite; qu'en effet, la dégradation nationale n'est, dans l'espèce, qu'une peine accessoire attachée, par l'article 79 de l'ordonnance du 28 novembre 1944, à toutes les condamnations prononcées par la Cour de justice;

Attendu, dès lors, qu'en statuant sur l'opposition de DESTOUCHES, le tribunal militaire n'a violé aucune disposition de loi;

Qu'ainsi le moyen ne saurait être accueilli;

MAIS SUR LE SECOND MOYEN DE CASSATION, pris de la violation de l'article 25 de la loi du 16 août 1947;

Vu ledit article;

Attendu que, d'après l'article 25 de la loi du 16 août 1947, l'amnistie accordée par cette loi ne s'applique, en aucun cas, à des faits prévus à l'ordonnance du 28 novembre 1944; qu'aux termes de l'article 1er de ladite ordonnance, celle-ci réprime les faits commis entre le 16 juin 1940 et la date de la libération, qui constituent des infractions aux lois pénales en vigueur le 16 juin 1940, lorsqu'ils révèlent l'intention de leurs auteurs de favoriser les entreprises de toute nature de l'ennemi;

Attendu qu'après avoir donné itératif défaut contre DESTOUCHES et confirmé dans toutes ses dispositions l'arrêt rendu par la Cour de justice de PARIS le 21 février 1950, le jugement attaqué, faisant état de ce que ledit DESTOUCHES, délinquant primaire, est un ancien combattant de la guerre 1914-1918 au cours de laquelle il a été blessé, l'a déclaré amnistié par application de l'article 10.4° de la loi du 16 août 1947;

Mais attendu que la Cour de justice, par des réponses affirmatives aux questions posées, avait non seulement reconnu le prévenu coupable d'actes de nature à nuire à la défense nationale, mais encore expressément déclaré que ces actes avaient été accomplis avec l'intention de favoriser les entreprises de toute nature de l'ennemi;

Que, dès lors, en admettant DESTOUCHES au bénéfice de l'article 10.4° de la loi du 16 août 1947, le tribunal militaire a violé l'article 25 de ladite loi;

PAR CES MOTIFS :

CASSE ET ANNULE, mais seulement dans l'intérêt de la loi et sans renvoi, le jugement du tribunal militaire permanent de PARIS, du 20 avril 1951, en ce qu'il a déclaré amnistié le nommé DESTOUCHES, les autres dispositions dudit jugement étant expressément maintenues;

ORDONNE l'impression du présent arrêt et sa transcription sur les registres du greffe du tribunal militaire permanent de PARIS; dit que mention en sera faite en marge ou à la suite du jugement partiellement annulé;

Ainsi jugé et prononcé par la Cour de cassation, Chambre criminelle, en son audience publique, les jour, mois et an que dessus;

Où étaient présents : MM. BATTESTINI Président, ZAMBEAUX conseiller rapporteur, LECOUR, BROUCHOT, PALÈS, PILLAIRE, PATIN, PÉPY, PEYRE, SCHNEDECKER, NICOLAS, SAUSSIER, TRIBILLAC, MILHAC, DAMOUR conseillers de la chambre, LEDOUX conseiller faisant fonctions d'avocat général, BONNAURE greffier de chambre;

En foi de quoi, le présent arrêt a été signé par le Président, le Rapporteur, le Greffier de chambre.

INDEX

TABLE DES ILLUSTRATIONS

Sauf mention particulière, les documents reproduits proviennent des collections de Mme *Lucette Destouches et de l'auteur.*

La pagination en chiffres romains renvoie au cahier de hors-texte placé entre les pages 16 et 17 du texte.

TABLE

CET OUVRAGE
A ÉTÉ REPRODUIT
ET ACHEVÉ D'IMPRIMER
PAR L'IMPRIMERIE FLOCH
À MAYENNE EN JANVIER 1986.
DE LA PREMIÈRE ÉDITION
IL A ÉTÉ TIRÉ
TRENTE EXEMPLAIRES HORS COMMERCE,
NUMÉROTÉS DE HC 1 À HC 30,
RÉSERVÉS À L'AUTEUR.

N° d'impression : 23905
Dépôt légal : janvier 1986